KB153238

청 음
김상헌

清　陰
金尚憲

청음 김상헌

찍은날 / 2016년 9월 30일

펴낸날 / 2016년 10월 5일

지은이 / 지두환

펴낸이 / 김경현

펴낸곳 / 도서출판 역사문화

02708 서울특별시 성북구 솔샘로5가길 30(정릉동) 101호

등록번호 / 제 6297호

전화 / 02) 9429717

팩스 / 02) 9429716

홈페이지 / http://www.ihc21.com

찍은곳 / 한영문화사

ISBN 979-11-86969-27-4

ⓒ 2016 지두환

청 음
김상헌

淸　　陰
金　尙　憲

지두환 지음

도서출판 **역사문화**

일러두기

▶ 다음과 같은 부호를 사용하였다

( )	:	음과 뜻이 같은 한자를 묶는다
〔 〕	:	음은 다르나 뜻이 같은 한자를 묶는다
" "	:	대화 등의 인용문을 묶는다
' '	:	재인용이나 강조 부분을 묶는다
「 」	:	작품명이나 논문을 묶는다
『 』	:	책명을 묶는다
【 】	:	가계 족보를 묶는다

▶ 왕자나 공주·옹주의 봉호는 『선원계보』를 기준으로 하였다
   예) 함양군주(咸陽郡主: 선원록), 함양옹주(咸陽翁主: 선원계보)
   부마나 국왕 인척들의 봉호는 마지막으로 봉작된 것을 기준으로 하였다

▶ 조선 국왕 연대는 왕명과 연대를 병기하는 것을 원칙으로 하였다
   예) 선조 8년(1575)
   국왕(중국 황제 포함)들의 재위년도는 즉위년부터 산정하였다

▶ '선원계보에 없는 후궁'은 『선원계보』나 『선원록』에는 나오지 않지만 『실록』 등 정사(正史)에 나오는 후궁을 말한다
   여러 왕대에 걸쳐지는 인물에 대한 평전·세계도·연보는 각 낱권마다 포함하고, 동일한 책에서 나오는 중복인물은 편집상 앞의 인물의 자료를 참조하게 하였다

▶ 이 책에 나오는 『조선왕조실록』 인용문의 출전은 국사편찬위원회(http://sillok. history.go.kr)에서 제공하는 번역본이다

▶ 이 책에 나오는 문집류 인용문의 출전은 한국고전번역원(http://www.itkc.or.kr)에서 제공하는 번역본이다

▶ 이 책에 나오는 『고려사』 인용문의 출전은 북한사회과학원 고전연구소가 역주하고 누리미디어(http://www.krpia.co.kr)에서 제공하는 번역본이다

▶ 『선원록』은 『조선왕조 선원록』(민창문화사 1992년 간)을 기본으로 하였다

▶ 『조선왕조실록』은 『실록』으로, 『조선왕조 선원록』은 『선원록』으로, 『전주이씨대관』은 『대관』으로, 『한국민족문화대백과사전』은 『민문』으로 표기하였다

▶ 부록의 세계도는 성씨별 가나다 순으로 정리하였으며, 연보는 연대순으로 정리하였다

서 문

새 천년을 맞이하여 우리나라에 대한 관심이 많아지고 있다. 특히 조선과 조선 사회를 이끌어왔던 유교인 성리학에 대한 관심이 늘어나면서, 유교인 주자성리학이 이제는 중세 봉건사상으로가 아니라, 동양이 세계를 주도하던 시대의 동양사상으로, 율곡 이이의 조선성리학이 조선을 망친 사상이 아닌, 조선을 번영시킨 자주적인 한국사상으로 주목받고 있다.

그동안 성리학을 나라를 망친 사상으로 보면서 실학사상을 연구하면서, 성리학은 민중을 지배하는 봉건사상으로 보아 신분차별 남녀차별을 강조하는 부정적인 사상으로 보아왔다. 그러면서도 선비정신을 찾고 충효 윤리를 찾으려 하였다.

이렇게 선비정신을 찾고 충효 윤리를 찾다보니 성리학을 봉건사상이 아닌 윤리를 확립한 사상으로 새롭게 조명하기 시작하였다.

따라서 조선시대에 성리학 이념에 따라 선비의 절개를 지키며 살아간 인물들에 대한 관심 또한 높아지고 있다. 이에 비해 정작 이들에 대한 연구서들은 거의 없는 편이다.

그래서 그동안 성리학을 중심으로 연구하고, 조선시대 정치사와 국왕 친인척을 조사하면서 일반인들에게 널리 소개하여야겠다고 생각했던 인물들을 중심으로 평전을 기획하여 소개하기로 하였다. 물론 깊은 연구는 학자들이 앞으로 계속 연구해야 할 몫이라고 본다.

그리고 한편으로는 의외로 우리나라 인물에 대한 정리가 잘 안되어 있어, 체계적으로 어떤 문제를 정리하거나, 문화 유적을 소개할 때 미흡한 점이 많을 수밖에 없었다. 그래서 우선 어떤 인물에 대해 당시 정치적 배경 속에서 어떠한 생애를 살았는가, 인척 관계나 교우 관계는 어떠했는가, 인물과 관련된 문화 유적은 무엇인가, 이러한 것을 종합적으로 정리하는 것이 앞으로 연구를 하거나 응용을 할 때에 모두 필요하다고 생각하여 이러한 시리즈를 기획하여 보았다.

조선시대 인물 평전 시리즈를 기획하면서 먼저 청음 김상헌을 출간하기로 결정했을 때, 조선시대를 대표할만한 인물인데도 의외로 소개 되지 않고 있는 것이 놀랍기까지 하였다. 올곧은 선비이면서 훌륭한 외교가이기도 한 청음에 대하여 너무 모르고 또 잘못 알고 있구나 하는 생각이 들었다. 이 책이 청음에 대해 올바른 인식을 하는데 조금이라도 보탬이 되었으면 하는 바람으로, 부족하지만 작은 책자를 엮어 보았다. 강호 제현의 많은 질정을 바란다.

이러한 작업을 하는 동안 자료 정리 교정 윤문을 하느라 밤낮으로 휴일과 방학도 없이 수고를 해준 이순구, 임병수, 권윤수, 이성호, 김준은, 류명환, 양웅렬, 유준상, 안소연 등 여러 제자들에게 이 자리를 빌려 고마움을 표한다.

병신년 가을
북악산장에서

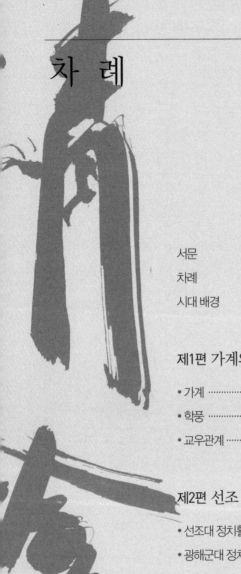

차 례

제4편 병자호란과 척화

제5편 효종대 정치활동과 추숭

제6편 청음의 춘추대의론

부록

시대 배경

▦ 들어가며

경술국치를 맞은 지 어느덧 100년이 넘었다. 그동안 식민지사관을 극복하기 위해 역사학계는 많은 노력을 해왔다. 하지만 아직도 조선왕조를 부정적으로 보거나 조선왕조를 이끌어간 성리학에 대해 부정적으로 보는 시각은 학계에 일반적인 시각으로 자리 잡고 있다. 자본주의 맹아론이나 식민지 근대화론이 학계의 두 축으로 대립하면서, 두 견해 모두 조선왕조를 부정적으로 보고 있는 것이 이를 입증하고 있다.

그러나 1980년대 이후 조선왕조를 긍정적으로 보고 성리학을 긍정적으로 보는 시각에서 연구가 활발히 진행되었다. 이러한 연구는 조선왕조를 문화국가로 조명하기 시작하였고, 식민사관과 조선부정론에 따라 보수 세력의 대표적인 인물로 왜곡되어 왔던 우암 송시열을, 개혁세력의 대표자로 조명하기 시작하였다. 이에 따라 성리학도 보수적인 사상이 아니라 개혁적인 사상으로 재조명되기 시작하였다.

이러한 연구동향은 그동안 성리학의 의리명분론을 부정적으로 보아 연구가 상대적으로 부진했던 충신열사에 대해 새롭게 조명할 것을 요구하게 되었고, 성리학의 의리명분론에 따라 임진왜란을 당해서는 의병 투쟁을 하고, 병자호란을 당해서는 척화를 하고 순절한 충신열사에 대한 평가를 재조명해야 하는 분위기를 만들게 하였다.

조선 후기에 성리학의 의리명분에 따라 절의를 지킨 충신열사들을 어떻게 현창하면서 양란 이후 조선왕조의 문화적 자존심을 지키고 영·정조 문예부흥기의 기반을 닦아나갔는가를 조명하는 것은 중요한 일이라 본다.

조선왕조는 바뀌지 않고 후기까지 계속되었다. 사림들은 광해군을 몰아내고 인조반정을 일으켜, 조선성리학에 입각하여 새로운 나라를 건설하기 위한 개혁을 진행하는 시기였다. 게다가 대외적으로는 명나라 가 망하고 여진족인 청나라가 등장하여 동북아시아 세계를 주도하는 시기였다.

이러한 시기에 사림들은 율곡의 조선성리학 이념에 입각하여 개혁을 주도해 나가고 있었다. 이러한 개혁을 위해 대내적으로는 우리 풍토에 맞는 시비법(施肥法)을 기반으로 한 농학(農學)을 발달시켜 전국토를 퇴비공장으로 만들어 식량을 자급자족할 수 있게 하고, 면화 재배를 전국으로 확대하여 면화왕국으로 만들어 의복을 자급자족할 수 있게 하였다. 또 통영 갓, 안성 유기, 한산 모시 등 명산지를 발달시켜 내적인 경제기반을 다지면서 국가 경제를 튼튼하게 하였다.

대외적으로는 청나라에서 비단을 사다가 일본에 거의 두 배로 다시 팔아 막대한 무역흑자를 올려 일본에서 들어오는 은이 넘쳐나는 부자나라 를 만들어갔다. 이러한 재력을 바탕으로 북벌론을 주장하며 부국강병한 자주적이고 주체적인 문화국가로 기반을 확립했던 시기이다. 그리고 이러한 경제력을 바탕으로 노약자가 편안하게 사는 이상사회를 만들기 위하여 충효(忠孝)를 근본으로 하는 삼강오륜(三綱五倫)을 가르쳐 미풍 양속을 일반화시켜 갔다.

때마침 중원에는 중화(中華)인 명나라가 멸망하고 오랑캐인 청나라가 들어서자, 조선이 마지막 남은 세계 제일의 문화국가 즉 선진국이며, 우리 민족은 세계 최고의 문화민족이라는 '조선중화주의'가 나타나게 되었다.

본래 중화(中華)라는 것은 무조건 중국을 가리키는 것이라기보다 중국에서도 가장 기준이 되는 이상사회를 나타낸 표현이며, 패도(覇道)를 행했던 한(漢)이나 당(唐)보다는 왕도(王道)를 행했던 요순(堯舜)·삼대(三代)를 가장 이상적인 사회로 보아 대동사회(大同社會)·무릉도원을 이룩하고자 한 것이었다.

따라서 조선 후기에 나타난 '조선중화주의'는 중국 사대주의라기보다는 조선이 지금 세계에서 가장 이상사회라고 생각하고 또한 이를 실현하려고 하였던 '조선제일주의'라고 할 수 있다.

조선 후기에는 이러한 조선제일주의에 입각한 이상사회를 이루기 위하여 여러 개혁을 진행해나갔다. 이러한 개혁이 바로 정전제(井田制)의 이상적인 요소를 조선 후기 현실에 맞추어 시행한 대동법(大同法)과 환곡정책(還穀政策)이고, 양반호포론(兩班戶布論)을 주장하며 군역을 균일하게 하려는 균역법(均役法)이었으며, 어머니가 양인이면 아버지가 노비라도 자식은 양인이 되는 노비종량 종모법(奴婢從良 從母法)이었다.

우리나라의 한글이나 과학, 음악, 그림, 글씨, 도자기, 의복, 음식, 판소리, 탈춤 등 모든 것이 마지막 남은 진짜 중화문화의 진수라는 의식에 고무되었다. 그래서 우리나라의 전통적인 것을 아끼고 사랑하며 발전시켜나가 고유색 짙은 민족문화를 이루어나갔으니 이러한 시기를 진경시대(眞景時代), 즉 영·정조 문예부흥기라고 하는 것이다.

이러한 개혁을 왕실과 결탁한 보수 세력과 부딪치면서, 효종·현종·숙종·영조 연간에 시행한 세력이 율곡학파로 대표되는 조선성리학자들이었다. 이들이 성리학의 의리명분론을 확립하는 것이 단종 복위와 대보단(大報壇) 설치였다. 이러한 의리명분론이 확립되면서 이를 실천한 충신열사에 대한 현창이 이루어진다.

▓ 군사제도의 변천

고려시대에는 군인전(軍人田)을 받은 군인이 군대를 형성하였다. 그러나 고려 말에 전시과(田柴科)가 혁파되면서 군인전도 혁파되었다. 이에 따라 조선 전기는 봉족제(奉足制)나 보법(保法)에 입각하여 군역을 담당하는 병·농일치제를 시행하였다. 봉족제는 군역을 치루는 군인에게 봉족이 직접 2필을 부담하던 체제였다. 이러한 봉족제를 기반으로 중앙에는 5위 체제를 형성하고 지방에는 진관 체제를 형성하였다.

16세기에는 군역을 대신 치러주고 봉족에게 대립가(代立價)를 받는 대립제(代立制)가 성행했다. 대립가는 2필을 넘어 10필까지 치솟았다. 이러한 폐단을 막기 위해 중종 36년(1541)에 정부에서 양인에게 군포를 거두어, 군역을 대신 치루는 군인에게 주는 납포제(納布制)가 시행되었다. 이에 따라 전문 용병이 생겨나기 시작하였다. 이에 따라 16세기에는 5위(五衛) 체제가 붕괴되고 5군영(五軍營) 체제로 전환되어갔다. 이렇게 붕괴되는 5위 체제를 5군영 체제로 군대를 재편성하는 것이 바로 십만양병설로 표방되었다.

이러한 5군영 체제의 십만양병은 임진왜란 중인 선조 26년(1593)에 신설된 훈련도감(訓鍊都監)으로부터 시작하였다. 그러나 광해군대에는 궁궐 4개를 짓는 등 재정을 탕진하여 십만양병이 진행되지 못하고 여진에게 투항하는 수모를 겪게 된다. 인조반정 이후에는 수도방위와 국왕 호위를 위하여 어영청(御營廳)을 만들었다. 그리고 수도 외곽을 방어하기 위해 수어청(守禦廳: 만 오천 명)과 총융청(摠戎廳: 2만 명)을 만들어 경기 지역 일원에 대한 방어를 분담하였다. 남한산성 쪽은 수어청이, 경기 서남북 지역의 방어는 총융청이 담당하였다. 그리고 효종대에는 북벌론을 외치면서 이러한 체제를 강화하여 갔다. 마지막으로 숙종 8년 (1682)에 금위영(禁衛營)을 만들어 십만양병이라는 5군영 체제를 완성하였다.

▦ 선조대 십만양병설

선조대 여진 침략은 선조 16년(1583) 니탕개(尼湯介)의 난을 시작으로 본격화되었다. 선조 20년(1587) 녹둔도(鹿屯島) 전투, 선조 21년 (1588) 오랑캐의 녹둔도 침범에 대한 보복적 차원에서 시행된 시전부락 (時錢部落) 전투가 벌어졌다. 이순신은 이 세 번의 오랑캐와의 전투에 모두 참여했다.

이렇게 여진족이 대거 침입하자 선조 16년(1583)에 율곡 이이(李珥, 1536~1584)가 병조판서로 이들을 막아내기 위하여 십만양병설(十萬 養兵說)을 주장하여 선조의 내락을 받아냈으나, 유성룡(柳成龍, 1542~ 1607) 등이 반대하여 십만양병은 일단 저지된다.

이처럼 율곡이 국난에 처하여 개혁을 하려는 것을 유성룡 등의 동인 보수 세력이 저지하는 가운데, 율곡은 여진족 침입을 막아내느라 온갖 노력을 하다가 과로하여, 임금의 부름을 받고 오다가 어지럼증으로 쓰러져 임금을 알현하지 못하고 병조에서 조리하게 되었다.

이를 기회로 동인인 허봉(許篈, 1551~1588)·송응개(宋應漑, ?~ 1588)·박근원(朴謹元, 1525~1585) 등 계미삼찬(癸未三竄)이 왕명 무시라는 죄명으로 모함하고, 허봉의 사주를 받은 삼사(三司)가 율곡을 탄핵하였다.

이에 율곡은 해주로 물러가고 성혼 등이 율곡의 억울함을 호소하고 율곡을 모함한 허봉·송응개·박근원 등을 탄핵하니 선조는 이들을 유배 보내고 삼사를 교체한 뒤 율곡을 다시 등용하였다.

그러나 율곡은 이때 모함당한 억울함 때문인지 아니면 정권욕에 눈이 어두운 보수 세력 때문에 국난에 제대로 대처하지 못한 심려 때문인지 이듬해 한창 일할 나이인 48세 장년의 나이로 임진왜란을 앞에 두고 숨을 거두게 된다.

이후 선조가 서인을 싫어하여 동인인 이산해(李山海, 1539~1609)를 이조판서에 10년이나 두니 서인은 실세(失勢)하고 동인이 정권을 장악하였다.

이러한 와중에 선조 25년(1592)에 임진왜란이, 선조 30년(1597)에 정유재란이 일어나 전국은 초토화 되었다. 다행히 이순신 장군과 의병투쟁이 맹렬했던 덕에 전라도 곡창지대와 충청도 일대가 지켜졌다. 이 시기 의병투쟁을 전개하며 성장한 신진 사림세력은 전쟁 복구를 하며 주도권을 잡아간다.

그러나 정철(鄭澈)·조헌(趙憲)·성혼(成渾) 등 서인의 원로대신들이 의병투쟁 중 또는 전쟁 전후로 죽게 되어, 서인들은 의병투쟁을 주도하였으면서도 정계의 주도권을 잡아가지 못하였다.

오히려 선조를 모시고 의주로 피난 갔던 동인세력, 그중에서도 세자로 책봉된 광해군을 옹립하려는 북인세력이 정계를 주도해 나갔다.

▓ 광해군대 궁궐 수축과 눈치 외교

광해군은 즉위하자 십만양병을 위하여 노력하지 않고 오히려 십만양병의 근간이 될 수 있는 임란왜란 때 의병으로 싸웠던 세력을 등용하지 않았다. 그리고 왕권을 위협하는 세력을 역모죄로 제거하기 시작하였다.

제일 처음으로 자신의 동복형인 임해군(臨海君)을 역모죄로 죽였다. 그러면서 유영경 등 소북세력을 제거하였다. 다음은 이복동생인 영창대군을 제거하고, 조카인 인조의 동생 능창군(綾昌君)을 역모죄로 제거하였다. 급기야는 폐모론(廢母論)을 야기하여 인목대비마저 서궁(西宮: 덕수궁)에 가두고 제거하려 하였다.

이러한 와중에 한편으로는 궁궐을 짓느라고 재정을 탕진하고 있었다.

선조는 임진왜란 후 민생이 어렵다고 느끼고 궁궐공사를 못하게 하며 16년 동안 궁궐 없이 정릉 행궁(貞陵 行宮: 훗날 덕수궁)에서 정사를 보았다.

그러나 광해군은 즉위하자마자 소실된 궁을 복구한다면서 광해 3년(1611)에 창덕궁을 복원하고, 창덕궁이 불길하다 하여 바로 옮겨서 생활하지는 않다가 광해군 7년(1615)에야 옮기고서는 다음해인 광해군 8년(1616)에는 창경궁을 복원하였다. 그리고 다시 인왕산 아래에 인경궁仁慶宮을, 광해군 9년에는 경덕궁(慶德宮: 경희궁)을 새롭게 짓기 시작하였다.

이처럼 광해군이 세운 궁궐을 헤아려 보면 놀라움을 금할 수 없을 정도였다. 더욱 놀라운 점은 인경궁은 불타버린 경복궁의 10배, 경덕궁도 3~4배 정도였다는 사실이다.

거기다가 이런 궁궐을 짓기 위해 백성들의 조세를 100% 인상하고, 호조에서 더 이상의 돈이 없다고 하는데도 군량미까지 손대가며 궁궐 짓는 데 쓸 정도였다.

이에 따라 선조대 시행하려던 대동법 시행은 지지되고 방납(防納)의 폐단만 만연하게 되었다.

이렇게 재정을 탕진하고 역모죄로 반대세력을 제거하여 민심을 이반시키는 사이에 여진족의 세력은 점점 커져 명나라를 위협하는 상황에 이르렀다.

율곡이 주장했던 십만양병을 계승하지 못하여 여진족 침략에 대비하지 못하자 광해군은 여진족의 눈치를 보는 정책을 쓸 수밖에 없었다.

광해군 10년 7월에 명나라 조정에서 우리나라에게 군사 1만을 파견하기를 청하였다. 이에 7월 4일 참판 강홍립을 5도 도원수로 평안병사 김경서를 부원수로 삼고, 1만 명을 징발한다는 회신을 보냈다.

광해군 11년(1619) 1월 오랑캐가 북관을 침범하므로 양호(楊鎬)가 1월 25일 차관 부정헌(傅廷獻)을 보내 숙련된 포수를 재촉하였다. 광해군 11년 2월 1일 도원수 강홍립(姜弘立)이 경략이 포수 5천 명의 징발을 독촉한다는 치계를 올렸다. 2월 21일 도원수 강홍립과 부원수 김경서(金景瑞)가 도강하여 중국 장수와 중국 접경 대미동(大尾洞)에서 만났다.

그러나 명나라와 연합하여 여진족과 싸우지 않고 오히려 명나라를 배신하고 여진족에 투항을 하였다.

이에 광해군 11년(1619) 4월 3일 승정원에서 강홍립 등의 가속을 구금할 것을 청하였고, 4월 8일 양사가 강홍립 등의 죄를 청했으나 왕이 따르지 않았다.

▒ 인조대 십만양병과 척화론

인조반정이 일어나 북인은 몰락하고 서인과 남인이 정권을 장악하자

여진족이 쳐들어올 것을 대비하여 인조 2년(1624) 남한산성을 수축하고
십만양병을 하기 시작하였다.

남한산성은 북한산성(北漢山城)과 더불어 서울을 남북으로 지키는
산성(山城) 중 하나로, 신라 문무왕(文武王) 때 쌓은 주장성(晝長城)의
옛터를 활용하여 인조 2년에 축성(築城)하였다.

그리고 인조 4년 8월 13일에는 비변사가 남한산성의 군량 조달책을
아뢰었다

비국(備局)이 또 아뢰기를, "신들이 삼가 생각하건대, 남한(南漢)은
바로 온조(溫祚)가 수백 년 동안 도읍으로 정하였던 곳으로서 지형의
험하기가 한 사람이 문을 지키면 만 명이라도 열 수 없을 정도입니다.
그런데다 이번에 그곳에 쌓은 성이 매우 견고하고 치밀합니다. 식량이
준비되면 반드시 수비해 낼 수 있는 곳이지만 식량이 없으면 아무리
견고하고 험한 요새라도 아무 소용이 없습니다. 지금 강구해야 할 것은
다만 이 식량 한 가지 문제뿐입니다. 그런데 우리나라의 물력(物力)이
이미 모문룡(毛文龍)의 군대 식량 보급으로 바닥이 나서 아무리 애써
마련해보려 해도 별로 좋은 방책이 없습니다. 굳이 마련한다면 본주(本
州)의 전결(田結)이 겨우 2천여 결이지만 국가에서 차라리 이 한 고을의
세입(歲入)을 손해 보더라도 산성(山城)에다 소속시켜서 모든 전세(田
稅)와 삼수량(三手粮)과 모병량(毛兵粮) 및 선혜청(宣惠廳)의 작미
(作米)를 모두 본성에다 비축하도록 한다면 몇 년 뒤에는 자연 얼마간의
모양이 갖추어질 것입니다. 신들의 계책으로는 이보다 나은 것이 없습니
다. 이밖에 조처할 계책에 대해서는 총융사(摠戎使) 이서(李曙)로 하여
금 다시 헤아려 계품해서 시행토록 하는 것이 합당하겠습니다."

『남한지(南漢志)』에 따르면, 원래 심기원(沈器遠)이 축성을 맡았으나

그의 부친상으로 인하여 이서(李曙)가 총융사(摠戎使)가 되어 공사를 시작하여, 인조 4년(1626) 7월에 끝마쳤다. 공사의 부역(賦役)은 주로 승려가 맡아 하였다.

수어사(守禦使) 이시백(李時白)이 축성 뒤에 처음으로 유사시에 대비할 기동훈련의 실시를 건의하여, 인조 14년(1636)에 1만 2700명을 동원하여 훈련을 실시하였다. 그러나 그 해 12월에 막상 병자호란이 일어나자 여러 가지 여건으로 제대로 싸워보지도 못하고 성문을 열어 화의(和議)하고 말았다.

남한산성의 수비는 처음에는 총융청에서 맡았다가 성이 완성되자 수어청이 따로 설치되었고, 여기에는 5영(營)이 소속되었는데, 전영장(前營將)은 남장대(南將臺)에, 중영장(中營張)은 북장대(北將臺)에, 후영장(後營將)과 좌영장(左營將)은 동장대(東將臺)에, 우영장(右營將)은 서장대(西將臺)에 진(陣)을 쳤다. 현재는 서장대(守禦將臺라고도 함) 하나만이 남아 있다.

▦ 정묘호란과 병자호란

이렇게 광해군대에 명과 후금 사이에 눈치 외교를 벌인 결과는 인조반정이 일어나고 명나라와 관계가 다시 개선되고 후금과의 관계가 악화되자 문제가 되기 시작하였다. 명나라 모문룡(毛文龍) 장군이 후금(後金)과 싸우다 광해군 11년(1619) 요동이 함락되자 평북 철산(鐵山)의 가도(椵島)에 주둔하다가, 강홍립이 후금에 투항한 뒤 후금을 도와주고 있는 사실을 알게 되어 명에서 조선에 문책을 하기 시작했다.

이에 이를 변명할 사신으로 파견하려고 해도 갈 사람이 없었다. 이에 인조 4년 5월 28일 김상헌(金尙憲)을 특별히 사은사로 임명하여 8월에 바다를 건너 10월에 북경에 도착하게 된다. 인조 5년 5월 6일에 김상헌은 돌아오면서 우선 우리나라가 후금의 첩자노릇을 하였다는 모문룡의 모함을 명쾌한 논리로 풀어버리고, 다음으로는 후금 임금의 장례를 도와주는 등 후금과 밀접하게 협조하고 있다는 모함에 대해 이는 강홍립이 투항하여 벌인 행동이지 인조가 주도한 것이 아니라고 명쾌하게 답변하여 명나라의 오해를 풀고 있다.

이처럼 모문룡의 모함으로 인한 오해 때문에 이를 밝히기 위한 상소문에서, 청음 김상헌은 강한 나라 사이에서 눈치를 보며 이리 붙었다 저리 붙었다 하는 눈치 외교를 하지 않고 대의명분을 지켜 자주적인 외교를 한다고 하는 춘추대의론(春秋大義論)을 잘 나타내고 있다.

이렇게 김상헌이 명나라에 사신으로 가서 오해를 풀고 있는 동안에, 인조 5년(1627) 1월 13일 아민(阿敏)이 이끄는 3만의 후금군이 강홍립 등을 길잡이로 하여 조선을 침략하는 정묘호란이 일어났다. 이에 김상헌은 3월 9일에 북경에 있으면서 명나라가 경병(輕兵)으로 후금의 배후를 칠 것을 상소하였다. 여기에서 김상헌은 오랑캐가 중화인 명나라를 점령하려고 우선 소중화인 조선을 침략한 것이니 후금의 배후를 공략하여 후금이 조선에서 빨리 철병하게 하여 조선을 안정시켜야만 명나라도 후금의 침략을 막아내기에 쉽다고 하는 국제정세에 입각한 자주적인 춘추대의론을 전개하고 있다. 이에 명나라 황제는 정예병을 선발하여 후금의 배후를 치도록 명령하였다.

이렇게 김상헌은 정묘호란에 대처하여 자주적인 춘추대의론으로 당시 급박한 상황을 외교적으로 해결하고 와서는 자주 국방에 힘을 기울일 것을 주장하였다.

이러한 노력은 남한산성을 수축하고 궁궐을 빙어하는 어영청의 건립과 궁궐외곽을 방어하는 수어청과 총융청의 건립으로 나타났다.

그러나 이러한 준비가 제대로 되기 전에 인조 14년(1636) 병자호란이 일어나게 된다. 이에 남한산성을 기반으로 결사항전하자는 척화파(斥和派)와 청나라에 항복하자는 주화파(主和派)로 나누어지게 된다. 결국 강화도가 함락되자 삼전도(三田渡) 굴욕을 겪으면서 항복을 하게 된다. 이에 김상헌·정온(鄭蘊)은 자결을 시도하였고, 삼학사(三學士)는 척화를 주장하다 심양(瀋陽)으로 끌려가 죽게 된다.

이에 명나라와 연결하여 청나라를 물리치려는 척화파들은 친청파에 의해 역모로 몰려 심기원 옥사(沈器遠 獄事), 임경업 옥사(林慶業 獄事)로 죽게 된다. 그리고 명나라가 망하자 돌아온 소현세자(昭顯世子)가 친청파에 의해 독살당하고, 소현세자의 세 아들마저 강빈옥사에 연루되어 제주도에 유배가 첫째 아들과 둘째 아들이 죽는 참변을 겪게 된다.

이렇게 친청파가 만행을 저지르는 가운데 둘째 아들로 세자가 된 봉림대군(鳳林大君)은 절치부심하고 행동을 조심하며 인조 27년 인조가 승하하자 효종으로 즉위하게 된다.

▓ 효종~숙종대 십만양병과 북벌론

강화도에서 순절한 김상용(金尙容)의 외손녀 사위로 왕위에 오른 효종은 직계존비속이 정묘·병자호란에 피해를 입은 척화파들을 불러 올려 친청파 김자점을 제거하고 북벌론(北伐論)을 주도하게 된다.

이는 효종·현종·숙종대를 거치며 척화파 노론이 정권을 장악하면서 훈련도감(訓練都監)·어영청(御營廳)·수어청(守禦廳)·총융청(摠

戎廳)·금위영(禁衛營)으로 이루어지는 5군영을 완비하고 이어서 북한 산성을 수축하며 청나라 침략에 대비한 만반의 준비를 완성한다.

이에 척화파인 노론은 대보단을 건설하고 조선만이 중화라는 조선제일 주의를 외치며 부국 강병한 영조대 문화국가를 확립한다.

▓ 척화론과 청음 김상헌의 의미

청음 김상헌은 여진족이 쳐들어와 정묘호란·병자호란이 일어나자 척화를 주장하고 실력을 길러 이를 막을 것을 주장했던 척화론자였다.

율곡이 여진족이 쳐들어오는 것을 대비하기 위해 십만양병을 주장하였지만 율곡이 죽고 서인이 실각하자 대비를 못하다가 임진왜란을 당하였다. 임진왜란을 당하자 중봉(重峯) 조헌(趙憲, 1544~1592)처럼 의병을 이끌고 싸우던 서인 의병장들은 왜란 후 동인이 집권하자 재야로 밀려났다. 북인이 주도하는 광해군대에는 역모를 조작하여 서인들을 죽이고 몰아내니 십만양병은커녕 현재 있는 군대도 지탱하기 어려운 정도였다.

게다가 궁궐 5개를 지으며 재정을 탕진하니 여진 침략에 대비할 군대를 양성하는 것은 불가능하였다. 이에 명나라의 원군으로 차출되어가서 여진에 투항하는 처참한 상황까지 벌어졌다.

인조반정이 일어나 여진 침략에 대비하고자 남한산성을 수축하고 십만양병을 서두르지만 광해군 14년 동안 무너졌던 체제를 복구하는 데는 시간이 걸렸다.

이러한 상황에서 여진이 쳐들어오니 항복하자고 하는 주화파에 대해 죽을 때까지 항전하자고 하는 척화파가 나오는 것은 당연하였다. 그리고 이러한 척화가 있었기에 후에 북벌론이 일어나고 십만양병을 하여 명나라도 망한 상황에서 조선을 부국강병으로 이끄는 원동력이 되었다.

구한말 일제 침략에 항복하는 매국노가 있었지만 나라가 망하게 되자 자결하는 민영환(閔泳煥)·황현(黃玹) 같은 충신들이 있어 일제에 항거하는 독립운동이 일어나 임시정부와 광복군을 조직하여 광복을 맞이하는 원동력이 된 것처럼 병자호란 당시 항복하자는 주화파에 반대하여 죽을 때까지 항전하자는 척화파는 이후 북벌론을 주도하는 원동력이 되어 부국강병한 문화국가를 이루어내게 되었다. 그렇기 때문에 지금 일제강점기 독립운동에 투신한 애국지사들을 현창하는 것처럼 조선 숙종·영조대에도 김상헌·김상용·삼학사에 대한 추숭과 현창이 이루어졌다.

제1편
가계와 학풍

- 가계
- 학풍
- 교우관계

▨ 가계

안동 김씨는 신라 경순왕의 손자인 김숙승(金叔承)을 시조로 하고 김방경(金方慶)을 중시조로 하는 '구(舊) 안동김씨'와 고려 개국공신 김선평(金宣平)을 시조로 하고 김습돈(金習敦)을 중시조로 하는 '신(新) 안동김씨'가 있다.

김상헌은 고려 태사(太師) 김선평(金宣平)의 후예이다.

김선평은 고려 태조 왕건을 도와 후백제(後百濟)의 견훤(甄萱)을 격파 하였다. 그로 인해 훈공(勳功)이 책록(策錄)되어 태사아보 공신(太師亞 父功臣)이 되었으며, 죽은 뒤에는 권행(權幸)·장길(張吉)과 함께 고창 군(古昌郡)의 사(社)에 함께 제사 지내졌다. 그 뒤에 고창이 안동(安東) 으로 지명이 바뀌었으며, 자손으로서 안동에 살게 된 사람들이 태사 김선평을 시조로 삼게 되었기 때문에 안동이 본관으로 정해졌다.

7세 김득우(金得雨)는 중현대부(中顯大夫) 전농정(典農正)을 지냈 다.

8세인 김혁(金革)은 예조정랑(禮曹正郎)을 지냈다. 공민왕 19년 (1370) 이색, 정몽주와 더불어 신돈을 탄핵해 이듬해 죄주게 하였다.

9세인 김삼근(金三近, ?~1465)은 세종 1년(1419) 생원시에 합격하 고 비안현감(比安縣監)을 지냈다.

【김상헌 상계도】

```
시조     1세      2세      3세      4세     5세     6세      7세      8세
김선평── 습돈 ── 여기 ── 남수 ── 희 ── 자 ── 근중 ── 득우 ── 혁 ┐
                                                                    │
┌───────────────────────────────────────────────────────────────────┘
│  9세     10세      11세      12세      13세     14세     15세     16세
└ 삼근 ┬ 계권 ┬ 학조(출가)
  김전녀 │ 권맹손녀 │ 道號등곡 세조조국사
  상락인 │ 예천인 │
         │        ├ 영전
         │        ├ 영균
         │        ├ 영추
         │        ├ 영수 ┬ 영
         │        │ 김박녀 │ 김광여녀
         │        │ 강릉인 │
         │        │        ├ 번  ┬ 생해 ┬ 대효 -계)상헌 -계)광찬
         │        │        │ 홍길녀 │ 이침녀 │ 이영현녀 이의노녀 김래녀
         │        │        │ 남양인 │ 경명군 │ 정태형녀 성주인  연안인
         │        └ 계행  │        │ 성종  │ 이억정녀
         │                 │        │ 서9남  │
         │                 │        │        ├ 원효 ── 상준 - 광욱
         │                 │        │        │ 이승열녀
         │                 │        │        │
         │                 │        │        ├ 극효 ┬ 상용
         │                 │        │        │ 정유길녀 ├ 상관
         │                 │        │        │ 동래인 ├ 상건
         │                 │        │        │        ├ 상헌(출)
         │                 │        │        │        └ 상복
         │                 │        │        └ 선효
         │                 │        │          홍목녀
         │                 │        ├ 녀=김의정
         │                 │        └ 녀=이천복
         │                 ├ 순
         │                 │
         │                 ├ 녀=김연손
         │                 ├ 녀=김유
         │                 ├ 녀=금원수
         │                 ├ 녀=김윤종
         │                 ├ 녀=안임
         │                 └ 녀=이수남
         │
         ├ 녀=유용
         ├ 녀=이장생
         ├ 녀=정훈노
         ├ 녀=한영
         ├ 녀=김윤리
         └ 녀=권감
```

※ 본서 부록 391쪽 참조

안동태사묘(安東太師廟). 경상북도 기념물 제15호
경상북도 안동시 북문동 24-1 소재

안동시 중심부인 북문동에 자리 잡고 있다. 태사는 고려 개국 공신인 김선평(金宣平), 권행(權幸), 장길(張吉) 삼태사의 위패를 봉안하고 있는 곳이다. 성종 12년(1481)에 관찰사 김자행(金自行)이 목면과 베를 주고 입보(立寶)하면서부터 묘우를 세우는 터전을 마련했고, 이어서 중종 35년(1540) 안동부사 김광철(金光轍)이 현 위치에 묘를 건립하였으며, 경상도관찰사 권철(權轍)이 제전을 설치하고, 노복을 주었다. 또한 1556년 안동부사로 부임한 권소(權紹)는 제전과 곡물을 더해주고 권씨 성을 가진 수석 호장(戶長)에게 맡겨 이식을 취하여 매년 제사를 받들게 하는 등 제도화에 힘을 쏟았다. 이곳에는 부속건물로 보물각과 숭보당, 동서재, 경모루, 안묘당, 차전각, 주소 등이 있는데, 보물각에는 삼태사의 유물인 옥관자 외 21점이 보존되어 있다. 숭보당 안에는 퇴계선생이 지은 중건기문 등이 게판되어 있다. 묘정에는 삼공신비(三功臣碑)가 세워져 있다. (출전: 문화재청)

서울에 처음 자리 잡은 이는 김계권(金係權, ?~1458)·김계행(金係行) 형제였다. 김계권은 권맹손의 딸 예천(醴泉) 권씨(權氏, 1409~1496)와 혼인하였다. 권맹손(權孟孫, 1390~1456)은 세종~문종대에 대제학·이조판서를 역임하였다.

김계권은 문종대에 직장을 지냈고, 단종 1년 수양대군(세조)의 계유정난(癸酉靖難)의 공로로 원종공신 3등에 녹훈되었으며, 후일 한성판관(漢城判官)까지 올랐다.

김계권의 거주지가 서울의 장의동(壯義洞)이었다. 그러나 세조 4년(1458) 김계권이 죽자 부인 권씨와 다섯 아들은 안동으로 이사하였다. 처음의 서울 정착은 1대에 그쳤던 셈이었으나, 서울 명가와의 통혼과 경관직 진출이란 면에서 일대 전기였다.

동생 김계행(金係行, 1431~1517)은 세종 29년(1447) 진사가 되고 성균관에 입학하여 김종직(金宗直) 등과 교유하며 학문을 익혔다. 성종 11년(1480) 50세에 문과 급제를 하고 부제학 대사간을 역임하였다. 연산군 4년(1498) 대사간에 올라 권간을 극론하였으나 훈구파에 의해 제지되자 벼슬을 버리고 고향인 안동으로 낙향하였다. 김종직 등과 교유한 것으로 말미암아 무오사화 갑자사화에 연루되어 투옥되었으나 큰 화는 면하였다.

풍산사제(豊山笥堤) 위에 조그만 정자를 지어 '보백당(寶白堂)'이라 하고 학생을 모아 가르치니 보백선생(寶白先生)이라 불리었다. 중종 12년(1517) 87세로 졸했다.

숙종 32년(1706) 지방유생들이 그의 덕망을 추모하여 안동에 묵계서원(默溪書院)을 짓고 향사하였다. 철종 10년(1859)에 이조판서에 추증되었다. 시호는 정헌(定獻)이다.

김계권의 다섯 아들 가운데 장남은 출가하였는데 이가 학조대사(學祖大師)이다. 학조대사는 세조대에 활약한 이른바 삼화상(三和尙: 信眉·學悅·學祖)의 한 명이었다. 금강산 유점사(楡岾寺)를 중창하였고, 명(明) 사신 접대를 금강산에서 준비하는 등 세조의 총애를 받았다. 그에 대한 왕실의 후원은 성종대까지 꾸준히 이어졌다.

김계권의 나머지 아들들은 음직(蔭職)으로 벼슬에 올랐다. 5남이자 김상헌의 고조할아버지인 김영수(金永銖, 1446~1502) 또한 음직으로 사헌부 장령 등을 지냈다. 그는 활쏘기·바둑·음악 등 다방면에 조예가 있었고, 박람(博覽)하여 문인(文人)·장자(長者)와 폭넓게 교유하였다. 그는 황해도 금교도(金郊道) 찰방(察訪)으로 있다가 죽었는데, 관이 서울에 들렀을 때 많은 사대부가 조문하였다. 폭넓은 영향력이 드러나는 장면이다. 김계권이 죽은 후 일시 안동에 퇴거하였지만, 학조와 김영수의 예에서처럼, 그 가계는 이미 중외의 주목 속에서 번창할 기세였다. 김영수는 마치 이를 예감한 듯, 자신은 출사에 허물이 없었으니 자손 가운데 필히 문호를 일으키는 자가 있으리라고 했다.[1]

김영수의 예감처럼 아들 김영(金瑛, 1475~1544)과 김번(金璠, 1479~1544)은 중종 1년(1506)과 중종 18년(1513)에 나란히 문과에 합격하였다.

김영은 중종 초반에 활발한 언론 활동을 벌였고, 관직에서 물러나서는 청풍계(靑楓溪, 김상용이 淸風溪로 개명)에 초막(草幕)을 짓고 은거하였다.

청풍계(淸風溪)는 지금의 청운동(淸雲洞) 52번지 일대다. 선원(仙源) 김상용(金尙容)의 방손(傍孫)인 동야(東野) 김양근(金養根, 1734

---

1) 金瑛, 『三塘先生遺集』 권1. 先考司憲府掌令府君行狀.

~1799)이 영조 42년(1766)에 지은 「풍계집승기(楓溪集勝記)」에 의하면 김영수가 이 터전을 마련하여 김영, 김번 형제가 이곳에서 자라났던 듯하다. 그래서 김상헌의 큰 증조할아버지인 김영이 이곳에 있는 세 연못을 상징하는 삼당(三塘)으로 자호(自號)하였던 것이다.

김계권의 동생 김계행(金係行, 1431~1521)은 세조의 총애를 입던 조카 학조(學祖)를 꾸짖어 사림들 사이에 평판이 좋았다. 당대 사림의 영수인 김종직(金宗直, 1431~1492)과는 『주역(周易)』·『근사록(近思錄)』을 강론하며 교유하였는데, 연산군대에는 무오사화(戊午士禍)에 연루되어 실각하고 안동으로 낙향하였다.

김계행의 정치적 이력은 종손(從孫) 김영(金瑛, 1475~1528)이 계승하였다. 김영은 연산군 12년(1506) 별시문과에 급제하여 예문관검열로서 사가독서(賜暇讀書)하였고, 중종 17년(1522)에는 다시 장령이 되었으며, 이어 동부승지를 거쳐 중종 22년(1527) 강원도관찰사를 지냈다.

그는 중종대 초반에는 언관으로서 김종직의 신원을 청하고 무오사화의 장본인으로 지목되었던 이극돈(李克墩)을 탄핵하는 등 사림들의 신원에 앞장서 주장하였다.

그가 교유한 인사들은 조광조(趙光祖)·이언적(李彦迪)·권벌(權橃)·이현보(李賢輔)·김안국(金安國)·박상(朴祥)·소세양(蘇世讓) 등으로 당대 사림의 지도자들이었다. 특히 권벌·소세양과 절친하였는데, 권벌은 자신의 조부 권곤(權琨)의 묘갈명을 그에게 부탁하였고, 소세양은 그의 묘갈명을 지어주기도 하였다.

청풍계淸風溪, 정선, 133.0×58.8㎝, 간송미술
관 소장. 1739년 겸재 정선이 백악산 청풍계 골
짜기에 있던 김상용金尙容의 고택을 그린 것이
다.

김상헌의 증조할아버지인 김번은 경기도사(京畿都事)·평양서윤(平壤庶尹) 등 주로 외직을 역임하였는데 신병(身病)으로 퇴거(退居)하여 서울에서 20여 년을 거주하였다. 이후 승정원 도승지에 추증되었다. 김번이 만년에 거주한 곳은 조부 김계권의 거주지였던 장의동(壯義洞)이었다. 이후 청풍계에서 장의동에 이르는 지역이 확실한 세거지가 되었다. 김영·김번은 모두 서울의 저택에서 사망하였고, 김영은 경기도 파주의 교하(交河)에, 김번은 경기도 양주(楊州)의 석실(石室)에 묻혔다. 훗날 김영의 일부 후손들은 다시 안동으로 내려가게 됨으로써 서울 인근의 선영으로는 석실만이 뚜렷해졌다. 서울의 세거지와 경기의 선영은 이후 지역적·정신적 구심이 되었다.

증조할머니는 홍걸(洪傑)의 딸인 증 정부인(贈貞夫人) 남양 홍씨(南陽洪氏, ?~1550)이다. 홍걸은 사직령(社稷令)을 지냈다.

홍걸의 고모는 문종 후궁 숙빈 홍씨(肅嬪洪氏)이다. 숙빈 홍씨의 어머니는 파평인 윤규(尹珪)의 딸로 세조비 정희왕후와 4촌간이다. 홍걸의 할아버지 홍심(洪深, 1398~1456)은 경기도관찰사를 지냈고, 숙부인 홍응(洪應, 1428~1492)은 도승지 좌의정을 지냈다. 홍심의 묘소가 남양주시 와부읍 덕소리에 있는 것으로 보아 덕소리에 기반을 가지고 있었던 것으로 여겨진다. 이후 남양 홍씨 홍걸의 사위로 들어간 김번이 여기에 정착하게 되는 것 같다.

또한 홍걸은 덕종(德宗) 1녀 명숙공주(明淑公主)와 혼인한 당양위(唐陽尉) 홍상(洪常, 1457~1513)과 사촌간이다.

【남양 홍씨와 파평 윤씨의 왕실 연혼을 중심으로】

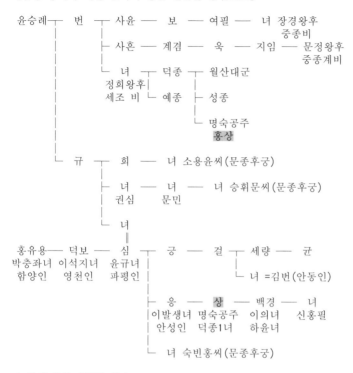

※ 본서 부록 425쪽 참조

　　김상헌의 할아버지는 증(贈) 이조판서 김생해(金生海, 1512~ 1558)
이며, 할머니는 성종대왕(成宗大王) 서9남으로 숙의 홍씨(淑儀洪氏,
1457~1510) 소생인 경명군(景明君) 이침(李忱, 1489~ 1526)의 1녀
인 정부인(貞夫人: 2품) 전주 이씨(全州李氏) 이연환(李蓮環, 1510~
1591)이다.

　　김생해는 신천군수(信川郡守)를 지냈다. 처음에 참판에 증직되었다가
이어서 이조판서에 증직되었다.

　　김생해는 전주 이씨와 사이에 3남을 두었다.2)

1남은 김대효(金大孝), 2남은 김원효(金元孝)이다. 초명은 달효(達孝)이다. 3남은 김극효(金克孝)이고, 4남은 김선효(金善孝)이다.

김상헌의 아버지는 김극효(金克孝, 1542~1618), 어머니는 정유길(鄭惟吉, 1515~1588)의 셋째 딸 동래 정씨(東萊鄭氏, 1542~1621)이다. 정유길이 일찍이 김극효에게 친히 학문을 가르쳐 주면서 재기(才氣)가 다른 사람보다 훨씬 뛰어나다고 극도로 칭찬하였다고 한다. 김극효는 돈녕부 도정(敦寧府都正)을 지내고 이후 영의정에 추증되었다.

정유길은 기묘사림(己卯士林)의 정치적 후견인이었던 정광필(鄭光弼)의 손자로 선조대에 좌의정을 지냈다. 그의 가문인 이른바 '회동 정씨(會洞鄭氏)'는 당시 '문호의 성대함이 국조의 으뜸'이란 평가를 받을 정도로 성세(盛世)를 누렸다.

김극효가 28세의 연소한 나이로, 장인인 정유길과 함께 백인걸(白仁傑)·이준경(李浚慶)·이황(李滉)·조식(曺植)·윤두수(尹斗壽)·이이(李珥)·유성룡(柳成龍) 등 당대의 명사(名士)·홍유(鴻儒)가 모인 회갑연에 참석했다는 기록은 그들 구생(舅甥)이 지닌 당대의 명망을 대변하고 있다.

김극효는 광해군 장인 유자신(柳自新, 1541~1612)과 동서지간이 된다.

따라서 김상헌에게 유자신은 이모부가 된다. 이종사촌 누이는 문성군 부인(광해군 부인)으로 김상헌과 광해군은 4촌 처남매부간이 된다.

또 정광성(鄭廣成)과는 외사촌간이 되고 정광성의 아들로 현종대 영의

---

2) 김생해 묘갈. "有男三人 長曰太孝 娶漢城府右尹李英賢之女 次曰達孝 娶忠義衛李承說之女 生一男 幼 季曰克孝." 김생해 묘갈에는 3남으로 나오나 족보에는 4남이 나온다. 김극효 행장에도 김생해에게 3남이 있다고 나온다. 김원효 묘갈에도 3남을 두었다고 나온다.

정을 지낸 정태화(鄭太和)는 5촌 조카가 된다.

【동래 정씨 정유길을 중심으로】

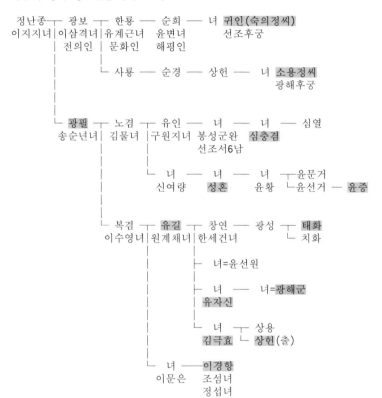

※ 본서 부록 417쪽 참조

김극효는 다섯 아들을 두었는데 김상헌은 넷째이다.

1남이 김상용(金尙容), 2남이 김상관(金尙寬), 3남이 김상건(金尙
謇), 5남이 김상복(金尙宓)이다.

김상용(金尙容, 1561~1637)의 호는 선원(仙源)이다. 부인은 권개

(權愷)의 딸 안동 권씨이다. 이조판서 우의정를 지냈다. 광해군내에는 폐모론을 반대하고, 병자호란에 강화도가 함락되자 성의 남문루(南門樓)에 올라가 앞에 화약(火藥)을 장치한 뒤 좌우를 물러가게 하고 자결하였다. 이때 나이 77세였다.

김상용의 딸이 계곡(谿谷) 장유(張維)와 혼인하여 후일 효종비(孝宗妃) 인선왕후(仁宣王后)가 되는 딸을 낳았다. 따라서 김상용은 효종에게 처외조부가 된다.

김상관(金尙寬, 1566~1621)의 부인은 남응정(南應井)의 딸 의령 남씨이다. 두 아들 김광혁(金光爀, 1590~1643)과 김광찬(金光燦, 1597~1668)을 낳았다. 김광혁은 승정원 동부승지를 지내고 영의정에 증직되었으며, 김광찬은 동지중추부사(同知中樞府事)를 지내고 영의정에 증직되었다. 동지공(同知公) 김광찬이 숙부인 좌의정 문정공(文正公) 김상헌(金尙憲)에게 입양되어 후사가 되었다.

김상건(金尙謇, 1567~1604)은 선조 23년 진사(進士)에 오르고, 광릉 참봉(光陵參奉)을 지냈다. 부인은 송응광(宋應光)의 딸 은진 송씨(恩津宋氏)이다.

김상복(金尙宓, 1573~1652)은 선조 24년 진사(進士)에 오르고, 경주부윤(慶州府尹)을 지냈다. 이인기(李麟奇)의 딸 청해 이씨(靑海李氏)와 혼인하였다. 김상복의 2녀는 삼학사인 윤집(尹集, 1606~1637)과 혼인하였다.

따라서 김상헌에게 인선왕후는 종손녀(從孫女)가 되며, 윤집은 조카 사위가 된다.

【안동 김씨 김극효를 중심으로】

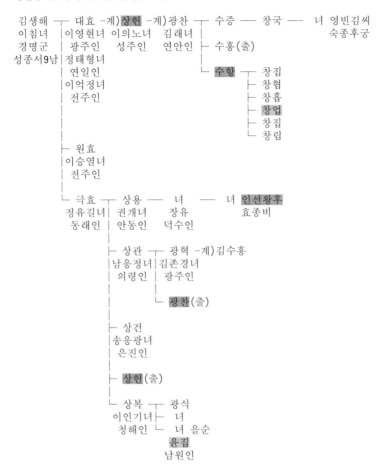

김생해 ┬ 대효 -계)상헌 -계)광찬 ┬ 수증 ── 창국 ── 녀 영빈김씨
이침녀 │이영현녀 이의노녀 김래녀 │   숙종후궁
경명군 │ 광주인 성주인   연안인 ├ 수흥(출)
성종서9남│정태형녀   │
         │ 연일인   └ 수항 ┬ 창집
         │이억정녀   ├ 창협
         │ 전주인   ├ 창흡
         │   ├ 창업
         │   ├ 창집
         │   └ 창립
         ├ 원효
         │이승열녀
         │ 전주인
         │
         └ 극효 ┬ 상용 ── 녀 ── 녀 인선왕후
         정유길녀│ 권개녀   장유   효종비
         동래인 │ 안동인   덕수인
                │
                ├ 상관 ┬ 광혁 -계)김수흥
                │남응정녀│김존경녀
                │ 의령인 │ 광주인
                │   │
                │   └ 광찬(출)
                │
                ├ 상건
                │송응광녀
                │ 은진인
                │
                ├ 상헌 (출)
                │
                └ 상복 ┬ 광식
                이인기녀├ 녀
                 청해인 └ 녀 을순
                         윤집
                         남원인

※ 본서 부록 392쪽 참조

　김상헌은 큰아버지인 김대효(金大孝, 1531~1572)가 슬하에 아들을
두지 못해 양자로 들어갔다.
　양아버지 증(贈) 영의정 김대효는 중간쯤 되는 키에 수려하였고 살결이

희고 수염과 눈썹이 그림 같았으며, 평안하고 화순하여 안팎이 한결같았다. 행서(行書)와 초서(草書)를 잘 썼으며, 사장(詞章)을 익혀 여러 차례 과거에 응시하였으나 급제하지는 못하였다. 처음에 문음(門蔭)으로 빙고 별제(氷庫別提)에 제수되었다가 상의원 직장(尙衣院直長)으로 옮겨졌으며, 다시 사축서 사축(司畜署司畜)으로 옮겨졌다. 외직으로 나가 삼가현감(三嘉縣監)에 보임되고 품계가 봉정대부(奉正大夫: 정4품)에 이르렀다.

양어머니는 모두 세 분인데 예조참판(禮曹參判) 이영현(李英賢, 1507~1572)의 맏딸인 증 정경부인(贈貞敬夫人: 1품) 광주 이씨(廣州李氏, 1531~1560), 성균 생원(成均生員) 정태형(鄭泰亨)의 둘째 딸인 증 정경부인 연일 정씨(延日鄭氏, 1542~1566), 보천부정(甫川副正) 이억정(李億正)의 둘째 딸인 정경부인 전주 이씨(全州李氏, 1552~1622)이다.

첫째 양어머니 광주 이씨는 고려조의 명사(名士) 둔촌(遁村) 이집(李集, 1314~1387)의 후손이다.

광주 이씨는 중종 26년(1531)에 태어나 열다섯 살 때 김대효와 혼인하였다. 부도를 아주 잘 갖추고 있었으며, 시아버지의 상을 당하여 지나치게 집상하다가 몸을 상하여 명종 15년(1560) 3월 4일에 죽었다.

【광주 이씨 이영현을 중심으로】

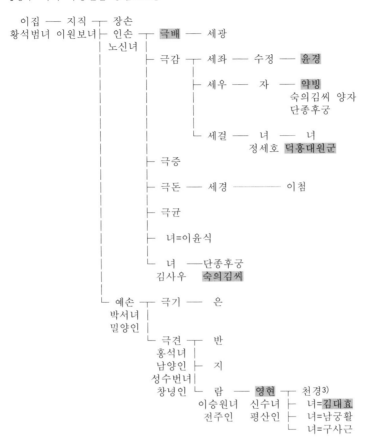

※ 본서 부록 408쪽 참조

---

3) 이영현의 부인으로 『광주이씨대동보』(1988, 회상사)에는 申授女로 나오나 이영현
묘표에는 申援女로 나온다.

김대효의 동서에 능성인(綾城人) 구사근(具思謹)이 있다.

구사근의 아버지는 능창위(綾昌尉) 구한(具澣, 1524~1558)이다. 어머니는 중종 서5녀로 숙원 김씨(淑媛金氏) 소생인 숙정옹주(淑靜翁主, 1525~1564)이다. 구사근의 6촌 형제에 구사안(具思顔), 구사맹(具思孟) 등이 있다. 구사맹은 인조의 외할아버지이다.

【능성 구씨 구사근을 중심으로】

```
 구양 ── 치홍 ┬─ 수종 ── 팔원 ── 연
윤사영녀 송계후녀│
 해평인   진천인  └─ 수영 ┬─ 숭경
              이염녀 │ 윤보녀
              영응대군│
              세종8남 ├─ 희경 ──  순 ┬─ 사안 ─계) 횡
                   │신수겸녀 이정원녀│효순공주
                   │ 거창인   의신군 │중종3녀
                   │        전주인 │
                   │             └─ 사맹 ── 녀 인헌왕후 원종비
                   │               한극공녀
                   │               신화국녀
                   ├─ 문경
                   │연산군녀
                   │
                   ├─ 신경 ┬─  윤 ──  녀
                   │ 이균녀 │윤원개녀  남침
                   │    윤지임손녀
                   │     │
                   │     └─  한 ┬─ 사근
                   │      중종부마│이영현녀
                   │      숙정옹주│
                   │          └─ 사함 ── 녀=유희량
                   │            이미녀
                   │
                   ├─ 녀=임희재(풍천인, 부 임사홍)
                   │
                   └─ 녀=안양군 이항(성종 서2남)
```

※ 본서 부록 396쪽 참조

석실부락 안동김씨 선영

김대효 묘소

　두 번째 양어머니 연일 정씨는 중종 37년(1542)에 태어나 20세에
김대효와 혼인하였다. 천성이 활달하여 여사(女士)다운 풍모가 있었다.
남편을 섬김에 있어서는 순종하였으며, 시어머니를 섬김에 있어서는
공경하였다. 동서들을 대함에 있어서는 온화하면서도 예법이 있었다.
이에 아래로 종들에게 이르기까지 덕을 칭송하지 않는 사람이 없었다.
25세인 명종 21년(1566) 10월 6일에 출산을 하다가 잘못되어 결국
일어나지 못하였다. (「연일정씨 묘표」)

　정태형(鄭泰亨, 1517~?)은 송강(松江) 정철(鄭澈, 1536~1593),
인종 후궁인 귀인 정씨(貴人鄭氏, 1520~1566)와 6촌간이다.

　정태형은 정암(靜庵) 조광조(趙光祖, 1482~1519)의 동생인 원주목
사(原州牧使) 조숭조(趙崇祖)의 딸과 혼인하였다.

【연일 정씨 정태형을 중심으로】

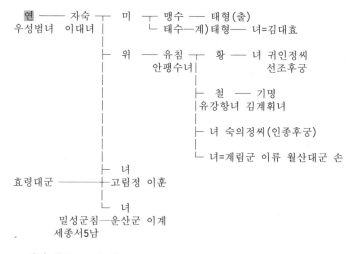

※ 본서 부록 419쪽 참조

세 번째 양어머니 전주 이씨는 고요하고 바르며 정렬(貞烈)이 있었다. 시어머니를 받들고 제사를 주관함에 있어서 공경히 예의를 다하였다. 양자로 들어온 김상헌을 자신이 낳은 아들처럼 대했고 규문(閨門) 안이 화목하였다고 전해진다. (「삼가부군묘표음기」)

보천부정(甫川副正) 이억정(李億正)은 태종 서8남으로 숙선옹주 안씨(淑善翁主安氏) 소생인 익녕군(益寧君)의 증손이다. 선조 때 영의정으로 인조대왕 묘정에 배향된 오리(梧里) 이원익(李元翼, 1547~1634)은 김상헌에게 외종숙(外從叔)이 된다.

【전주 이씨 익녕군 후손 가계도】

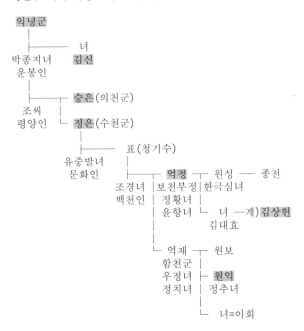

※ 본서 부록 413쪽 참조

　김상헌은 이의노(李義老)의 딸 성주 이씨(星州李氏)와 혼인하였다. 슬하에 1남을 두었으나 일찍 죽었다. 때문에 김상헌은 둘째 형 김상관(金尙寬)의 아들인 김광찬(金光燦)을 양자로 들였다.

　선조(宣祖)의 형님인 하원군(河原君) 정(鋥)이 이의노(李義老)의 사위이므로 김상헌과 하원군은 동서간이 된다. 이의노는 개국공신 이직(李稷, 1362~1431)의 현손이다. 백강 이경여(李敬興, 1585~1657)의 처증조부 임계노(任繼老)도 이의노의 사위이다.

【성주 이씨 이의노를 중심으로】

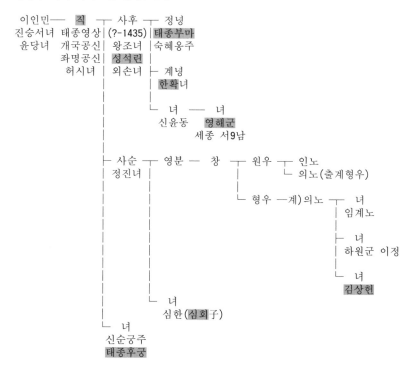

※ 본서 부록 411쪽 참조

　김상헌의 양자인 김광찬은 동지중추부사(同知中樞府事)를 지내고 영의정에 증직되었다.

　김광찬은 김래(金琜, 1576~1613)의 딸 연안 김씨(延安金氏, 1596~1633)와 혼인하였다. 김씨는 연흥부원군(延興府院君) 김제남(金悌男, 1562~1613)의 손녀이다. 김제남은 선조 계비(宣祖繼妃) 인목왕후(仁穆王后) 김씨(金氏, 1584~1632)의 아버지이다.

　기축옥사에 김제남이 죽게 되자 광해군 정권은 김광찬과 연안 김씨를 이혼하게 하였지만 같이 고향으로 내려가 있다가 인조반정이 일어나자 다시 서울로 올라왔다.

　김광찬은 연안 김씨와 사이에 3남 5녀를, 측실에서 4남 1녀를 두었다.

【안동 김씨 김광찬 후손을 중심으로】

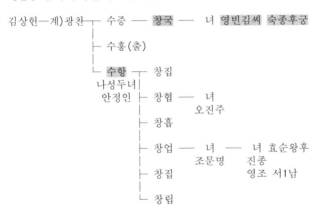

※ 본서 부록 **394**쪽 참조

1남 곡운(谷雲) 김수증(金壽增, 1624~1701)은 조한영(曺漢英, 16 08~1670)의 딸 창녕 조씨(昌寧曺氏)와 혼인하였다. 조한영은 택당(澤 堂) 이식(李植)과 사계(沙溪) 김장생(金長生)의 문인으로 김상헌과 함 께 척화파의 인물로서 청나라에 끌려가 투옥되었던 인물이다. 김수증은 숙종 15년(1689) 기사환국(己巳換局)으로 동생 김수항과 우암 송시열 이 죽게 되자 벼슬을 그만두고 성리학 연구에 몰두하였다.

김수증의 1남은 김창국(金昌國, 1644~1717)이다. 김창국의 딸이 바로 영조의 양어머니가 되는 숙종 후궁 영빈 김씨(寧嬪金氏)이다.

영빈 김씨 묘 (사적 제367호)

2남 김수흥(金壽興, 1626~1690)은 본생(本生) 백부(伯父) 김광혁
(金光爀)의 양자로 들어갔다. 김수흥의 부인은 윤형각(尹衡覺)의 딸
남원 윤씨(南原尹氏)이다. 윤형각의 8촌 형제 윤형갑(尹衡甲)의 아들이
삼학사의 한 사람인 윤집(尹集)이다.

김수흥의 아들 김창열(金昌說)은 오두인(吳斗寅, 1624~1689)의
딸 해주 오씨(海州吳氏)와 혼인하였다. 오두인의 아들이 현종(顯宗)의
셋째 딸 명안공주(明安公主, 1665~1687)와 혼인하여 부마(駙馬)가
된 해창위(海昌尉) 오태주(吳泰周, 1668~1716)이다. 김수흥은 영의
정으로 있을 때 기사환국이 일어나 유배된 후 장기(長鬐) 적소(謫所)에서
죽었다.

【해주 오씨 오태주를 중심으로】

※ 본서 부록 400쪽 참조

3남 김수항(金壽恒, 1629~1689)은 구포(鷗浦) 나만갑(羅萬甲,

1592~1642)의 손녀가 되는 나성두(羅星斗, 1614~1663)의 딸 안정
나씨(安定羅氏)와 혼인하였다. 바로 김수항의 아들들이 이른바 '육창(六
昌)'으로 불리는 형제들이다. 그들은 몽와(夢窩) 김창집(金昌集, 1648~
1722), 농암(農巖) 김창협(金昌協, 1651~1708), 삼연(三淵) 김창흡
(金昌翕, 1653~1722), 노가재(老稼齋) 김창업(金昌業, 1658~
1721), 포음(圃陰) 김창즙(金昌緝, 1662~1713), 택재(澤齋) 김창립
(金昌立, 1666~1683)이다. 이들 육창 형제들의 문하에 연잉군(延礽
君: 후일 영조)이 드나들었기에 조선 후기 진경문화는 영조(英祖)의
후원 아래 꽃피우게 된 것이다.

김수항의 1남 몽와(夢窩) 김창집(金昌集)은 경종(景宗) 연간 연잉군
을 보호하다 죽임을 당한 노론사대신(老論四大臣) 중의 한 명이다.

2남 농암(農巖) 김창협(金昌協)은 대제학(大提學)을 지낸 월사(月
沙) 이정귀(李廷龜, 1564~1635)의 증손녀가 되는 정관재(靜觀齋)
이단상(李端相, 1628~1669)의 딸 연안 이씨(延安李氏)와 혼인하였
다. 이단상의 아버지 이명한(李明漢)도 대제학을 지냈고, 이단상의 형
이일상(李一相, 1612~1666)도 대제학을 지내 3대가 대제학을 지낸
명문가 집안이다.

3남 삼연(三淵) 김창흡(金昌翕)은 백사(白沙) 이항복(李恒福, 1556
~1618)의 현손녀요, 이시술(李時術, 1606~1672)의 손녀가 되는 이
세장(李世長, 1628~1668)의 딸 경주 이씨(慶州李氏)와 혼인하였다.

4남 노가재(老稼齋) 김창업(金昌業)은 선조(宣祖) 서1남 임해군(臨
海君) 이진(李珒, 1572~1609)의 증손녀가 되는 익풍군(益豐君) 이속
(李涑, 1636~1665)의 딸 전주 이씨(全州李氏)와 혼인하였다. 사위가
풍양인(豊壤人) 조문명(趙文命, 1680~1732)인데, 조문명의 딸이 영

조 서1남 효장세자(孝章世子)의 빈(嬪) 효순현빈(孝純賢嬪)이 되어 김
창업은 졸한 뒤에 효장세자의 처외조부가 되었다.

【풍양 조씨 조문명을 중심으로】

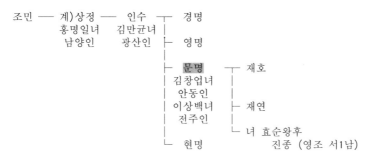

조민 ── 계)상정 ── 인수 ┬ 경명
　　홍명일녀　김만균녀 │
　　남양인　　광산인　├ 영명
　　　　　　　　　　　│
　　　　　　　　　　　├ **문명** ┬ 재호
　　　　　　　　　　　│ 김창업녀 │
　　　　　　　　　　　│ 안동인 │
　　　　　　　　　　　│ 이상백녀 ├ 재연
　　　　　　　　　　　│ 전주인 │
　　　　　　　　　　　│　　　　 └ 녀 효순왕후
　　　　　　　　　　　└ 현명　　　　진종 (영조 서1남)

　　※ 본서 부록 420쪽 참조

5남 포음(圃陰) 김창집(金昌緝)은 학곡(鶴谷) 홍서봉(洪瑞鳳, 1572
~1645)의 증손녀가 되는 홍처우(洪處宇)의 딸 남양 홍씨(南陽洪氏)와
혼인하였다. 홍서봉은 김상헌과 선조 39년 사가독서를 함께 했고, 광해군
즉위년 중시에 함께 합격한 사이이다.

【남양 홍씨 홍서봉을 중심으로】

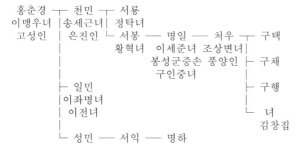

홍춘경 ┬ 천민 ┬ 서룡
이맹우녀 │송세근녀│ 정탁녀
고성인 │ 은진인 └ 서봉 ── 명일 ── 처우 ┬ 구택
　　　 │　　　　 황혁녀 이세준녀 조상변녀│
　　　 │　　　　　　　 봉성군증손 풍양인 ├ 구채
　　　 │　　　　　　　 구인중녀　　　　　│
　　　 ├ 일민　　　　　　　　　　　　　 ├ 구행
　　　 │이좌명녀　　　　　　　　　　　　│
　　　 │ 이전녀　　　　　　　　　　　　 └ 녀
　　　 │　　　　　　　　　　　　　　　　 김창집
　　　 └ 성민 ── 서익 ── 명하

※ 본서 부록 423쪽 참조

6남 택재(澤齋) 김창립(金昌立)은 백강(白江) 이경여(李敬興, 1585 ~1657)의 손녀가 되는 이민서(李敏敍)의 딸 전주 이씨(全州李氏)와 혼인하였다. 이경여는 김상헌과 함께 척화파의 핵심 인물이었다. 부인 이씨는 좌의정 원평부원군(原平府院君) 원두표(元斗杓, 1593~1664)의 외손녀가 된다. 그리고 이민서의 아들이 김창집과 함께 노론사대신 중의 한 명인 한포재(寒圃齋) 이건명(李健命, 1663~1722)이다.

김수항의 다섯째 아들 김창집(金昌緝, 1662~1713)의 딸이 백강 이경여의 손자인 이관명의 아들 이망지와 혼인하여 사돈지간이 된다. 그리고 여섯째 아들 김창립은 이경여의 아들 이민서의 사위가 된다.

척화파의 두 거맥인 청음과 백강 집안이 혼맥으로 밀접하게 연결되었던 것이다. 그리고 주화론자인 소론에게 신임사화에 화를 입는 대표적인 집안이 바로 척화파의 거맥인 두 집안이 된다. 그래서 노론사대신인 김창집(金昌集, 1648~1722), 이건명(李健命, 1663~1722), 이이명(李頤命, 1658~1722)이 신임사화에 죽게 된다.

【김수항과 이건명을 중심으로】

출전: 『안동김씨세보』, 『밀성군파세보』.

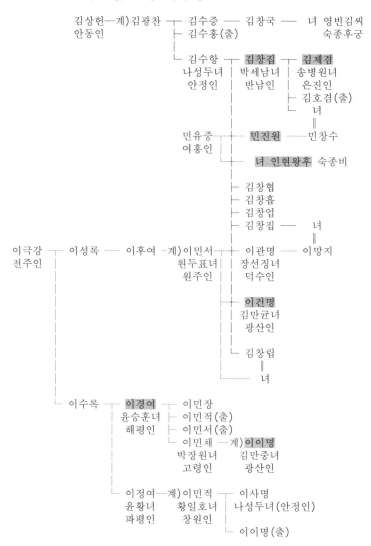

※ 본서 부록 395쪽 참조

김광찬의 1녀는 용인인(龍仁人) 이정악(李挺岳)과 혼인하였다. 이정악의 아들이 좌의정을 지낸 이세백(李世白)이고, 손자가 영조 때 노론의 영수(領袖)로 영의정을 지낸 도곡(陶谷) 이의현(李宜顯, 1669~1745)이다.

2녀는 풍산인(豐山人) 홍주천(洪主天, 1618~1671)과 혼인하였다. 홍주천은 선조대왕(宣祖大王) 부마(駙馬) 영안위(永安尉) 홍주원(洪柱元, 1606~1672)과 사촌형제간이다.

3녀는 전주인 이중휘(李重輝)와 혼인하였는데, 슬하 아들이 숙종 때 영의정을 지낸 이유(李濡, 1645~1721)이다. 이유는 척화파였던 완남군(完南君) 우재(迂齋) 이후원(李厚源, 1598~1660)의 형(兄) 이후재(李厚載, 1580~1661)의 증손자이다.

이후원은 세종 8남 광평대군 후손이다.

4녀는 동춘당(同春堂) 송준길(宋浚吉, 1606~1672)의 문인으로 숙종 때 예조참판을 지낸 은진인(恩津人) 제월당(霽月堂) 송규렴(宋奎濂, 1630~1709)과 혼인하여 옥오재(玉吾齋) 송상기(宋相琦, 1657~1723)를 낳았다. 송상기는 우암 송시열의 문인으로 신임사화 때 유배지에서 졸하였다.

5녀는 한산인(韓山人) 이광직(李光稷)과 혼인하였다. 이광직의 아버지 이홍연(李弘淵, 1604~1683)은 풍옥헌(豊玉軒) 조수륜(趙守倫)의 외손자로 인조 때 김자점(金自點)을 탄핵하였고, 숙종 6년(1680) 경신대출척(庚申大黜陟)의 옥사를 다스렸다.

6녀는 남인(南人)인 영의정 허적(許積, 1610~1680)의 아들 허서(許墅)와 혼인하였다.

【안동 김씨 김광찬을 중심으로】

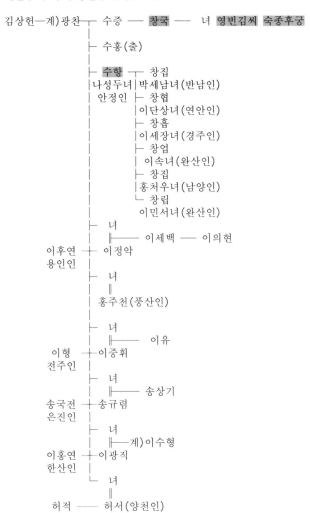

※ 본서 부록 **393**쪽 참조

【죽산 안씨 안홍량, 청주 한씨 한준겸을 중심으로】

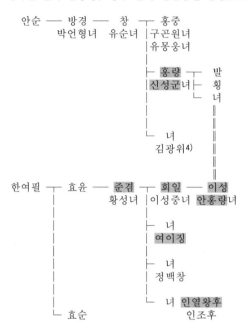

※ 본서 부록 424쪽 참조

---

4) 김광위의 할아버지는 김상헌의 작은아버지인 金元孝, 아버지는 어려서 김상헌을 가르친 尚寯인 듯하다.

▦ 학풍

김상헌은 어려서 윤근수(尹根壽, 1537~1616)의 문하에서 경사(經史)를 수업하고, 성혼(成渾, 1535~1598)의 도학에 연원을 두었으며, 이정귀(李廷龜)·김유(金揉)·신익성(申翊聖)·이경여(李敬興)·이경석(李景奭)·김집(金集) 등과 교유하였다.

청음은 그의 문집에서 자신의 학문연원에 대하여 아주 간략하게 기술하였다.

나는 9살(선조 11년, 1578)에 처음으로 가정에서 배우고, 우의정이 되신 외조부(外祖父) 임당(林塘: 정유길)을 섬기어서 가르침을 받았고, 백씨(伯氏) 선원선생(仙源先生: 김상용)과 당형(堂兄) 휴암선생(休庵先生: 김상준)에게서 가르침을 더하여 점점 학문의 방향을 알게 되었다. 16살(선조 18년, 1585)에 윤문경공(尹文敬公: 윤근수)을 뵙고 가르침을 청하였다. 또 현헌(玄軒) 신흠(申欽), 월사(月沙) 이정귀(李廷龜), 서경(西坰) 유근(柳根)의 문하에서 유학(游學)하여 견문을 넓혔다. 학곡(鶴谷) 홍서봉(洪瑞鳳)과 동악(東岳) 이안눌(李安訥), 죽음 조희일(趙希逸), 계곡(谿谷) 장유(張維)와는 서로 절차탁마(切磋琢磨)하여, 이름을 난대석거(蘭臺石渠)5)에 올려서 금궤(金匱)의 감추어진 것과 보급(宝笈)의 숨겨진 것을 찾아 엿보았다.〔余年九歲 始學于家庭 逮事外王父林塘相國 獲承警咳 伯氏仙源先生 堂兄休庵先生 勤加提誨 稍稍知向方 十六謁尹文敬公請益 又游玄軒申公 月沙李公 西坰柳公之門 以廣所聞 與鶴谷洪公 東岳李子敏竹陰趙怡叔 谿谷張持

---

5) 난대(蘭臺): 후한의 비서의 벼슬. 한대의 제실의 문고. 어사대의 이명.
　　석거(石渠): 한대 황실의 도서실 이름.

國 相切劘 通籍蘭臺石渠 探金匱之藏 窺宝笈之秘〕(「청음초고자서(清陰草稿自叙)」)

윗글에서 청음은 16세에 월정 윤근수(尹根壽)에게 수학하기 전까지는, 가정에서 초학을 하였다는 것을 알 수 있다.

가정에서 청음의 스승은 외조부(外祖父) 임당(林塘) 정유길(鄭惟吉, 1515~1588), 백씨(伯氏)인 선원(仙源) 김상용(金尙容, 1561~1637), 당형(堂兄)인 휴암(休庵) 김상준(金尙寯, 1561~1635)이 그의 학문을 도왔다.

특히 외조부(外祖父) 임당(林塘)에게는 크게 영향을 받은 것으로 여겨지며 후일 외조부(外祖父) 임당(林塘)의 묘지명을 지었을 때에 청음은 다음과 같이 술회하고 있다.

소자가 어렸을 때에 자애로운 선생을 모시고 몸소 가르침을 입었습니다. 당시에 어린 소견으로도 대군자의 기상과 언행을 보고 무어라 표현하여 말할 수 없었습니다.

정유길은 중종 39년(1544)에 퇴계 이황, 하서 김인후와 함께 호당(湖堂)에서 독서하였고, 관직은 좌의정에 올랐다.

임당이 연로한 스승이었다면, 백씨 김상용과 김상준은 청음보다 모두 9살이 많았는데, 청음의 학문을 직접 도운 선배이자 스승이었다. 이들은 선조 23년(1590)에 동시에 문과 급제하여 각각 형조판서(刑曹判書)와 형조참판(刑曹參判)을 지냈다.

청음의 본격적인 수학은 문경공 윤근수에게 배우면서 시작된 것 같다. 참고로 청음의 학문 연원을 도시하면 다음과 같다.

동천東泉 김식金湜 - 이진자頤眞子 김덕수金德秀

- 월정月汀 윤근수尹根壽 - **청음淸陰 김상헌金尙憲**

- 우암尤庵 송시열宋時烈

【해평 윤씨 윤근수를 중심으로】

출전:『해평윤씨대동보』(1983).

```
계정 ── 희림 ┬ 변 ┬ 빙수
윤중부녀 박준산녀│ 이영녀 │ 유항녀
            │ 완산인 │ 진주인
            │현윤명녀│
            │ 팔거인 ├ 춘수 ── 녀 ── 조익
            │       │김언호녀 조영중
            │       │ 안동인  풍양인
            │       │ 이예녀
            │       │ 공주인
            │       ├ 두수 ┬ 방 ┬ 이지
            │       │황대용녀│ 한의녀 │김상준녀
            │       │ 창원인 │ 청주인 │ 안동인
            │       │       │       └ 신지
            │       │       │         정혜옹주(선조부마)
            │       │       │
            │       │       ├ 흔
            │       │       │ 이혜녀
            │       │       │ 완산인
            │       │       │신응시녀
            │       │       │ 영월인
            │       │       ├ 휘 ── 녀
            │       │       │이기명녀  이민구
            │       │       │ 전주인
            │       │       └ 훤 ┬ 순지
            │       │         심의겸녀│박동열녀(반남인)
            │       │             ├ 원지
            │       │             │ 오익녀(동복인)
            │       │             ├ 징지(출 환)
            │       │             └ 의지
            │       │               이박녀(고성인)
            │       │
            │       └ 근수 ── 환 ── 응지 ──계)서
            │         조안국녀│ 이반녀  홍엄녀  서형이녀(대구인)
            │         풍양인 │ 고성인  남양인  윤경녀(남원인)
            │               ├ 질 ┬ 택지 ┬ 쇄
            │               │남응서녀│민복룡녀│ 최소녀(수원인)
            │               │ 의령인 │ 여흥인 ├ 집
            │               │       │       │ 이대정녀(전주인)
```

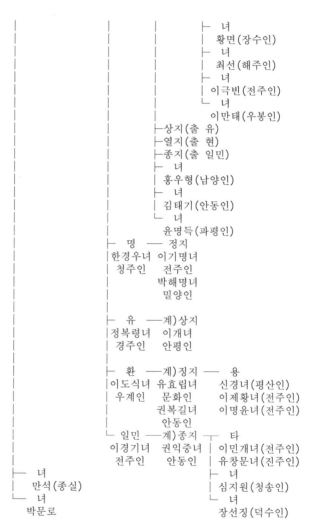

├ 녀
│ 황면(장수인)
├ 녀
│ 최선(해주인)
├ 녀
│ 이극빈(전주인)
└ 녀
이만태(우봉인)
├상지(출 유)
├열지(출 현)
├종지(출 일민)
├ 녀
│ 홍우형(남양인)
├ 녀
│ 김태기(안동인)
└ 녀
윤명득(파평인)

├ 명 ── 정지
│한경우녀 이기명녀
│ 청주인 전주인
│ 박해명녀
│ 밀양인
│
├ 유 ──계)상지
│정복령녀 이개녀
│ 경주인 안평인
│
├ 환 ──계)징지 ── 용
│이도식녀 유효립녀 신경녀(평산인)
│ 우계인 문화인 이제황녀(전주인)
│ 권복길녀 이명윤녀(전주인)
│ 안동인
└ 일민 ──계)종지 ┬ 타
이경기녀 권익중녀 │ 이민개녀(전주인)
전주인 안동인 │ 유창문녀(진주인)
├ 녀
│ 심지원(청송인)
└ 녀
장선징(덕수인)

├ 녀
│ 만석(종실)
└ 녀
박문로

※ 본서 부록 403쪽 참조

　월정(月汀) 윤근수(尹根壽, 1537~1616)는 당세의 석학(碩學)으로
성리학에 대해서도 깊은 연구를 하였으며, 우계(牛溪), 율곡(栗谷, 153
6~1584)과는 막역한 사이였다.

　청음은 월정(月汀) 사후 그의 만시(挽詩)에서 이렇게 월정을 이야기
하였다.

> 從容函丈啓顓蒙 조용한 선생의 말씀 어리석음 열으시어
> 憶得摳衣丙戌冬 병술년 겨울 처음 선생께 배웠네
> 偏感厚恩同骨肉 후한 은혜는 골육과 같음을 느꼈고
> 尙慚初學似兒童 초학인 나는 어린아이 같음이 부끄러웠네
> 尋常座右圖書地 항상 좌우의 도서가 있는 곳에서
> 三十年來几杖從 30년 동안을 모시고 따랐네
> 夜雨寒蛩悲白首 밤비 찬 귀뚜라미 소리 흰머리가 슬픈데
> 瓣香哀淚爲南豐 향피우고 슬픈 눈물흘림은 선생을 위함이네

　청음은 월정 선생 제문(祭文)에서 월정 윤근수에게서 학문을 닦음은
물론 그의 모든 것을 흠모하여 따르려고 하였던 것을 나타내고 있다.

　소자가 다행히 문하에 출입함을 입은지 지금까지 31년이 되었습니다.
은혜는 골육과 같고 의리는 지기(知己)가 되어 평생 덕을 사모하고
우러러보았으나 아직 한 가지도 제대로 배우지 못했는데, 문득 각성(閣
省)에 들어가서 계속 뭇사람들에게 비방을 당하여 배척되고 쫓겨남을
당한 것은 선생의 겸덕을 배우지 못한 것이요, 자리만 차지하여 녹을
받고 공연히 세월을 허비하여 조금도 나라에 도움이 없는 것은 선생의
충근(忠勤)을 배우지 못한 것이요, 늙도록 붓을 잡았으나, 온 세상이
함께 하여주지 않고, 한결같이 꺼림만 당하고 여러 번 전복됨은 선생의
문장을 배우지 못한 것입니다.

윤근수 사당. 양주시 향토유적 제16호
경기도 양주시 옥정동 776-2

삼문의 솟을 대문에는 태극문양이 그려져 있고 대문 좌우로는 붉은
벽돌담이 둘러져 있다. 그의 시호를 딴 '문정문'이란 현판이 걸려 있는
삼문을 지나면 본당인 사당이 위치하고 있다.
현판에는 그의 호를 따 '월정사'라 하였다.

▓ 교우관계

청음(淸陰, 1570~1652)은

21살 위인 서경(西坰) 유근(柳根, 1549~1627),

15살 위인 차천로(車天輅, 1556~1615),

15살 위인 백사(白沙) 이항복(李恒福, 1556~1618),

8살 위인 지봉(芝峯) 이수광(李晬光, 1563~1628),

7살 위인 백진남(白振南, 1564~1618),

문장 사대가인

6살 위인 월사(月沙) 이정귀(李廷龜, 1564~1635),

4살 위인 상촌(象村) 신흠(申欽, 1566~1628),

14살 적은 택당(澤堂) 이식(李植, 1584~1647),

18살 적은 계곡(谿谷) 장유(張維, 1587~1638) 등과 교유하였다.

3살 위인 이흘(李忔, 1568~1630),

2살 적은 동악(東岳) 이안눌(李安訥, 1571~1637),

학곡(鶴谷) 홍서봉(洪瑞鳳, 1572~1645),

죽음(竹陰) 조희일(趙希逸, 1575~1638) 등과도 교유하였다.

【연안 이씨 이정귀를 중심으로 】

출전:『延安李氏族譜』, 한국학중앙연구원.

始
이무 ─ 현려─ 영군─ 인부─ 원규─ 효신─ 광─ 종무─ 회림─ 석형 ─┐
┌───┘
└ 혼 ┬ 수장 ── 기 ┬ 정수
    │   ├ 정현(출)
    ├ 명장   └ 정화 ┬ 보
    │   ├ 갱
    ├ 복장   ├ 자
    │   └ 귀 ┬ 시백
    ├ 효장   장민녀 ├ 시담(출)
    │   인동인 ├ 시방
    │   └ 녀
    │   김경여
    │   경주인
    │
    └ 순장 ─ 계 ── 정귀 ┬ 녀 ── 홍주원 (부마-정명공주)
                       │ 홍영
                       │
                       ├ 명한 ┬ 일상
              박동량 ┬ 녀 │   ‖─── 녀
                       │   │ 이성구녀 김만균
                       ├ 박미 │ 유인성녀
                       │   │
                       │   ├ 가상
                       │   │ 나만갑녀
                       │   │
                       │   ├ 만상
                       │   │ 오준녀
                       │   │
                       │   ├ 단상 ┬ 녀 = 김창협
                       │   │ 이행원녀└ 녀 = 민진후
                       │   │
                       │   └ 녀
                       │   서문상
                       │
                       └ 소한
                       이상의녀

※ 본서 부록 412쪽 참조

먼저 월사(月沙)와의 관계부터 살펴본다. 청음과 월사는 월정(月汀) 윤근수(尹根壽)의 문인이다. 월사는 항상 선배의 입장에서 청음을 도왔다. 그런 가장 대표적인 예가 청음이 1626년 모문룡(毛文龍)의 무고(誣告)를 변무(辨誣)하러 명에 사신으로 갈 때 월사가 청음에게 증시(贈詩)한 「별김숙도사은사지행(別金叔度謝恩使之行)」이다.

共言專對妙掄宜 모두들 그대가 전대(專對) 묘습(妙拾)을 잘할 것이라 하여
終到于君豈所期 끝내 그대에게 이르니 어찌 바라든 바이냐
已惜菁華非舊樣 이미 중국은 옛 모습이 아님이 애석한데
況今行役異前時 하물며 지금 행역(行役)이 전과 다름에 있어서랴
夢經登海應先定 꿈은 바다에 떠 응대함을 먼저 정했으니
年換燕關耐久羈 몸소 연관에서 오래도록 바쁠 것이네
男子壯遊眞一快 남자의 장유(壯遊)가 참으로 일쾌사(一快事)인데
老人多感自傷離 노인은 다감(多感)해서 이별함이 슬프네

월사(月沙)는 앞서 정응태(丁應泰)의 무고(誣告)를 변무(辨誣)한 일이 있으니 이때의 기록이 저 유명한 「무술변무록(戊戌辨誣錄)」이다. 이러한 경험에 의하여 자기와 비슷한 입장에서 명으로 가는 청음에게 자신의 경험을 간곡히 일러주고 있다. 이러한 격려는 청음이 모문룡(毛文龍)의 무고를 변무하고, 또 정묘호란(丁卯胡亂)의 소식을 듣고 이에 명군(明軍)을 파병하게 하는 등 외교상의 임무를 훌륭히 수행하는데 도움을 많이 주었을 것이다.

월사(月沙)가 청음에 대하여 간곡한 정성을 쏟은 것과 마찬가지로 청음도 월사에 대한 대우는 지기(知己) 이상의 것이었다. 후일 청음은 월사의 신도비(神道碑)를 지었다.

【평산 신씨 신흠을 중심으로】

출전: 『平山申氏大同譜』.

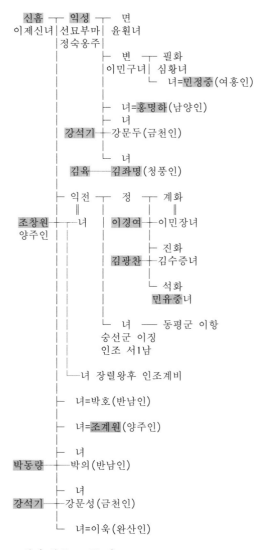

※ 본서 부록 398쪽 참조

　청음이 사대가(四大家) 중에서 가장 막역(莫逆)한 사이는 상촌(象村) 신흠과 창수(唱酬)한 시의 수가 계곡(谿谷) 장유 다음을 차지하였고 상촌집(象村集)에서도 청음과의 창수(唱酬)는 백사(白沙) 다음으로 많은 것을 보면 두 사람의 교우가 어떠했던가를 짐작할 수 있다. 상촌(象村) 신흠은 일찍부터 청음의 문장을 높이 평가하여 경연(經筵)에서 임금에게 청음의 문장을 칭찬하기도 하였다.

　청음도 상촌에 대하여는 당시 문인들 중에서 그를 가장 비중 있게 평가하고 있다. 청음은 상촌이 죽은 후 그의 만시(挽詩)에서 다음과 같이 표현하였다.

　　平生託契最深知　평생에 지기(知己)함이 매우 깊었으니
　　公視爲朋我請師　공은 나를 친구로 대하나 나에겐 스승이네
　　天地倒廻心自靜　천지가 뒤엎혀도 마음만 고요하니
　　榮枯遞換道常隨　영고성쇠(榮枯盛衰) 바뀌어도 도는 항상 따르네
　　漸當筋力消殘日　점점 근력은 기우는 해 같으니
　　同結桑楡進退期　노년에 함께 진퇴를 기약했네
　　舊約未成人事變　옛 약속 이루기 전에 인사(人事)가 변하여
　　白頭孤絶欲依誰　흰머리 홀로 되니 누구에게 의지할까

　위의 시에서 보는 바와 같이 청음과 상촌(象村)은 막역한 지기(知己)였다.

【덕수 이씨 이식, 이안눌을 중심으로】

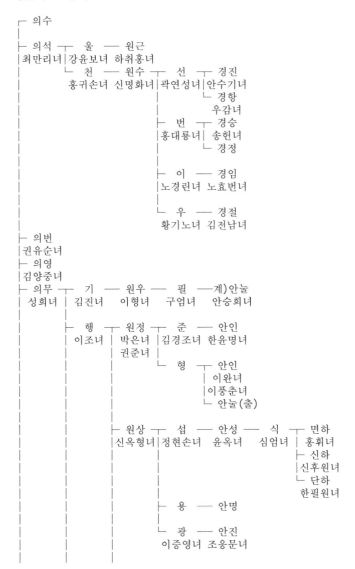

이명신 ─── 추 →
심종녀   윤회녀

┌ 의수
│
├ 의석 ┬ 울 ─── 원근
│최만리녀│강윤보녀 하취홍녀
│   └ 천 ─── 원수 ┬ 선 ┬ 경진
│   홍귀손녀 신명화녀│곽연성녀│안수기녀
│   │   └ 경항
│   │   우감녀
│   ├ 번 ┬ 경승
│   │홍대룡녀│ 송헌녀
│   │   └ 경정
│   │
│   ├ 이 ─── 경임
│   │노경린녀 노효번녀
│   │
│   └ 우 ─── 경절
│   황기노녀 김전남녀
├ 의번
│권유순녀
├ 의영
│김양중녀
├ 의무 ┬ 기 ─── 원우 ─── 필 ───계)안눌
│성희녀│ 김진녀 이형녀 구엄녀 안승희녀
│   │
│   ├ 행 ┬ 원정 ┬ 준 ─── 안인
│   │이조녀│ 박은녀│김경조녀 한윤명녀
│   │   │ 권준녀│
│   │   │   └ 형 ┬ 안인
│   │   │   │ 이완녀
│   │   │   │이풍춘녀
│   │   │   └ 안눌(출)
│   │   │
│   │   ├ 원상 ┬ 섭 ─── 안성 ─── 식 ┬ 면하
│   │   │신옥형녀│정현손녀 윤옥녀 심엄녀 │ 홍휘녀
│   │   │   │   │   ├ 신하
│   │   │   │   │   │신후원녀
│   │   │   │   │   └ 단하
│   │   │   │   │   한필원녀
│   │   │   │   │
│   │   │   │   ├ 용 ─── 안명
│   │   │   │   │
│   │   │   │   └ 광 ─── 안진
│   │   │   │   이증영녀 조응문녀
│   │   │   │

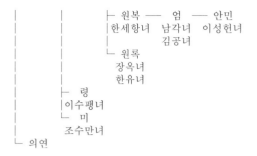

```
|       |       ├ 원복 ── 엄 ── 안민
|       |       |한세항녀  남각녀  이성헌녀
|       |       |             김공녀
|       |       └ 원록
|       |         장옥녀
|       |         한유녀
|       ├ 령
|       |이수팽녀
|       └ 미
|         조수만녀
└ 의연
```

※ 본서 부록 409쪽 참조

당시 문인들 중에 가장 친근한 사이이며 연령도 근사한 이가 동악(東岳) 이안눌(李安訥, 1571~1637)이었는데, 청음과 동악(東岳)과의 사이는 청음이 문집자서(文集自敍)에서 이야기하는 것처럼 매우 친근한 사이이며 택당은 바로 동악의 조카이다. 택당이 병자년(1637)에 양관대제학이 될 때 청음의 극력 천거함이 있었고, 임오년 택당이 봉황성(鳳凰城)에 구치(拘致)됨은 청음과 척화를 함이 원인이었다. 청음과 택당과의 관계를 알게 하는 것은 택당사후(澤堂死後) 청음의 만시(挽詩)로써 짐작할 수 있을 뿐이다.

德水家聲世莫前 덕수 이씨가(德水李氏家)의 명성은 세상의 으뜸인데
容齋衣鉢到君傳 용제공(容齊公: 李荇)의 도가 그대에게 전하였네
慇懃蓬閣交承日 봉성(蓬城)에서 1년 동안 고생을 같이 했네
辛苦灣城伴住年 용만에서 고생 속에 함께 머문 해였었네
東觀未收新袞鉞 동쪽으로 바라봄에 새 임금을 거두지 못하였고
北風先賦舊詩篇 북풍시(北風詩) 먼저 읊어 임금을 풍간하네
金臺一別成千古 금대(金臺)에서 일별(一別)하여 천고(千古)를 이루니
重與論文待九泉 거듭 글을 의론함은 구천(九泉)에서 기다리세

【덕수 장씨 장유를 중심으로】

출전: 『德水張氏族譜』, 德水張氏宗親會編(回想社, 1974).

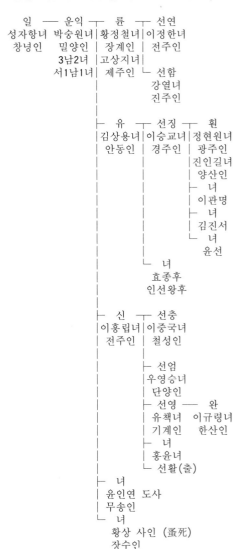

```
일  ── 운익 ┬ 류  ┬ 선연
성자항녀 박숭원녀│황정철녀│이정한녀
창녕인  밀양인 │ 장계인 │ 전주인
       3남2녀 │고상지녀│
       서1남1녀│ 제주인 └ 선함
             │         강열녀
             │         진주인
             │
             ├ 유  ┬ 선징 ┬ 훤
             │김상용녀│이승교녀│정현원녀
             │ 안동인 │ 경주인 │ 광주인
             │       │       │진인길녀
             │       │       │ 양산인
             │       │       ├ 녀
             │       │       │ 이관명
             │       │       ├ 녀
             │       │       │ 김진서
             │       │       └ 녀
             │       │          윤선
             │       └ 녀
             │          효종후
             │          인선왕후
             │
             ├ 신  ┬ 선충
             │이홍립녀│이중국녀
             │ 전주인 │ 철성인
             │       │
             │       ├ 선엄
             │       │우영승녀
             │       │ 단양인
             │       ├ 선영 ── 완
             │       │유책녀  이규령녀
             │       │기계인  한산인
             │       ├ 녀
             │       │홍윤녀
             │       └ 선활(출)
             ├ 녀
             │윤인연 도사
             │무송인
             └ 녀
                황상 사인 (蚤死)
                장수인
```

※ 본서 부록 414쪽 참조

사대가(四大家) 중에서 청음을 가장 잘 알고 있는 이는 계곡(谿谷)이다. 계곡은 청음의 질서(姪婿)가 되기도 하지만, 그들은 차라리 문우(文友)라 하는 편이 나을 것이다. 『청음집(淸陰集)』과 『계곡집(谿谷集)』을 살펴보아도 양자간의 창수(唱酬)가 가장 많은 것을 본다면 두말할 여지가 없다. 청음이 계곡을 인정하는 것은 『계곡집』 서문에 잘 나타나 있다.

내가 일찍이 계곡을 목은(牧隱)에 비교하건대, 그의 큼은 좀 못하지만 그 정묘한 것은 목은보다 낫고, 문채(文彩)는 조금 덜하지만 이(理)에 있어서는 그보다 조밀하다. 다만 세상과 더불어 승강(升降)하는 기운은 다르지 않을 수가 없다. 이 이하로부터 다른 것은 이러한 류(類)를 미루어 보면 알 수 있으니 공의 문장이 가히 성(盛)하다 하겠다. 크면서도 자랑하지 아니하고 훌륭한 사람들이 그를 믿어준다. 내가 말한 것은 후에 반드시 인정하는 사람이 있을 것이다.

계곡 또한 자신과 청음과의 관계와 청음의 문장을 칭찬하며 다음과 같이 말하였다.

斯文誰復振頹風 사문(斯文)의 퇴풍(頹風)을 누가 다시 떨쳤나
大雅端宜屬鉅公 대아(大雅)의 단아함이 의당 공에게 부쳤네
今世故輕千古事 금세에 진실로 천고의 일이 가벼운데
吾人枉費半生工 오인(吾人)은 그릇 반생의 노력 허비했네
高秋病起身無健 늦은 가을 병에서 일어나니 몸이 허약한데
久客愁來酒有功 오랜 객의 수심엔 술이 좋겠네
寥落眼中知己遠 고요한 안중에 지기(知己)가 멀리 있어
側身長望思難窮 몸 굽혀 바라보니 생각만 끝이 없네

청음의 장손(長孫) 김수증(金壽增, 1624~1701)이 기록한 청음 유사(遺事)에서 이들의 문장에 대하여 청음은 다음과 같이 말하였다.

증(增)이 묻기를 "월사(月沙) 상촌(象村)은 문장의 우열이 어떠합니까," 하니 조부(祖父)께서 말씀하시기를 "세상 사람들이 말하기를 월사(月沙)는 시가 상촌(象村)보다 낫고 상촌(象村)은 문(文)이 월사(月沙)보다 낫다고 하더라." 하고 말씀하시므로, "그럼 택당(澤堂)의 문(文)은 어떠합니까" 하니 조부께서 말씀하시기를 "택당은 작문(作文)의 묘리를 안다."고 하였다.

청음이 사대가(四大家) 외에 가장 존경하는 선배는 백사(白沙) 이항복(李恒福, 1556~1618)이다. 1617년 폐모론(廢母論)이 일어나자 백사가 불가(不可)함을 주장하다, 북청(北靑)에 유배되자 백사가 대의(大義)를 편 것은 천리(天理)의 바름을 편 것이라 하여 『야인담록(野人談錄)』을 지어 시(詩)와 함께 보내니, 당시 정세(政勢)가 대북(大北)이 전횡하고 있는 때인데도 감히 이러한 일들을 한 것으로 보면 백사를 깊이 사모한 정과 청음 자신의 대의를 지키려는 기개도 함께 알 수 있다. 이때 백사에게 보낸 시(詩)는

歲晏百草歇 해 늦으니 백초가 시들고
北風吹更疾 북풍은 다시 사납게 부는 구나
深山大雪中 깊은 산 대설(大雪) 가운데에
松柏亦摧折 송백이 또한 꺾이었네
出門道路難 문을 나서니 길이 험하고
入門烟火絶 문을 들어서니 연화(煙火)가 끊겼네
欲往適所思 생각은 적소에 가고져하나

所思千里別 마음만 천리에 격해있네

川塗莽相隔 시내는 아득히 떨어져

寤寐增歎息 자나 깨나 탄식만 더하네

蕭蕭雙鬢白 소소하게 쌍빈만 희어지고

耿耿寸心赤 경경히 촌심만 더하네

九辯已無人 임금 주위엔 이미 사람 없으니

大招誰再續 어느 때엔 다시 부르니

平生楚離騷 평생에 초사(楚辭) 이소(離騷)를 읊었는데

今日不堪讀 오늘은 차마 읽을 수 없네

청음의 교우(交友)는 실로 당시의 저명(著名)한 문인(文人)들을 망라하고 있다. 문집(文集) 속에 자주 보이는 인물들만을 열거하여 보면, 신익성(申翊聖, 1588~1644), 고용후(高用厚, 1577~?), 김류(金瑬, 1571~1648), 최명길(崔鳴吉), 조찬한(趙纘韓, 1572~1631), 김덕함(金德諴), 이명한(李明漢, 1595~1645), 이소한(李昭漢, 1598~1645), 이덕창(李德泪), 남이웅(南以雄, 1575~1648), 이경여(李敬輿), 김육(金堉, 1580~1658), 이경석(李景奭, 1595~1671), 박동량(朴東亮), 조문수(曺文秀), 조행립(曺行立), 윤방(尹昉), 윤휘(尹暉), 윤광계(尹光啓), 정두향(鄭斗鄕), 김지수(金地粹), 조희일(趙希逸), 김덕겸(金德謙), 김세겸(金世謙), 여우길(呂祐吉), 이춘지(李春之), 윤경열(尹景說), 윤안국(尹安國), 정종명(鄭宗溟) 등과 비교적 많은 교유를 하였다.

현종 5년(1664) 우암 송시열이 문인으로 청음선생연보 서문을 쓰고 있다.

제2편
선조 광해군대 정치활동

- 선조대 정치활동
- 광해군대 정치활동

▓ 선조대 정치활동

청음 김상헌은 선조 3년(1570) 6월 3일 자시(子時: 밤 11시~1시)에 한양성(漢陽城)의 남쪽에 있는 외가(外家) 정씨(鄭氏, 정유길)의 집에서 태어났다. 어머니 정씨가 임신한 지 열두 달 만에 낳았다.

3세인 선조 5년(1572) 5월 20일 큰아버지인 삼가공(三嘉公) 김대효(金大孝, 1531~1572)가 아들을 두지 못하고 42세로 졸하였다. 김대효는 삼가현감(三嘉縣監)을 지냈다. 이에 할머니 전주 이씨가 김상헌을 김대효의 후사로 삼았다.

4세인 선조 6년(1573) 할머니를 따라서 생부인 도정공(都正公) 김극효(金克孝, 1542~1618)의 임소(任所)인 양구(楊口)로 갔다. 돈녕부 도정을 지냈다. 이 당시 김극효는 돈녕부 주부(敦寧府主簿)로 승진하였다가 외직으로 나가 양구현감으로 재직하고 있었다.

9세인 선조 11년(1578) 김극효에게 처음으로 글을 배웠다.

11세인 선조 13년(1580) 할머니를 따라서 김극효가 현감으로 있는 음죽(陰竹)으로 갔다. 김극효는 선조 12년에 음죽현감(陰竹縣監)에 제수되었다.

13세인 선조 15년(1582) 서울로 돌아왔다. 이 해 여름 두질(痘疾: 천연두)을 앓아 거의 위태로울 지경이었으나 다음 해에 비로소 나았다.

14세인 선조 16년(1583) 할머니를 따라 김극효가 현감으로 있는 대흥(大興) 임소에 갔다.

15세인 선조 17년(1584) 봄에 서울에 돌아왔고, 여름에 관례(冠禮)를 올렸다.

16세인 선조 18년(1585) 선전관(宣傳官) 증(贈) 이조판서 이의노(李義老, 1525~1592)의 딸인 성주 이씨와 혼인하였다.

이 해 겨울부터 문경공(文敬公) 월정(月汀) 윤근수(尹根壽, 1537~1616)에게 수학하였다.[6] 이때 윤근수는 49세였고 이때까지 청음은 가정에서 주로 백형(伯兄) 김상용(金尙容, 1561~1637)과 종형(從兄) 김상준(金尙寯, 1561~1635)에게 글을 배웠다.

윤근수는 윤변(尹忭)의 아들이며, 영의정 윤두수(尹斗壽)의 동생이다. 기묘사화 당시 조광조(趙光祖)의 신원(伸寃)을 청하였다가 체직되었다. 명종 17년(1565) 홍문관 부교리로 재기용된 뒤, 선조 5년(1572) 동부승지를 거쳐 대사성에 승진, 이듬해 주청부사(奏請副使)로 명나라에 가서 종계변무(宗系辨誣)를 하였다. 그 뒤 경상도감사·부제학을 역임하고, 종계변무의 공으로 광국공신(光國功臣) 1등에 해평부원군(海平府院君)으로 봉해졌으며, 선조 24년(1591) 우찬성으로 정철(鄭澈)이 건저문제(建儲問題)로 화를 입자, 그가 정철에게 당부하였다는 대간의 탄핵으로 형 두수와 함께 삭탈관직되었다. 임진왜란이 일어나자 예조판서로 재기용되었으며, 국난 극복에 크게 노력하였다. 그뒤 좌찬성으로 판의금부사를 겸하였으며, 선조 37년(1604) 호성공신(扈聖功臣) 2등에 봉해졌다. 선조가 승하하자 선조의 묘호를 '조(祖)'로 칭하자는 주장을 반대하였다.

---

6) 선생께서 스스로 지은 문집(文集)의 서문에 이르기를, "열여섯 살 때 문경공을 배알하였다."라고 하였다. 그런데 문경공이 죽어 곡한 시에는 이르기를, "병술년(선조 19) 겨울에 스승에게 예를 올렸다."라고 하여, 서문과 시가 서로 맞지 않는다. 「청음연보」와 송자대전 묘지명에는 16세에 윤근수에게 배웠다고 나온다.

【해평 윤씨 윤두수를 중심으로】

```
윤희림── 변 ─┬ 담수
박준산녀  이영녀 │
죽산인   완산인 ├ 춘수 ── 녀 ── 조익(호 포저)
        현윤명녀│김언호녀
        팔거인 │ 이예녀
               │
               ├ 두수 ─┬ 방 ─┬ 이지
               │황대용녀│ 한의녀 │김상준녀
               │창원인 │ 청주인 │
               │       │       └ 신지 ─┬ 지
               │       │          정혜옹주│홍명원녀
               │       │          선조부마│ 구
               │       │                  김신국녀
               │       │
               │       ├ 혼
               │       │ 이혜녀
               │       │ 신응시녀
               │       │
               │       ├ 휘 ─┬ 경지 ── 녀
               │       │이기명녀│ 정립녀   유심(전주인)
               │       │       │ 송길룡녀 유정량 자
               │       │       └ 녀
               │       │ 이수광──이민구
               │       │
               │       └ 훤 ─┬ 순지
               │        심의겸녀│ 박동량녀
               │               ├ 원지 ── 녀=이경억(경주인, 부 이시발)
               │               │ 오익녀
               │               ├ 징지(출)
               │               └ 녀=신면(부 신익성)
               │
               ├ 근수 ─┬ 명(晄은 청주한씨족보에는 昭로 나옴)
               │조안국녀│한경우녀
               │풍양인 ├ 환 ─계)징지── 용
               │       │ 이준헌녀 유효립녀 신경녀(신익성 손녀)
               │       │          권복길녀
               │       │
               │       └ 민 ─계)종지─┬ 타
               │        이경기녀 권익중녀│이민개녀
               │                        │유창문녀
               │                        ├ 녀=심지원(청송인)
               │                        └ 녀
               │                 장유──장선징
               │                       덕수인
               └ 녀 ── 녀 숙의정씨
                정순희    선조후궁
                동래인            ※ 본서 부록 406쪽 참조
```

18세인 선조 20년(1587) 아버지 김극효를 따라서 임소인 풍덕(豐德)으로 갔다. 가을에 발해(發解)7)에 천거되어 진사시(進士試)에 응시하였다. 19세인 선조 21년(1588) 봄에 둘째 형인 장단공(長湍公) 김상관(金尙寬, 1566~1621)과 더불어 천마산(天磨山)과 성거산(聖居山) 등을 유람하였다. 20세인 선조 22년(1589)에 다시 발해에 천거되었다. 그리고 아들 김종경(金宗慶, 1589~1592)이 태어났다.

21세인 선조 23년(1590)의 가을 진사시에 합격하였다. 해평인 윤훤(尹暄, 1573~1627)이 장원을 하였다.

윤훤은 윤두수의 아들로 부인은 심의겸(沈義謙, 1535~1587)의 딸 청송 심씨(靑松沈氏)이다. 심의겸은 명종 왕비 인순왕후(仁順王后) 청송 심씨(靑松沈氏, 1532~1575)의 친정 동생이다. 서인의 영수로 덕흥부원군의 셋째 아들인 하성군 균을 선조로 옹립하는 중심인물이다.

22세인 선조 24년(1591) 9월에 할머니인 전주 이씨가 82세로 돌아가셨다. 장남인 김대효를 승중하였기 때문에 아버지를 대신하여 승중복(承重服)8)을 입고서 3년상을 치렀다.

23세인 선조 25년(1592) 4월 14일에 임진왜란이 일어나자 양주(楊州)에서 부모를 모시고 강원도로 피난하였다가 겨울에 강화(江華)로 가서 배를 타고 호서(湖西)의 서산(瑞山)으로 갔다. 이 당시 아들 김종경이 4살의 나이로 요절하였다.

24세인 선조 26년(1593) 가을에 할머니의 상을 마치고 그대로 서산에 머물러 있었다. 25세인 선조 27년(1594) 생부 김극효를 따라 임소인

---

7) 발해(發解): 주현(州縣)의 고시(考試)에 급제한 학생을 그 지방 관청에서 중앙 정부에 올려 보내 경사(京師)에서 과거에 응시하게 하는 것을 말한다.
8) 승중복(承重服): 아버지를 여읜 맏아들이 할아버지나 할머니의 초상을 당하여 입는 복을 말한다.

자산(慈山)으로 갔다.

27세인 선조 29년(1596) 겨울 전쟁 중에 보인 정시(庭試) 문과에 안종록, 김류 등과 함께 합격하였다. 이때 안종록(安宗祿)이 장원을 하였다. 함께 입격한 19명은 아래와 같다.

인명	자	호	생몰년	본관	비고
송응순 (宋應洵)	공신 (公信)	춘호 (春湖)	1547~1611	은진 (恩津)	계미삼찬 송응개 동생
최충원 (崔忠元)	신백 (藎伯)		1564~?	수원 (水原)	실록 편수관
이유홍 (李惟弘)	대중 (大中)		1566~1619	전주 (全州)	광평대군 후손 영창대군 지지
정홍좌 (鄭弘佐)	비중 (棐仲)	청림 (青林)	1568~1633	동래 (東萊)	정홍익의 형
심집 (沈諿)	자순 (子順)	남애 (南厓)	1569~1644	청송 (青松)	병자호란 심기원 옥사
심액 (沈詻)	중경 (重卿)	학계 (鶴溪)	1571~1654	청송 (青松)	허봉의 문인
박건 (朴楗)	자한 (子閑)		1560~?	고령 (高靈)	대사헌 계축옥사 추국
이성 (李惺)	자성 (子省)		1562~1624	전주 (全州)	효령대군 후손 이괄의 난
김상헌 (金尙憲)	숙도 (叔度)	청음 (清陰)	1570~1652	안동 (安東 〔新〕)	
성몽길 (成夢吉)	직경 (直卿)		1573~?	창녕 (昌寧)	
윤경 (尹絅)	미중 (美仲)	기천 (岐川)	1567~1664	파평 (坡平)	폐모론 불참 남한산성 호종
구의강 (具義剛)	자화 (子和)	해문 (海門)	1559~1612	능성 (綾城)	명나라 주청부 사

이신원 (李信元)	원길 (元吉)	구원 (九畹)	1571~1634	함평 (咸平)	구한의 외손 폐모론 반대
이충양 (李忠養)	효숙 (孝叔)	후계 (後溪)	1564~?	전주 (全州)	효령대군 후손
임학령 (任鶴齡)	여수 (汝壽)	석강 (石江)	1565~1628	풍천 (豊川)	하원군의 이종 조카

▦ 선조 29년 정시庭試 합격자 정보

- 안종록(安宗祿) : 정묘호란 때 의병 3000여명을 소위포에서 진지를 구축하고 후금의 군대에 맞서 분전하여 승리하였다. 삼척 부사를 지냈다고 한다.

- 김류(金瑬) : 인조반정의 주도 세력으로 정사공신(靖社功臣)·영국 공신(寧國功臣) 1등에 책록되었다. 영의정을 지냈다.

- 이성경(李晟慶) : 세조 찬탈 당시 단종을 보호하던 세력인 혜빈 양씨의 아들 한남군(漢南君)의 현손이다. 홍문관 수찬을 지냈다.

- 이덕형(李德泂) : 광해군 시기에 영창대군을 제거하고 인목대비를 유폐시킬 때에는 소극적인 태도를 취했다. 인조반정 이후 이괄의 난을 진압하였으며 정묘호란 때 강화도에서, 병자 호란 때는 남한산성에서 왕을 호종하였다.

- 송응순(宋應洵) : 계미삼찬(癸未三竄) 중 한 사람인 송응개 동생이 다. 홍문관 부제학을 지냈다.

- 최충원(崔忠元) : 『명종실록』의 편수관을 지냈다. 선조 때 사헌부 헌납으로써 방납의 폐단을 지적하였다.

- 이유홍(李惟弘) : 광평대군(廣平大君)의 후손이다. 광해군 당시에 영창대군을 적극 지지하였고 이로 인해 소북파라고 탄핵

받아 관작을 삭탈당하고 강계(江界)로 유배가 죽었다.

- 정홍좌(鄭弘佐) : 그의 동생이 광해군 때 폐모론을 극렬하게 반대하였던 정홍익(鄭弘翼)이다.

- 심집(沈諿) : 광해군 시기에는 폐모론이 일어나자 관직에서 물러났다가, 인조반정 이후 다시 정계에 나갔고, 병자호란 당시 남한산성에서 형조판서로서 왕을 호종했다. 화친의 조건으로 그는 대신으로 가장하고, 인조의 동생으로 가장한 능봉군(綾峰君)과 함께 인질이 되어 갔지만 들켜서 실패했고, 이 일로 인해 문외출송되었다가 후에 용서를 받았다. 하지만 아들 동구(東龜)가 심기원 옥사에 연좌되어 유배당하자 지병이 악화되어 죽었다.

- 심액(沈詻) : 허봉(許篈)의 문인이다. 선조대에는 설서, 정언, 경성 부판관을 지냈고 인조대에는 도승지, 대사헌 등을 지냈다. 효종 때에는 기로소에 들어갔으며, 군덕 수행을 위한 십무자(十無字)의 소를 올렸다.

- 박건(朴楗) : 대사헌을 지냈다. 그의 동생은 광해군 때 김제남(金悌男) 옥사를 다스렸고, 오윤겸과 함께 일본으로 가서 포로들을 인솔해왔던 박재(朴梓)이다.

- 이성(李惺) : 효령대군(孝寧大君)의 6대손. 대북파의 당여(黨與)로서 소북 영수 유영경(柳永慶)의 옥사에 깊이 관여하여 정운공신(定運功臣) 3등에 책록 되고 완계군(完溪君)에 봉해졌다. 김제남 옥사에도 추국한 공이 있다. 인조반정 이후 이괄의 난이 일어나자 반역죄 로 참수되었다.

- 윤경(尹絅) : 선조대에는 예조좌랑, 지평, 공조정랑 등을 연임하였으나 광해군 때 폐모론에 참여하지 않아 파직당한 뒤 은거하

> 였다. 정묘호란이 일어나자 왕세자를 모시고 전주에 피난
> 했었고 병자호란 때는 남한산성에서 왕을 호종하였다.
>
> · 구의강(具義剛) : 과거 급제 이후 정언을 거쳐 헌납이 되었으며,
> 이후 이조좌랑, 강원도 암행어사, 문찬, 수찬, 승지 등을
> 역임하였다. 광해군 때에는 명나라에 주청부사(奏請副
> 使)로 다녀오기도 하였다.
>
> · 이신원(李信元) : 인조의 어머니인 인헌왕후 구씨의 종조부인 구한
> (具澣)의 외손이다. 후에 이춘원(李春元)으로 개명하였
> 다. 정유재란 당시에 광양현감으로 남원을 포위한 왜군과
> 싸웠다. 좌승지를 지냈지만 광해군 5년(1613)에 폐모론
> 이 일어나자 이를 반대하다가 파직되었다. 이듬해에 다시
> 승지로 복직되었으나 권신들이 인목대비의 존호를 폐하
> 고 의식을 없애려 하자 이를 반대하다가 다시 파직되었다.
> 인조반정 이후 등용되었지만 사양하였다.
>
> · 이충양(李忠養) : 효령대군(孝寧大君) 8대손. 선조대에는 사간원
> 정언, 헌납, 사헌부 지평, 장령 및 세자시강원 문학을
> 지냈고 광해군대엔 필선에 올랐으며 형조참의가 되었다.
>
> · 임학령(任鶴齡) : 임석령(任碩齡)으로 개명하였다. 정원군 노복과
> 하원군(河原君, 선조의 큰형)의 노복이 싸운 일이 있었는
> 데, 하원군의 부인이 그의 이모여서 나섰다고 한다. 인조
> 반정 때 뇌물로 관직을 샀다고 탄핵받아 삭직되었다.

선생은 분관(分館)9)되어 권지 승문원 부정자(權知承文院副正字)에

---

9) 분관(分館): 새로 문과(文科)에 급제한 사람을 승문원, 성균관, 교서관의 삼관(三館)에
나누어 소속시켜 권지(權知)라는 이름으로 실무를 익히게 하던 일을 말한다. 과거에
급제한 사람의 이름을 적어서 박사(博士) 세 사람으로 하여금 채점을 하게 한 다음

제수되었다.

28세인 선조 30년(1597) 서울에 있었는데 정유재란(丁酉再亂)이 일어나 함종현(咸從縣)에서 승문원의 비밀스러운 서적[秘書]을 감수(監守)하였다. 당시 조정에서는 승문원의 관원들에게 비서를 나누어 받아 편의에 따라서 감수하게 하였다. 29세인 선조 31년(1598) 정8품 저작(著作)으로 승진하였다. 30세인 선조 32년(1599) 어머니 이 부인을 모시고 서울로 돌아왔다.

31세인 선조 33년(1600) 박사(博士)로 전임되었다. 통례원 인의(通禮院引儀)로 승진하였다. 여름에 예조좌랑(정6품)에 제수되어[10] 세자시강원 사서(世子侍講院司書)를 겸임하였다. 다시 이조좌랑으로 옮겨졌다.

선조 33년 6월 27일 의인왕후가 승하하였다.

선조 33년 8월 10일 홍문록에 선발되었다.

정원에 전교하였다. "홍문록(弘文錄)은 〔최기(崔沂)·이수록(李綏祿)·조수익(趙守翼)·성진선(成晋善)·이홍주(李弘胄)·조익(趙翊)·최상중(崔尙重)·박동선(朴東善)·민유경(閔有慶)·이광윤(李光胤)·윤양(尹暘)·이현영(李顯英)·김상헌(金尙憲)·오윤겸(吳允謙)·이지완(李志完)·홍명원(洪命元)·이수(李綏)·김상준(金尙寯)·김지남(金止男)·홍서봉(洪瑞鳳)·권반(權盼)·이신원(李信元)·송석경(宋錫慶)·송영구(宋英耉)·목장흠(睦長欽)·황극중(黃克中)·이수준(李壽俊)·조존성(趙存性)·강주(姜籒)·김

3점을 맞은 사람은 승문원에 2점은 성균관에 1점은 교서관에 보내면, 이를 다시 승문원 도제조가 검토를 해서 수정한 다음 이조에서 계품하여 삼관에 입속(入屬)시켰다. 괴원분관(槐院分館)과 같은 뜻이다.
10) 『선조실록』 권122, 선조 33년 2월 20일. "정6품 예조좌랑(禮曹佐郎)으로 삼았다."

류(金瑬)·김제남(金悌男) 등 31인이다.] 곧 경연(經筵) 학사(學士)
의 직임이니, 한때의 시망(時望)만 취할 것이 아니라 반드시 문학(文學)
의 재능을 갖춘 사람을 뽑아야 여럿이 모여서 간택한 의의가 있을
것이다. 전에도 이렇게 많이 선발한 때가 있었는가? 내가 보기에는
너무 많은 것 같으니 이조에 물어보도록 하라."(『선조실록』권128,
선조 33년 8월 10일)

선조 33년 12월 14일 홍문관 부수찬이 되었다. 홍문관 부수찬(弘文館
副修撰)과 지제교(知製教)11)에 제수되어 경연 검토관(經筵檢討官)과
춘추관 기사관(春秋館記事官)을 겸임하였다.

　정사가 있었다. … 조수익(趙守翼)을 이조좌랑으로, 김상헌(金尙
　憲)[김상용(金尙容)의 아우로서 정철(鄭澈)을 돕고 보호하는 논의를
　강력히 주장하였다.]을 홍문관 부수찬으로, 오윤겸(吳允謙)을 시강원
　문학으로, … 삼았다.

12월 29일 정6품 사간원 정언(司諫院正言)이 되었다.
32세인 선조 34년(1601) 1월 6일 정6품 이조좌랑(吏曹佐郎)에 임명
되었다.

　김상헌(金尙憲)을 이조좌랑으로 삼았다. 상헌은 지조가 꿋꿋하여
남에게 영합하지 않으므로 홍여순의 무리들에게 배척당해 오래도록
평범한 직책에 머물러 있다가, 이때에 이르러 이 직책에 임명되었다.

여름에 체차되었는데 사소한 일로 인하여 특명(特命)으로 체차된 것이

---

11) 지제교는 옥당(玉堂)의 관원이 으레 겸임하는 직으로, 선생의 경우에는 일찍이
　　전에 이미 선발되었으나, 선발된 연도가 상세하지가 않기에 이곳에 붙여 둔다. (「청음
　　연보」)

다.

선조 34년 5월 3일 홍문관 교리(弘文館校理)에 제수되어 경연 시독관(經筵侍讀官)과 춘추관 기주관(春秋館記注官)을 겸임하였다. 동료와 더불어『사전춘추(四傳春秋)』를 교정하여 올렸다. 그러자 승서(陞敍)하라는 명이 있었다.

7월 3일 사직하려는 이항복(李恒福, 1556~1618)을 만류하는 선조의 말을 교리 김상헌이 지었다.

영의정 이항복의 세 번째 정사(呈辭)를 입계하니, 윤허하지 않는다고 비답(批答)하였다. 그 대략에, "앓던 병이 이제 나았으니 약 효험을 본 것인데, 사직서를 계속 올리니 물러나려는 뜻이 정말 고집스럽구나. 어지러운 환란 속에서 감당하지 못할 나를 두고 경은 어찌 그리도 용감하게 급류(急流)에서 벗어나려 하는가. 오늘날 위급한 정세를 생각한다면 대신이 물러나 쉴 때가 못 된다. 한창 치성해지는 북쪽 변방의 근심을 어떻게 대처할 것이며, 급하기만 한 남쪽의 경보(驚報)는 누가 미리 대책을 세울 것인가? 바라건대 경은 이 어려움을 널리 구하라. 나에게 지워진 일을 다하지 못할까 두렵다" 하고, 또 이르기를, "꿈속에서도 나라를 근심하여 이야기했던 사마광(司馬光)12)은 병석에서 억지로 일어나기를 잊지 않았고, 조정에 나간 문언박(文彦博)은 노쇠했어도 사퇴하지 않았다.13) 이는 진실로 성의(誠意)에 전일했기 때문이며

---

12) 꿈속에서도 나라를 근심하여 이야기했던 사마광(司馬光): 송(宋)나라 현상(賢相) 사마광은 늙어 병이 들었는데도 자신이 모든 일을 직접 처결하였다. 사람들이 좀 쉬기를 권하면 "죽고 사는 것은 명이다." 하였으며, 병이 위독해 곧 죽게 되었을 적에도 조정의 일과 천하에 대한 일을 마치 꿈속에서 중얼거리듯 일러주었다 한다. (『송사(宋史)』권336, 사마광전(司馬光傳))

13) 조정에 나간 문언박(文彦博)은 노쇠했어도 사퇴하지 않았다: 문언박은 송(宋)나라 인종(仁宗) 때 진사시(進士試)에 합격한 이래 4대의 임금을 섬기면서 50년 동안 재상직에 있다가 태사(太師)로 치사(致仕)하였는데, 92세까지 장수하였다. (『송사(宋

상하의 신뢰가 도타왔던 것이다. 그런데 나는 부끄럽게도 천박한 자질이라서 군신이 아름답게 만날 기회를 만들지 못하였다. 성남(城南)의 척오(尺五)는 임금을 생각하는 마음이 얼마나 많았던가.[14] 하루에 세 번 접견할 정도로 가까이 만나보고 싶은 심정[15] 간절하기만 하다."

하였는데, 교리 김상헌(金尙憲)이 지은 글이다. (『선조실록』권139, 선조 34년 7월 3일)

여름에 병으로 인해 체차되고서 성균관 전적(成均館典籍)에 제수되었다.

선조 34년 8월 1일 제주도에서 발생한 길운절 역옥(吉雲節逆獄)을 다스리기 위한 안무어사(安撫御史)로 파견되었다. 김상헌은 전에 전랑(銓郎)으로 있을 때 의논에 변별(辨別)함이 많아 그 때문에 좋아하지 않는 사람이 많았는데, 이때에 이르러 선조가 특별히 김상헌을 명하여 보낸 것이다.

이때 제주에 길운절(吉雲節)의 역옥(逆獄)이 발생하였다. 묘당에서는, 위협에 못 이겨 따른 무리들은 모두 불안스러운 마음을 품고 있고, 또 여러 차례 적임자가 아닌 수령을 겪은 탓에 백성들이 고통스러운 일이 있어도 스스로 진달할 길이 없는 것을 깊이 염려하였다. 이에 어사를 파견하여 가서 덕음(德音)을 선포하고 겸하여 섬 안의 폐막을

史)』권313, 문언박전(文彦博傳))

14) 성남(城南)의 척오(尺五)는 임금을 생각하는 마음이 얼마나 많았던가: 당(唐)나라 때 장안(長安) 함녕현(咸寧縣) 남부에 사는 위씨(韋氏)·두씨(杜氏)는 대대로 귀족이어서 당시 사람들이 "위씨·두씨는 하늘과 5척의 거리에 있다.[韋杜去天尺五]"라고 하였는데, 여기서는 영의정 이항복이 항상 임금을 생각할 것이라는 뜻이다. (『신씨삼주기(辛氏三奏記)』)

15) 하루에 세 번 접견할 정도로 가까이 만나보고 싶은 심정:『주역(周易)』진괘(晉卦) 괘사(卦辭)에 나오는 말로 임금이 신하를 하루에 세 번 접견할 정도로 총애하고 친밀하게 대한다는 뜻이다.

두루 물어보게 하기를 청하였으며, 이어 대내(大內)의 향(香)을 내려 한라산(漢拏山)에 제사 지내도록 명하였다. 선생께서는 이 명을 받들고 가서 편리한 점과 나쁜 점을 물어보았으며, 군액(軍額)을 보충하고, 방수(防戍)를 편하게 하고, 진상물을 견감하고, 유생들을 권과(勸課) 하는 등의 일에 대해 조목별로 계문(啓聞)하여 변통한 바가 많았다.

(「청음연보」)

길운절(吉雲節, ?~1601) 역모 사건은 길운절이 선조 34년(1601) 정여립(鄭汝立)의 기축옥사에 연루되어 제주도에 유배된 소덕유(蘇德 俞: 정여립 첩의 사촌)를 찾아가 모반을 도모하였다. 이러한 사실이 소덕유의 처에게 알려지자 길운절 자신이 먼저 관에 나아가 고변하였다. 이에 제주목사 조경(趙儆)이 소덕유 등을 체포하여 서울로 보내 처형하게 하였다. 이로 인해 병사 안위(安衛)와 전 수사 김억추(金億秋) 등이 연루되어 심문을 받기도 하였고, 조정에서는 제주도의 주민을 선무하기 위해 어사를 파견하기도 하였다. 길운절은 먼저 고변하였으므로 용서를 받았지만, 국가로부터 포상을 받지 못하였음을 원망하다가 체포되어 참형에 처해졌다. 머리에 뿔이 세 개 있다고 하여 아명을 삼봉(三峰)이라 하였다고 하는데, 이것으로 인해 선조 22년(1589) 정여립의 모사로서 신병(神兵)을 이끌고 지리산·계룡산에 웅거해 있으면서, 체포되지 않았다고 하는 길삼봉(吉三峰)으로 추측되기도 하였다.

선조 34년 11월 1일 역옥을 다스리는데 너그러이 용서하는 은전을 내려달라는 치계(馳啓)를 올렸다.

제주 안무어사(濟州按撫御史) 김상헌(金尙憲)이 치계하였다. "신이 본주(本州)에 이른 지 한 달이 지났는데, 그 사이에 하루 이틀 이외에는 비가 오지 않는 날이 없고 바람이 불지 않는 날이 없었으나 바다 섬의 기후가 본래 이와 같은 것으로 괴이할 것이 없다고 여겼었습니다. 그런데 오랜 뒤에야 유생(儒生)과 고로(故老)들에게 물어보았더니 '금년 9월 이후부터 항상 흐리고 계속 비가 내려 여러 달 개이지 않아 여름철보다 더 심하다. 지금 거센 바람이 크게 일어 밤낮으로 그치지 아니하니 이는 실로 근고(近古)에 없던 재변이다.' 하였습니다. 신이 직접 본 바로는 도로가 진창이 되어 봄·여름의 장마철과 같고 들판에 가을곡식이 손상되어 태반이나 잎이 시들고 썩어 문드러져 거두지 못했습니다. 이리하여 농민들은 손을 놓고 곳곳에서 울부짖고 있으니 굶주려서 곤핍한 상황은 차마 볼 수 없었습니다. 가을인데도 이러하니 어떻게 해를 보낼 수 있겠습니까. 이곳 백성들의 처지가 실로 애처롭습니다. 신이 생각하건대, 이번 역옥(逆獄)을 다루는 데 있어 조정에서 아무리 공평하게 판결하려고 했더라도 연루된 자에 대해 오늘날까지 단죄하지 아니하였으니, 혹 약간의 억울한 원죄(冤罪)가 있음을 면하지 못하며, 그중에 허다히 연좌된 사람은 또 반드시 다 역모(逆謀)한 자인 줄을 모르는데 여러 날 동안 가두어 두어 장차 숨이 끊어져 죽으려는 상황이므로 섬 안의 인심이 다 복종하지 않고 있는 바, 이 때문에 괴이한 기운이 재이를 초래하여 비상한 재앙이 내려진 것인 듯합니다. 그 허물의 소재는 감히 알 수 없으나 앞으로 무휼(撫恤)하는 정책은 조정에서 각별히 진념(軫念)하여 특별히 너그러이 용서하는 은전을 내려야 합니다. 그래야만 살아남은 백성이 남은 목숨을 보전할 수 있고 또한 국가가 남쪽 지방을 돌아보는 근심을 조금은 풀 수 있을 것입니다."(『선조실록』 권143, 선조 34년 11월 1일)

이때 제주에 있으면서 지은 기행문을 『남사록(南槎錄)』이라 한다. 『남사록』은 17세기 전반 제주 지방의 자연환경, 풍속, 사회경제적 상태, 중앙정부와의 관계 등을 고찰하는 데 좋은 자료가 되고 있다.

33세인 선조 35년(1602) 봄에 제주에서 돌아와 복명(復命)하였다. 정5품 예조정랑에 제수되었다.

그러나 정인홍(鄭仁弘, 1535~1623) 등이 성혼(成渾, 1535~1598)을 모함할 때 같이 연루되어 선조 35년(1602) 윤2월 13일 고산도(高山道)의 역참(驛站)16)을 관리하는 종6품 찰방(察訪)으로 좌천되었다.

당시에 정인홍(鄭仁弘)이 뜻을 얻어서 사류(士類)들이 모두 조정에서 쫓겨났다. 선생께서는 또 일찍이 유영경(柳永慶)이 헌장(憲長)이 되는 것을 막았었다. 이때에 이르러 유영경이 궁궐 안에서 후원해 주는 힘을 믿고서 전병(銓柄: 인사권)을 훔치고는 제멋대로 지난날의 묵은 원한을 갚았다. 그러므로 이런 제수가 있었던 것이다. (「청음연보」)

『상촌집』 권13 칠언율시(七言律詩)에 '고산역으로 부임하는 청음을 전송하다〔送淸陰赴高山驛〕'라는 시가 있다.

溟南嶺北幾千里　남해에서 영북까지 몇 천리를 왕래하니17)
此別悠悠經歲年　이 작별 하염없어 세월만을 보낸다네
爲有雙眸空宇宙　영롱한 두 눈동자 우주를 꿰뚫었다면
仍敎兩脚遍山川　건장한 두 다리는 산천을 돌아다니네
春風不到龍堆外　봄바람 용퇴18) 밖에 당도하지 않는다면

---

16) 고산도(高山道)의 역참: 함경도 안변도호부(安邊都護府)에 딸린 역참 이름이다. 중심 역인 고산을 비롯하여 안변의 남산(南山)·삭안(朔安)·화등(火燈)·봉룡(奉龍), 덕원의 철관(鐵關), 문천의 양기(良驥), 고원의 통달(通達)·애수(隘守), 영흥의 화원(和原), 정평의 주천(酒泉)·봉대(蓬臺), 함흥의 평원(平原)·덕산(德山) 등 13개 역이 이에 속하였다. (『한국역사지명사전』(여강출판사, 2003))

17) 청음이 선조 34년 가을에 안무어사(安撫御使)로 제주(濟州)에 다녀왔다가 그 이듬해인 이때 산간 지방인 북쪽 함경도로 떠나기 때문에 한 말이다.

18) 용퇴: 중국 신강성(新疆省)의 동쪽 천산(天山)의 남쪽에 있는 사막 이름으로, 먼 변방을 뜻한다.

旅夢應連鳳沼邊　객몽은 봉소[19] 가에 마땅히 오고가리라

怊悵朋游日牟落　서글퍼라 친구들이 자꾸만 멀어져 가니

高歌愁絶遠遊篇　원유편[20] 높은 노래 너무나도 시름겹네

김상헌은 여기서 주문공(朱文公)의 『소학(小學)』을 읽었다고 한다.

선생께서는 관직에 나간 이래로 일찍이 글을 읽을 만한 여가가 없었다.
그러다가 이때에 이르러 사무가 아주 적었으므로 날마다 『소학』을
읽었는데, 거의 수백 번을 읽었다. 대개 선생께서는 평소 이 책에서
힘을 얻은 것이 많았으며, 한결같게 지경(持敬)을 위주로 하였다.

(「청음연보」)

가을에는 둘째 형 김상관(金尙寬)과 더불어 풍악(楓嶽)[21]을 유람하였
고, 도안산(道安山)[22]을 유람하면서 일출(日出)을 보았다.

또한 향시(鄕試)의 고관(考官)에 차임되어 갔다가 이어 함경도 홍원
(洪原)의 천도(穿島)와 북청(北靑)의 시중대(侍中臺)[23]와 명천(明川)
의 칠보산(七寶山)[24]을 유람하였다.

34세인 선조 36년(1603) 감사와 더불어 역말에 관한 일로 다투었다가
파직되었다. 35세인 선조 37년(1604) 12월에 숙씨(叔氏: 셋째 형)인

---

19) 봉소: 대궐 안에 있는 못으로, 대궐을 뜻한다.
20) 원유편: 초나라 굴원(屈原)이 조정에서 멀리 쫓겨나 불우한 심경을 노래한 글인데,
　　이때 청음이 정인홍(鄭仁弘)의 세력에 의해 조정에서 밀려났으므로 인용한 것이다.
21) 풍악: 금강산의 가을 명칭. 금강산은 봄에는 온갖 꽃이 만발하여 화려하고 산수가
　　맑기 때문에 금강산, 여름에는 온 산에 녹음이 물들어 봉래산(蓬萊山), 가을에는
　　단풍이 들어 풍악산(楓嶽山), 겨울에는 기암괴석의 산체가 뼈처럼 드러나므로 개골산
　　(皆骨山)이라 한다.
22) 도안산(道安山): 함경도 정평(定平)에 있는 산.
23) 시중대(侍中臺): 고려 때 윤관(尹瓘)이 북쪽을 정벌할 적에 머물렀던 곳이다. 『청음집』
　　권5, 칠언율시 중 '아침에 시중대(侍中臺)에 오르다'라는 시가 있다.
24) 『청음집』 권4, 오언율시 중 '칠보산(七寶山)을 유람하면서 판관(判官) 이덕온(李德溫)
　　이 지은 시의 운에 차운하다'라는 시가 있다.

참봉공(參奉公) 김상건(金尙謇, 1567~1604)이 38세로 졸했다.

36세인 선조 38년(1605) 8월 7일 경성도호부판관(鏡城都護府判官)이 되는 등 외직으로 전보되었다. 이 일에 대해 『선조수정실록』과 연보에 다음과 같이 기록되어 있다.

> 김상헌(金尙憲)을 경성판관(鏡城判官)으로 삼았다. 처음 상헌이 전랑(銓郞)으로 있을 때 이조참판 기자헌이 유영경을 대사헌으로 의망하려 하자 상헌이 이를 힘써 막았다. 이 때문에 영경의 당이 깊이 유감을 품게 되었다. 얼마 있다가 영경이 국정(國政)을 훔쳐 잡자 이를 인연하여 때를 보아 복수하려고 하였다. 그리하여 먼저 상헌을 배척하여 고산찰방(高山察訪)으로 삼았다가 파직되어 돌아오자마자 바로 경성판관으로 보임시켰으므로 여러 신하들이 모두 분해하며 탄식하였다. 『실록』을 살피건대, "상헌이 일찍이 전랑이 되었을 때 일을 임의로 처리하니, 자헌이 영경을 끌어들여 응견(鷹犬)을 삼으려 하였는데, 상헌에게 저지당했다" 하였으니, 그 강직하고 방정하여 흔들리지 않았던 것을 여기에서 또한 알 수 있는데 이 때문에 미움을 받은 것이다. 『실록』에 또, "좌의정 기자헌은 성품이 너그럽고 일찍부터 덕망을 지니고 있었다" 하였는데, 자헌이 『실록』을 감수할 때 자기 속셈대로 감행하면서 이토록 조금도 거리낌 없이 하였으니 주벌(誅伐)해도 모자란다 하겠다. (『선조수정실록』 권39, 선조 38년 8월 1일)

당시에 북로(北路)에 야인(野人)들의 경보가 있었으므로, 묵은 원한을 갚고자 하는 자가 자신의 당파 사람들을 사주한 탓에 다시 이 제수가 있었던 것이다. 전임(前任)의 해유(解由)[25]가 나오지 않은 상태에서

---

25) 해유(解由): 관원이 교체될 때 후임자에게 사무를 인계하고 그 내용을 적어서 상관에게 보고하여 책임의 면제를 청원하는 일이나, 또는 상관이 교체돼 가는 관원에게 책임을 면제하여 준 증서를 말한다.

지레 제수하여 물의가 시끄럽게 일어났는데도 오히려 고쳐지지 않았다.
몇 년 사이에 잇달아서 멀고 험한 곳으로 나갔는데, 노친께서 당(堂)에
계셨으므로 빈객들이 서로 위로하였다. 그런데도 선생께서는 편안한
얼굴을 한 채 조금도 싫어하는 기미를 내색하지 않았다. 경성은 병사(兵
使)의 영문(營門)이었으므로 위로는 우후(虞候)나 평사(評事)로부터
아래로 편비(偏裨)에 이르기까지 먹고 자는 것을 통판(通判)이 모두
마련하였다. 그런데 선생께서는 윗사람을 접대하고 아랫사람을 거느림
에 있어서 온 정성을 다해 직무를 돌보아 모든 사람들의 환심을 얻었다.

(「청음연보」)

37세인 선조 39년(1606) 일에 연좌되어 파직되어 돌아왔다.

38세인 선조 40년(1607) 윤6월 1일 개성부 경력(開城府經歷)에 제수
되었다. 이 해 형 김상관(金尙寬, 1566~1621)의 둘째 아들 김광찬(金光
燦, 1597~1668)을 후사로 삼았다. 김광찬의 나이 11세였다.

39세인 선조 41년(1608) 2월 1일 선조(宣祖)가 황화방(皇華坊) 이궁
(離宮: 慶運宮)에서 승하하고 2월 2일 광해군이 왕위에 올랐다.

▒ 광해군대 정치활동

39세인 선조 41년(1608) 2월 1일 선조(宣祖)가 황화방(皇華坊) 이궁
(離宮: 慶運宮)에서 승하하고 2월 2일 광해군이 왕위에 올랐다.

김상헌은 체차되고서 정5품 성균관직강(成均館直講)에 임명되었다.
당시에 황제가 선조(宣祖)에게 사제(賜祭)하려고 행인(行人) 웅화(熊
化)를 보냈는데 원접사(遠接使)로 가게 된 유근(柳根, 1549~1627)이
청음을 종사관(從事官)으로 청하여 경력에서 체차되고서 직강(直講)에
제수된 것이다.

유근은 선조대왕 부마 진안위(晉安尉) 유적(柳頔, 1595~1619)의
할아버지 유격(柳格, 1545~1584)의 동생이 되는 인물이다. 황정욱(黃
廷彧)의 문인으로, 선조 24년(1591) 좌승지로서 건저문제(建儲問題)로
정철(鄭澈)이 화를 당할 때 그 일파로 몰려 탄핵을 받았으나, 선조의
두둔으로 화를 면하였다. 선조 37년(1604) 호성 공신(扈聖功臣) 3등에
녹훈되고 진원부원군(晉原府院君)에 봉해졌다. 광해군 5년(1613) 폐모
론이 일어나자, 괴산으로 물러나고 정청(庭請)에 참여하지 않아 관작이
삭탈되었다가 광해군 11년(1619) 복관되었다. 인조반정으로 다시 기용
되었으나 나아가지 않았다. 인조 5년(1627) 정묘호란 때 왕을 호종하던
중 통진에서 죽었다. 괴산의 화암서원(花巖書院)에 제향되었다.

【진주 유씨 유근을 중심으로】

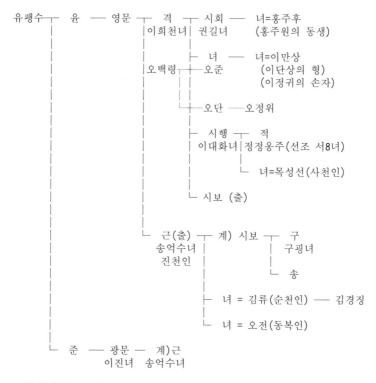

※ 본서 부록 401쪽 참조

　유근은 아들이 없어서 형인 유격의 아들 유시보를 양자로 받아들였다. 유시보의 장남인 유구는 구굉의 사위이고 인조반정에 참여하였다. 유근의 딸은 둘인데, 장녀는 순천인 김류(인조반정 공신)와 혼인하여 아들 김경징을 두었다. 차녀는 동복인 오전(吳竱)과 혼인하였다.

　광해군 즉위년(1608) 11월 6일 사가독서(賜暇讀書)에 뽑혔다. 당시 문형은 대제학(大提學) 유근(柳根)이었다.

이조·예조와 대제학이 함께 의논하여 사가서당(賜暇書堂)할 열두 사람을 뽑아 아뢰었는데, 이이첨(李爾瞻)·홍서봉(洪瑞鳳)·이지완(李志完)·김상헌(金尙憲)·이민성(李民宬)·유숙(柳潚)·김치(金緻)·정광성(鄭廣成)·조희일(趙希逸)·이후(李厚)·이구(李久)·목대흠(睦大欽)이었다. (『광해군일기』권10, 광해군 즉위년 11월 6일)

11월 9일 직강(直講)으로 상소하여 호당(湖堂)에 선발된 것을 면제시켜 줄 것을 청하였으나, 허락되지 않았다.

12월 25일 문과중시(文科重試)에 3등으로 급제하여 등급을 뛰어넘어 종3품 사도시정(司䆃寺正)[26]에 제수되었다.

인명	자	호	생몰년	본관	비고
이이첨 (李爾瞻)	득여 (得輿)	관송 (觀松)	1560~1623	광주 (廣州)	대북파
홍서봉 (洪瑞鳳)	휘세 (輝世)	학곡 (鶴谷)	1572~1645	남양 (南陽)	인조반정 공신 영사공신
김상헌 (金尙憲)	숙도 (叔度)	청음 (淸陰)	1570~1652	안동 (安東)	
조희일 (趙希逸)	이숙 (怡叔)	죽음 (竹陰)	1575~1638	임천 (林川)	허균 옥사 정묘호란 호종
정사신 (鄭士信)	자부 (子孚)	신곡 (神谷)	1558~1619	청주 (淸州)	선계변무 광국공신
황치경 (黃致敬)	이직 (而直)	몽죽 (夢竹)	1554~1627	창원 (昌原)	이괄의 난 평정
신요 (申橈)	계섭 (季涉)	운와 (雲臥)	1550 ~ ?	고령 (高靈)	광해군 때 간언
이지완 (李志完)	양오 (養吾)	두봉 (斗峰)	1575~1617	여주 (驪州)	계축옥사 추국
이경안 (李景顔)	여우 (汝愚)	송석 (松石)	1572~1614	덕수 (德水)	

---

26) 사도시(司䆃寺): 대궐 안의 쌀·간장 등의 공급을 맡아 보던 관아.

▓ 광해군 원년 중시(重試) 합격자 정보

- 이이첨(李爾瞻) : 대북파로 광해군이 즉위하면서 예조판서에 권세를
  장악하여 소북파 영수인 유영경(柳永慶)을 사사한 뒤,
  김직재의 무옥, 계축옥사(癸丑獄事)를 일으켜 소북과 영
  창대군 등 종실을 죽이고 나아가 폐모론을 제창하여 대비
  를 서궁(西宮)에 유폐시키는 등 전횡을 일삼다가 인조반
  정으로 광해군이 폐위되자 가족들과 도주하던 중에 관군
  에게 잡혀 아들들과 함께 처형되었다.

- 홍서봉(洪瑞鳳) : 과거 급제 후에 여러 직위를 지냈으나 김직재
  무옥에 장인인 황혁(黃赫, 선조의 아들인 순화군의 장인
  이기도 했다.)이 연루되어 있었기 때문에 삭직되었다.
  인조반정을 주동하여 정사공신 3등이 되었고, 유효립의
  모반을 고변하여 영사공신 2등에 책록되었다. 병자호란
  당시에는 주화파였지만, 소현세자가 귀국 후 급사하자
  후계자는 세손이 되어야 한다고 주장했다. 영의정과 좌의
  정을 지냈다.

- 조희일(趙希逸) : 광해군 즉위 후 시강원사서, 문학이 되었다가
  옥당(玉堂)에 선출되었으며, 이조정랑을 지냈다. 그러나
  허균(許筠) 옥사에 연루되어 유배되었다가 풀려났다. 인
  조반정 후 여러 관직을 지냈고 정묘호란 때에는 왕을
  호종하였다.

- 정사신(鄭士信) : 임진왜란 때 지평으로 왕을 따라 평양으로 피난
  중에 반송정(盤松亭)에서 이탈하여 삭직되었으나, 강원
  도에서 의병활동을 한 공으로 경상도도사, 선산군수를
  지냈다. 광해군 즉위년 문과 중시에 급제한 이후, 선계변

무(璿系辨誣, 『대명회전』에 조선 태조의 선조가 이인임으로 잘못 기록된 것을 시정하기 위해 사절을 파견하여 시정에 성공한 사건)의 공으로 광국원종(光國原從)에 책록됐다.

- 황치경(黃致敬) : 선조대에도 여러 관직을 지냈으며, 왜란 전후에 명나라에 왜국의 상황을 상세히 설명하여 칭찬을 받았다고 전해진다. 광해군 때 함경남도병마절도사로 추천되었으나 대북파의 방해로 임명되지 못했고 모함까지 받았다. 인조반정 이후 이괄의 난이 일어나자 춘천부사로서 군사를 끌고 왕을 호종하였으나 무고로 유배되었다. 정묘호란이 일어나자 복직되어 경기호소사로 의병을 불러 모아 적에 대비하다가 그 해 겨울에 죽었다.

- 신요(申橈) : 과거 급제 이후 예조정랑, 지평, 사예, 병조정랑, 직강 등을 역임하였다. 광해군 7년(1615)에 권력에 맞서서 항언하다가 귀양을 갔다. 인조반정 후 여러 관직을 제수 받았으나 사양하고 응하지 않았다.

- 이지완(李志完) : 선조대에 과거에 합격하여 여러 관직을 거쳐 세자시강원 필선(世子侍講院弼善)이 되었고, 광해군 즉위년(1608) 별시에 합격한 후에는 승지·대사간을 지냈다. 광해군 5년(1613) 동지의금부사로 계축옥사를 다스려 형조판서에 이르렀다.

- 이경안(李景顔) : 광해군 즉위 후에 학정(學正, 성균관의 정8품 관직)으로 중시에 합격한 뒤에 예조좌랑, 정언을 거쳐 강서현령, 중화부사, 황해병사를 역임하였다.

40세인 광해군 1년(1609) 1월 22일 정5품 의정부 검상(議政府檢詳)27)에 임명되었다. 이때 칙사(勅使) 웅화(熊化)가 와 원접사(遠接使) 유근(柳根)를 따라가서 의주(義州)에서 그를 영송(迎送)했다. 이때의 관반(館伴)은 월사(月沙) 이정귀(李廷龜, 1564~1635)이었고 이것이 청음에게는 최초의 외교관 직무였다.

그 사이 광해군 1년(1609) 4월 29일 임해군을 교동도에서 죽였다. 7월 3일에 정5품 홍문관 교리, 8월 30일 종3품 사간원 사간, 9월 21일 종4품 홍문관 부응교(弘文館副應敎)에 제수되었으며, 경연 시강관(經筵侍講官)과 춘추관 편수관(春秋館編修官)을 겸임하였는데, 곧바로 체차되었다.

41세인 광해군 2년(1610) 5월 1일 예조에서 세자 관례(冠禮)의 행사를 주관할 관리에 대해서 아뢰어 김상헌이 선발되었다.

예조가 아뢰기를, "관례 때의 절목은 다른 의절에 비하여 매우 번거롭습니다. 그런데 『오례의(五禮儀)』에 의하면 통례(通禮)와 예모관(禮貌官)들은 모두 당(堂) 위에 참여하지 못하고 다만 빈(賓)·찬(贊)만이 전적으로 예를 주관하여 진행하는데, 각기 담당하고 있는 일이 있습니다. 허다한 예의의 절목에 대하여 만약 지도하는 이가 없다면 때에 다다라서는 반드시 어긋나고 잘못되는 근심이 있을 것입니다. 강관(講官) 중에서 한 사람을 정하여 의주(儀註)를 가지고 참석하게 해서 그로 하여금 절목에 따라 지시하도록 하는 것이 어떻겠습니까? 빈(賓)의 의견도 이와 같기에 감히 아룁니다." 하니, 전교하기를, "아뢴대로 시행하고 강관 중에서 선발된 사람을 써서 아뢰라." 하였다.[김상헌으로 정하였다.] (『광해군일기』 권29, 광해군 2년 5월 1일)

---

27) 「청음연보」에는 정월에 정4품 의정부 사인(議政府舍人)으로 되어 있다.

5월 6일 좌의정 이항복을 빈(賓)으로 예조판서 이정귀를 찬(贊)으로 하여 세자 관례를 행하였다.

7월에 홍문관 응교(弘文館應敎)에 제수되었다. 겸직은 부응교 때와 같았다. 다시 종부시정(宗簿寺正)으로 고쳐 제수되었다. 10월에 종3품 홍문관 전한(弘文館典翰)에 제수되었다. 겸직은 응교 때와 같았다. 겸보덕(兼輔德)으로 승진하였다. 사임하여 본직에서 체차되었다. 12월 26일 정3품 홍문관 직제학(弘文館直提學)에 제수되었다. 겸직은 전한 때와 같았다.

42세인 광해군 3년(1611) 3월에 정3품 통정대부(通政大夫)로 발탁되어 승진되고서 승정원 동부승지(承政院同副承旨)에 제수되어 경연 참찬관(經筵參贊官)을 겸임하였다. 질녀서(姪女壻)인 장유(張維)가 사관(史官)이 되었으므로 으레 겸하는 춘추관(春秋館)의 직에서 감하(減下)된 것이다.

【안동 김씨 김상헌을 중심으로】

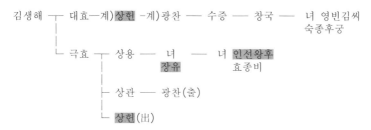

※ 본서 부록 391쪽 참조

광해군 2년 9월 5일 오현 문묘 종사가 이루어졌다. 광해군 3년 3월 26일 정인홍이 이언적과 이황을 비방하고 문묘 종사가 부당함을 극론하

였다

광해군 3년 4월 8일 동부승지로 정인홍(鄭仁弘, 1535~1623)이 이언
적(李彦迪, 1491~1553)과 이황(李滉, 1501~1570)을 무함하여 헐뜯
은 죄를 논척하였다가 임금의 뜻을 거슬러 면직되었다.

당시에 오현(五賢)28)을 문묘(文廟)에 종사(從祀)하는 일에 대해 정
인홍이 차자를 올려 회재(晦齋)와 퇴계(退溪) 두 선생을 무함하여
헐뜯었는데, 광해군이 오랫동안 비답을 내리지 않았다. 이에 선생께서
동료들을 이끌고 다음과 같이 아뢰었다.

"신들이 삼가 우찬성(右贊成) 정인홍이 올린 차자를 보건대, 선정신
(先正臣) 이황(李滉)이 일찍이 자기 스승인 고(故) 징사(徵士) 조식(曺
植)의 병통을 논한 일과 고 징사 성운(成運)을 단지 '청은(淸隱)'이라고
만 칭하면서, 두 사람에 대해 중도(中道)로써 허여하지 않은 것에 대해
화를 내면서 무훼(誣毁)하였다느니 우롱하였다느니 하는 말을 가하기
까지 하였으며, 다른 일들을 여기저기서 주워 모아 못하는 말이 없이
헐뜯고 비난하였습니다. 그러면서 아울러 선정신 이언적(李彦迪)까지
언급하며 그를 마치 원수를 보듯이 하였습니다.

아, 정인홍의 사람됨에 대해서는 어려서부터 많은 사람들이 그의
편벽되고 막힌 것을 병통으로 여겼습니다. 지금 죽을 때가 다 된 날에
이르러서도 이에 이런 말을 하였으니, 어찌 노망이 들어 어두운 탓이

---

28) 오현(五賢): 문경공(文敬公) 한훤당(寒暄堂) 김굉필(金宏弼), 문헌공(文獻公) 일두(一
蠹) 정여창(鄭汝昌), 문정공(文正公) 정암(靜菴) 조광조(趙光祖), 문원공(文元公)
회재(晦齋) 이언적(李彦迪), 문순공(文純公) 퇴계(退溪) 이황(李滉)을 가리킨다. 이
다섯 사람을 문묘에 종사하자는 논의는 선조 1년(1568)에 태학생 홍인헌(洪仁憲)이
상소를 올려 조광조를 문묘에 종사하기를 청하고 대사간 백인걸(白仁傑)이 김굉필,
정여창, 조광조, 이언적 등 사현(四賢)을 종사하기를 청한 데에서 시작되었으며,
이황이 죽은 뒤에는 이황까지 아울러 오현을 종사하자는 의논이 발론되었는데,
광해군 1년(1610)에 삼사(三司)와 경외(京外)의 유생들이 상소를 올리자 대신에게
수의(收議)한 다음 종사하였다. (『燃藜室記述』 別集 卷3, 「祀典典故」)

아니겠습니까. 정인홍은 그가 스승으로 섬긴 사람과 존숭하는 사람을 추존하여 후세에 드러나게 하려고 하면서, 실로 스승을 존숭하는 도가 지나치게 아름다움만 칭송하는 데 있지 않다는 것을 모른 탓에 도리어 후세의 기롱을 불러오게 되었습니다.

　무릇 예로부터 대현(大賢)들 가운데 비록 백이(伯夷)나 유하혜(柳下惠)와 같이 성인(聖人)에 근접하였던 분조차도 오히려 도량이 좁거나 공손치 못한 병통이 있음을 면치 못하였습니다. 대개 중용(中庸)의 지극한 덕은 성인이 아니면 능히 할 수가 없기 때문입니다. 이황은 조식과 나란히 한 세상에 살았으며, 또 도(道)를 같이하였습니다. 그러나 배운 바와 숭상하는 바가 혹 서로 달랐으며, 출처와 진퇴의 의리가 같지 않았습니다. 비록 일찍이 왕래하며 상종하지는 않았으나, 서로 간에 깨끗한 절개를 허여하고 훌륭한 점을 취한 것이야 어찌 알았겠습니까. 그러므로 그의 서찰 가운데 '내가 그와 더불어 신교(神交)를 나눠온 지 오래이다' 하였고, 또 '평소 흠모하고 신뢰하기를 깊이 한 바이다.' 하였고, 또 '오늘날 남방(南方)의 고사(高士)로는 유독 이 한 사람을 꼽을 수 있다.' 하였습니다. 그리고 성운에 대해 논하면서도 역시 '청은의 지취가 다른 사람으로 하여금 공경심이 일어나게 하는데, 지금 사람들이 그의 고매한 점을 잘 알지 못하는 것이 애석하다.'고 하였습니다. 그렇다면 당시에 성운과 조식에 대해 잘 알기로는 이황만한 사람이 없었던 것입니다. 그러면서도 오직 빈말로 지나치게 칭송하면서 다른 사람을 따라 가벼이 허여하지는 않으려고 했던 것입니다.

　정인홍은 반드시 그를 추존해 올려서 공자(孔子), 맹자(孟子), 정자(程子), 주자(朱子)의 반열에 나란히 올려놓은 다음에야 흡족하게 여기려고 하였습니다. 무릇 사람이 도에 나아감에 있어서는 저절로 천심(淺深)과 고하(高下)의 등급이 있는 법이고, 또 타고난 기운의 맑고 탁함과 배운 바의 순수함과 부족함이 있는 법입니다. 중행(中行)인가 광견(狂

狷)인가29)는 당사자의 수준을 가지고 평가하는 법입니다. 어찌 다른
사람이 능히 억지로 추대하여 올릴 수 있는 것이겠습니까.

　이황이 논한 바는 이와 같은 데 불과할 뿐으로, 사사로운 뜻에 가려
의혹된 것이 없었습니다. 그런데 정인홍은 도리어 무함하여 헐뜯은
것으로 여겨 배척을 하면서 심지어는 이구(李覯)와 정숙우(鄭叔友)가
맹자를 헐뜯고30) 양웅(揚雄)이 안자(顔子)를 논했던 일31)에다 비하기
까지 하였으니, 역시 이상하지 않습니까? 선유(先儒)가 백이를 칭하여
'조금은 노자(老子)와 비슷하다'고 하였고, 또 이르기를 '염계(濂溪)의
졸부(拙賦)32)는 황로(黃老)와 비슷하다.'고 하였습니다. 이는 단지
그 일단(一段)의 서로 비슷한 점을 말한 것인데, 이 역시 백이와 염계를
무함하여 헐뜯었다고 말할 수 있단 말입니까.

　무릇 무함하여 헐뜯는다고 하는 것은 소인배가 착한 선비를 시기해
없는 허물을 들추어내어 참소해 해치고자 하는 뜻이 있는 것을 가리키는
말입니다. 정인홍이 만일 이황이 그의 스승과 더불어 혹 서로 좋게
지내지 못한 점이 있었던 것을 이유로 이와 같이 흡족하게 여기지
못하는 말을 하였다고 한다면, 혹 그럴 수도 있는 일일 것입니다. 그러나

---

29) 중행(中行)인가 광견(狂狷)인가: 중행은 행실이 중용의 도에 합하는 사람을 말하고,
　　광견은 뜻이 고매하고 스스로 지킴이 있는 사람을 말한다. 공자가 이르기를, "중행의
　　선비를 얻어 더불 수가 없다면 반드시 광자(狂者)나 견자(狷者)와 더불어 할 것이다.
　　광자는 진취적인 기상이 있고, 견자는 하지 않는 바가 있다."라고 하였다. (『論語』
　　「子路」)
30) 이구(李覯)와 … 헐뜯고: 이구는 송(宋)나라 남성(南城) 사람으로, 자는 태백(泰伯)이
　　고, 호는 우강(盱江)이다. 정숙우(鄭叔友)는 정원(鄭原)을 가리킨다. 이들은 『상어(常
　　語)』와 『예포절충(藝圃折衷)』을 지어 맹자를 헐뜯었다. 이를 비난한 내용이 『회암집
　　(晦菴集)』 권73에 보인다.
31) 양웅(揚雄)이 … 일: 양웅은 한(漢)나라 성도(成都) 사람으로, 자는 자운(子雲)이다.
　　그의 저서인 『법언(法言)』 중에 안자(顔子)를 평론한 글이 있는데, 주자는 "양웅이,
　　안자를 마치 제 몸만을 아낀 흙덩이 같은 사람으로 그르쳐 놓았다."라고 비난하였다.
32) 염계(濂溪)의 졸부(拙賦): 염계는 북송의 학자 주돈이(周敦頤)의 호이다. 그는 처세에
　　있어 졸(拙)이 교(巧)보다는 우위에 드는 것을 논지로 글을 지었다. (『周元公集』
　　권2)

실정 바깥의 일을 가지고 근사하지도 않은 말을 스스로 만들어내어
감히 성상께 아뢰기까지 하였습니다. 이 역시 스스로 무함하여 헐뜯는
데로 귀결된다는 것을 모른 것입니다.

　정인홍은 또 '이황은 조식이 출사하지 않은 것을 가지고 중도에 맞는
것이 아니라고 하였다.' 하였는데, 이것은 더욱더 이황의 본뜻이 아닙니
다. 이황이 일찍이 고 징사 성수침(成守琛)의 묘지명(墓誌銘)에서 말하
기를, "출사해도 괜찮았고 출사하지 않아도 괜찮았는바, 치우치지 않아
중도를 얻었다. 그러니 그가 출사하지 않은 것은 의리가 없는 것이
아니다." 하였습니다. 그런즉 이황의 뜻이 과연 출사하지 않은 것을
가지고 괴상한 행동으로 여긴 것이겠습니까.

　이언적의 학문에 대해서는 이황이 일찍이 칭찬하기를, '천부적인 자질
이 영특하여 저절로 도에 가까웠으며, 경(敬)을 간직하는 공부가 깊어서
억지로 힘써서 하는 것이 아니었으니, 심신(心身)과 성정(性情)에 근본
하였고 가향(家鄕)과 방국(邦國)에서 행하였다. 저서에서 한 말들은
오도(吾道)의 본원을 천명하고 이단의 사설(邪說)을 물리쳐 정미로운
것을 꿰뚫고 상하를 관철하였다. 그 뜻을 깊이 완미해 보면 송나라
제현들의 서여(緖餘)가 아닌 것이 없는데, 그중에서도 고정(考亭)[33]
에게서 얻은 것이 특히 더 많았는바, 우리 동방에서 구해보면 짝이
될만한 사람이 드물다. 조정에 서서 나아가고 물러난 데에 이르러서는
충성스럽고 간절한 마음이 종시토록 한결같았다.' 하였습니다. 그리고
또 말하기를, '선정(先正)을 추존함에 있어서는 비록 찬양하기를 극도
로 하기를 힘써야 하지만, 그러나 역시 실제에 따라서 말을 해야지,

---

33) 고정(考亭): 중국 복건성(福建省) 건양현(建陽縣)에 있는 정자로, 남당(南唐) 시대에
　어사 황자릉(黃子稜)이 이곳에 정자를 짓고 그 아버지의 묘(墓)를 바라보았으므로
　이름을 망고정(望考亭)이라 하였다. 송(宋)의 학자 주희(朱熹)가 만년에 거처했던
　곳으로, 그가 죽은 뒤 송 이종(宋理宗) 순우(淳祐) 4년(1244)에 고정서원(考亭書院)이
　라 사액(賜額)을 받으면서 주희를 일컫는 말이 되었다.

거짓을 날조하거나 능력을 과장하여 말해 후세 사람들을 속여서는 안 된다.' 하였습니다. 말한 것이 구차스럽지 않아서 능히 질정할 수 있음이 이와 같습니다.

대개 우리 동방은 인현(仁賢)의 교화가 이미 멀어서 그 학문이 전해지지 않았습니다. 그러다가 고려조에 이르러서 문충공(文忠公) 정몽주(鄭夢周)가 비로소 의리의 학문을 주창하였습니다. 우리 성조(盛朝)에 들어와서는 호걸스러운 선비로서 이 도에 뜻을 두고, 세상에서도 역시 그렇다고 인정해 준 사람이 없지 않았습니다. 그러나 참으로 실천하고 실제로 행하여서 잡스러움이 없이 순수하기만 해 정몽주의 뒤를 잇고 후학들의 사범(師範)이 될만한 자는 실로 문경공(文敬公) 김굉필(金宏弼), 문헌공(文獻公) 정여창(鄭汝昌), 문정공(文正公) 조광조(趙光祖) 및 이언적이 바로 그런 사람들입니다.

이황에 이르러서는 이보다 더 뛰어난 점이 있습니다. 선유들이 온축해 두었던 깊은 의리를 강명하고 후학들의 몽매한 누추함을 개발하였으며, 궁격(窮格)의 공부[34]를 늙어서도 더욱 독실히 하면서 오래도록 힘써서 쌓았습니다. 그 나아간 바의 조예에 대해서는 실로 말학과 후생이 쉽사리 형용할 수 있는 바가 아닙니다. 그렇지만 온 세상의 선비로 하여금 모두 추향(趨向)을 능히 바르게 하고 성리학(性理學)을 높이고 이단을 내칠 줄 알게 한 것은 과연 누구의 공이겠습니까. 그를 일러 우리 동방의 주자라고 하더라도 참으로 부끄럽지 않을 것입니다.

무릇 이 다섯 현신(賢臣)들의 학문의 순수함과 도덕의 높음에 대해서는 위로 조정의 벼슬아치부터 아래로 초야의 선비들에 이르기까지와 아무것도 모르는 아녀자나 미천하기 그지없는 종들까지도 모두 풍문만

---

34) 궁격(窮格)의 공부: 궁(窮)은 거경궁리(居敬窮理)를 뜻하고, 격(格)은 격물치지(格物致知)를 뜻하는데, 거경궁리는 잠시도 쉬지 않고 마음을 반성하여 원리를 규명한다는 뜻이고, 격물치지는 실제적인 사물을 통하여 이치를 궁구함으로써 온전한 지식에 도달하는 것을 말한다.

듣고서도 우러르고 있습니다. 이에 종사(從祀)하기를 청한 지가 40여
년이 넘었습니다. 그런데 마침 우리 성상께서 즉위하심에 이르러 시원스
레 공의를 따라 서둘러 사전(祀典)을 행하셨습니다. 이에 모두들 성대한
거조를 직접 보게 된 것을 이 세상에 다시없는 다행으로 여기고 있었습니
다. 그런데 뜻하지 않게도 오늘날에 와서 이와 같이 질투하여 헐뜯는
말이 나오고 말았습니다.

무릇 온 나라 사람들이 서로 꾀하지 않고서도 같은 말을 하는 것,
그것을 일러 공론이라고 하는 것입니다. 오현을 문묘(文廟)에 올려
배향하는 것이 어찌 그들을 좋아하는 한두 명의 사람이 지나치게 칭찬하
면서 추숭하여 올리는 것이겠습니까. 그런데도 이에 그것을 일러 한때에
숭상하는 것이라고 한단 말입니까. 그가 말한 바를 살펴보건대, 결단코
화평한 심기에서 나온 말이 아니라, 노여운 마음과 분한 마음을 품고서
고의적으로 다른 일을 거론하여 마치 협박하면서 공갈하는 것처럼
하였습니다.

신들이 처음에는 한마디 말을 하여 따져 보고자 하였습니다. 그러나
삼가 생각건대 전하께서 그가 한 말이 조리가 없고 맞지도 않는다는
것을 알고는 배척해 물리쳐서 어진 이를 높이고 덕 있는 이를 숭상하는
뜻을 보일 것으로 여겼습니다. 그런데 봉장(封章)을 들인 지가 지금
이미 여러 날이 지났는데도 아직까지 명확한 분부를 내리시지 않고
계시는 탓에 사림(士林)은 마음 아파하고 여정(輿情)은 답답하게 여깁
니다. 신들이 외람스레 근밀한 자리를 차지하고서 끝까지 잠자코 있지
못하겠기에 감히 이렇게 아뢰는 바입니다."(『청음연보』)

동부승지 김상헌의 글이다. 왕이 그 점을 알고 못마땅한 뜻을 갖자,
상헌이 즉시 사직하여 체직되었다.

상이 답하기를, "사람은 저마다의 소견이 있는 법이니, 굳이 몰아세워

억지로 자기에게 부화뇌동하게 할 것은 아니다. 더구나 그 차자를 아직
내리지 않았는데 정원의 계사는 너무 이른 것이 아닌가." 하였다.〔좌부
승지 오윤겸, 동부승지 김상헌이 함께 이 계사를 올렸는데 상헌이 계사
를 기초(起草)하였다. 왕이 그것을 알고서 크게 노하여 책망을 하려고
하였는데, 상헌이 유씨(柳氏)와 인척이 되는 까닭에 궁중으로부터 전해
듣고는 즉시 병을 이유로 사직하는 소를 올리니, 왕이 그를 체직시켰다.〕
(『광해군일기』 권40, 광해군 3년 4월 8일)

당시에 사계(沙溪) 김장생(金長生)이 율곡(栗谷) 이이(李珥)의 비문
을 필운(弼雲) 이항복(李恒福)에게 지어 달라고 하려고 하였는데, 상촌
(象村) 신흠(申欽)이 말하기를, "어찌하여 숙도(叔度: 김상헌의 자)에
게 부탁하지 않는가. 지금 정원에 있으면서 올린 계사를 보니 비문을
짓기에 충분한 듯하다" 하였다. (「청음연보」)

5월에 승문원 부제조를 겸임하였다. 6월 23일에 외직으로 나가 광주목
사(廣州牧使)로 좌천되었다.

추포(秋浦) 황신(黃愼)이 서경(西坰) 유근(柳根)에게 말하기를, "광
주의 초정(椒井)이 더욱더 차가워질 것이다." 하였다. 이것이 비록
해학(諧謔)으로 한 말이기는 하지만, 한때의 제공들이 선생을 추대하면
서 숭상한 뜻을 잘 알 수가 있다. (「청음연보」)

43세인 광해군 4년(1612) 2월 13일 봉산군수 신율(申慄, 1572~
1613)의 장계로 고변한 김직재(金直哉, 1554~1612)의 무옥(誣獄)이
발생했다. 이 결과 소북 세력인 이호민(李好閔, 1553~1634), 김직재의
이성사촌 송상인(宋象仁, 1569~1631), 정호선(丁好善, 1571~163
2), 윤안성(尹安性, 1542~1615) 등 소북 세력과 황혁(黃赫, 1551~

1612) 등 서인 세력 1백여 명이 유배가거나 처형당하면서 제거되었다. 3월 12일 감직재 무옥에 연좌되어 파직되고서 서울로 돌아왔다.

"선왕(先王)의 태봉(胎封)을 파괴한 변고는 실로 전고에 있지 않았던 일입니다. 수령이 된 자는 당연히 항상 검칙(檢飭)하여 뜻밖의 환난이 없게 했어야 합니다. 지금 이 불측한 변고가 미친 적(賊)의 소행이라고는 하더라도 그 고을 관원이 책임을 면하기는 어렵습니다. 광주목사(廣州牧使) 김상헌(金尙憲)을 파직시키소서." 하니, 답하기를, "이미 의논하여 정하였으니 다시 의논할 필요 없다. 김상헌은 파직하라." (『광해군일기』권51, 광해군 4년 3월 12일)

여름에 서반직(西班職)에 서용되어 호군(護軍)이 되었다. 겨울에 외직으로 나가 연안도호부사(延安都護府使)가 되었다.

44세인 광해군 5년(1613) 3월 12일 지제교(知製教)로 임금이 백악 아래에서 공신들과 회맹할 때, 회맹의 글을 지었다. 공신들은 임진왜란 때 광해군을 따라 이천(伊川)·전주(全州)에 갔던 자들과 관련된 위성공신(衛聖功臣), 임해군(臨海君)의 역모를 무고하고 옥사를 국문하였던 여러 신하들을 녹훈한 익사 공신(翼社功臣), 정인홍이 상소하여 유영경(柳永慶)을 논한 것 때문에 녹훈한 정운 공신(定運功臣), 신율(申慄)이 무고한 공과 관련한 형난 공신(亨難功臣)들이었다.

왕이 미리 재계하고 밤중에 여러 공신들과 함께 백악(白岳) 아래에서 회맹(會盟)하였다. 그 맹세하는 글에, "삼가 생각건대, 우리나라는 하늘이 열어 주셨다. 신령한 임금들을 탄생시켜 대대로 계승시켰다. 넓은 기틀은 우뚝하고 공고하였고, 빛나는 사업은 융성하고 번창하였다. 붙잡고 도와주어 대대로 충량한 신하가 있었다. 공훈이 이미 나타났으므로 상으로 관작을 내려 힘쓰게 하였다. 금궤로 맹서문을 봉하여 나라의 창고에 저장하였다. 다만 하찮은 내가 나라의 명맥을 이어받았다. 예전에 세자로 있을 때, 험한 경험을 두루 하였다. 왕위에 올라서는 여러 차례 흉악한 역적을 제거하였다. 비괘(否卦)의 운수를 다스려 태괘(泰卦) 상황으로 되돌리고, 박괘(剝卦)의 운수를 전환시켜 복괘(復卦)의 상황이 되게 하였다. 이는 실로 조종(祖宗)과 선왕(先王)의 복이고 또한 신하들이 찬조해 준 공력이었다. 지나치게 높이고 헛되이 미화하여 나에게 큰 이름[尊號]을 덧붙이니, 천지를 바라보고 몸을 어루만지며 전전긍긍하였다.

시인(詩人)들이 말하였지, 어떤 은덕도 다 갚는다고. 여러 신하들을 생각하니, 그 수고로움 위로해야 마땅하였다. 혹은 말고삐 잡고 나를 따라 서쪽으로 갔었다. 자기 몸을 잊고 호위하니 종묘사직이 온전하였다. 혹은 궁료(宮僚)로 따라 호남과 영남에서 군대를 위무하였다. 끝까지 도와주니 황제의 명에 어긋나지 않았다. 대각에서 상소를 올려 적도들을 토벌하기도 하고, 혹은 변방 고을에서 흉악한 음모를 적발하였었다. 신문하고 국문하여 정상을 모두 밝혀내었다. 적신(賊臣)들이 권력을 휘두르니 음모를 예측키 어려웠다. 조정의 벼슬아치는 상주문(上奏文)을 만들고 재야에서는 소장을 분발하여 써대었다. 간악한 뱃심은 떨어지고 인심은 기뻐하였다. 심지어는 의원의 무리, 미천한 사람, 내관들까지 분주히 일을 맡아 자기 직임을 다하였다. 아슬아슬 위험한 때에는 근심스레 고개를 젖히었다. 도성의 안팎을 왕래하여 발이 부르텄다. 말들이 정승에게 전해지면 은밀히 간하는 자리에서 의논하였다. 은밀하여도 드러나고 은미하여도 기록되었다. 세 등급으로 구분하고 네 가지 호칭으로 일제히 은전을 내리노라. 부모에게 미치고 자손에게 이르도다. 위로 미루고 아래까지 미쳐서 풍성한 은혜 균등히 적시노라. 이어 날을 가려 한마음으로 재계하라 명하노니, 울울한 도성 구석에

단을 닦고 제사터를 소제하네. 공훈은 옛것 새것이 없고 의례는 옛날과 지금이 같도다. 자손들까지 함께 모여서 서약을 펴노라. 저기에 있는 산하와 같이 영원히 보존하여 변치 말지어다. 아, 그릇의 맹세피가 미덥지 못하다면 신명이 흠향을 하실까. 상제께서 너에게 임하노니 너의 마음을 바꾸지 말지어다." 하였다.

지제교 김상헌(金尙憲)의 글이다. 공신 최유원(崔有源) 등이 이를 보고 크게 노하였다. "말 속에 풍자한 의미를 품고 있고 전혀 찬양하는 말은 없다"는 이유로 거론하여 탄핵하려 하였으나 실행치 못하였다. 〔실상에 의거하여 글을 지었는데, 사실을 날조하여 사리가 통하지 않는 상황과 공훈을 함부로 차지하여 혼잡한 양태가 은연중 나타나 있다.〕 (『광해군일기』 권64, 광해군 5년 3월 12일)

44세인 광해군 5년(1613) 4월 25일 칠서지옥(七庶之獄)이라고 하는 계축옥사(癸丑獄事)가 발생하였다.

이 계축옥사는 소양강을 무대로 시주(詩酒)를 즐기던 서양갑(徐羊甲)·박응서(朴應犀) 등 7명의 서출들이 역모를 꾸몄다는 이른바 '칠서(七庶)의 옥'이 그 발단이었는데, 이이첨 등은 이 역모 사건에 그들이 영창대군을 옹립하고 영창대군의 외조부 김제남도 관계한 것으로 진술을 유도하게 된다.

그리하여 광해군 5년(1613) 5월 22일 평소에 정인홍의 제자라고 자칭한 이위경(李偉卿, 1596~1623) 등이 계축옥사와 연관지어 대왕대비[인목대비]의 처벌을 촉구하면서 폐모론(廢母論)이 시작되었고, 5월 30일에는 영창대군의 관작을 삭탈하여 서인으로 만들었다. 또한 6월 1일 인목대비의 아버지 김제남(金悌男, 1562~1613)에게 사약을 내려 서소문(西小門) 안에서 죽게 하였다.

정협(鄭浹)이 사암 박순(朴淳)의 첩자(妾子) 박응서(朴應犀), 의주 서익의 첩자 서양갑(徐羊甲), 승지 심전의 첩자 심우영(沈友英), 청강 이제신의 첩자 이경준(李耕俊) 등과 〔황강 김계휘(金繼輝)의 첩자 또한 그 무리에 끼었으나 이름이 기록되어 있지 않다〕 더불어 작당하여 도적질을 하였다. 그때 시정에서 행상을 하는 이가 동래(東萊)에 가서 은을 무역하여 돌아오다가 조령(鳥嶺)에 이르러 빼앗겼으나 쫓아가서 여주(驪州)에서 박응서 등을 찾아내 포도청(捕盜廳)에 고하였다. 포도 대장 한희길(韓希吉)이 붙잡아 옥에 가두었다.

정협 등이 옥에서 살아날 방도를 이이첨에게 구했는데, 이첨 등은 좋은 기회를 잡았다고 생각하여 이창준(李昌俊)을 시켜 달래기를, "이러이러하면 가히 살 수 있으리라" 하고, 시켜서 고변하기를, "국구 김제남(金悌男)은 영창대군(永昌大君)을 도와 모반한다" 하고 또 당시의 선비들을 무단히 끌어들였는데, 무인으로서 이름난 자도 또한 매우 많았다. (『아아록』)

이 사건에 김상헌의 양자 김광찬(金光燦, 1597~1668)이 김제남의 아들 김래(金琜)의 사위이라는 이유 때문에 6월 21일 파직되었다. 이때 김상헌도 파직되었다.

의금부가 아뢰기를, "장단부사(長湍府使) 김상관(金尙寬)의 아들은 즉 연안부사(延安府使) 김상헌(金尙憲)의 양자인데 김래의 사위가 되었습니다. 역적을 토벌하는 이때를 당하여 아직까지 관작을 그대로 지니고 있으므로 사람들이 너나없이 이상하게 여기고 있습니다. 모두 파직하라 명하소서. 달성위(達城尉) 서경주(徐景霌)는 김제남의 둘째 아들 김규(金珪)의 처 아비입니다. 역적의 괴수와 혼인한 집인데 아직도 관작을 그대로 지니고 있으므로 사람들이 모두 이상하게 여기고 있습니다. 그를 파직하고 서용하지 말라 명하소서" 하니, 따랐다. (『광해군일

기』권67, 광해군 5년 6월 21일)

이러한 과정에서 선조가 영창대군의 보호를 부탁한 고명 7신(臣)과 이정귀(李廷龜, 1564~1635), 김상용(金尙容, 1561~1637), 황신(黃愼, 1560~1617), 정사호(鄭賜湖, 1553~?), 김상준(金尙寯, 1561~1635), 서성(徐渻, 1558~1631), 안창(安昶, 1552~1620), 심광세(沈光世, 1577~1624), 조희일(趙希逸, 1575~1638), 조위한(趙緯韓, 1558~1649), 최기남(崔起南, 1559~1619), 김광욱(金光煜, 1580~1656) 등 김제남 편과 서인세력을 연루시켜 제거하려 하였다.

【연안 김씨 김제남을 중심으로】

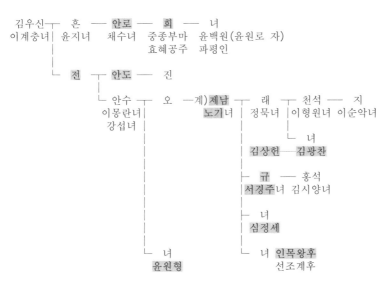

※ 본서 부록 **397**쪽 참조

김상용은 김상헌의 큰 형이고, 김상준은 사촌 형이다. 또 김광욱은 김상준의 아들이다.

46세인 광해군 7년(1615) 서반직에 서용되어 호군(護軍)이 되었다.

선조 후궁이자 광해군의 생모인 공빈 김씨는 선조 10년(1577) 5월 27일 졸하였는데, 광해군은 광해군 1년(1609) 2월 19일 생모인 공빈 김씨 묘를 개수하였고, 광해군 2년 3월 29일 공빈 김씨를 추존하여 공성왕후(恭聖王后)로 삼았고, 광해군 5년 12월 11일 박홍구(朴弘耉)·이지완(李志完)을 보내 공빈 김씨를 공성왕후로 책봉해 줄 것을 주청하였다. 광해군 7년 6월 13일 사은사 윤방(尹昉) 등이 공성왕후의 고명(誥命)을 싸가지고 중국에서 돌아왔다.

그래서 광해군 7년 8월 13일 공성왕후의 책봉 고명에 대한 사은 전문을 사과(司果) 김상헌이 짓게 되었는데 전문 내용에 문제가 있다 하여 삭탈관작되었다.

사헌부가 아뢰기를, "사과(司果) 김상헌(金尙憲)이 지은 공성왕후(恭聖王后)의 책봉 고명(誥命)에 대한 사은 전문(謝恩箋文)에 '어머니가 자식으로 말미암아 귀해짐을 생각한다.', '삼가 허물을 보면 어진지의 여부를 알 수 있다는 데 관계된다.'는 등의 말이 있는데, '허물을 보면'이라는 뜻의 '관과(觀過)' 두 자는 신하가 감히 말할 수 있는 단어가 아닙니다. 그런데 김상헌은 기롱하고 풍자하는 말을 감히 사은 전문에다 써넣었으니, 그가 임금을 무시하고 도리를 어긴 정상이 몹시 통분스럽습니다. 전에 이민성(李民宬)이 지은 것에도 성풍(成風)[35]에 비교한 말이

---

35) 성풍(成風): 성풍은 노문공(魯文公)의 생모인 풍씨(風氏)로, 정실부인이 아니었음. 그런데도 부인(夫人)이라고 쓰고 수의(襚衣)를 준 것은 잘못이라고 『춘추』에서 기롱하였다. 여기서는 광해군의 생모인 공빈 김씨(恭嬪金氏)가 정실부인이 아니라는 비유로 쓰였다. (『춘추좌씨전(春秋左氏傳)』 권8, 문공(文公) 4년)

있었는데, 그 당시에 적발하여 치죄하지 않았습니다. 그러므로 이런 따위의 임금을 무시하는 마음이 징계되지 않아 일종의 사론(邪論)이 잇달아 일어나게 된 것이니, 법으로 다스리지 않을 수 없습니다. 김상헌과 이민성 등을 삭탈 관작하소서" 하니, 왕이 따랐다. (『광해군일기』 권93, 7년 8월 13일)

이후 집권세력인 북인의 박해를 피하여 안동부 풍산으로 이사하였다. 47세인 광해군 8년(1616) 8월 20일 해평부원군 윤근수(尹根壽, 1537~1616)가 향년 80세로 졸하였다. 김상헌이 윤근수의 행장을 지었다. 윤근수는 영의정 윤두수(尹斗壽)의 동생이다.

48세인 광해군 9년(1617) 폐모론(廢母論)이 재발하자 필운(弼雲) 이항복(李恒福)이 불가함을 주장하다가 북변(北辺)으로 유배되니 『야인담록(野人談錄)』을 저술하여 보냈다.

당시에 폐모론(廢母論)이 한창 일어나자, 상국 이항복(李恒福)이 헌의(獻議)하여 대의(大義)를 진술하면서 불가하다고 하였다가 북쪽 변경으로 유배를 가게 되었다. 이에 선생께서 『야인담록』을 지어 전송한 것이다. 거기에 대략 다음과 같이 말하였다. "나라의 운세가 불행하여 8, 9년 사이에 변고를 아뢰는 자가 달마다 생겨나고 있는 바, 마치 한(漢)나라 때 회남(淮南)이나 형산(衡山)이나 강도(江都)의 옥사(獄事)와 같아 그칠 때가 없었습니다. 그러자 좌우에 있는 여러 신하들이 전전긍긍하면서 실색을 하지 않는 자가 없었으며, 과감히 온 마음을 다하여 옥사를 처리하는 자가 없었습니다. 그때 수상으로 있던 한음공(漢陰公, 이덕형)은 어머니를 원수로 삼아서는 안 된다는 의논을 올렸다가 폐기되어 물러나 지내다가 걱정 속에서 죽고 말았습니다. 그리고 앞서 수상으로 있던 오리공(梧里公, 이원익)은 사태가 발생하기 전에

윤기(倫紀)는 지엄한 것이라는 말을 진달하였다가 먼 외방의 산골짜기
로 유배되어 쫓겨났습니다. 필운공(弼雲公) 역시 예전의 수상으로서
시골로 쫓겨나 거처하고 있으면서 집안에서만 보낸 지가 4년이나 되었
습니다. 그런데 금년 11월에 다시 장신궁(長信宮)36)을 폄하하여 낮추
는 일에 대해 의논하자, 필운공은 순(舜) 임금이 변고에 대처한 도리를
인용하면서 상이 마음속으로 깨닫기를 기대했다가 도리어 멀리 궁벽한
외방으로 쫓겨났습니다. 그런 뒤에야 사람들이 더욱더 선왕께서 나라를
위하여 인재를 배양한 것이 비단 외적의 침입을 막기 위해 분주하게
오가면서 일을 하는 데에 쓰기 위해서만이 아니었음에 감복하였습니다.
대성인(大聖人)의 원대한 식견의 밝음은 보통 사람들보다 몇만 배나
뛰어남이 이와 같으니, 어쩌면 그리도 거룩하단 말입니까.

지금 필운공의 의논이 폐해진 채 시행되지 않고 있습니다. 그러나
조정에 있는 공경 이하로부터 여염 마을에 사는 아녀자나 아이들까지도
모두 그 말을 외우면서 감탄하지 않는 사람이 없습니다. 이에 비록
공에게 죄를 주라고 청한 여러 사람들조차도 오히려 모두들 큰 절개를
빼앗을 수 없으며, 올바른 논의를 굽히게 할 수 없다는 것을 알고 있습니
다. 그러므로 입으로는 헐뜯는 말을 하면서도 마음속으로는 심복하면서
참으로 따라갈 수가 없다고 생각하고 있습니다. 옛날에 한 위공(韓魏
公)37)은 자애와 효성에 대한 설로써 황제와 태후를 잘 이끌어주어

---

36) 장신궁(長信宮): 한(漢)나라 때의 궁전 이름으로, 황제의 조모(祖母)는 장신궁에
거처하고 모후(母后)는 장락궁(長樂宮)에 거처하였다고 한다. 여기서는 인목대비(仁
穆大妃)를 가리키는 말로 쓰였다. 광해군은 인목대비를 폐위시켜 서인(庶人)으로
만들고 서궁(西宮)에 유폐시켰다.

37) 한 위공(韓魏公): 위국공(魏國公)에 봉해진 송나라 때의 명상(名相)인 한기(韓琦)를
가리킨다. 송(宋)나라 영종(英宗) 초에 영종의 생부인 복안의왕(濮安懿王)에 대한
전례(典禮) 문제가 발생하였는데, 이때 구양수(歐陽脩)와 증공량(曾公亮)과 한기
등은 "예로부터 생부(生父)를 백(伯)이라고 한 일이 없으니, 황고(皇考)라고 해야
한다." 하였고, 범순인(范純仁)과 사마광(司馬光), 여해(呂海), 왕규(王珪) 등은 "남의
후사가 된 자는 사친(私親)을 돌아볼 수가 없으니, 황백(皇伯)이라고 해야 한다."

끝내는 능히 모자간의 은혜를 보전하게 해 송나라 황실의 미덕이 되게
하였습니다. 공의 마음은 한 위공과 더불어 차이가 없습니다. 그런데도
유독 한 위공이 한 일은 이루지 못하였습니다. 이것이 어찌 유독 공만의
불행일 뿐이겠습니까. 아, 애석한 일입니다."(「청음연보」)

이항복(李恒福, 1556~1618)의 본관은 경주(慶州), 자는 자상(子
常), 호는 필운(弼雲) 또는 백사(白沙)이다.

【경주 이씨 이항복을 중심으로】

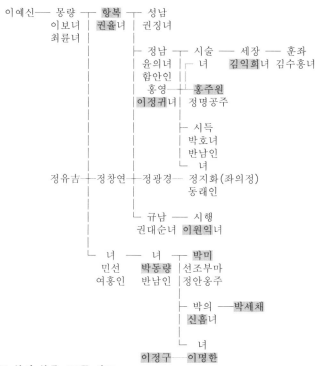

※ 본서 부록 407쪽 참조

하였는데, 결국에는 여해 등이 쫓겨나면서 이에 대한 논의가 잠잠해지게 되었다.
(『宋史』 卷245, 宗室列傳 濮玖讓)

일명 오성대감(鰲城大監)이라고 불린다. 부인은 권율(權慄)의 딸 안동 권씨이다. 이항복의 손녀가 김상헌의 외조부인 정유길(鄭惟吉, 1515~ 1588)의 증손자 정지화(鄭知和, 1613~1688)와 결혼하였다. 이항복은 인목대비(仁穆大妃) 폐모론에 반대하다가 광해군 10년(1618) 관직이 삭탈되고 함경도 북청에 유배되어 그곳에서 죽었다.

49세인 광해군 10년(1618) 2월 3일 본생부 김극효(金克孝, 1542~ 1618)가 77세로 돌아가셨다.

이때 『독례수초(讀禮隨鈔)』를 지었다. 김상헌은 상중에 있은 이래로 항상 『예기(禮記)』를 펼쳐 읽었다. 그러면서 실제로 절실하게 도움이 되는 것을 초록(抄錄)하여 상고해 보기에 편리하게 하고는, 이름을 『독례수초』라고 하였다.

그리고 이 부인(李夫人)을 모시고 안동(安東)의 풍산(豊山)으로 가서 우거(寓居)하였다.

당시에 시사(時事)가 혼란스러움이 너무 심하여 사람들이 두려운 마음을 품고 있는 탓에 도하(都下)가 흉흉해하면서 마치 조석 간도 보존하지 못할 것만 같았다. 그러자 선원(仙源) 선생께서는 궤연(几筵) 을 받들고 관동(關東) 지방으로 가 우거하였고, 선생께서도 역시 이 부인을 모시고 남쪽으로 내려간 것이다. (「청음연보」)

50세인 광해군 11년(1619) 2월에 상을 마치고는 이어 심상(心喪)38) 을 입었다.

51세인 광해군 12년(1620) 경주부윤(慶州府尹) 권태일(權泰一)에 게 편지를 보내어 안동(安東)에 있는 삼태사묘(三太師廟)의 향헌의(享

---

38) 심상(心喪): 상복을 입지는 않고서 상중에 있는 것 같은 마음으로 지내는 것을 말한다. 흔히 스승이나 자신을 길러 준 사람에 대해 입는다.

獻儀)에 대해서 논하였다.39)

그 편지에 대략 이르기를, "부사(府司)의 삼공신(三功臣)40)의 위차(位次)와 향헌(享獻)이 잘못된 것에 대해서 만약 한갓 오래전에 정해진 일이라서 갑작스럽게 변경하는 것은 곤란하다고만 한다면, 이것이 바로 꽉 막혀서 통하지 않는 견해인 것입니다.

삼가 『고려사(高麗史)』를 보건대, 고창(古昌)의 전역(戰役)에서 이미 견훤(甄萱)을 격파한 뒤에 공을 논해 직임을 제수하였는데, 성주(城主) 김모(金某)로서 대광(大匡)을 삼고, 권모(權某)와 장모(張某)로서 대상(大相)을 삼았습니다. 그러니 그 당시 위차의 상하를 잘 알 수가 있습니다. 그 뒤에 권 태사(權太師)와 장 태사(張太師)를 모두 대광(大匡)으로 올렸습니다. 그러니 직차(職次)의 선후를 또 잘 알 수가 있습니다. 김 태사는 곧장 대광에 제수하였고, 두 태사는 뒤에 뒤늦게 대광으로 올렸습니다. 그러니 공의 높고 낮음을 인하여 직급을 제수한 것이 차등이 있고 선후의 구분이 있었음도 역시 상상해 알 수가 있습니다.

세 분 태사께서는 나란히 한때에 태어나서 덕(德)을 같이하고 의(義)를 나란히 하여 모두 다 똑같이 큰 공을 세워서 똑같이 한꺼번에 제사를 받게 되었습니다. 그런즉 의당 당시에 이미 정해 놓은 위차에 따라 제향하는 의(儀)를 만들고서 신위(神位)에다 작헌(酌獻)하는 것을 감히 문란하게 하지 말아야만 합니다. 참으로 이는 세 집안의 후예들이 대대로 지키면서 고치지 말아야 할 규정인 것입니다. 그러니 어찌 후세 자손들의 성쇠에 따라 뒤흔들고 빼앗고 하여 거꾸로 제사하는 잘못을

---

39) 『청음집』 권40, 「與權慶州 名泰一」과 권40, 「再答權慶州」에 자세히 실려 있다.
40) 삼공신(三功臣): 안동을 본관으로 하는 장씨(張氏), 권씨(權氏), 김씨(金氏)의 시조인 장길(張吉)·권행(權幸)·김선평(金宣平)을 가리킨다. 고려 태조 13년(930)에 태조가 견훤(甄萱)과 싸울 적에 태조를 도운 공으로 공신의 호를 받았다.

범해서야 되겠습니까.

제사를 지내서 조상을 추모하고 은혜를 갚는 것은 본디 예에서 나온 것입니다. 그런데 예는 공경하는 것을 주로 하면서 순하게 하는 데에서 이루어지는 것입니다. 제사를 지내면서 차서를 어긋나게 한다면, 어찌 그것을 일러 순하게 하는 것이라고 할 수가 있겠습니까. 예를 차리면서 순하게 하지 않는다면, 어찌 그것을 일러 공경하게 하는 것이라고 할 수가 있겠습니까. 순하게 하지도 않고 공경스럽게도 하지 않는다면 귀신이 흠향하지 않을 것입니다.

지금 향리(鄕里)의 모임에서도 밥이나 국과 같이 하찮은 것조차도 차서를 뛰어 넘어 빼앗아 먹게 한다면, 비록 오척 동자라 하더라도 반드시 수치스럽다는 것을 알고서 그렇게 하지 않습니다. 일찍이 권씨의 자손들은 어질다고 생각해 왔는데, 도리어 오척 동자도 수치스러워하는 것으로써 선조를 섬긴단 말입니까. 저로서는 권 태사께서 예에 맞지 않는 제사를 흠향하지 않은 지가 이미 오래되었을까 걱정스럽습니다." 하였으며, 또 다음과 같이 말하였다.

"당시에 동쪽으로써 위를 삼았다면 김 태사께서 제일 위가 되고, 서쪽으로써 위를 삼았다면 장 태사께서 제일 위가 됩니다. 그런데 사신(史臣)들의 글 및 여러 서책에 기록된 바를 보면, 장 태사의 이름과 차서가 가장 낮습니다. 이것으로 보면 김 태사께서 마땅히 제일 위가 됨이 의심할 여지가 없다는 것을 잘 알 수가 있습니다. 그런데 지금 술잔을 올리는 예를 보면, 가운데에 있는 권 태사께 가장 먼저 술잔을 올리고 있습니다. 이것은 실로 중간에 권씨의 자손들이 한번 제사를 지내면서 잘못 지낸 것을 그대로 답습하면서 고치지 않은 데에서 나온 것임이 분명합니다.

영형께서 어찌 예로부터 지금까지 가운데로써 위를 삼는다는 제도를 들어보신 적이 있었겠습니까. 영형께서는 동쪽으로써 위를 삼는다는 것에 대해서 상고할 데가 없는 설이라고 하셨습니다. 그러나 과연 영형의 말과 같다면, 한 줄로 늘어서서 앉아 있는 자리에서 장 태사는 이미 원공(元功)이 아닙니다. 그러니 마땅히 어느 편으로써 위를 삼아야 하겠습니까.

더구나 백성들이 그 덕을 생각하여서 권 태사로 주위(主位)를 삼았다면, 어찌하여 첫 번째 자리에 앉히지 않고서 도리어 김 태사의 아래에 앉혔겠습니까. 천하의 예에 있어서 어찌 아래에 앉히고서도 잔을 올리는 것은 먼저 하는 경우가 있겠습니까?"(「청음연보」)

김상헌은 안동 권씨 측의 권태일(權泰一)과 편지를 왕복하며 헌작(獻爵) 순서를 논쟁하였다. 김상헌대에서는 개인적인 논변 정도에서 그쳤지만 이 문제는 나중에 서인과 남인이 두 가문을 지지하는 형태로 확대되었다. 숙종 6년(1680) 경신환국(庚申換局)으로 서인이 집권한 후에 벌어진 논쟁에서는 김선평을 수위(首位)로 하라는 윤허가 내렸다.

안동부(安東府)에 고려(高麗)의 공신(功臣)인 김선평(金宣平)·권행(權幸)·장길(張吉)의 삼태사묘(三太師廟)가 있는데, 한 줄로 남쪽을 향하여 김선평은 동쪽에 있고, 권행은 가운데에 있고, 장길은 서쪽에 있다. 김선평·권행 두 집의 자손인 부호군(副護軍) 김수일(金壽一)·첨지(僉知) 권열(權悅)이 각각 상소하여 위차(位次)를 정하여 주기를 청하였는데, 김수일은 동쪽이 수위(首位)라 하고 권열은 가운데가 정위(正位)라 하여 다투는 말이 매우 많았다. 일이 예조(禮曹)에 내려지자, 예조에서 복계(覆啓)하기를, "『고려사(高麗史)』·『동국통감(東國通鑑)』에 '고려 태조 경인년(태조 13. 930)에 고창 성주(古昌城主) 김선평(金宣平)을 대광(大匡)으로, 권행·장길을 대상(大相)으로 삼고, 드디어 그 고을을 안동부(安東府)로 하였다' 하였고, 이황(李滉)의

기문(記文)에 '고려의 공신이 세 사람이니, 김공 선평(金公宣平) 권공
행(權公幸)·장공 길(張公吉)이다' 하고, 또 '성주(城主)인 자는 김공
(金公)이고 앞장서서 고려에 강복한 자는 권공(權公)이다' 하였으니,
위차(位次)의 선후는 절로 구별할 수 있습니다. 사적(史籍)과 선유(先
儒)의 말이 이러하니, 김선평을 수위로 하고 권행·장길을 차위로 해야
하겠습니다" 하니, 임금이 윤허하였다. (『숙종실록』 권13, 8년 4월
16일)

기사환국(己巳換局)41)으로 남인이 집권하자 그 윤허는 번복되었다.
위차와 헌작 문제는 영조 43년(1767)과 정조 15년(1791)에 "함께 헌작
하라"라는 전교가 내림으로써 일단락되었다. 김선평의 위상이 강화되었
음은 물론이다.

광해군 13년(1621) 봄에 양주(楊州)의 석실(石室)로 돌아왔다.

5월 12일 형님 장단공(長湍公) 김상관(金尙寬, 1566~1621)이 56세
로 졸하였다. 11월 8일 본생모인 정유길의 딸 동래 정씨(1542~1621)가
80세로 졸하였다.

광해군 14년(1622) 2월 8일 양어머니 보천부정(甫川副正) 이억정(李
億正)의 둘째 딸인 정경부인 전주 이씨(全州李氏, 1552~1622)가 71세
로 졸했다. 석실의 여사(廬舍)에서 거상(居喪)하였다. 이후 어머니 3년
상을 지내면서 인조반정이 일어날 때까지 김상헌은 석실에 기거하였다.

---

41) 기사환국(己巳換局): 숙종 15년(1689) 희빈 장씨가 낳은 원자의 정호(定號) 문제를
　 놓고 벌어진 남인과 서인간의 정쟁이다. 송시열과 김수항 등 서인(西人)은 중전이
　 젊으니 조금 더 기다렸다가 세자를 책봉해도 늦지 않다는 것이었다. 그리하여 송시열
　 과 김수항 등 노론계 인사들이 유배를 가거나 사사(賜死) 당하여 남인이 정권을
　 잡은 사건을 말한다.

본생부모인 김극효·동래 정씨 묘
경기도 남양주시 와부읍 덕소리 산6 소재

제3편

인조대 전반 정치활동

- 인조반정: 청서와 공서
- 정묘호란: 척화와 주화

▒ 인조반정: 청서와 공서

54세인 인조 1년(1623) 3월 12일 인조반정이 일어나, 3월 13일 능양군이 경운궁(慶運宮) 별당에서 조선 제16대 왕 인조로 즉위하였다.

인조 1년 4월 4일 소북의 거두였던 유희분(柳希奮, 1564~1623)이 처형되자, 청음은 그와 이종(姨從)이 되므로 서슴지 않고 문상(問喪)하였다.

김상헌(金尙憲)은 유희분(柳希奮)과 본생으로 이종 간(姨從間)이었다. 계해년(인조 1, 1623)에 유희분이 사형당한 뒤에 김상헌이 말하기를, "나라에 대해서는 죄인이지만 나에게는 지친(至親)의 분의가 있으니, 어떻게 복을 입지 않을 수가 있겠는가." 하고는, 시마복(總麻服)을 지어서 입었는데, 사람들이 이를 하기 어려운 일이라고 하였다. (『임하필기』 권15, 문헌지장편文獻指掌編)

【김상헌·유희분 관계를 중심으로】

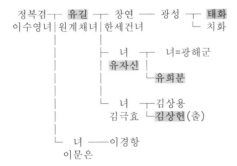

전년 2월에 어머니 이씨가 돌아가시어 3년상 중이었으므로 겨울에 승평부원군(昇平府院君) 김류(金瑬, 1571~1648)에게 편지를 보내어 폐비 광해군 부인을 대우하는 일 등 당시의 중요한 일을 의논하였다.

그 편지에 대략 이르기를, "3월 이후로 폐주(廢主)의 부자(父子)를 대우하는 은례(恩禮)를 상께서 곡진하게 하지 않은 것이 없었습니다. 그런데 제공들 사이에서 논의를 함에 이르러서는 전에 들은 바와 크게 어긋납니다. 이것이 어찌 그 사이에 사세상 난처하여 외부 사람으로서는 능히 다 알 수 없는 점이 있어서가 아니겠습니까. 현재 듣건대, 폐비(廢妃)의 병세가 아주 위중하다고 하니, 이참에 구료하지 않는다면, 그 염빈(斂殯)하는 일을 한결같이 지난날에 폐동궁(廢東宮)의 상 때와 같게 할 것입니까? 그 당시에 상께서 종실의 제군들을 장사지내는 예로써 장사지내도록 허락하였는데, 일을 맡은 자가 잘 삼가서 봉행하지 않은 탓에 차마 듣지 못할 일들이 많이 있었습니다. 더구나 폐비를 강도(江都)로 옮길 때 옷이 겨우 몸만 가릴 정도였고 발에는 버선도 신지 않았으며, 시비(侍婢)가 한 사람도 없어서 강도에 도착한 뒤에야 비로소 궁인(宮人) 임씨(任氏)가 데리고 있던 두 여종 가운데 한 명을 빼앗아서 우선 급사(給事)하는 데 충원하였다고 합니다. 이에 대해서는 직접 보고서 말을 하는 자들이 많습니다. 이것이 비록 길거리에 떠도는 말에서 나온 것이기는 하지만, 헛된 소문은 아닌 듯합니다.

또 듣건대, 반정한 뒤에 폐조(廢朝) 때 내침(內寢)에서 입던 옷가지를 인왕동(仁王洞)의 신궁(新宮)에 봉해 두었다고 합니다. 그 가운데는 반드시 폐비가 예전에 입던 옷 중에 남아 있는 옷이 있을 것입니다. 그러니 그중에서 몇 벌의 옷을 찾아내고 겸하여 예전에 부리던 궁궐의 여종을 한두 명 보내어, 그들로 하여금 폐비가 살아 있을 동안에는 추위를 막고 병시중을 들게 하고, 죽은 뒤에는 목욕시켜 입관(入棺)하게 하는 것이 어떨지 모르겠습니다.

이외에도 되도록 후하게 해 주는 은전은 모두가 제공들이 한번 계사를 올리는 사이에 달려 있는바, 상께서 어찌 허락해주지 않을 리가 있겠습니까. 이러한 따위의 일은 태형(台兄)과 옥여(玉汝: 이귀)가 아니라면 감히 먼저 발언하지 못할 것입니다. 그러니 일이 예조의 소관이어서 우리들이 알 바가 아니라고 하지 마시기 바랍니다.

곽자맹(霍子孟)[42]은 학문을 하지 않았다고 칭해지며, 또 각박한 임금인 선제(宣帝)를 만났는데도 창읍왕(昌邑王)을 대우함에 있어서는 조용하고 곡진하게 하지 않은 것이 없었습니다. 그런데 제공들이 어질고 후덕한 성상의 다스림을 보좌하는 것이 도리어 곽자맹보다 못하다면, 어찌 후세에 공들을 허물하는 의논이 일어나지 않겠습니까."

하였으며, 또 다음과 같이 일렀다.

"백성들의 뜻이 정해지지 않아서 걱정할만한 일이 한두 가지가 아님은 정히 보내온 편지에서 말한 바와 같습니다. 이렇게 된 원인을 따져보면 어찌 그 까닭이 없겠습니까. 대개 반정(反正)한 처음에 악인을 주벌한 것이 비록 많았으나, 같은 죄를 짓고서도 처벌은 다르게 받은 자가 혹 사사로운 감정으로 법을 뒤흔들고 있습니다. 그리고 인재를 쓰는 것을 비록 넓게 거두어 썼으나, 뜻을 잃고 원망하는 마음을 품은 자가 도리어 허물을 찾아내어 비방을 일으키고 있습니다. 그런데다가 갑자기 부귀하게 되면 사람들이 꺼리며, 갑자기 기세가 성해지면 사람들이 불평하는 바라서, 평계를 댈만한 거리가 있음에 따라 뜬소문이 곁에

---

42) 곽자맹(霍子孟): 한(漢)나라 곽광(霍光)으로, 자맹은 그의 자이다. 한나라 소제(昭帝)가 죽은 뒤에 후사(後嗣)가 없었으므로 곽광이 무제(武帝)의 손자인 창읍왕(昌邑王) 유하(劉賀)를 맞이해 와 황제의 자리에 오르게 하였는데, 유하는 몹시 황음무도(荒淫無道)하였다. 이에 곽광은 창읍왕을 즉위시킨 지 27일 만에 폐위시키고 다시 무제의 증손인 유순(劉詢)을 맞이해와 즉위시켰는데, 이 사람이 바로 선제(宣帝)이다. 곽광은 이후 창읍왕에 대해서 곧바로 처형하지 않고 차분하게 죄를 나열하면서 조처하였다. (『漢書』 卷68, 「霍光傳」)

서 도왔습니다. 이에 불령스러운 무리들이 드디어 그것을 꼬투리로 삼아 술수를 부리면서 앞다투어 그들의 심보를 드러내고 있으니, 몹시 애통합니다.

제가 이해하지 못하는 점이 있습니다. 그것은 바로 성명께서 왕위에 오르고 청류(淸流)들이 모두 조정에 나와서 아침저녁으로 논사한 지가 이미 반년이 넘었습니다. 그런데 기강의 문란함과 민생의 수심과 변방 방비의 허술함은 지난날보다 크게 변한 것이 없다는 것입니다. 태평의 다스림을 끝내 볼 수가 없는 것입니까? 수많은 사람들이 떠들어대는 잡스러운 말은 절충할 사람이 없고, 중요한 직임은 맡길만한 사람이 없어 체통이 서지 않고 있습니다. 만약 이 상태로 그럭저럭 날짜를 보내기만 한다면, 장차 흐물흐물해진 형세를 수습할 길이 없을까 걱정스러운바, 어찌하면 좋단 말입니까.

대저 근래 들어서 조정의 정사가 전적으로 은혜로이 용서해 주기만을 힘쓰고 있어 혹 해이해지는 데로 흐르기도 합니다. 서리가 내렸는데도 풀이 시들지 않는 것, 그 역시 변이이니, 인후(仁厚)함으로써 군자를 대우하고, 법제(法制)로써 간특한 자를 징계하는 도는 바꿀 수가 없는 것입니다. 저 정자산(鄭子産)이나 제갈공명(諸葛孔明)이 어찌 모두 다스리는 요체를 모르는 사람들이었겠습니까. 난세의 뒤를 이어 다스리는 자는 그렇게 하지 않을 수가 없는 것입니다. 저의 이 말은 엄하고 가혹하게 하는 것을 숭상하여서 하는 말이 아닙니다."(「청음연보」)

55세인 인조 2년(1624) 1월 24일 이괄(李适, 1587~1624)의 난이 일어나자, 인조는 이괄의 난에 대처하기 위해서 1월 25일 이시백(李時白, 1581~1660)·이시방(李時昉, 1594~1660) 등과 함께 기복(起復)하라는 명이 있었으나 상소를 올려 상제(喪制)를 다 마치도록 해 주기를 청하니, 임금이 허락하였다.

2월 8일 인조는 공주산성으로 피난길을 떠났다. 2월 14일 이괄이 살해되어 난이 평정되자, 2월 22일 서울 경덕궁(지금의 경희궁)으로 돌아왔다.

4월에 상제를 마치고 곧바로 이조참의에 제수되었으나, 이달에 사임하여 체차되었다.

선생께서는 여러 차례 이 직임을 맡았는데, 고사(故事)를 거듭 밝혀 낭관들이 규례에 어긋난 짓을 하는 것을 바로잡았다. 당시에 선생께서 상제를 마칠 때가 가까워 오자 조정에서는 이전(貳銓)의 자리를 비워 놓고 기다리고 있었다. 당시는 개기(改紀)하는 처음을 당하여 여러 사람의 의논이 보합시키기만 전적으로 힘쓴 탓에 도리어 시비가 불분명 해지고 사로(仕路)가 혼잡스럽게 되고 말았다. 이에 선생께서는 매번 착하고 착하지 않은 자를 구별할 것을 말하였다. 그러나 제공들이 그 말을 쓰지 않으니, 식자들이 한스럽게 여겼다. (「청음연보」)

5월에 승문원 부제조를 겸임하였다. 6월에 다시 이조참의에 제수되었다. 사임하였으나 허락받지 못하였다.

인조 2년 8월 28일 정3품 사간원 대사간에 제수되었다. 사임하였으나 허락받지 못하였다.

장현광(張顯光)을 이조참의로, 김상헌(金尙憲)을 대사간으로 삼았다. 김상헌은 사람됨이 단정하고 깨끗하며 언동이 절도에 맞고 안팎이 순수하고 발라서 정금(精金)이나 미옥(美玉)과 같았으므로 바라보면 늠연(凜然)하여 사람들이 감히 사사로운 뜻으로 범하지 못하였고, 문장 도 군세고 뛰어나며 고상하고 오묘하여 옛 글짓는 법에 가까웠다. 조정 에서 벼슬한 이래로 처신이 구차하지 않고 악을 원수처럼 미워하였기 때문에 여러 번 배척당하였으나, 이해(利害)와 화복(禍福) 때문에 마음을 움직이지 않았다. 광해 때에는 폐기되어 전야(田野)에 있었는데, 반정(反正)한 처음에는 상중이기 때문에 곧 등용되지 못했다가 상을 마치자 맨 먼저 이조참의에 제배(除拜)되었다. 이때에 이르러 간장(諫長)에 제배되니, 사람들이 다 그 풍채를 사모하였다. (『인조실록』 권6, 인조 2년 8월 28일)

인조 2년 9월 13일 대사간으로 국정과 수양에 관하여 여덟 가지 조짐[八漸]에 대한 차자를 올렸다. 이때 올린 차자는 군덕(君德)과 치도(治道)에 절실하다 하여 임금이 가납(嘉納)하였다.

그 차자에 대략 이르기를, "성학(聖學)이 다시 퇴보하는 조짐이 있고, 공도(公道)가 다시 폐해지는 조짐이 있고, 언로가 다시 막히는 조짐이 있고, 요행을 노리는 길이 다시 열리는 조짐이 있고, 탐활(貪猾)한 자가 다시 기승을 부리는 조짐이 있고, 잡인이 내통하는 조짐이 있고, 궁금(宮禁)이 엄숙하지 못하게 되는 조짐이 있고, 여알(女謁)이 행해지려는 조짐이 있습니다" 하였다. 수천 마디나 되는 말로 군덕(君德)에 절실하고 치도(治道)에 관계되는 것을 거론하면서 반복하여 진달해 아뢰었는데, 말이 몹시 적절하였으므로 상께서 가납하였다.

(「청음연보」)

대사간 김상헌(金尚憲), 사간 정종명(鄭宗溟), 헌납 김시양(金時讓), 정언 윤지(尹墀)·김반(金槃) 등이 차자를 올리기를, "신들이 듣건대, 하지(夏至)는 양(陽)이 극에 이른 때인데 음(陰)이 처음 생겨나고 동지(冬至)는 음이 극에 이른 때인데 양이 처음 생겨난다 하였습니다. 들판을 가득 태우는 불길도 작은 불꽃에서 시작되며 하늘을 뒤덮는 홍수도 한 방울의 물에서 비롯되지 않는 경우가 없고, 서리를 밟는 날에 이미 얼음이 굳게 얼 것을 알게 된다고 하였는데, 이는 모두가 작은 것으로부터 크게 되고 미미한 것에서 현저하게 되는 것으로서 그 유래가 조짐이 있는 것입니다.

신들이 살펴 보건대, 전하께서 반정(反正)하신 처음에는 조심조심 두려워하시어, 한 가지 일도 엄공(嚴恭)하게 하지 않은 것이 없고 한 가지 생각도 인외(寅畏: 삼가하고 두려워 함)하지 않은 것이 없으셨습니다. 그리하여 오직 소민(小民)들에게 죄를 얻지나 않을까 두려워하고 신하들에게 비난받지는 않을까 염려하셨으니, 성탕(成湯)이 깊은 골짜기에 떨어질 것처럼 조심하던 것이나 문왕(文王)이 조마조마하여 공경하는 마음을 가진 것도 이보다는 더할 수 없었을 것입니다. 그런데 어찌하여 1년이 지났는데도 정치가 더 나아지지는 않고 중간에 변란을 겪어 거의 나라꼴이 말이 아니게 되었단 말입니까. 그런데도 전하의 마음은 태연하신 듯하기만 하여 일을 행하실 때나 호령을 내실 때에 나타나는 것을 보거나 성색(聲色)에 드러나는 것을 보건대 이미 우려되는 마음을 금할 수 없게 되었습니다. 신들은 그중에서도 우선 군덕(君德)에 간절한 것과 치도(治道)에 관계가 있는 것을 거론하여 진달할까 합니다.

성학(聖學)은 다시 퇴보하는 조짐이 있고, 공도(公道)는 다시 폐해지는 조짐이 있고, 언로(言路)는 다시 막히는 조짐이 있고, 요행을 노리는 길이 다시 열리는 조짐이 있고, 탐활(貪猾)이 다시 기승을 부리는 조짐이 있고, 잡인(雜人)이 내통하는 조짐이 있고, 궁금(宮禁)이 엄숙하지 못하게 되는 조짐이 있고, 여알(女謁)이 장차 행해질 조짐이 있는데, 이 여덟 가지 조짐을 막지 못하면 국가가 곧 망하고 말 것입니다. 삼가 바라건대 전하께서는 맑은 마음으로 성찰하소서.

성학(聖學)이 다시 퇴보하는 조짐이 있다는 것은 무엇이겠습니까?

신들이 삼가 듣건대 전하께서 요즈음 경연에 임하시면서 자못 신하들을 경시하는 기색이 있으시다 합니다. 경시하면 교만한 마음이 생기고 교만한 마음이 생기면 자신의 의견만 내세우고 남은 모자라게 여긴 나머지 마침내는 모두 나만 못하다고 여기게 되는 법이니, 어찌 이러고도 학문을 진보시킬 수 있겠습니까. 삼가 바라건대 전하께서는 마음을 비우고 남의 말을 받아들이며 부지런히 자신을 격려하고 계속 학문을 닦아나가는 데 마음을 기울여 기어코 순수한 경지에 이르게 되도록 하소서. 『서경』에 이르기를 '오직 학문은 뜻을 공손히 하여 수시로 부족한 것을 힘써 배워야 한다. 그러면 자연히 닦아지게 될 것이다.' 하였고, 또 이르기를 '시종 일념으로 학문에 뜻을 두면 자신도 모르게 덕이 닦아진다.' 하였습니다. 학문의 공은 이렇게 진보되는 것입니다.

공도(公道)가 다시 폐해지는 조짐이 있다고 한 것은 무엇이겠습니까?

전하께서 즉위하신 처음에는 폐정(廢政)을 닦고 훌륭한 인재를 기용했으며, 시급하지 않은 일을 혁파하고 포흠(逋欠)된 세금을 감면해 주었으며, 내사(內司)에 투속(投屬)한 사천(私賤)을 모두 본 주인에게 돌려주고, 여염에 폐단을 끼친 궁노(宮奴)를 즉각 참하여 대중에게 조리를 돌리셨습니다. 이에 인정이 흡족하게 여기고 중외(中外)가 크게 기뻐하였으니, 이는 다름이 아니라 공도(公道)가 제대로 행해진 결과라 할 것입니다.

그런데 전하의 오늘날의 정치를 지난해와 비교하면 어떠합니까. 임금의 마음이 방촌(方寸) 속에서 발동하기만 해도 천 리 밖의 사람도 모두 아는 법인데, 더구나 좌우에 있는 자들이나 조정에 있는 사람들의 경우이겠습니까. 임금과 신하의 관계는 푯대와 그림자의 그것과 같습니다. 신들이 감히 전하의 정치가 매사에 사정(私情)을 따르고 있다고 말하는 것은 아닙니다마는, 요즈음 조정 신하들을 보면 사정을 쓰는 것이 너무도 치성해지고 있습니다. 어찌 푯대는 바른데 그림자만 기울어지는 수가 있겠습니까. 삼가 바라건대 전하께서는 난폭한 자를 막듯이 사심을 제거하시어 기어코 마음을 바로잡음으로써 조정을 바로잡으시고 조정을 바로잡음으로써 백관을 바로잡아 만백성이 모두 바르게 되도록 하소서. 공자가 이르기를 '하루라도 극기복례(克己復禮)를 하면 온 천하가 그 인(仁)에 호응하게 된다.' 하였는데, 덕화(德化)가 펼쳐지는 것은 이처럼 빠른 것입니다.

언로(言路)가 다시 막히는 조짐이 있다고 하는 것은 무엇이겠습니까?

전하께서 즉위하신 처음에는 초야에 있는 선비의 간언이나 소관(小官)의 말도 너그럽게 포용하여 들어주지 않으신 것이 없었으므로 간언을 잘 받아들이시는 미덕을 사방에서 우러르게끔 되었습니다. 그런데 요즈음에 와서는 대신이 아뢰는 말이나 대관(臺官)이 아뢰는 말이라 하더라도 조금만 성상의 뜻에 거슬리면 그만 싫어하는 기색을 보이십니다. 이 때문에 온 조정이 침묵을 지켜 따르기만 숭상한 나머지 간쟁하는 풍조가 순응하는 태도로 변해버리고 우뚝한 기상이 닭 벼슬처럼 위축되고 말았습니다. 그리하여 작록(爵祿)을 탐하는 자들은 구차하게 보존하는 것을 상책으로 여기고, 기절(氣節)을 숭상하는 사람들은 스스로 물러나는 것을 좋은 계책으로 여기게끔 되었으니, 이런 풍조가 계속된다면 얼마 안되어 이목(耳目)이 막혀버리게 되지 않겠습니까. 삼가 바라건대 전하께서는 더욱 허심탄회하게 받아들이는 아량을 넓히시고 남을 포용하는 도량을 확충하도록 힘쓰시어, 사소한 일인데 어찌하여 논쟁하느냐고도 하지 마시고 작은 허물인데 어찌 대체(大體)에 손상될 것이 있겠느냐고도 하지 마소서. 그리고 말씀드린 것이 더러 과격하더라도 임금을 아끼는 마음에서 나온 것이면 특별히 아름답게 여기어 칭찬하는 분부를 내리시고, 논계한 것이 더러 사실과 다르더라도 그 실정이 딴 뜻이 없는 것이라면 모두 넉넉히 포용하는 뜻을 보이소서. 이것이 어찌 국가의 융성한 복이 되지 않겠습니까. 『예기(禮記)』에 이르기를 '임금이 과오가 있을 경우 간하다가 들어주지 않으면 떠난다.' 하였으니, 임금과 신하 사이에는 이런 의리가 있는 것입니다.

요행을 노리는 길이 다시 열릴 조짐이 있다고 하는 것은 무엇이겠습니까?

지난 10여 년 사이에 작상(爵賞)이 아무에게나 베풀어져 현명한 사람과 불초한 사람의 구별이 없게 되었습니다. 이에 이익을 탐하는 염치없는 무리가 무턱대고 진출하려는 생각을 갖게 된 나머지 연줄을 대고 청탁을 하며 불꽃같은 욕심으로 사람들을 미혹하다가 마침내는 망하는 지경에 이르게 되어 구원하여 바로잡을 수 없게 되었으니, 말을 하자니 추악하기만 합니다.

전하께서는 전에 여염에서 생활하신 적이 있으시어 묵은 폐단들을 상세히 들으셨으므로 반정하신 처음에 영구히 이런 길을 막으려 하셨습니다. 그런데 적변(賊變)이 일어난 이후로는 형벌과 상을 시행하는 길이 여러 갈래로 갈라짐이 날로 더욱 심해졌으므로 '공도 공이 아니고 죄도 죄가 아니며 오로지 세력과 이권(利權)에 달려 있다.'는 세간의 말까지 나오게끔 되었습니다. 임금이 나라를 다스려 나가는 도구는 오직 상벌뿐인데, 요행을 노리는 길이 한 번 열리면 그 누가 힘을 다하여 그 길로 뛰어들려 하지 않겠습니까. 삼가 바라건대 전하께서는 의리와 법에 입각하여 재단하시어 친척이라고 하여 외람하게 주지도 마시고 훈귀(勳貴)라고 하여 동요되지도 말아 혹시라도 다시 전철을 밟지 않도록 하소서. 『서경』에 이르기를 '관작을 사사로이 친근한 사람에게 주지 말라.'고 하였고, 또 이르기를 '총애하는 길을 열어 업신여김을 받지 않도록 하라.'고 하였으니, 경계하는 도리는 이렇게 하라는 것입니다.

탐활이 다시 기승을 부릴 조짐이 있다고 하는 것은 무엇이겠습니까.

지난날 권간(權奸)이 권력을 장악하면서부터 뇌물이 점점 성해져

탐오(貪汚)한 풍조가 궁중에 유입된 결과 크건 작건 간에 벼슬을 제배(除排)할 때 모두 정가(定價)가 있다는 설까지 있었습니다. 처음에는 숨기고 꺼리는 듯이라도 하다가 나중에는 숨길 필요도 없다는 식으로 하였는데, 대간도 다시 바로잡지 못하고 소민(小民)들은 감히 호소하지도 못하였으며, 육지로 운반해 오고 배로 실어 오는 등 간사한 장오(贓汚)가 낭자하였으니, 옛적부터 어찌 이러한 때가 있었겠습니까. 다행히도 성명(聖明)의 시대를 만나 새로 청명하게 교화를 펼치게 되었으므로 대관이 듣고 어사(御史)가 보는 대로 많이도 잡아 가두고 계속하여 안문(按問)했습니다. 그러나 끝내는 한 사람도 법대로 처리하여 율을 바르게 했다는 말을 들어보지 못했습니다. 이 때문에 탐오한 자들이 속으로 비웃으며 도둑의 마음을 고치지 않고서 모두 때를 노렸다가 다시 들어올 꾀를 내고 있으니, 이런데도 징계하지 않는다면 어떻게 나라를 다스릴 수 있겠습니까.

삼가 바라건대 전하께서는 무릇 장리(贓吏)에 관계된 옥사(獄事)는 가벼이 의논하지 못하게 하시고 죄가 현저하여 의심이 없는 자에 대해서는 법률대로 다스려 자손들까지 금고(禁錮)토록 하소서. 그리고 공정하고도 위엄이 있는 인물을 수시로 내보내어 제도(諸道)를 암행하게 함으로써 총명(聰明)을 넓히소서. 그러면 탐활(貪猾)한 무리들이 거의 징계되고 단속될 것입니다. 『서경』에 이르기를 '믿는 데가 있어 재차 죄를 범한 자는 형벌하여 죽인다.'고 했는데, 이는 알면서도 고의로 죄를 범한 자는 용서하지 않는다는 뜻이니, 죄악을 징계하는 도리가 이와 같은 것입니다.

잡인들이 내통하는 조짐이 있다고 하는 것은 무엇이겠습니까?

신들이 삼가 들건대 무녀(巫女)는 가장 요사스러운 자여서 반정한 뒤에 변방 지역으로 멀리 유배시켰다고 합니다. 그런데 지난번 사유(赦宥)를 받음으로 인해 서울에 돌아와서 다시 궁액(宮掖)과 길을 통하고 있다고 점차 말이 전파되고 있습니다. 그리고 승려가 내사(內司)에서 도첩(度牒)을 받는 것이 구례(舊例)이기는 하지만 본래 합당한 일이 아닙니다. 더구나 내사의 관속들은 대부분 궁액(宮掖)과 연관이 있는데, 이들이 속여 현혹하는 꾀를 부린다면, 그 폐해를 어찌 다 말할 수 있겠습니까. 폐조(廢朝) 때는 요승(妖僧)이 궁중에 드나드는 것을 금하지 않다가 마침내 화단을 전가시키는 지경까지 이르렀습니다. 요즈음 유점사(楡岾寺)의 승려가 몰래 본궁(本宮)에 들어와 외람되게 인문(印文)을 찍어내어 국가의 법을 범함으로써 전하께서 난처한 점이 있게 만들었습니다. 그런데 가령 이보다 큰일이 있게 된다면 장차 어떻게 그 말류(末流)의 폐해를 금할 수 있겠습니까.

대체로 무격(巫覡)의 귀신 섬기는 일과 부처의 화복(禍福)에 관한 말은 말세 이래로 빠져드는 사람이 많은데, 부녀자의 성품은 더욱 미혹되는 경향이 있어 깨닫게 하기가 매우 어렵습니다. 그래서 항간의 경우 대부분 이 병폐에 걸리고 있는데, 궁궐 안이라고 해서 어찌 유독 그렇지 않을 수 있겠습니까. 삼가 바라건대 전하께서 조용히 보내시는 여가에 시험 삼아 물어보시어 과연 그런 일이 있으면 즉각 통렬하게 끊어버리시고 혹시 사실이 아니라 하더라도 더욱 두절시켜야 마땅합니다. 이와 함께 승려의 내사 출입을 일체 금단하심으로써 끝내 청명한 다스림이 되도록 하소서. 『소학』에 '색다른 사람과는 서로 접하지 않아야 하는데, 무격과 여승(女僧)은 더욱 멀리 끊어야 한다.'고 하였습니다. 선유(先儒)들도 이처럼 경계를 내리고 있는 것입니다.

궁금(宮禁)이 엄숙하지 못하고 여알(女謁)이 장차 퍼지게 된다. 이 두 가지 조짐에 있어서는 그 발단은 매우 미미하여도 우려되는 바는 매우 크니, 조금이라도 경계심을 늦추면 성상의 덕에 누가 되고 청명한 시대에 오점(汚點)이 되는 것이 또한 다른 사례에 비할 것이 아닙니다. 신들이 듣건대 액정(掖庭)의 궁인들이 혹 교자(轎子)를 타거나 말을 타고는 어느 때고 드나드는가 하면, 혹 여염에 유숙하며 오래도록 돌아오지 않기도 하며, 또 폐조 때의 궁인들이 다시 내정(內庭)에 들어와 점점 그 수가 증가하고 있다 합니다. 이 무리들은 더러운 풍습에 오래 물이 들어 마음속으로 당시의 일을 이롭게 여기는 자들로서 연줄을 대고 청탁하는 등 온갖 방법을 동원하여 들어오기를 도모했을 것이니 그 뜻을 알만합니다.

만약 새로 들어온 사람들과 낮이나 밤이나 함께 있으면서 서로 계도(啓導)하게 될 경우 필시 그 때의 일을 즐겨 듣고서 온통 그쪽으로 따르게 될 것입니다. 그리하여 처음에는 외부 사람들과 서로 통하여 방금(防禁)을 무너뜨려 어지럽게 만들다가 끝내는 선물과 뇌물 등으로 못하는 짓이 없게 될 것입니다. 그렇게 되면 폐조의 궁인들과 차이가 없게 될 것인데, 전하께서는 장차 신민들에게 무슨 말을 하실 수 있겠습니까. 신들이 이미 들은 말이 있기에 일이 일어나기 전에 말씀드리지 않을 수 없었습니다. 전하께서 일찍 선처하셨으면 합니다.

옛적에 송(宋) 인종(仁宗)이 당초 왕덕용(王德用)의 딸을 맞아들였다가 왕소(王素)의 한 마디에 눈물을 머금고 내보냈으니, 간하는 말을 물 흐르듯 따른 미덕은 천재(千載)의 미담(美談)이 된다 하겠습니다. 삼가 바라건대 전하께서는 송 인종을 모범으로 삼으소서. 『시경』에 이르기를 '아내에게 모범이 되어 형제에까지 미치고 이로써 국가와 나라를 다스려 간다.'고 하였으니, 성인이 수신하고 제가하고 치국한 효과가 이러했던 것입니다.

대체로 천하의 일에는 본말(本末)이 있고 경중(輕重)이 있는데, 신들이 이 여덟 가지 이외에는 다시 말씀드릴만한 것이 없다고 여기는 것은 아닙니다. 풍속이 아직 고쳐지지 않았고 기강이 아직 세워지지 않았으며, 선비의 기풍이 아직 바로잡히지 않았고 민원(民怨)이 아직 없어지지 않았으며, 난리의 싹이 아직 해소되지 않았습니다. 그러나 우선 이 여덟 가지를 제거한다면 그 나머지는 번거롭게 제거하지 않아도 두서가 잡혀질 것입니다. '제후에게 간하는 신하 5인만 있으면 비록 무도하더라도 나라를 잃지 않을 것이다.'라는 말이 있습니다. 만일 광해(光海)가 조금이라도 스스로 뉘우쳐 깨닫고서 간하는 말을 받아들여 과오를 고쳤다면 어찌 천록(天祿)이 영원히 끊기기까지야 했겠습니까. 하늘이 우리 동방을 도와 우리 전하에게 길을 열어주어 끝없이 큰 기쁨을 내리시고 또한 끝없이 큰 돌봄을 내리셨으니, 천명(天命)은 믿기 어렵고 오직 인사(人事)에 달려 있는 것입니다. 전하께서는 이 점을 염두에 두소서.

이 여덟 가지 조목 외에도 전하께서는 혹 희노(喜怒)에 치우쳐 얽매이시기도 하고 혹 친애(親愛)에 집착한 나머지 강의(剛毅)하신 덕을 인자하게 처리하시기도 하고 사소한 일이라고 하여 혹 자세히 살피지 않으시기도 합니다. 신들이 형편없기는 하지만 어찌 감히 터무니없이 군상(君上)에게 있지도 않은 과오를 지적하고 시정(時政)에 드러나지도 않은 흠을 망령되이 논하여 스스로 정직한 체한다는 혐의를 범하겠습니까. 돌아보건대 지극히 어리석고 지극히 고루한 몸으로 외람되게 발탁되어 간관(諫官)의 대열에 끼어 있으면서 위로 성상의 은덕에 보답하지 못하고 아래로 시위소찬(尸位素餐)의 책임만 메꾸어 왔기에 진심을 피력하여 경솔히 번독스러운 행동을 하게 되었습니다. 말은 그지없이 천박할지라도 뜻은 실로 깊이 생각한 결과에서 나온 것이니, 삼가 바라건대 성명께서는 살펴 주소서." 하니,

답하기를, "그대들의 차자 내용을 살펴보건대 자못 매우 간절하고도 정직하니, 어찌 부끄러운 마음이 들지 않겠는가. 나무가 먹줄을 따르면 곧게 된다는 말을 내가 일찍부터 재삼 음미해 왔다. 오늘날 조정에서 침묵을 지키며 순종만 하려 한다는데, 이는 진실로 내가 그 말을 좋아하기만 하고 실행하지 않은 소치이다. 그대들이 숨김없이 모두 진달하여

직책에 관한 일을 다 수행했기에 내가 매우 아름답게 여긴다. 차자의 내용은 아침저녁으로 살펴보며 스스로 경계하겠다.” 하였다. (『인조실록』 권7, 인조 2년 9월 13일)

55세인 인조 2년(1624) 겨울에 체차되어 종4품 용양위 부호군(龍驤衛副護軍)에 임명되었다. 이때에 아버지 삼가공(三嘉公) 김대효(金大孝)의 묏자리가 좋지 않아서 상소를 올려 관직에서 해임되고서 개장(改葬)할 수 있게 해 주기를 요청하였는데, 상께서 특명을 내려 직임을 띤 채 왕래하라고 하였다.

11월 12일 정3품 예조참의(禮曹參議), 11월 20일 정3품 이조참의(吏曹參議)에 임명되었다. 11월 21일 형 김상용이 병조의 장관으로 인사권을 가지고 있으니, 한 집안에서 인사권을 두 개 가지면 안 된다고 상소하여 사임하였으나 허락받지 못하였다.

이조참의 김상헌(金尙憲)이 상소하여 사직하였다. 대략에, “신이 삼가 장로에게 들건대, 명종조에 신영(申瑛)이 병조참판이 되고 송기수(宋麒壽)가 이조참판이 되었는데, 혼인한 가문이라고 하여 신영을 개차(改差)하였다 하니, 양전(兩銓)은 상피(相避)한다는 규례가 예로부터 분명히 있습니다. 지금 신의 형 김상용(金尙容)이 바야흐로 서전(西銓: 병조)의 장관으로 있으니, 신이 동시에 동전(東銓: 이조)에 있을 수 없습니다. 삼가 바라건대, 성명께서는 어리석은 신의 감당하지 못할 정상을 살피시고 선왕조 때 이미 시행한 사례도 비춰 보시어 속히 개차를 명하소서” 하였는데, 답하기를, “그대는 사직하지 말고 직무를 살피라” 하였다. (『인조실록』 권7, 인조 2년 11월 21일)

12월 18일 이조참의 김상헌이 세 차례 정고(呈告)하여 체직되었다.

이조참의 김상헌이 세 차례 정고(呈告)하여 체직되었다. 종부시정(宗簿寺正) 이명한(李明漢)을 특별히 승진시켜 대신하게 하였다. 상헌은 성품이 본래 고결하여 바른 도를 지키며 흔들리지 않았다. 전조(銓曹)에 들어가 있을 적에 동료의 뜻은 모두 시비를 가리지 않고 오직 조정(調停)하려고만 하였는데, 상헌은 소견이 맞지 않는 것을 구차하게 용납하는 것은 수치라 하여 드디어 정고하고 면직을 청하였으므로 사론(士論)이 애석하게 여겼다. (『인조실록』 권7, 인조 2년 12월 18일)

승정원 부승지가 되었으나 친혐(親嫌)43)으로 즉시 체직되었다가 12월 22일 정3품 형조참의(刑曹參議)가 되었다.44)

56세인 인조 3년(1625) 1월 13일 정3품 사간원 대사간(司諫院大司諫)이 되었다.

이귀가 우의정 신흠을 모욕하여 신흠이 사직서를 내고 있었다. 이에 대해 임금이 이광정과 장만에게 상황을 물어보려고 했는데 우물쭈물하고 제대로 대답을 못하였다. 이에 대해 김상헌이 대사간으로 1월 17일 연원부원군(延原府院君) 이광정(李光庭)과 옥성부원군(玉城府院君) 장만(張晩)의 파직을 청하였다.

간원이 아뢰기를, "우찬성 이귀(李貴)가 공좌(公座)에서 상신(相臣)을 모욕하여 체면을 크게 손상시켰으므로 상께서 그날 함께 참석했던 훈신(勳臣)과 재신(宰臣)을 특별히 부르시어 그때의 실상을 하문하셨으니, 이는 장차 처치하시려는 의도에서였습니다. 따라서 훈신과 재신

---

43) 친혐(親嫌): 일정한 범위의 친족 간에 같은 관서에 근무하게 되었을 경우, 낮은 자리에 있는 사람이 피혐하여 그 직임에 나아가지 않는 것을 말한다.

44) 「청음연보」에는 12월에 체차되고서 승정원 우부승지에 제수되었다가 친혐(親嫌)으로 인하여 곧바로 체차되고서 이조참의에 제수되었다고 나온다. 『실록』에는 형조참의가 되었다고 한다.

으로서는 명백하게 진달했어야 마땅할 것인데, 연원부원군(延原府院君) 이광정(李光庭)과 옥성부원군(玉城府院君) 장만(張晩)은 감히 천위(天威)가 지척(咫尺)인 자리에서 우물쭈물하며 머뭇거렸는가 하면 여러 차례 하문하셨는데도 끝내 바른대로 답변드리지 않았습니다.

임금을 섬길 때는 숨김이 없어야 된다는 신하의 도리가 실로 이러한 것입니까. 대관(大官)도 이러한데 소관(小官)들을 어떻게 책망할 수 있겠습니까. 탑전에서도 이러하니 먼 외방의 짓이야 알만합니다. 듣고서 놀라지 않는 사람이 없으며 물정이 갈수록 더욱 격화되고 있으니, 모두 파직을 명하소서." 하니, 답하기를, "조금이라도 숨긴 자취가 있으면 임금을 속인 죄를 면할 수 없을 것이다. 그러나 이 두 사람은 모두 훈구(勳舊)인 중신(重臣)으로서 반드시 그러한 작태가 없었을 것이니, 다시 번거롭게 하지 말라." 하였다. 세 차례째 아뢰니, 이에 따랐다.

장만과 이광정은 상이 불러 하문했을 때 사실대로 답변하지 않았으므로 사대부 대부분이 장만 등을 정직하지 못하게 여겼다. 그런데도 감히 말을 하여 탄핵하지 못한 것은 대개 이귀를 두려워해서였는데, 김상헌(金尙憲)이 사간원의 장관이 되자 그 날로 논계하였으므로 모두가 통쾌하게 여겼다. 김상헌이 안색을 바로하고 조정에 서서 홀로 풍도를 지켜가며 무너진 기강을 진작시킬 수 있었는데, 늘 기휘(忌諱)에 저촉된 나머지 재직한 날이 너무도 짧았으니, 애석한 일이다. (『인조실록』 권8, 인조 3년 1월 17일)

이 일로 1월 20일 이귀는 파직당하였다.

이괄의 난을 평정한지 오래지 않아 인조 2년(1624) 11월 8일 의관(醫官) 이이(李怡), 무인(武人) 김인(金仁)·심일민(沈逸民) 등이 박홍구(朴弘耉, 1552~1624) 등이 인성군(仁城君, 1588~1628)을 옹립하고 광해군을 모셔오려는 역모를 꾀한다고 고변하였다.

인조 3년 1월 3일 합사(合司)하여 인성군의 처치를 아뢰었다. 홍문관도 날마다 논집하였다. 1월 25일 인성군을 처벌할 것을 청하였다.

양사(兩司)가 청대(請對)하니, 상이 자정전에서 인견하였다. 대사헌 박동선(朴東善)이 아뢰기를, "신들이 날마다 계사를 진달하면서 잇따라 소장을 올리기까지 하였는데도 상하의 정의(情意)가 통해지지 못하고 있습니다. 오늘은 탑전에서 윤허하시는 분부를 듣고 싶으니 속히 공론을 따르시어 종사가 편안해지게 하소서." 하고,

대사간 김상헌(金尙憲)이 아뢰기를, "신들이 성의가 천박하고 언사가 졸렬하기 때문에 석 달이 넘도록 소장을 올렸는데도 천청을 돌리지 못하였습니다. 오늘은 통쾌하게 결단하시는 분부를 듣고자 감히 등대(登對)를 청하였습니다. 여러 차례 간절하고 애틋한 분부를 받들면서 진실로 지극하신 성상의 뜻을 알게 되었습니다마는, 이는 간쟁하지 않을 수 없는 일입니다. 어찌 차마 침묵만 지키고 물러나 종사가 망하는 것을 보고만 있을 수 있겠습니까. 전하께서 사정(私情)만 따르시고 공론을 생각하지 않으신다면, 이것이 어찌 나라를 망치는 도리가 아니겠습니까. 이공(李珙)의 죄상으로 본다면 본디 율(律)대로 처치해야 할 것인데, 오직 보존시킬 계책만 진달한 것은 대개 성상의 뜻을 몸받았기 때문입니다. 속히 윤허를 내리시어 여정(輿情)에 답하소서." 하니 상이 이르기를, "나의 뜻은 일찍이 이미 유시했다. 오늘 다시 무슨 말을 하겠는가." 하였다.

인조 3년 1월 27일 사직하고 물러갈 것을 청하였다.

대사헌 박동선(朴東善), 대사간 김상헌(金尙憲), 집의 송상인(宋象仁), 사간 이준(李埈), 장령 이형원(李馨遠)·정기광(鄭基廣), 지평 이기조(李基祚), 정언 이소한(李昭漢)·김반(金槃) 등이 다시 인피

(引避)하여 아뢰기를, "신들이 외람되게도 언책(言責)의 자리를 맡고 있으면서 하는 말이 신임을 받지 못하여 의리상 사직하고 물러가는 것이 합당하기에 인책하여 파직을 청했었는데, 억지로 출사(出仕)를 청했으므로 부끄러움과 두려움이 더욱 심해지며 진퇴 유곡의 처지가 되었기에 다시 천위(天威)를 범하지 않을 수 없습니다.

　신들에게는 다섯 가지 죄가 있습니다. 정성이 있으면 금석(金石)도 꿰뚫는 법인데 하루에 두 차례씩 계사를 진달드렸는데도 천청(天聽)을 감동시키지 못했으니, 이것이 신들의 첫째 죄입니다. 전하께서 사은(私恩)을 중히 여기시는데 신들은 종사를 근심하기만 하여 곡진하게 받들지 못했으니, 이것이 신들의 둘째 죄입니다. 공론은 날로 꺾여 위축되고 사정(私情)은 날로 확정되어 화란이 일어나도 구하지 못하게 되었으니, 이것이 신들의 셋째 죄입니다. 전하께서 경연에 임하시어 조정에 직절(直截)한 신하가 없음을 개탄하셨으니, 이것이 신들의 넷째 죄입니다. 지난번 청대(請對)했을 적에 전하께서 윤허하지 않으시다가 근밀(近密)한 신하가 갖가지로 주선한 끝에 불러들임을 받게 되었습니다. 국가에서 대간을 대우하는 예의가 신들로 말미암아 쇠퇴하게 되었으니, 이것이 신들의 다섯째 죄입니다. 이런 다섯 가지 죄를 짓고도 일찍 인책하고 물러가지 못했으니 전하께서 신들을 형편없이 보시는 것은 당연합니다. 그런데 더구나 감히 간하는 말이 시행되고 하는 말을 들어주시기를 바랄 수 있겠습니까. 이런데도 오히려 다시 뻔뻔스럽게 낯을 들고 있다면, 옛사람의 '인간에게 수치란 것이 있음을 알지 못하는 사람이다.'고 한 말을 신들이 어떻게 면할 수 있겠습니까. 결코 하루도 그대로 있을 수 없으니 신들의 파직을 명하소서." 하였는데, 옥당이 다시 출사를 청하니, 따랐다.

이렇게 계속 인성군 처벌을 주장하자 인조 3년 2월 4일 대사간에서 교체되어 이조참의가 되었다.

그러나 선조 서7남으로 정빈 민씨(靜嬪閔氏) 소생이자 인조에게는 숙부가 되는 인성군(仁城君, 1588~1628)이 결국 박홍구의 역모사건에 추대된 혐의로 인조 3년(1625) 2월 25일 간성(杆城)에 유배되었다.

인조 3년 2월 9일 이조참의로 상소를 올려 언관을 대우할 것 등 시폐(時弊)에 대해 논하였다가 붕당을 옹호한다고 체직되었다.

> 그 차자에 대략 이르기를, "대신(大臣)에게 마음을 주시어 성심인지 거짓인지 구분해 보려 하지 마시고, 언관(言官)을 정중하게 대우하여 직간하는 인사들이 좌절되게 하지 마소서. 끝없는 변고에 대해 일상적인 방법에만 구애되지 마시고, 묘책을 마련하여 사기(事機)를 잃지 않게끔 하소서. 붕당을 미워한 나머지 올바른 사람들까지 의심하지 마시고, 구변(口辯)이 있는 자를 좋아하여 참소하고 아첨하는 길이 열리게 하지 마소서. 높은 것을 믿지 마소서, 높은 것은 무너지기 쉬운 법입니다. 소원하고 천한 것을 경시하지 마소서, 소원하고 천한 것들끼리는 거꾸로 합세하기 쉬운 법입니다" 하였다. 이에 대해 상께서는 붕당을 미워하지 말라고 한 것은 잘못된 것이라고 하면서 특별히 파직시키라는 엄한 전지를 내렸다가 정원에서 진계(陳啓)함으로 인해 단지 체직하라고만 명하였다. (「청음연보」)

> 이조참의 김상헌(金尙憲)이 상소하여 규간(規諫)하는 뜻을 갖추어 진달했는데, 그 상소에, "어리석어 쓸모없는 신이 다행히도 성명의 시대를 만나 터무니없게도 보통을 뛰어넘는 은혜를 입어 한 해가 지나기도 전에 화려한 관직을 거듭 역임하게 되었습니다. 그러나 두 번째 대사간이 되었을 때 벌써 심하게 비난을 받았는데, 네 번째나 전관(銓官)의 자리를 차지하게 되었으니, 다시 어떻게 감당할 수 있겠습니까.

… 신이 나름대로 생각해 보건대 생명이 있는 만물은 각각 성령(性靈)을 타고나 벌레나 뱀도 은혜에 감사하여 오히려 덕을 갚으려고 생각하는데, 신하로서 임금을 섬기는 그 의리가 어찌 끝이 있다 하겠습니까. 몸이 부서지고 뼈가 가루가 되어도 꺼리지 않아야 하는 것인데, 정성과 충성을 다하는 일을 어찌 감히 늦출 수 있겠습니까.

돌아 보건대 신은 타고난 재질이 강하지도 못하고 정밀하지도 못한데 젊은 시절을 헛되이 보내다가 어느덧 인생의 황혼에 접어들었습니다. 따라서 지금 변방에서 공을 세워 보려 해도 재질과 힘이 버티기 어렵고, 목민관으로서 조정의 근심을 나누어 갖고 싶어도 도무지 일을 해 나갈 총기가 없으며, 문필에 종사해보려 해도 그전에 쌓았던 학업마저 모두 없어진 상태이고, 임금의 앞에서 직간(直諫)을 하려 해도 본래 강직한 면이 부족하니, 조그마한 도움도 드리지 못한 채 그저 녹봉만 축내고 있습니다. 신의 이 말은 진심에서 나온 것으로서 조금도 꾸민 것이 아닙니다. 그렇지만 마음속에는 그래도 지극한 정성이 있기에 낮이나 밤이나 생각하며 한 번 공을 이루어 큰 은덕에 보답하게 되기만을 바라고 있는데, 가을에서 겨울을 지나면서부터는 마치 술에 취한 듯 근심 속에 빠져 있게 되었습니다.

지난해 이 무렵 역적이 반역을 일으켰을 때 제대로 방비를 하지 못하여 나라가 나라 꼴이 되지 못한 채 정신없이 파천(播遷)하는 등 온갖 위급한 사태가 한꺼번에 몰아 닥쳤으니, 당시에 그 누가 다시 오늘날을 보게 될 줄 알았겠습니까. 당당하게 원대한 계책을 수시로 말씀드린 면도 작용했겠지만, 신속히 회가(回駕)하시게 된 것은 전적으로 하늘이 도와 준 덕분이었습니다. 따라서 진실로 위에서는 위태함을 잊지 말고 아래에서는 더욱 어려움을 생각하여 지난 일을 징계하고 앞으로의 일을 조심해서 위태로움을 제거하고 안정으로 나가게 하여야 마땅할 것입니다. 그런데 충성스러운 말과 깊은 경계를 망령된 행동과 같이 보고 조금 인자한 체 고식적으로 하는 행동을 대덕(大德)인 양 칭찬함으로써 충신은 기가 막히게 하고 식자는 하늘을 쳐다보며 한탄하게 하고 있습니다. 그리하여 인애하는 하늘은 경고를 끊임없이 내리고 있고, 소란해지기 쉬운 백성들의 의구심은 풀리지 않고 있습니다. 천변(天變)은 그냥 생기는 것이 아니고 민심은 지극히 신령스러운 것인 만큼 안위(安危) 여부에 대해서 확실히 징험할 수 있습니다. 큰 복은 두 번 다시 찾아오는 것이 아니기에, 신은 전전긍긍할 따름입니다.

삼가 바라건대 성명께서는 대신에게 마음을 주시어 성심인지 거짓인지 구분해보려 하지 마시고, 언관을 정중하게 대우하여 직간하는 인사들이 좌절되게 하지 마소서. 끝없는 변고(變故)에 대해 정상적인 방법에만 구애되지 마시고, 묘책을 마련하여 일의 기회를 잃지 않게끔 하소서. 붕당을 미워한 나머지 올바른 사람들까지 의심하지 마시고, 구변(口辯) 있는 자를 좋아하여 참소하고 아첨하는 길이 열리게 하지 마소서. 높은 것은 무너지기 쉬운 법이니 숭고하다고 너무 믿지 마시고, 천한 것들끼리는 거꾸로 합세하기 쉬운 법이니 소원하고 미천한 자라고 가볍게 보지 마소서. 신의 말은 우활한 듯해도 신의 뜻만은 간절하니, 삼가 바라건대 성명께서는 조금 더 명쾌하게 살펴 주소서" 하니, 상이 하교하기를,

"붕당의 폐해는 이적(夷狄)의 해독보다도 심한 것인데, 김상헌이 전관(銓官)의 신분으로서 감히 '붕당을 미워한 나머지 올바른 사람들까지 의심하지 말라'는 등의 말을 버젓이 상소하며 진달하였다. 그가 정인(正人)이고 군자라면 어찌 붕당을 옹호하는 마음을 가질 수 있겠으며, 또한 어찌 붕당을 옹호한다고 군상에게 의심받을 짓을 하겠는가. 내가 바야흐로 붕당을 타파하여 함께 국가 일을 해결해 나가려 하는데 김상헌이 이처럼 말하니 너무도 할 말이 없다. 이런 풍습은 징계하지 않을 수 없으니, 먼저 파직한 다음에 추고하라" 하였다.

정원이 아뢰기를, "신하는 임금을 섬기면서 생각하는 것이 있으면 반드시 말씀드려야 합니다. 이조참의 김상헌은 말이 지나치긴 했지만 결코 다른 뜻이 있었던 것은 아닌데, 소장(疏章)이 올라오자마자 바로 파직하고 추고하라는 분부를 내리셨습니다. 신들은 이로부터 사람들이 경계하여 진언하는 일이 드물게 될까 염려됩니다. 신들이 근밀한 직책에 있는 관계로 감히 진달드리지 않을 수 없습니다" 하니, 답하기를, "그대들의 말이 옳다. 체직만 하라" 하였다. (『인조실록』 권8, 인조 3년 2월 9일)

인조 3년 2월 12일에 이정귀가, 2월 13일에 김류가, 3월 8일에 이귀가 김상헌의 복직을 청하여 4월 9일 도승지가 되었다.

이귀가 아뢰기를, "신이 강 밖에 있으면서 듣건대, 김상헌(金尙憲)이 말을 했다가 죄를 얻어 낙점받지 못했다고 하는데, 사람들이 모두 김상헌이 물러나는 것을 보고는 입다물고 말하지 않을 것입니다. 김상헌은 조정 안에 그만한 자가 없는 사람입니다. 전하께서 이 사람을 소원하게 하시면 아첨하는 풍습이 반드시 크게 일어날 것입니다." 하고, 지사 김류가 아뢰기를, "이귀의 말이 옳습니다. 김상헌이 조정에 있으면 악한 자들이 감히 조정에 서지 못할 것입니다." 하니, 상이 이르기를, "나 역시 어찌 딴 뜻이 있겠는가. 김상헌이 과오를 고쳐 진선진미한 사람이 되게 하려는 것이다." 하였다. (『인조실록』 권8, 인조 3년 3월 8일)

인조 3년 4월 9일 형조참의에 제수되었다가 그날 바로 우부승지로 옮겨져 제수되었다. 다시 승정원 도승지에 특별히 제수되어 경연 참찬관과 춘추관 수찬관과 예문관 직제학(藝文館直提學)과 상서원정(尙瑞院正)을 겸임하였다. 사임하였으나 허락받지 못하였다.

김상헌(金尙憲)을 도승지로 삼았다. 정원이 아뢰기를, "김상헌이 전
에 승지에 제수되었으나 정광경(鄭廣敬)과 4촌 형제이기 때문에 체직
되었었습니다. 그런데 지금 정광성(鄭廣成)은 곧 광경의 형으로 현재
승지가 되어 있는데 어떻게 처리해야 합니까?" 하니, 답하기를, "정광성
을 체차하라." 하였다. 김상헌이 상소하여 사직하였으나 우대하는 비답
을 내리고 허락하지 않았다. (『인조실록』 권9, 인조 3년 4월 9일)

4월 9일 정광성은 형조참의가 되었다. 정광성은 김상헌의 외사촌으로
이 때문에 친혐으로 김상헌이 체차되어야 했다. 하지만 인조가 특별히
정광성을 체자하고 김상헌을 도승지로 삼았다.

당시에 선생의 본생(本生) 내제(內弟)인 정광성(鄭廣成)이 도승지로
있어 친혐으로 인해 선생을 체차해야 했다. 그런데 상께서 조사를 접대
하는 즈음에 선생이 없어서는 안 된다고 하여 특별히 정광성을 체차하고
선생을 도승지로 삼은 것이다. (「청음연보」)

【동래 정씨 정광성을 중심으로】

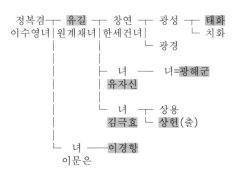

※ 본서 부록 418쪽 참조

4월 7일 명나라 황제가 인조에게 고명(誥命)과 면복(冕服)을 하사하며 사신을 보내어 왔다. 원접사는 김상헌의 형님인 김상용이 맡았다. 김상헌은 도승지로 조사를 맞이하고 전송하였다.

인조 3년 4월 20일 인조가 무재(武才)를 관찰하였다. 이 날 김상헌은 큰 적이 국경에 도사리는 위험한 시기에 무인들에게 의리를 가르치고, 문(文)과 무(武)를 아울러 권장하여야 나라가 잘 다스려 질 것이라고 간하고 있다.

> 상이 서교(西郊)에서 관무재(觀武才)를 하였다. 철전(鐵箭)·편전(片箭)·기사(騎射)·기추(騎芻)·삼갑사(三甲射)·편곤수(鞭棍手)·쌍검수(雙劍手)·검수(劍手) 등의 기예를 차례로 시험해 보았다. 여러 신하들이 밤에 거둥하는 것은 미안한 일이라 하여 환궁하기를 누차 청하니, 따랐다.
>
> 도승지 김상헌이 아뢰기를, "오늘 무예를 보건대 재력(材力)이 있는 무사(武士)가 많이 있습니다. 지금 큰 적이 국경에 도사리고 있으니, 매우 위험한 시기입니다. 그러니 그들에게 윗사람을 친히 하고 어른을 위해 죽는 의리를 가르친다면 위급할 때에 무재(武才)가 모자라는 것을 어찌 걱정하겠습니까. 나라를 다스리자면 문(文)도 있고 무(武)도 있어야 하나 문이 첫째가 되고 무가 그 다음이 되는데 불행하게도 근래에는 문도(文道)가 점점 쇠하여 항간에는 책 끼고 다니며 글 읽는 사람을 못 본 지가 오래되었습니다. 요행히 과거에 합격된 뒤에는 문학 보기를 마치 다른 집 일 보듯 합니다. 무릇 선비가 명절(名節)을 가볍게 여기고 이록(利祿)을 중하게 여기는 것은 모두 문교(文教)가 퇴폐한 데에 말미암은 것입니다. 아울러 권장하여 흥기시키는 것이 마땅합니다. 어찌 무사(武事)에만 전심할 수 있겠습니까." 하니, 상이 이르기를, "내가 마땅히 유념하겠다." 하고, 인하여 대신에게 명하여 내일 시험을

마친 뒤에 차등 있게 시상하도록 하였다. (『인조실록』권9, 인조 3년 4월 20일)

인조 3년 5월에 전라·충청·경상·함경도에 우박이 떨어져 곡식을 손상하는 재해가 일어나니 5월 22일 동료와 더불어 계사(啓辭)를 올려, 재변을 만났으니 공구수성(恐懼修省)하라고 청하였다.

"신들이 삼가 생각건대, 중하(仲夏)의 계절은 정양(正陽)의 달로, 양기(陽氣)가 극도로 성한 때입니다. 이에 왕자(王者)가 하늘을 본받아서 정사를 행함에 있어서는 제철의 기운이 펴지지 않을 것을 두려워해 문려(門閭)를 닫는 것을 금하게 하고, 정령(政令)이 혹시라도 가혹할까 염려하여 관시(關市)에서 세금을 거두지 못하게 합니다. 심지어는 중한 죄수들조차 너그럽게 돌보아 주어서 음식을 더 주게 하고, 수말을 따로 떼어 내어 두어서 뒷발질을 하거나 물지 못하도록 합니다.45) 그리하여 만물의 뭇 생명들로 하여금 그들의 자라나고 보양하는 본성을 이루지 못하는 것이 없게 합니다. 만약 겨울에 시행하는 정령을 중하의 계절에 행한다면, 우박이 곡식을 해치고 뜻밖의 적병들이 쳐들어오게 되니, 이것은 천시(天時)를 거슬러서 괴기(乖氣)를 불러온 징험입니다. 삼가 바라건대, 전하께서는 더욱더 하늘을 공경하는 마음을 엄하게 가지시고 다시금 공구수성하는 도를 다하시어 양기(陽氣)를 잘 펴지게 하고 음기(陰氣)를 잘 억누르도록 하소서. 그리하여 관대한 정사를 행해 세금을 독촉하는 것을 경계하고, 음우(陰雨)에 대한 방비책46)을 세워

---

45) 중하(仲夏)의 … 합니다: 『예기』「월령(月令) 중하지월(仲夏之月)」에 이러한 내용이 나와 있다.

46) 음우(陰雨)에 대한 방비책: 위험스런 사태를 미연에 방비한다는 뜻이다. 『시경』「빈풍(豳風) 치악(鴟鴞)」에, "하늘이 비를 내리지 않을 적에, 저 뽕나무 뿌리를 주워서, 틈과 구멍 튼튼히 얽어 매라.[迨天之未陰雨 徹彼桑土 綢繆牖戶]"라고 한 데서 온 말이다.

변방을 방어하는 일을 신칙하소서. 그리고 재앙을 입은 각 고을에는 백성들의 부역을 적절히 헤아려 감해 주어서 하늘을 공경하고 백성들을 보살펴주는 뜻을 보이소서."(「청음연보」)

인조 3년 7월 29일 종2품 가선대부(嘉善大夫) 병조참판(兵曹參判)이 되었다. 김상헌이 조사(詔使)가 왔을 때에 도승지로 있었으므로 승진 발탁하라는 명이 있었다.

인조 3년(1625) 8월 7일 종2품 사헌부 대사헌에, 8월 10일 다시 대사헌에 임명되었다.

8월 23일 대사헌으로 언로를 넓힐 것, 내족(內族) 부인의 간여를 금지시킬 것 등을 주달하였다.

대사헌 김상헌이 동료를 거느리고 차자를 올리기를, "오늘날 인심과 국세는 하나도 의뢰할 만한 것이 없고, 오히려 믿고 할 수 있는 것은 성명이 위에 계시어 본원의 처지에 논할 만한 흠이 없는 것입니다. 그런데 어찌하여 근일 이래로 천변이 날로 심하여지는데도 두려워하지 아니하고, 언로가 날로 막히는데도 근심하지 아니하고 궁중이 엄숙하지 않아 사특한 길이 다시 열리고 대혼(大婚)이 정해지게 되었는데도 뭇사람의 심정이 순종하지 않으니, 이 네 가지는 국가의 큰일로서 안위가 달려 있는 것입니다. 알고서도 말하지 않으면 신들의 죄이고 말하여도 쓰지 않으면 신들도 또한 어찌하겠습니까.

신들이 보건대, 태백이 낮에 나타난 지 지금 이미 달이 넘었고 또 형혹성이 붉은데다가 빛을 발하기도 합니다. 대개 태백은 서방의 별로 오상(五常)으로는 의(義)에 속하고 오사(五事)로는 말[言]에 속합니다. 의가 이지러지고 말이 잘못되어 죄벌이 태백에 보인 것이니 태백이 경천(經天)하는 것은 그 변괴가 더없이 큽니다. 또 태백은 병화(兵禍)의 상징이라고 합니다. 나와서 높이 솟으면 군사를 쓰게 되는 것이니, 높이 나오는 것도 오히려 상서롭지 못한데 하물며 해와 밝음을 다투는 것이겠습니까. 형혹은 남방의 별로 오상으로는 예(禮)에 속하고 오사로는 보는 것〔視〕에 속합니다. 예가 이지러지고 보는 것이 잘못되어 죄벌이 형혹에 나타난 것입니다. 형혹이 난리가 되고 도적이 되고 질병이 되고 기근(饑饉)이 되므로 '아무리 영명한 천자라도 반드시 형혹의 소재를 본다.' 하였으니, 매우 두려워해야 한다는 것을 말한 것입니다. 서방 오랑캐가 으르렁거리고 변경 근심이 바야흐로 급한데 태백이 마침 나타났고, 역적이 겨우 평정되고 백성의 뜻이 정해지지 못하였는데 형혹이 경계를 보였으니, 인심이 어찌 동요되지 않겠습니까. 천변이 이와 같은데도 전하께서 자신에 돌이켜 스스로 꾸짖는 분부와 몸을 삼가고 행실을 닦는 실상을 듣지 못하니 신들은 마냥 두렵습니다.

무릇 의란 일을 마땅하게 주관하는 것이고 예는 상하를 분변하는 것입니다. 지금 형정(刑政)이 정당함을 잃은 것은 진실로 낱낱이 들 수 없거니와, 사치가 절도가 없고 위아래가 문란하여 공경하고 겸양하는 풍습은 전혀 들을 수 없고 오직 부박한 말과 헛된 형식만 숭상하고 키우므로 예의의 손상이 이지러지는 데 그칠 뿐만이 아닙니다. 윗사람은 아랫사람을 믿지 아니하고 아랫사람은 정성을 다하지 아니하여 정성과 신의가 서로 통하지 못하고 한갓 말다툼만 일삼을 뿐이니 이것은 말의 잘못이 나타난 것입니다. 작은 일을 살피는 데에는 부지런하지만 혹 큰일을 빠뜨리고, 얕은 소견에는 힘쓰면서 혹 원대한 소견에는 가리어지며, 공사(公私)가 서로 싸우게 되니 사물을 통촉하는 이치를 밝히기 어렵고, 분별이 혹 어지러워지니 철인의 도가 거행되지 못하는데 이것은 쓰는 데의 잘못이 큰 것입니다. 사람은 혹 속일 수 있지만 하늘은 속일 수 없습니다. 전하께서 이에 이르러 어찌 근심하고 두려워하여 하늘에 응하는 도리를 다하지 않으실 수 있겠습니까.

그러나 하늘의 형상은 현묘하고 심원하니 전하께서 혹 신들의 말에 의혹을 가지실 것입니다. 하지만 언로가 열리고 막히는 것은 비록 어리석은 지아비와 아낙네라도 모두 치란과 존망의 분기점임을 알고 있습니다. 신들이 근일의 일로 밝히겠습니다. 혼조(昏朝)가 패망한 화는 그 근원이 애초에 간언을 거절하는 데서 나왔습니다. 그러나 무신년에서 신해년까지 수삼 년 동안은 오히려 그다지 심한 지경에는 이르지 않았습니다. 오직 그 사욕이 점차 성해지고 곧은 말을 듣기 싫어하는 것이 날마다 심해지고 해마다 더해져서 스스로 '임금이 하는 일을 신자(臣子)가 어찌 감히 말하겠는가.' 하였습니다. 이에 충성스런 말을 하는 자를 임금을 욕한다고 하고, 정직하게 간하는 자를 조정을 비방한다고 하여, 가두고 죽이고 유배하는 형벌을 두루 가하지 않는 것이 없었는가 하면 교만하고 혼암하고 스스로 방자하여 뭇 신하를 노예처럼 부렸습니다. 내전에 깊이 거처하여 신하들을 접촉하지 않자 부녀자와 환관의 무리가 안에서 아양떨고 간사한 무리가 밖에서 아첨하였습니다. '천천히 처결하겠다[徐當發落]'라는 네 글자가 마침내 큰 화의 근본이 되었던 것입니다.

전하께서 전일의 일을 직접 보시고 지난날의 허물을 깊이 징계하시어, 반정의 처음에는 간언을 물 흐르는 것처럼 따르시니, 인심이 열복하여 모두 '착한 말을 듣고 절하는[拜昌] 의리를 당세에 다시 보게 되었다.' 하였습니다. 그런데 어찌 3년이 채 지나지 아니하여 도리어 말하는 것을 경계로 삼으실 줄 생각이나 하였겠습니까. 대간의 말이 조금만 성상의 뜻에 거슬리면 곧 엄한 분부를 내려 그를 꺾어 두렵게 하고 억압하여 그 소회를 다하지 못하게 하였습니다. 심지어는 서관(庶官)의 작은 일로 그다지 중요하지는 않으나 부득이 시비의 소재를 규명해야 하는 것도 풍문으로 잘못 들었을까 염려하여 모두 어렵게 여겨 굳이 고집하고 오래도록 윤허하지 않음으로써 공론이 굽힘을 당하고 정직한 기풍이 사라지게 되었습니다. 따라서 지조가 깨끗한 선비는 의리상 구차히 합하려 하지 않고 나약한 사람은 먼저 두려움을 품어 대각(臺閣)을 마치 덫이나 함정처럼 기피하니 인정이 참담하고 기상이 삭막합니다. 그런데 전하께서는 바야흐로 진정시키는 좋은 계책으로 여기시니 이러한 상태가 지속된다면 신 등은 나라 일이 또다시 어떻게 될지 모를 일인데 생각하자니 기가 막힙니다.

전하께서는 총명과 슬기가 여러 임금보다 훨씬 뛰어나시니 전대의 득실을 항상 감계(鑑戒)로 삼고 계실 것입니다. 예로부터 지금까지 어찌 언로가 막히고서 나라가 망하지 않은 적이 있습니까. 전하께서는 앞으로 고치시기를 바랍니다. 진언할 즈음에 마음을 비워 살펴 받아들이시고, 그들이 사정을 품은 것이라 지레 짐작하시거나 남의 허물을 들추어내기를 좋아하는 것인가 의심하지 마시고, 그들의 말이 귀에 거슬린다 하여 갑자기 성내거나 지위에 벗어남을 깊이 책하지 마시고 너그러이 받아들이고 장려하여 온갖 방도로 간언이 오게 하소서. 그리고 아랫사람을 접할 때 공손하기를 생각하는 미덕을 다하시고, 강론할 때에는 침묵만을 숭상하지 마시어 성심을 열어 보임으로써 군신의 사이에 조금도 간격이 없게 하시면 사람이 앞을 다투어 착한 도로써 즐겨 고하여 일국의 착한 말이 모두 상께 모이게 될 것이니 어찌 성대하지 않겠습니까.

신들이 듣건대, 폐조 때의 궁인이 액정(掖庭)에 많이 들어가고 다시 내족 부인(內族婦人)이 망령되이 간여하는 이가 있어 궁내의 말이 이로 말미암아 새어 나가고 외부의 말이 이로 말미암아 통하게 된다고 합니다. 옆길이 한번 열림에 뭇 부정한 사람이 마음을 내어 연줄을 따라 청탁하는 자가 붙좇을 계책이 없지 않고 상의 뜻을 엿보는 자가 염탐해 듣는 일이 없지 않습니다. 전하께서 한가히 계실 때에 냉철히 살피고 깊이 반성하시면 반드시 형적을 피하기 어려운 자가 있을 것입니다. 지극히 비밀스런 일이 친한 사람을 통해 친한 사람에게 전해져서 뭇사람의 입이 왁자하게 떠들어대어 그 말이 널리 퍼지게 되는 것이니, 신들이 어디로부터 들을 수 있겠느냐고 이르지 마소서.

이런 무리들이 처음에는 하찮은 일로 진정하고 애걸하여 임금의 한마디 허락을 얻어내어 그 계획을 시험해 보고, 마침내는 뇌물과 재물로 안팎으로 연결하여 현란하고 농간질하여 단서가 헤아릴 수 없게 됩니다. 예로부터 제왕으로서 총명하고 공정하기로 이름이 났더라도 몰래 옮아가 말없는 사이에 빼앗기는 지경으로 들어가지 않는 이가 적습니다. 이런 무리들이 사직에 무슨 이익이 있겠으며 국가에 무슨 공이 있겠으며, 계책에 무슨 도움이 있겠습니까. 다만 사령(使令)의 노고와 폐부(肺腑)의 친속으로 국정을 상해하고 임금의 덕을 휴손(虧損)시켜 화단의 보금자리가 될 뿐인데 말하자니 마음이 아픕니다. 그런데 더구나 춘궁(春宮)을 보호하는 자리는 더욱이 바르지 못하고 좋지 못한 사람으로 하여금 곁에 가까이하여 어린 뜻을 희롱하는 단서를 열어주게 해서는 안됩니다. 삼가 바라건대, 전하께서는 궁위(宮闈)를 엄히 단속하여 폐조 때의 궁인으로 다시 액정(掖庭)에 들어간 자는 일일이 내보내고, 내족이 과연 출입하여 서로 통하여 망령되이 간예하는 자가 있으면 또한 금지하여 외인으로 하여금 몰래 의논하지 못하게 하소서.

신들이 듣건대, 세자빈(世子嬪)의 삼간(三揀)이 끝나 이미 복기(卜期)가 되었다 합니다. 생각건대 전하께서는 말단인 자용(姿容)을 취하지 않고 중한 부덕(婦德)을 우선하며, 사치한 제도의 과도함을 힘쓰지 않고 검약한 예를 숭상함은 진실로 신하들의 말을 기다리지 않고도 행하시겠지만, 신들의 구구한 근심만은 스스로 그만둘 수 없습니다. 옛날 노 애공(魯哀公)이 '인륜(人倫) 중에서 무엇이 가장 중요한가?'라고 묻자 공자가 '대혼(大昏)이 가장 중요하다.'라고 대답하였습니다. 그러므로 예를 씀에 있어 오직 혼인을 신중하게 여겼으니『역경』에는 건곤(乾坤)을 기본으로 삼았고,『시경』은 관저장(關雎章)을 첫머리로 삼았는데 왕화(王化)의 근본은 실로 내조에서 말미암습니다. 성인이 가르침을 베푸는 데에 그 소중히 함이 이와 같았습니다. 후세의 인주는 혹 용모의 아름다운 것만 채택하기도 하고 혹은 전적으로 문호의 성대함을 의지하기도 하며 혹 술자(術者)의 말을 가벼이 믿기도 하여 화란의 기초가 되어 후회를 남긴 이가 많습니다.

우리 국조(國朝)의 규문(閨門)의 바름과 곤범(壺範)의 성대함은 전대에도 이에 미치는 예가 드물었습니다. 이 처음을 바르게 하는 날을 당하여 훌륭한 덕을 계승한 현숙한 사람을 간택함으로써 위로는 조종이 자손에게 계책을 끼쳐준 가법을 떨어뜨리지 말고 아래로는 사방이 목을 늘여 바라는 인심을 크게 위로하여야 합니다. 이것이야말로 문덕(文德)을 고찰하여 대신에게 자문하고 여론을 참증하며, 하나뿐이 아니고 구비하게 하여 일호도 미진한 한이 없게 한 뒤에야 곧 자손과 신민의 만세의 복이 될 것입니다.

신들이 또 듣건대, 폐조 때 동궁(東宮)의 가례(嘉禮)에 대해 아직도 등록(謄錄)이 있어 지금 모방해서 행하려 한다 합니다. 그런데 그 사치스런 폐습과 바르지 못한 잘못된 규례는 경계하여 쓰지 않아야 합니다. 여염의 사람들이 전하께서 적관(翟冠)의 비용을 줄이라고 명하셨다는 말을 듣고 기뻐하지 않는 사람이 없습니다. 진실로 이 마음을 넓혀 재량하여 줄이고 준절(撙節: 알맞게 절제함)하는 의리를 힘써 보존하여 아랫사람들을 거느리시면 가까이는 공족과 외척으로부터 밖으로는 경사(卿士)와 서민에 이르기까지 모두 보고 느껴서 감화될 것입니다. 공자가 말하기를 '말로써 가르치는 이는 말다툼만 있게 되고 몸소 실천하여 가르치는 이는 잘 따른다.' 하였습니다. 전하께서 분명한 분부를 내려 사치의 풍속을 통렬히 금하셨습니다만 민간의 예전 풍습은 아직도 변개되지 못하였는데 그 가운데 혼인 제도의 지나침은 더욱 심합니다.

전하께서 만일 사치스런 풍속을 한번 변개하고자 하신다면 반드시 대혼(大昏)을 바로잡아야 합니다.

　신들이 모두 귀머거리와 소경 같은 사람으로 외람되이 이목(耳目)의 직책에 있으면서 자질은 강직하지 못하고 생각은 원대하지 못하나, 어렵고 위태로운 상황은 어리석은 사람이든 지혜로운 사람이든 같이 근심합니다. 우러러 하늘의 현상을 살피고 아래로는 땅의 도리를 살펴봄에 눈에 보이는 것마다 마음이 상하여 자신도 모르게 바른 말이 입에서 나오게 됩니다. 선덕 황제(宣德皇帝)가 측근의 신하에게 이르기를 '짐에게 잘못한 거조가 있음을 보거든 바른대로 말하여 숨기지 말고 곧 보고하라.' 하였습니다. 신들이 성은을 우러러 갚을 수 없으므로 감히 광망한 말씀을 올립니다." 하니, 답하기를,

"차자를 살펴보고 잘 알았다. 차자의 사연은 격언이 아닌 것이 없으니, 내가 감히 가슴에 새겨두지 않겠는가. 다만, 차자 가운데 '내족(內族)의 부인이 망령되이 간예한다.'는 말은 극히 놀랍다. 이른바 내족이란 어느 사람을 가리켜 말하는 것이며, 이 말을 만들어낸 사람은 또한 누구인가? 경들은 반드시 곡절을 자세히 알고서 이런 계사를 올렸을 것이다. 경들은 숨김없이 다 말하라." 하였다. (『인조실록』 권9, 인조 3년 8월 23일)

인조 3년 8월 24일 헌부에서 내족 부인에 관한 일로 건의하였고, 8월 25일 사헌부에서 계운궁(인조의 어머니)의 지친인 이씨 부인의 일에 대해 보고하여 처벌하라고 하였다. 이에 의금부에서 조사해 처벌하라고 하니 8월 26일 금부에서 이씨 부인을 조사해서 처벌할 것인가 임금에게 물었다. 8월 26일 우의정 신흠이 이씨 부인에 관한 일을 임금이 알아서 단속할 것과 대간을 포용할 것 등에 대해 건의하여 내족부인 일은 마무리되었다.

9월 7일 대사헌으로 구언(求言) 교지를 내려 언로를 넓힐 것 등을
건의하였다.

당시에 재이가 여러 차례 발생해서 사람들이 의구심을 품고 있었다.
이에 선생께서 차자를 올려 재변을 사라지게 하고 비방을 늦추는 방도에
대해 통렬하게 진달한 것이다. (「청음연보」)

인조 3년 9월 8일 가선(嘉善) 문회(文晦)가 무가선(武嘉善) 박응성
(朴應晟)·권진(權瞋) 및 자기 아우 문현(文晛)이 역모를 한다고 고변하
였고, 절충(折衝) 박종일(朴宗一)이 경기감사 권반(權盼)과 박응성·권
진 등 13인을 고변했고, 박응성은 뒤미쳐 와서 공조참판 정립(鄭岦),
광주목사 문희성(文希聖), 인천부사 정호선(丁好善), 전 부사 윤홍(尹
宖) 등 17인을 고변하였다. 대신과 금부 당상, 양사의 장관을 명초하여
대궐 뜰에 추국청을 설치하고 그들을 체포하여 추국하게 하였다. 박응성,
권진, 홍생은 처형하고 연좌율은 적용하지 않았다. 문현은 절도로 유배보
냈다.

인조 3년 9월 12일 김상헌의 청에 따라 구언 교지를 내렸다.
10월 12일 신흠이 인재를 천거하는데 김상헌을 추천하였다.

신흠이 아뢰기를, "성상의 분부가 이러하니 어찌 감히 진달하지 않을
수 있겠습니까. 문재(文宰) 중에 장만(張晚)·서성(徐渻)·이홍주(李
弘胄)는 모두 병무(兵務)를 알고 있는 자들이고, 무장(武將) 중에 이서
(李曙)·신경진(申景禛)·구굉(具宏) 등도 병무를 알고 있는 자들입
니다. 그리고 일 처리하는 능력이 있기로는 심열(沈悅)과 김신국(金藎
國)이고, 경술(經術)에는 정경세(鄭經世)와 오윤겸(吳允謙)이고, 강
직하기는 김상용(金尚容)과 김상헌(金尚憲)인데 김상헌은 문장도 쓸

만합니다. 최명길(崔鳴吉)은 나라를 위하여 마음을 다하고 있고, 이식 (李植)·장유(張維)·조희일(趙希逸)의 무리는 문장이 쓸만하니 그들의 재능과 기국에 따라 등용해야 합니다. 연소배들에 대해서는 창졸간이라서 감히 상달하지 못하겠습니다만, 근래 조정에 벼슬하고 있는 사람들 가운데는 정직한 마음으로 일하는 자들이 많으니, 상의 뜻을 거스르거나 순종하는 데에서 관찰해 보면 그들의 간사함과 정직함을 알 수가 있을 것입니다." 하니, 상이 이르기를, "사람을 등용하는 방법은 한 사람에게 완전하기를 요구하지 않는 법이다. 마땅히 단점은 버리고 장점만을 취해야 한다. 그러나 반드시 재덕을 겸비한 자가 있을 것이니, 그런 사람에 대하여 말할 수 있겠는가." 하였다. (『인조실록』권9, 인조 3년 10월 12일)

인조 3년 10월 16일 정3품 홍문관 부제학(弘文館副提學)에 제수되었다. 10월 24일 부제학으로 차자를 올려 목성선(睦性善, 1597~1647)과 유석(柳碩, 1595~1655) 등이 인성군(仁城君)을 옹호한 것을 논박하고, 그대로 물러나 양주 석실(石室)로 돌아가 다시 상소를 올려 체차되었다.

이보다 앞서 인성군(仁城君) 이공(李珙)이 앞장서서 종반(宗班)들을 거느리고 부도한 말을 모비(母妃)에게 가하면서 여러 차례 폐치시키기를 청하였는데, 이때에 이르러 또 여러 차례 역적들의 초사(招辭)에서 이름이 거론되었다. 이에 조정에서는 바야흐로 보전시킬 계책을 의논하고 있었다. 그런데 목성선 등이 상소를 올려 조정에 알력을 일으키려는 술책을 시험해 보았다. 이에 선생께서는 차자를 올려 목성선 등의 은밀한 생각을 드러냈다. 그 차자에 대략 이르기를,

"목성선 등은 의심스럽고 위태로운 즈음에 종묘사직의 큰 걱정거리는

돌아보지 않고, 스스로 여러 역적들이 끌어들인 왕자(王子)에게 빌붙음으로써 그들의 뛰어난 술책을 시험하려고 하고 있으니, 그 속셈을 참으로 모르겠습니다. 전(傳)에 이르기를 '새것이 옛것을 이간하고 음란한 것이 의리를 파괴한다.' 하였는데, 이는 육역(六逆)47) 가운데 두 가지입니다. 목성선 등은 새로 조정에 진출한 사람으로서 조정을 틀어지게 만들고 부정한 말을 지어내어 대의(大義)를 파괴하였으니, 이는 더없이 불순한 행위입니다. 국가의 일을 이것으로 말미암아 점칠 수가 있습니다. 삼가 바라건대, 성명께서는 신을 일찌감치 물러가도록 허락해 주소서." 하니, 상께서 알았다고 답하였다.

그러자 선생께서는 곧바로 석실로 나가 있으면서 다음과 같이 상소하였다. "신은 이미 괄낭(括囊)의 훈계48)를 따르지 못하고 목성선 등을 심하게 배척한 탓으로 엄한 내용의 전지를 받았습니다. 그러니 혀를 묶고서 물러나는 것이 마땅하지, 다시금 번거롭게 진달드리는 것은 마땅치 않습니다. 그러나 돌이켜 생각해 보건대, 이 일이 비록 두세 명의 연소배들이 한 짓이기는 하지만, 그들을 분별하여 진퇴시키는 것은 실로 성학이 닦아졌느냐 닦아지지 않았느냐를 징험하는 데 관계가 되고, 음양이 자라나고 소멸되는 기틀에 관계가 되며, 조정이 다스려지느냐 어지러워지느냐의 구분에 관계가 되고, 종사와 신민들이 편안하냐 위태로우냐하는 기틀에 관계가 되는 것입니다. 그러므로 우레와 같은 위엄도 피하지 않은 채 어리석은 말을 끝까지 다 하는 것입니다.

무릇 대신(大臣)들과 삼사(三司)에서 이공(李珙)에 대한 처치를 의논하면서 어느 누가 왕자를 해치고자 하는 마음을 먹었겠습니까. 그리고

---

47) 육역(六逆): 도덕에 역행하는 여섯 가지 행위로 천방귀(賤妨貴), 소릉장(少陵長), 원간친(遠間親), 신간구(新間舊), 소가대(小加大), 음파의(淫破義)를 말한다.
48) 괄낭(括囊)의 훈계: 세상의 일에 대하여 입 다물고 말하지 않는 것을 말한다. 『주역』 곤괘(坤卦) 육사(六四)에 이르기를, "주머니를 묶어 두니 허물도 없고 명예도 없으리라.[括囊 无咎 毋譽]" 하였다.

대각(臺閣)에서 언로를 넓히기를 청한 것도 어찌 자신들의 뜻을 행하고자 하는 사사로운 마음에서 나온 것이겠습니까. 그런데도 목성선 등은 '임금을 불측한 곳에 빠뜨려서 오로지 자신들만 따르게 하려 한다'는 등의 얽어 낸 말을 가지고, 먼저 알력을 일으키려는 수단을 시험해 진취하려는 계책을 부렸습니다. 그리고 나서도 오히려 권세를 항상 잡고 있지 못하게 될까 걱정하고 인사(人事)를 항상 기약할 수 없을까 걱정하여, 한편으로는 '가례(嘉禮)는 할 수가 있다'고 하여 세상이 편안해지면 척리(戚里)와 결탁하는 데 도움을 받기를 도모하였고,〔당시에 세자의 가례를 윤의립(尹毅立)의 집안에 의논하였는데, 윤의립은 바로 역적 윤인발(尹仁發)의 숙부였으므로, 시의(時議)가 자못 쟁론하였다〕 한편으로는 '인성군은 죄가 없다'고 하여 세상이 변하게 되면 말을 올린 데 대한 보답을 받고자 하였습니다. 그리하여 입을 현란하게 놀려 열고 닫으면서 속이고, 귀신같은 속임수를 써서 저기에서 나와 이리로 들어갔습니다. 그러면서 스스로 성명(聖明)을 속일 수가 있으며, 온 세상을 속일 수가 있다고 여겼습니다. 그러나 다른 사람들이 그들의 속셈을 환하게 엿보고 있다는 것은 알지 못하였습니다.

그들의 쇠파리처럼 앵앵거리면서 이익을 구하는 작태는 환히 드러나서 가릴 수가 없으며, 추잡하여 말할 수조차 없습니다. 만약 이와 같이 마음을 쓴다면 장차 무슨 짓인들 하지 못하겠습니까. 신의 망령된 견해는 여기에서 나온 것입니다. 그런데도 성상께서는 이에 그들의 말을 충직하다고 하면서 가상하게 여겼으니, 신은 몹시 의혹스럽습니다."

뒤에 인성군 이공이 다시 역적의 초사에서 이름이 낭자하게 나왔다. 이에 처음에 목성선을 편들던 무리들이 모두 한꺼번에 합사(合辭)하여 법에 의거해 처형하기를 청하였으며, 인목대비(仁穆大妃) 역시 하교하여 그 죄를 나열하였다. 그러므로 마침내 사사(賜死)되고 말았다.

(「청음연보」)

　인성군(仁城君, 1588~1628)은 선조 서7남으로 정빈 민씨(靜嬪閔氏) 소생이자 인조에게는 숙부가 된다. 인조 2년(1624) 11월 의관(醫官) 이이(李怡) 등이 인성군을 옹립하고 광해군을 모셔오려는 박홍구(朴弘耈, 1552~1624) 등의 역모를 고변하였다. 결국 역모사건에 추대된 혐의로 인조 3년 강원도 간성(杆城)에 유배되었다. 인조 4년 11월 1일 어머니 정빈 민씨가 위독하므로 석방되었다. 인조 6년 유자신의 손자 유효립(柳孝立, 1579~1628) 등이 대북(大北)파의 잔당을 규합하여 모반을 기도할 때에 왕으로 추대되었다 하여 다시 전라도 진도(珍島)에 유배되었다. 41세로 자결하였다.

　목성선(睦性善, 1597~1647)의 본관은 사천(泗川)이다. 인조 2년(1624) 유학(幼學)으로 증광문과에 병과로 급제, 인조 3년 검열(檢閱)이 되어 광해군 때 인목대비(仁穆大妃)의 폐모론 문제로 찬축(竄逐)되어 있던 인성군(仁城君) 공(珙)이 죄가 없다는 소를 올려 물의를 일으켰다. 그 뒤 봉교(奉敎)·정언(正言)을 지냈으나 앞의 상소문제로 양사(兩司)의 탄핵을 계속 받아 체직되었다.

　유석(柳碩, 1595~1655)의 본관은 진주(晉州)이다. 광해군 5년(1613)에 진사를 거쳐 인조 2년 별시문과에 병과로 급제하여 사헌부·사간원 등의 관직을 역임한 뒤 강원감사를 역임하였다. 인성군의 무죄를 주장하였다. 이후 김상헌이 병자호란 후 와신상담해서 치욕을 씻고 명나라와의 의리를 유지해야 한다는 내용의 상소를 올린 뒤 두문불출하자 인조 16년(1638) 장령으로 '김상헌이 혼자만 깨끗한 척하면서 임금을 팔아 명예를 구한다.'라는 내용의 탄핵을 하였다.

【전주 이씨 인성군을 중심으로】

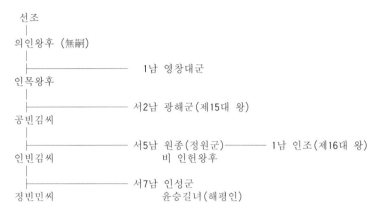

선조
│
의인왕후 (無嗣)
│
├────────────────── 1남 영창대군
인목왕후
│
├────────────────── 서2남 광해군(제15대 왕)
공빈김씨
│
├────────────────── 서5남 원종(정원군)────── 1남 인조(제16대 왕)
인빈김씨   비 인헌왕후
│
├────────────────── 서7남 인성군
정빈민씨   윤승길녀(해평인)

인조 3년 12월 30일 스승인 해평부원군 윤근수(尹根壽)의 행장을
지어 올려 시호를 청했는데 반려되었다.

광해군 11년(1619) 명나라 모문룡 장군이 후금과 싸우다 요동이 함락
되자 평북 철산(鐵山)의 가도(椵島)에 주둔하고 있었는데, 이 시기에
강홍립이 후금에 투항하고 있으면서 후금을 도와주고 있어, 명에서 조선
에 문책을 하기 시작한 것이다. 이에 이를 변명할 사신으로 파견하려고
해도 갈 사람이 없었다.

이에 57세인 인조 4년(1626) 5월 28일 성절 겸 사은진주사(聖節兼謝
恩陳奏使)로 뽑혀 동일에 동지중추부사(同知中樞府事)에 임명되었다는
명을 듣고 입성하였다.

당시에 해로(海路)가 몹시 위험하여 전후로 사신에 차임된 자들이
모두 사피하였으므로, 세 번 망을 바꾸어서 마침내 선생에게로 귀결된
것이다. (「청음연보」)

인조 4년 6월에 조정을 하직하였다. 인조 4년 윤6월 10일 지경연사(知
經筵事) 세자 우부빈객(世子右副賓客)이 되었다.

인조 4년 윤6월 18일 동지사, 성절사가 선척을 더 배정하도록 요청하였
다.

동지사(冬至使) 남이웅(南以雄), 성절사(聖節使) 김상헌(金尙憲)이
아뢰기를, "지금 해로(海路)가 전일과 다른데, 더구나 끝없이 변고가
일어나는 때이겠습니까. 군관(軍官)을 각각 4인씩 더 대동하고, 화기
(火器)와 궁전(弓箭)도 적당히 지니고 가는 한편, 호송선(護送船) 1척
을 평안도로 하여금 더 배정해 보내도록 하는 것이 어떻겠습니까?"
하니, 답하기를, "아뢴 대로 하라. 선척을 배정하는 문제는 묘당으로
하여금 헤아려 처리하게 하겠다." 하였다. 묘당이 호송선을 더 배정해
주도록 청하였으나, 상이 윤허하지 않았다.

윤6월 28일 춘성군(春城君) 남이웅(南以雄), 서장관 김지수(金地粹)
와 함께 명나라 경사(京師)에 파견되었다. 8월에 바다를 건넜다. 10월에
북경(北京)에 도달하여 예부(禮部)에 정문(呈文)을 올려 모문룡(毛文
龍)이 본국을 무함한 사정에 대해 자세하게 진달하였다.

기미년(광해군 11, 1619)에 요광(遼廣) 지역이 오랑캐들에게 함락된
뒤에 중국 사람 모문룡이 유민들을 거느리고 우리나라 가도(椵島)로
피난해 들어왔는데, 우리나라에서는 이들을 접대하기를 아주 정성스럽
게 하였다. 그런데도 모문룡은 그 뒤로 우리나라에 대해 의심하면서
중국 조정에 우리나라를 헐뜯어 무함하기를 못하는 짓이 없이 다하였다.
이에 선생께서 예부와 병부 두 부에 정문을 올려 원통한 정상을 통렬하게
진달하였다.

그 정문에 대략 이르기를, "등래 무원(登萊撫院) 및 대부(大部)에서

모진(毛鎭)의 게보(揭報)를 인하여 소방(小邦)에 자문(咨文)을 보내어 알렸는데, 그 가운데 '바다 바깥의 정황이 조금 변하여 속국이 다른 마음을 품을 것이 우려가 된다' 하였습니다. 아, 황조(皇朝)에서 소방을 보기를 자식과 같이 보았으며, 소방에서는 황조를 부모와 같이 섬겼습니다. 자식이면서 부모에 대해 딴마음을 품는다는 이름을 얻고, 부모이면서 자식을 의심하는 마음이 있다면, 자식된 자의 입장에서는 마땅히 어떻게 스스로 처신하여야 하겠습니까?

소방에서는 200년 이래로 충심을 다해 사대(事大)하면서 어렵고 힘든 상황에서도 만절필동(萬折必東)49)의 의리를 지켰습니다. 이것은 천하의 사람들이 다 함께 들은 바입니다. 그런데 딴마음을 품었다는 말이 어찌하여 나온단 말입니까. 소방의 군신들은 이 말을 들은 뒤로 원통함을 머금고 원망이 맺혀 밤낮없이 마음을 썩이고 있으면서 사는 것이 즐거운 것인지조차도 모르고 있습니다.

지난 신묘년(선조 24, 1591)에 왜추(倭酋) 풍신수길(豊臣秀吉)이 몰래 하늘을 쏘는 계책50)을 도모하여 우리나라에 글을 보내어 우리에게 길을 빌려 달라고 하였는데, 선과군(先寡君) 소경왕(昭敬王: 선조)께서 즉시 주문(奏文)을 갖추어 아뢰었습니다. 그러자 신종 황제(神宗皇帝)께서는 칙서를 내려 가상히 여기면서 장려하였으며, 마침내 대병을 출동시켜 왜적들을 소탕해 속국을 다시 건국시켜 주었습니다. 그리고 지난날에는 소방이 불행히도 윤기(倫紀)가 혼란해져 간신이 오랑캐들과 화친할 모의를 주도하였는데, 과소군(寡小君) 소경왕비(昭敬王妃)

---

49) 만절필동(萬折必東): 여러 방면으로 구불구불 흐르는 중국의 강들이 결국에는 동쪽으로 흘러 바다로 들어간다고 하는 뜻으로, 천하의 모든 제후국들이 중국 황제에 대해 충성을 바치는 말로 흔히 쓰인다.
50) 하늘을 쏘는 계책: 상(商)나라 임금 무을(武乙)이 무도하여 가죽 부대에 피를 넣어 매달아 놓고 화살로 쏘면서 하늘을 쏜다고 하였는데, 뒤에 벼락을 맞아 죽었다. 전하여 천자를 거역하고 반란을 일으키는 것을 말한다. (『史記』殷本紀)

가 주청하여 폐치시키고는 간당들을 모두 주벌하여 참으로 이미 천하에
대의를 폈습니다. 소방의 구구한 충의는 저절로 신명에게 질정할 수가
있는바, 어찌 거듭해서 망극한 말을 듣게 될 줄을 생각하였겠습니까.

과군께서는 우러러 황은을 받들면서 직분을 다하기를 생각하여 밤낮
없이 노심초사하고 있습니다. 그러니 시기를 살피고 움직임을 따르면서
왕사(王師)에 협조해, 한쪽에서는 다리를 잡고 한쪽에서는 뿔을 잡아
이 적을 소탕해서 성천자의 은덕에 보답할 수 있을 것입니다.

무릇 모진을 대우하는 것은 한결같이 지극한 정성에서 나와 백료들의
녹봉은 주지 못하더라도 요동 사람들이 굶주리는 것은 차마 보지 못하였
고, 변경 군사들의 군량미가 끊어져도 우선 모영의 군량미를 운송하는
것을 급하게 여겼으며, 항상 배신들을 신칙하여 조금도 해이함이 없도록
하였습니다. 그런데 지금은 이에 크게 어그러져 그렇지 않은 점이 있습
니다. 다른 사람의 마음이 나의 마음과 같지 않기가 한결같이 이 지경에
이르렀단 말입니까.

무릇 오랑캐를 인도하여 난을 일으키고 오랑캐와 더불어 모의를 하는
것은 천지간의 극악한 대역죄입니다. 만일 그런 일이 과연 있었다면
하루라도 그 죄를 명확히 밝히지 않은 채 있어서는 안 되며, 과연 그런
사실이 없었다면 하루라도 그 원통함을 신원하지 않은 채 있어서는
안 됩니다. 단연코 허(虛)와 실(實)의 사이에 두거나 의심스럽고 미더운
사이에 내버려 두어 해외(海外)의 인심으로 하여금 모두 원망을 품고
통분을 안고 있게 해 스스로 용납할 바가 없게 해서는 안 됩니다.

또 듣건대, '변경 지역에서 온 당보(塘報)51)에서, 오랑캐의 추장이
살았을 적에는 조선 사람들이 쌀 12포(包)를 보냈다'고 하였습니다.
소방에서는 온 나라가 재물을 다하여 모 장군을 받들면서도 오히려

---

51) 당보(塘報): 척후(斥候)하는 군사가 당보기를 가지고 높은 곳에 올라가서 적의 동정과
형편을 살펴 알리는 일로, 여기서는 전령(傳令)의 뜻으로 쓰였다.

넉넉하지 않을까만을 걱정하고 있는데, 어느 겨를에 군량미를 운반하여 멀리 원수들을 먹이겠습니까.

조문(弔問) 사절을 보냈다는 설에 이르러서는, 지난날 심하(深河)의 전투52)에서 소방의 원수(元帥) 강홍립(姜弘立) 등 수만 명의 군사가 패하여 포로가 되었는데, 지금까지 돌아오지 못하고 있습니다. 이들이 오랫동안 적중에 있으면서 그들에게 위협을 당하고 있으니, 오랑캐의 추장이 죽자 상여를 따랐을 이치가 없지는 않습니다. 만약 이것을 가지고 소방이 사람을 보내어 문상을 하였다고 지목한다면, 어찌 몹시 원통하지 않겠습니까.

이제 대부(大部)에서 천자께 아뢰어 통렬히 밝혀 주시고, 인하여 교시를 내리시어 다시금 천하로 하여금 소방이 오랑캐를 인도하고 사신을 통한 일이 없다고 알게 한 연후에야 삼한(三韓)의 백성들이 금수에서 사람으로 되고 이적(夷狄)에서 중화(中華)로 되며, 반역을 한 자에서 충순한 사람으로 될 것입니다. 그렇지 않을 경우에는 차라리 북궐(北闕) 아래에서 죽을지언정 어찌 차마 오랫동안 악명을 뒤집어쓴 채 천지의 사이에 용납되어 숨을 쉴 수가 있겠습니까" 하였다.

(「청음연보」)

김상헌은 우선 우리나라가 후금의 첩자노릇을 하였다는 모문룡의 모함과 후금 임금의 장례를 도와주는 등 후금과 밀접하게 협조하고 있다는 모함에 대해 이는 강홍립이 투항하여 벌인 행동이지 인조가 주도한 것이

---

52) 심하(深河)의 전투: 광해군 10년(1618)에 건주(建州)의 누르하치가 명나라의 무순(撫順), 청하(淸河) 등의 보(堡)를 침입하여 일으킨 전쟁을 말하는데, 이때 우리나라에서는 명나라의 구원 요청으로 인해 강홍립(姜弘立)을 오도 도원수(五道都元帥)로 삼고 김경서(金景瑞)를 부원수로 삼아 군사 2만 명을 파견하여 구원하게 하였는데, 이듬해에 명나라의 제독(提督) 유정(劉綎)의 군사와 합류하여 적을 협격하였으나 부거(富車)의 싸움에서 대패한 뒤 강홍립이 청나라에 투항하였다. (『燃藜室記述』 卷21, 廢主光海君故事本末)

아니라고 명쾌하게 답변하여 명나라의 오해를 풀고 있다.

예부에서 이 정문을 인하여 올린 제본(題本)은 다음과 같다.

"속국이 중국 조정에 대해서는 황천처럼 떠받들고 부모처럼 의지해야 할 뿐만이 아닌데 과연 딴마음을 품고 있다면 그 죄를 용서하기가 어려우며, 만약 단단하고 곧은 충절을 잡고 있다면 그 충성스러움이 가상합니다. 지금 조선의 배신(陪臣) 김상헌 등이 '명쾌하게 교시하여 원통함을 씻어 달라'는 내용으로 올린 정문을 보면, 절대로 두 마음을 품거나 오랑캐들을 인도한 일이 없음을 극력 변명하면서, 조선의 임금을 위하여 무고를 당한 원통함을 하소연해 하늘에 울부짖고 땅에 엎드려 애걸하였는데, 그 정이 몹시 간절해 밝게 드러내지 않고는 그만두지 않을 것만 같습니다.

그들이 스스로 진술한 길거리에서 떠도는 말을 전해 들었다는 것과 당보에서 쌀을 보내고 초상에 조문을 하였다고 한 것 등에 대해서는, 비록 멀리 떨어져 있는 저들 속에서 발생한 일이라 신의 부(部)에서 감히 억측으로 사실인지 아닌지를 판단할 수가 없기는 합니다. 그러나 저들이 절박하게 하소연한 말에 의거해 보고, 지난 임진년(선조 25, 1592)의 왜란 때 소경왕이 천조에 군사를 파견해 주기를 요청하여 다시 살려 준 은혜를 머금고 있음을 되짚어 생각해 보고, 또한 '200년 동안 한마음으로 충순하였으며, 10년 전부터 피 끓는 충정으로 요동 지방을 구원하였'고 한 것으로 보면, 혹 오랑캐들에게 잡혀 협박을 당하고 있는 조선 사람들이 노추(奴酋)가 죽었을 때 조문한 일이 없었다고 장담하기는 어렵습니다만, 그 국왕이 충성을 바치면서 온 뜻을 다하였는바, 효성스러움은 증삼(曾參)에게 부끄럽지 않습니다. 그러니 혹 시라도 속히 원통함을 씻어 주지 않으면 조정 안에서나 먼 외방에서나 천하 사람들이 모두 조선 사람들이 오랑캐를 인도하고 사신을 통한 죄가 있을 것이라고 여길 것이라서 하루도 천지의 사이에 용납되기가 어려울 것입니다. 실정을 살펴보고 사리를 헤아려 보건대, 역시 그 하소연하는 말이 슬프고 그 심정이 절박한 것은 괴이할 것이 없습니다.

삼가 성명께서는 굽어 살펴보시고 그들의 간절한 정성을 애처롭게 여겨 따스한 말씀을 내려 주시기 바랍니다. 그럴 경우 속국의 군신들이 죄를 짊어진 채 의심스러운 마음을 품지 않고서 더욱더 충순의 마음을 다질 것입니다. 그리하여 그들로 하여금 함께 말을 먹이고 군사를 가다듬어 서로 힘을 합쳐 오랑캐들을 섬멸하게 하는 것이 요동 지방을 회복시키는 거조가 될 것으로, 이 역시 조선 사람들이 마음속에 맹서하여 성주께 보답하는 것입니다" 하였다.

이에 대해 성지(聖旨)를 받들었는데, 그 성지에 이르기를, "조선국의 배신이, 해국(該國)이 다른 뜻을 품고 오랑캐와 교통했다는 무고에 대해 반박한 것을 보건대, 매우 분명하였다. 어찌 여러 대에 걸쳐 공경했던 나라가 하루아침에 순리를 배반하고 역적을 따를 리가 있겠는가. 짐의 마음으로 미루어 보건대, 저들에게 그런 일이 없었을 것으로 생각된다. 그러니 해국의 군신들은 스스로 의구해 하지 말고 더욱 마음을 굳건히 하여 함께 원수를 갚는 데 힘을 다해서 다른 생각이 없었음을 밝혀야 할 것이다. 짐도 영원히 그대들의 충정(忠貞)이 변치 않음을 살펴서 그대 나라에 대해 회유(懷柔)하겠다. 배신 김상헌 등이 보여준 극진한 정성이 가상하다" 하였다. (「청음연보」)

『조천록(朝天錄)』에 선생께서 등주(登州)에 도착하여 지은 '딱따기를 치는 소리를 듣다〔聞擊柝〕'는 제목의 시가 있다.

擊柝復擊柝　딱딱대다 다시 치는 딱따기 소리
夜長不得息　밤새도록 그치지를 않고 울리네
何人寒無衣　어떤 이가 날 추운데 옷이 없으며

何卒飢不食　어떤 군졸 배고픈데 밥을 못 먹나
萬家各安室　모든 이들 각자 방에 편히 쉬는데
獨向城上宿　홀로 성 위 향해 가서 머무르누나
豈是親與愛　어찌 그가 나와 친한 사람이리오
亦非相知識　역시 또한 서로 아는 이도 아니네
自然同胞義　같은 동포 생각는 맘 저절로 일어
使我心肝惻　내 가슴속 측은하단 생각이 드네

하였는데, 중국 사람들이 이 시를 보고는 말하기를, "참으로 군자다운
말이다." 하였다. 이 이외에 제영(題詠)한 여러 시들도 많이 전송(傳誦)
되었다. 이부 시랑(吏部侍郎) 이강선(李康先)과 도어사(都御史) 장연
등(張延登)이 여러 시편을 보고는 서문을 써 붙이고 간행하였다.

(「청음연보」)

▒ 정묘호란: 척화와 주화

김상헌이 명나라에 사신으로 가서 오해를 풀고 있는 동안에, 인조 5년(1627) 1월 13일 후금이 3만 명의 병력으로 침입한 정묘호란(丁卯胡亂)이 일어났다.

아민(阿敏)이 이끄는 3만의 후금군(軍)은 앞서 항복한 강홍립(姜弘立, 1560~1627) 등 조선인을 길잡이로 삼아 압록강을 건너 의주(義州)를 공략하고, 이어 용천(龍川)·선천(宣川)을 거쳐 청천강(淸川江)을 넘었다. 그들은 '전왕 광해군을 위하여 원수를 갚는다'는 명분을 걸고 진군하여 안주(安州)·평산(平山)·평양을 점령하고 황주(黃州)를 장악하였다.

조선에서는 장만(張晩, 1566~1629)을 도원수(都元帥)로 삼아 싸웠으나 평산에서부터 후퇴를 거듭, 그 본진이 개성으로 후퇴하였다. 1월 17일 도체찰사에 이원익(李元翼, 1547~1634), 부체찰사에 김류(金瑬, 1571~1648)를 임명하여 전열을 재정비하였다.

1월 26일 인조는 강화도로 피란하고, 소현세자(昭顯世子, 1612~1645)는 전주(全州)로 피란하였다.

2월 2일 후금이 조선에 형제의 의를 맺을 것을 요구하는 서한을 보냈고, 황주에 이른 후금군은 2월 9일 부장 유해(劉海)를 강화도에 보내, 명나라의 연호인 '천계(天啓)'를 쓰지 말 것·왕자를 인질로 할 것 등의 조건으로 화의를 교섭하게 하였다.

2월 15일 사간 윤황(尹煌)이 화친은 항복이니 화친하지 말 것을 상소하였고, 이어 2월 18일 후일 소현세자의 장인이 되는 강석기(姜碩期, 1580

~1643)가 화친하지 말고 윤황을 배척하지 말도록 아뢰었다.

화전(和戰)의 양론이 분분하던 중 후금이 강화를 제의해 오자 인조는 최명길(崔鳴吉, 1586~1647) 등의 주화론(主和論)을 채택, 후금과 교섭하여 정묘조약을 체결하였다. 이에 양측은 화약 후 후금군은 즉시 철병할 것, 후금군은 철병 후 다시 압록강을 넘지 말 것, 양국은 형제국으로 정할 것, 조선은 후금과 화약을 맺되 명나라와 적대하지 않을 것 등을 조건으로 삼고, 3월 3일 그 의식을 행하였다.

4월 12일 인조가 강화도에서 환도하였다.

이에 따라 조선에서는 왕자 대신 종실인 원창군(原昌君: 성종 서13남 운천군의 증손자)을 인질로 보내고 후금군도 철수하였다.

이렇게 국내 사정이 급박하게 돌아가는 가운데, 청음 김상헌은 3월 9일에 북경에 있으면서 명나라가 경병(輕兵)으로 후금의 배후를 칠 것을 상소하였다. 여기에서 청음 김상헌은 오랑캐가 중화인 명나라를 점령하려고 우선 소중화인 조선을 침략한 것이니 후금의 배후를 공략하여 후금이 조선에서 빨리 철병하게 하여 조선을 안정시켜야만 명나라도 후금의 침략을 막아내기에 쉽다고 하는 국제정세에 입각한 자주적인 춘추대의론을 전개하고 있다.

그 정문에 대략 이르기를, "저희들이 지난번에 제독의 대표(臺票)를 받고서 문묘(文廟)를 배알하였는데, 길에서 보는 자들이 모두 말하기를, '조선 사람들은 자신들의 나라가 병란을 당한 것을 모르는가?' 하였습니다. 저희들은 처음에 그 말을 듣고서는 믿지 않으면서 단지 스스로 놀라 의아해하였습니다. 그런데 계속해서 대궐 아래에 나아갔다가 들은 바도 역시 그와 같았습니다. 그러니 노적(奴賊)들이 동쪽으로 소방을 쳐들어간 것은 결단코 의심의 여지가 없습니다.

이어 생각건대, 소방은 군사는 적고 군량은 부족하며, 사방에 구원을 요청할만한 나라도 없어서 평소에 믿고 있는 바는 오직 천조(天朝)일 뿐입니다. 그러나 지금은 바닷길로 멀리 떨어져 있어 위급할 경우에 달려와서 하소연할 수도 없습니다. 그런데다가 또 모진(毛鎭)은 군사들은 피로하고 식량은 떨어져 스스로 기세가 떨치지 못할 것을 알고는 강물의 얼음이 합쳐지게 되면 항상 해도(海島)로 들어가 있으면서 싸움을 피할 계책을 하고 있습니다. 이에 비단 오랑캐들이 와도 모영(毛營)으로는 날아서 갈 수가 없을 뿐만 아니라, 모진 역시 육지로 나와서 오랑캐들의 말을 볼 길이 없습니다. 그런데 더구나 그들이 협력하여 소방의 위급함을 구제해주기를 바랄 수가 있겠습니까. 이것으로 본다면 소방의 안위와 존망은 알 수가 없습니다.

소방은 명조(明朝)를 위해 직분을 다하다가 지난해 심하(深河)의 전쟁 때 오랑캐와 흔단과 원망을 맺었고, 또 모진이 현재 소방에 의지해 있습니다. 그러니 오랑캐가 반드시 소방을 씹어 삼키고자 하는 생각을 어찌 잠시인들 잊었을 리가 있겠습니까. 그러면서도 단지 안으로 관문(關門)과 영원(寧遠)의 형세를 꺼려 저들의 소굴을 염려한 나머지 감히 분풀이할 생각을 하지 못했던 것입니다. 이에 신추(新酋)가 즉위하고 난 처음에 저들의 전 임금의 상(喪)을 인해 약한 척하면서 까닭 없이 우호를 요청해 관문과 영원 군사들의 경계를 늦추기를 도모하였던 것입니다. 그리고 나서 기회를 틈타 갑자기 군사를 일으켜 정예병을 모두 거느리고 동쪽으로 소방을 침범하여, 소방의 성지(城池)를 유린하고 소방의 사민(士民)들을 도륙하였으며, 소방의 왕경(王京)을 엿보고 있는 것입니다. 그런즉 그 형세가 어찌 소방만을 삼키고 말려는 것이겠습니까.

소방이 하루라도 지탱하지 못하게 되는 날이면 모진 역시 하루도 의지할 데가 없게 되고, 모진이 의지할 데가 없게 되면 저들은 장차 의기양양하여 두 눈을 부릅뜨고 온 힘을 기울여 서쪽으로 침범하려 들 것이니, 황조의 강역(疆域) 안에서 일어날 근심이 반드시 오늘에 그치지 않을 것입니다. 그러나 소방이 창졸간에 침입을 당해 처음에는 비록 무너져 쓰러졌을지라도, 충의로운 군사들이 끝내는 반드시 크게 떨쳐 일어나 이 오랑캐들을 멸망시키기를 맹세함으로써 황제의 은혜에 보답하고 변경의 울타리를 맑게 할 것입니다.

저희들이 생각건대, 동쪽에서 군사들이 교전하는 것이 아직 풀어지지 않았습니다. 비록 잠시 풀어졌다 하더라도 역시 머지않아서 다시 교전하게 될 것입니다. 참으로 이러한 때에 미쳐서 속히 한 부대의 군사를 보내어 빈틈을 타서 그들의 소굴을 공격해 오랑캐들로 하여금 수미(首尾)를 견제당하여 낭패스러워 구원하지 못하게 한다면, 일거에 온 요동을 수복할 수 있고, 속국도 보전할 수 있으며, 오랑캐들도 섬멸할 수 있을 것입니다. 그러니 이때야말로 바로 다시는 얻을 수 없는, 놓쳐서는 안될 좋은 기회인 것입니다.

당당한 황조에서 조정의 계책을 이미 정하였을 것이니, 구구한 소방의 배신이 참으로 감히 망령되이 진달해서는 안된다는 것을 잘 알고는 있습니다. 그러나 추요(蒭蕘)의 말조차도 성인께서는 채택하여 썼습니다.[53] 그리고 중국 변경 지방의 안위와 소방의 종묘사직의 존망이 이번에 한번 착수하는 데 달려 있는바, 절박하고 답답한 심정을 금할 수가 없기에 부월 아래에서 죽는 것도 무릅쓰고 감히 이와 같이 우러러 진달드리는 것입니다" 하였는데, 병부에서 이 정문을 인하여 올린 제본에 이르기를,

"김상헌 등이 올린 정문이 본부로 올라왔는데, 신들은 그것을 채 다

---

53) 추요(蒭蕘)의 … 썼습니다: 추요는 꼴을 베고 나무를 하는 사람으로, 아무리 하찮은 사람의 말이라고 하더라도 그 가운데에는 쓸 만한 말이 있으므로 성인은 이를 취한다는 뜻이다.

읽기도 전에 저도 모르게 가슴을 치면서 탄식하여 말하기를, '이런 점이 있단 말인가. 노추(奴酋)들이 제멋대로 교활하고 사특한 술수를 부리기를 한결같이 이렇게까지 하였단 말인가' 하였습니다.

신이 실로 지극히 어리석고 누추하기는 합니다만 영원(寧遠)의 무신(撫臣)을 위하여 한 가지 계책을 바치지 않을 수가 없습니다. 오랑캐들이 난리를 일으킨 이래로 지금까지 9년이란 세월이 흘렀는데, 오직 지난해 봄에 영원만이 처음으로 한번 사람들의 뜻을 분발시켰기에, 신은 실로 무릎을 치면서 감탄하였습니다. 그 뒤에 신이 중추(中樞)의 직을 맡게 됨에 미쳐서는 관문(關門) 바깥과 더불어 한배를 같이 탄 것과 같은 우의가 있게 되었습니다.

무릇 영원과 산해(山海)의 사이에는 노련한 장수와 용맹한 군사들이 휴식을 취하면서 힘을 기른 지가 이미 오래되었는바, 정예병을 뽑아내어 스스로 대오를 편성해서 동쪽으로 진격하기에 충분합니다. 더구나 남쪽에는 등진(登鎭)이 있고, 동쪽에는 모수(毛帥)가 있고, 북쪽에는 의로(疑虜)가 있습니다. 그러니 해당 무신이 날짜를 약속한 다음 아울러 거병하되, 아무개는 정병(正兵)이 되고 아무개는 기병(奇兵)이 되며, 아무개는 전모(前茅)[54]가 되고 아무개는 후경(後勁)[55]이 되며, 어떤 방법으로 오랑캐의 소굴을 도륙하고 어떤 방법으로 오랑캐들이 돌아오는 것을 맞아 치도록 지시해, 오랑캐들로 하여금 서로 호응하지 못해 우리 군사들을 하늘에서 내려온 것인 양 여겨 놀라게 해야 할 것입니다. 그럴 경우 노추를 섬멸하고 요동 지방을 회복하는 것이 이 한 번의 거조에 있을 것입니다.

그렇지 않으면 조선에 대해 할 말이 없게 될 것이며, 오랑캐 군사들이

---

54) 전모(前茅): 옛날에 행군을 할 때 적병의 동향을 파악하기 위해서 본대(本隊)에 앞서서 가는 척후병을 말한다.
55) 후경(後勁): 본대의 가장 뒤에 처져 있는 정예병을 말한다.

다시 소굴로 돌아온 뒤에 힘을 합하여 서쪽을 향해 나온다면, 걱정이 바야흐로 크게 될 것입니다. 그런즉 어떻게 지금 오랑캐의 군사들이 멀리 침략하러 나간 틈을 타서 기일을 정해 요하(遼河)를 건너가 먼저 손을 써서 주도권을 잡아 상대편을 제압하지 않을 수 있겠습니까. 등래무신(登萊撫臣)이 보고한 바가 저와 같고, 조선의 배신이 올린 정문이 또 이와 같은바, 신은 가슴이 아프고 골치가 아파 한마디 말을 하지 않을 수가 없습니다" 하였다.

이에 대해 성지를 받들었는데, 그 성지에 이르기를,

"오랑캐가 동쪽으로 조선을 침범하였으니 조선이 필시 지탱하지 못할 것이다. 그러니 즉시 차관(差官)을 말을 태워 보내어 영원의 무신을 설득하게 하되, 오랑캐가 멀리까지 침입하러 가 소굴이 비어있는 틈을 타서 관문과 영원의 정예로운 경병(輕兵)을 선발한 다음, 곧장 쳐서 오랑캐의 뒤를 견제하게해서 속국의 위급한 사태를 풀어주도록 하라. 지체되지 않도록 해, 가만히 앉아있다가 기회를 잃는 일이 없도록 하라." 하였다.

그 뒤에 군문이 수병(水兵) 수천 명을 보내어 압록강(鴨綠江)에 도착하였고, 태감(太監) 네 사람이 계속하여 나왔다. 그러나 얼마 지나지 않아 되돌아갔고, 대군은 끝내 나오지 않았다. (「청음연보」)

변무(辨誣)하기 위해 올린 주문(奏文)은 다음과 같다.

"삼가 듣건대, 모진(毛鎭)에서 보낸 당보(塘報)에 이르기를, '조선 사람들이 요동 백성들의 폐해를 한스럽게 여겨 몰래 오랑캐의 첩자 노릇을 하면서 모진을 해치려고 한다' 하였다고 합니다. 아, 이것이 무슨 말입니까.

소방이 모진의 환심을 잃게 된 것은 애당초 삼(蔘)이나 칼, 종이 등의 미세한 것에서 말미암은 데 불과하였습니다. 그런데도 가면 갈수록 더 증오하고 질시하여 날이 갈수록 깊어지고 달이 갈수록 쌓여, 평상시에 날조해 무함하는 것이 역시 너무나도 심하였습니다. 이에 오늘날에 와서는 모진이 머물러 있는 곳에서 함께 병화를 입어 군민의 시체가 썩어 문드러지고 국토가 무너져 찢김을 당해 종묘사직의 존망이 한순간에 결판나게 생겼는데도, 함께 오랑캐를 원수로 여겨야 하는 의리는 조금도 생각하지 않은 채 다른 사람이 액운을 당한 것을 도리어 다행으로 여겨, 거짓말을 장황하게 늘어놓으면서 반드시 불측한 죄명을 덮어씌우려고 하고 있습니다. 군자의 마음 씀씀이가 어찌 이와 같을 수 있단 말입니까.

비록 그렇기는 하지만, 이런 것 따위는 많은 말을 늘어놓을 필요조차 없습니다. 소방에게 있어서 천조는 그 은혜가 부모와 같으며, 과군(寡君)에게 있어서 모진은 그 일이 한집안과 같으며, 우리 백성들에게 있어서 요동 사람들은 그 의리가 실로 같은 동포입니다. 천하에 어찌 동포를 원수로 보고 한집안 사람들을 해치고자 원수인 오랑캐와 더불어 모의를 꾸며 그들을 집안으로 끌어들여, 군부(君父)를 배반하고 스스로 화를 당해 패망하는 것을 달갑게 여길 리가 있겠습니까. 만 사람의 눈이 보는 바이고 만 사람의 귀가 듣는 바이니, 며칠이 지나지 않는 사이에 조정에서도 반드시 소방의 원통한 실상을 알게 될 것입니다.

지난번 역관(譯官)의 말에 의하면 합하(閤下)께서 소방이 왜(倭)와 혼인한 사실이 있느냐고 물으셨다고 합니다. 저 왜놈들은 본디 하나의 나쁜 기운이 뭉쳐진 자들로서, 사해(四海) 만국(萬國)의 오랑캐 가운데서 그들과 같은 별종은 없습니다. 그런데 불행히도 소방은 그들과 이웃하여 있으므로 이리와 독사처럼 여기면서도 감히 통렬하게 끊지는 못한 채 약간의 우호만을 유지하고 있었습니다. 그러다가 만력(萬曆) 임진년(선조 25, 1592)에 이르러 왜놈들이 중국을 침범하려고 하여

길을 빌린다는 명목으로 우리 팔도(八道)를 함락하고 우리 삼도(三都)를 무너뜨렸으며, 선군(先君)의 무덤 두 곳을 파헤치고 왕자 두 사람을 포로로 잡아갔습니다. 그러니 그들은 소방의 영원토록 잊을 수 없는 깊은 원수입니다. 그런데도 단지 소방의 병력이 미약하여 스스로 강력해지기가 쉽지 않았던 탓에, 천조의 군사가 철수한 뒤에 중국 조정에서 내려 준 권도(權道)의 계책을 받들어 시행해, 다시금 관시(關市)를 허락해 저들의 침략을 저지한 것일 뿐입니다. 그러니 이 역시 소방이 까닭 없이 스스로 원수와 교통한 것은 아닙니다.

소방이 비록 궁벽하게 바다 한 모퉁이에 있기는 하지만, 오랫동안 중국의 교화에 젖었으므로, 군신이나 부자나 부부의 도리에 대해서는 평소부터 익혀 왔습니다. 그런데 어찌 차마 원수를 잊고 오랑캐와 혼인을 맺어 조상을 욕되게 하고 신민(臣民)을 부끄럽게 하여 천하 후세에 더러운 이름을 남길 리가 있겠습니까."(「청음연보」)

돌아오다가 등주(登州)에 도착하였을 적에 군문(軍門)에서 장차 전별연(餞別宴)을 행하려고 하였는데, 선생께서는 본국이 병란을 당하여 종사(宗社)가 파천하였다는 내용으로 정문을 올리고는 고사하면서 받지 않았다.

58세인 인조 5년(1627) 5월 18일에 황극전(皇極殿)을 중수(重修)한 데 대한 조서를 받들고 귀국하였다. 오는 도중 5월 16일 대사간에 제수되었으며, 품계가 가의대부(嘉義大夫: 종2품)로 승진되었다. 복명(復命)하고서 사임하였으나 허락받지 못하였다.

비망기(備忘記)에 이르기를, "사신들이 싸 가지고 온 해부(該部)의 제본(題本)과 황상(皇上)의 유지(諭旨)를 보건대, 우리나라가 무고(誣告)를 입은 일이 시원스럽게 씻겼을 뿐 아니라, 열 줄의 윤음(綸音)

이 한 글자 한 글자마다 매우 정녕하다. 이는 비단 성천자께서 만리 밖의 사정을 분명하게 안 소치일 뿐만 아니라, 어찌 또한 사명을 받들고 간 신하의 지극한 정성이 하늘을 감동케 해서 그런 것이 아니겠는가. 일이 몹시 가상하니, 사신과 서장관에게 각각 한 자급씩을 가자하여 가상하게 여기고 기뻐하는 뜻을 보이라" 하였다. 그리고는 이어 인견하 겠다고 명하였다. 이에 선생께서는 상소를 올려 사양하였으며, 또 다음 과 같이 아뢰었다. "오랑캐들이 깊이 쳐들어와 종묘사직이 몽진을 하였 으며, 성하(城下)에서 맹약을 맺은 치욕은 차마 들을 수조차 없습니다. 신은 사명을 받들고 가 지체하면서 즉시 국난에 달려오지 못하였으니, 만 번 죽을죄를 지었습니다." (「청음연보」)

인조 5년 5월 22일 차자를 올려 오랑캐의 사신을 거절해 후환을 끊기를 청하였다.

당시에 오랑캐의 사신이 장차 이르러 오게 되어 묘당에서 접대하는 일에 대해 아뢰어 조처하고 있었다. 이에 선생께서 차자를 올렸는데, 그 차자는 대략 다음과 같다.

"태감(太監) 호양보(胡良輔)가 새로이 군사를 거느리고 가도(椵島) 에 오자 모문룡(毛文龍)이 그것을 믿고 더욱 기세를 떨치고 있습니다. 주문(奏文)을 받들고 가는 사신을 억류한 것에서도 역시 그 일단을 볼 수가 있습니다. 그러니 만일 오랑캐의 사신 유해(劉海)가 우리나라 경내로 들어온다는 것을 알게 된다면, 우리 측을 위협하면서 잡아 보내 라고 하거나, 혹은 반초(班超)가 범의 굴을 탐색한 계책56)을 내어

---

56) 반초(班超)가 … 계책: 몰래 살해하는 계책을 말한다. 한(漢)나라 때 반초가 선선국(鄯善國)에 사신 갔을 적에 마침 흉노(凶奴)의 사자가 선선에 왔는데, 선선왕이 반초에 대한 예우를 덜해 주었다. 그러자 반초가 수하 사람 36명을 모아 놓고 "지금 흉노의 사자가 오자 우리에 대한 예우가 덜하다. 만약 흉노의 사자가 선선으로 하여금 우리를 잡아 흉노로 보내게 한다면, 우리는 영원히 이리의 먹이가 될 것이다. 범의

장령(將領) 한 명을 파견해 유해가 지나가는 길목을 지키고 있다가 그를 잡아갈지도 모릅니다. 그럴 경우 신은 국가에서 뒷일을 어떻게 처리해 나갈 것인지 모르겠습니다. 더구나 추악한 오랑캐들은 사납고 교만함이 이미 심하여, 전에 강도(江都)에 왔을 적에 패만스러운 말을 많이 하였다고 들었습니다. 이번에 보내온 국서에도 업신여기는 말이 없지 않을 것인바, 수답(酬答)하는 즈음에 있어서도 역시 매우 난처할 듯합니다. 삼가 바라건대, 전하께서는 특별히 묘당으로 하여금 다시금 헤아려 조처하게 하소서. 그리하여 경기 지방에 도착함에 미쳐서 이러한 사세를 알려 주어 유해를 사절하여 되돌아가게 해, 저들로 하여금 우리나라가 우리나라 마음대로 하지 못한다는 것을 알게 하소서. 저들이 비록 무지하기는 하지만 혹 우리나라의 실정을 알아차릴 수 있을 것이며, 가령 저들이 혐의를 품고 노여워한다 하더라도 오히려 우리로 인해 사신이 살해당하는 것보다는 나을 것입니다."(「청음연보」)

병조참판에 제수되었다가 7월 5일 도승지로 고쳐 제수되었다. 7월 27일 계사를 올려 여진에 투항했다 죽은 강홍립(姜弘立)의 관작을 회복시키지 말기를 청하였다.

광해군 때 중국 조정에서 우리나라 군사들을 징발하여 오랑캐들을 협공하게 하였는데, 원수(元帥) 강홍립이 군사를 거느리고 들어가 심하(深河)에 이르렀다가 싸우지도 않은 채 오랑캐들에게 항복하고는 그들의 꼭두각시가 되었다. 이 해 봄에 강홍립이 오랑캐를 거느리고 쳐들어왔다. 화친이 성립된 뒤에 오랑캐들이 강홍립을 우리나라에 남겨 두고 돌아갔는데, 얼마 지나지 않아 강홍립이 죽었다. 이에 조정에서는 강홍립을 복관(復官)시키고 부의(賻儀) 물품을 내려 주었다. 그러자 선생께

굴에 들어가지 않으면 범 새끼를 잡지 못하는 법이다" 하고는, 그날 밤에 흉노 사자의 처소에 가서 불을 질러 흉노 사자를 태워 죽였다. (『後漢書』 卷47, 班梁列傳)

서는 동료들과 더불어 아뢰었는데, 그 계사는 다음과 같다.

"강홍립은 사직(社稷)에 제사를 올린 뒤에 명을 받고 국경을 나갔습니다. 그런데도 달가운 마음으로 오랑캐에게 항복하였는가 하면 적을 이끌고 들어와 나라를 침범하여 임금이 되려는 뜻을 가졌습니다. 그 죄는 역적 유예(劉豫)[57]와 똑같고 그 악(惡)은 적신 한윤(韓潤)[58]보다 심한바, 실로 천하의 난적(亂賊) 중에서도 가장 심한 자입니다. 그런데도 국가에 법이 없고 정론(正論)이 행해지지 않아 주벌이 가해지기 전에 제 집에서 지레 죽었으므로, 신명과 사람의 통분이 이에 이르러 극에 달했습니다. 지금 만약 그의 관작을 회복시키고 상사에 부의까지 한다면, 앞으로 어떻게 신하들에게 충성을 권장하고 천하의 악을 징계할 수 있겠습니까. 임금의 말은 한번 내려지고 나면 관계되는 바가 극히 중한 법입니다. 신들은 감히 승전(承傳)을 받들 수가 없습니다. 이상의 내용으로 감히 아룁니다." (「청음연보」)

답하기를, "대신과 의논하여 시행하라. 그리고 적을 이끌었다는 설은 강홍립의 본의가 아닌 것 같다" 하였다. 영중추부사 이원익, 해창군 윤방, 좌의정 오윤겸 등이 아뢰기를, "성명(聖明)께서 강홍립의 관작을 회복시키고 그의 상사에 부의까지 하시려는 것이 반드시 먼 데 사람을

---

57) 유예(劉豫): 송(宋)나라 사람으로, 고종(高宗) 건염(建炎) 2년(1128)에 제남부(濟南府)를 다스리고 있던 자인데, 금(金)나라가 침입해 오자 제남부를 들어 금나라에 항복하였다. 그러자 금나라에서 유예를 황제로 임명함에 따라 대명(大名)에 도읍하여 국호를 대제(大齊)라 하였다가 다시 변(汴)으로 도읍을 옮겼다. 그 뒤에 유예가 송나라와의 전투에서 대패하자, 금나라는 유예를 다시 황제의 지위에서 폐하였다. (『金史』卷77, 劉豫列傳)

58) 한윤(韓潤): 한명련(韓明璉)의 아들로, 한명련이 이괄(李适)과 함께 반란을 일으켰다가 살해되자 탈출하여 구성(龜城)에 숨었는데, 이듬해 관군의 추적을 당하자 건주(建州)로 도망쳐 이미 후금에 투항해 있던 강홍립의 휘하에 들어갔다. 정묘호란 때 후금이 조선을 침공할 때 후금의 군대에 종군하여 공격하는 데 앞장섰으며, 화의(和議)가 이루어진 뒤에도 조선의 위법을 들어 재침을 하도록 오랑캐들을 부추겼다.

회유하는 뜻에서 나온 것인 듯합니다. 그러나 생각건대 성을 지키며 절의에 죽은 사람들에게 이런 은전이 있었는데, 강홍립에게도 한결같이 시행한다면 자못 국가에 권장하고 징계하는 뜻이 없고 대중의 심정을 크게 거스를 듯싶습니다." 하니, 상이 따랐다. (『인조실록』권16, 인조 5년 7월 27일)

말미를 받아 영천(榮川)에 있는 초정(椒井)에 가서 목욕하고, 이어 안동(安東)에 있는 가묘(家廟)에 배알하게 해 주기를 요청하였다. 이 해 봄에 가족들이 가묘를 받들고 병란을 피하러 왔다가 그대로 안동에 머물러 있었기 때문이었다.

이인거(李仁居)의 옥사가 일어나자 9월 12일 홍문관 부제학(副提學)으로 소명(召命)을 받고는 조정으로 돌아왔다. 차자를 올려, 재변을 만났으니 공구수성(恐懼修省)하기를 청하였다.

그 차자는 대략 다음과 같다. "전하께서는 기왕의 일이 잘못된 것을 깊이 뉘우쳐 스스로 최선을 다하는 도에 힘쓰소서. 그리하여 한갓 문서를 결재하는 데에만 부지런히 수고하지 말고 원대한 계책을 넓히는 데 힘쓰며, 한갓 훈고(訓詁)와 장구(章句)만 강론하지 말고 고명한 영역에 깊이 나아가도록 하소서. 비록 뭇사람들의 계책보다도 더 뛰어난 계책이 있더라도 반드시 좋은 방책을 택하여 중도(中道)를 쓰며, 비록 덕이 살리기를 좋아하는 데 흡족하더라도 반드시 악을 미워하고 간사함을 없애소서. 그리하여 봄철에 살리고 가을철에 죽이며 여름철에 기르고 겨울철에 이루는 도리가 각각 그 도에 순하게 해서 차서를 잃고 어지럽게 행하는 일이 없도록 하소서. 그럴 경우 하늘의 뜻을 능히 누리고 재이(災異)가 영원히 소멸되게 할 수 있을 것입니다." (「청음연보」)

이인거의 본관은 영천이다. 인조반정 뒤에 세자익위사익찬(世子翊衛

司翊贊)으로 발탁하였으나 나가지 않았다. 이후 유효립(柳孝立) 등과 내통하며 광해군을 복위시킬 음모를 하고 있었다. 인조 5년 9월 횡성현에 와서 군사를 일으켜 창의중흥대장(倡義中興大將)이라 자칭하였다. 이에 원주목사(原州牧使) 홍보(洪靌)가 고변을 조정에 알리고 군사를 동원해 10월 2일 원주의 군사를 세 길로 나누어 진군해 치니, 이인거와 세 아들이 잡혀 서울로 압송된 뒤 저자에서 참형되었고, 동조자들은 뿔뿔이 흩어졌다.

인조 5년 10월에 세자우부빈객(世子右副賓客)을 겸하였다가 곧바로 체차되었다. 11월에 대사간에 제수되었다가 도로 체차되었다.

인조 5년 12월 4일에 정2품 지춘추관사를 겸임하였다.

전식(全湜)을 이조참의로, 서성(徐渻)을 지춘추관사로, 이홍주(李弘冑)를 동지춘추관사로, 김상헌(金尙憲)을 지춘추관사로 삼았다. 상헌은 정직하고 신념대로 행동하여 일을 당하면 과감하게 말하는 것이 옛사람에 부끄럽지 않으며, 종일 단정히 앉아서 나태한 모습을 보이지 않으니, 사람들이 모두 경외(敬畏)하여 당대 제일의 인물로 추대하였다. (『인조실록』 권17, 인조 5년 12월 4일)

인조 5년 12월 25일 차자를 올려서 중국의 물화(物貨)를 오랑캐에게 주지 말라고 청하였다.

그 차자는 대략 다음과 같다. "옛날부터 변경에서 교역을 하는 도는 모두 토산물을 가지고서 있는 물건을 없는 물건과 바꾸었지, 어찌 멀리에서 외국의 기이한 물건을 사다가 오랑캐의 욕심을 채워 주어 무궁한 폐단을 여는 경우가 있었겠습니까. 폐단의 근원을 막지 않으면 오히려 나라를 위한 계책을 잘하는 것이라고 할 수가 없습니다. 더구나 대의가 지극히 엄하고 후환이 지극히 중한 것을 어찌 깊이 생각하여 잘 조처하지 않아서야 되겠습니까. 중국 조정에서 만일 우리나라가 중국 물화를 가지고 오랑캐와 호시(互市)한다는 것을 들으면 반드시 대로하여 절교할 것입니다. 지난번에 모 도독(毛都督)이 무고(誣告)했던 말과 불행히도 서로 부합될 경우, 신은 조정에서 장차 무슨 말로 변명할지 모르겠습니다.

의논하는 자들은 대부분 '흉적들은 아주 가까이에 있어 그 형세가 두렵고, 중국 조정은 관대하여 반드시 우리를 책망하지 않을 것이다.'라고 합니다만, 신은 그렇지 않다고 여깁니다. 신하가 임금을 섬기는 것은 아들이 아비를 섬기는 것과 같습니다. 어찌 부모가 자애로운 것을 믿어서 공경하고 삼가는 것을 태만히 하며, 도적들이 침입해 오는 것을 두렵게 여겨 대의를 돌아보지 않아서야 되겠습니까. 설령 중국 조정이 너그러워서 책망하지 않는다 하더라도, 부모의 나라에서 가져다가 원수인 오랑캐에게 주는 것이 의리에 비춰 볼 때 어떠하겠습니까."

(「청음연보」)

인조 6년 1월 3일 죽산(竹山)에 사는 김진성(金振聲)·김득성(金得聲)·신서회(申瑞檜)·이두견(李斗堅) 등이 전 세마(洗馬) 허유(許逌) 등의 역모 사실을 고변하였다.

광해군의 장인인 유자신의 손자 유효립(柳孝立, 1579~1628)과 허유(許逌)가 인성군(仁城君, 1588~1628)을 추대하는 모역사건이었다. 청나라 사신이 온 것을 기화로 광해군과 내통하여 인조를 몰아내고 인성군을 추대하려고 하였던 것이다.

59세인 인조 6년(1628) 1월 5일 사간원 대사간에 임명되었다.

1월 4일 역변과 관련된 자의 국문을 청하지 않았다는 이유로 대사헌 이홍주(李弘胄), 대사간 조익(趙翼)을 체직되면서 조익대신 임명되었다. 대사간으로 유효립 모반사건을 추국하였다.

1월 9일 양사에서 허유 등의 역모와 관련된 인성군 이공을 처벌할 것을 청하였다.

인조 6년 1월 12일 유효립을 역적의 괴수로 교서를 반포하였다.

중외의 대소 신료들과 기로(耆老)·군민(軍民)·한량(閑良) 등에게 교서를 내렸는데, 그 내용은 다음과 같다.

"국가가 불행하여 역적의 변이 나라 안에서 누차 일어났고 임금을 무시하는 큰 변고가 바로 측근에서 발생하였다. 그러나 형장(刑章)이 환히 시행되어 경사스러움이 사방으로 흘러넘치게 되었다.

나는 변변찮은 몸으로 혼란했던 통서를 이어받았다. 그리하여 모비(母妃)를 받들어 복위시키니 인륜이 밝아졌고, 죄인을 내쳐 명분을 바르게 하니 대의가 높이 게양되었다. 제반 형정(刑政)을 시행할 즈음에는 매양 관대히 할 마음을 가졌으므로 용서 못할 대악으로 윤기(倫紀)의 죄를 진 경우가 아니면 모두 인자한 마음으로 한결같이 돌보아 생존시키기 위해 곡진한 마음을 기울였다. 따라서 흉얼의 잔당들이 감히 난역의 모의를 획책할 줄은 생각지도 못하였다.

역적 유효립·정심·윤계륜 등은 타고난 악한들로 옛날 비렴(飛廉)과 악래(惡來)같은 자들이었다. 이들은 권간들에게 빌붙어 모후(母后)를 폐하여 윤기를 무너뜨리는 것을 자신들의 임무로 삼기도 하고, 임금의 측근들과 연줄을 대어 임금의 마음을 나쁜 쪽으로 유도하여 나라를 그르치는 것을 사공(事功)으로 삼기도 하였다. 이들의 악역(惡逆)이 찰대로 차서 그 죄가 죽음을 면치 못하게 되었으나 관대한 은혜를 거듭 내려 시골에 돌아가 편한 대로 살게 하였다. 그랬는데도 임금을 받들 것은 생각지 않고 도리어 임금을 배반할 마음을 품고서 천지의 귀신을 속일 수 있고 종묘사직을 엿볼 수 있다고 여겼다. 그리하여 폐인(廢人)과 교통하면서 밀서를 전해 받아 서로 호응하였고 왕자(王子)와 연결하여 가동들을 모아 군병으로 삼으려 했는가 하면 도참설을 가탁하여 인심을 선동하고 환시들과 내통하여 금액(禁掖)을 저격(狙擊)하기 위해 엿보았다. 그리하여 역적을 제갈량(諸葛亮)에 견주었고 괴수를 성인(聖人)이라 하였으며 궁중에서 짐독(鴆毒)으로 임금을 시해하려는 계획을 세웠으니, 아, 너무도 흉참스러운 일이었다. 태묘(太廟)에 불을 지른다는 말이 차마 할 수 있는 말인가.

계책이 완성되자 분담할 일을 나누어 정하였다. 계획을 세운 것은 실로 지난해부터였고 거사할 기일은 바로 금년 정초였으니 그 위태로운 화란의 기미는 경각에 박두되어 있었다. 다행히 천지가 묵묵히 도와준 은혜를 입어 드디어 충량스런 사람이 그들의 음모를 발고하였고 따라서 추류(醜類)들이 모두 체포 구금되었다. 엄한 형신을 가하자 실정(實情)을 제때에 모두 자백하였는데, 나라에는 정해진 형법이 있는 것이니, 내가 감히 마음대로 용서해 줄 수가 있겠는가.

이미 역적의 괴수인 유효립(柳孝立)을 비롯해서 정심(鄭沁)·윤계륜(尹繼倫)·배희도(裵希度)·허유(許逌)·유종선(柳宗善)·유두립(柳斗立)·안집중(安執中)·이우명(李友明)·정린(鄭遴)·허규(許逵)·정진(鄭振)·조헌립(趙憲立)·이양(李暘)·배윤(裵允)·김응호(金應虎)·김응표(金應彪)·김응사(金應獅)·김세익(金世益)·김영기(金永起)·옥석(玉石)·김이남(金伊男)·귀희(貴希) 등을 모두 법에 의거 정형(正刑)에 처하고 나서 이미 관원을 보내어 태묘에 분명하게 사유를 고하였다. 난신적자가 어느 시대엔들 없었겠는가마는 흉악하기가 이들보다 더한 적은 없었다.

이미 신민들의 울분을 통쾌하게 하였으므로 이에 비를 내리는 것 같은 은택을 베푸는 바이다. 아! 순리대로 하면 길하고 역리로 하면 흉하게 되는 것은 이것이 통상적인 이치인 것이고 돌보아 살리기도

하고 죄를 주기도 하는 것은 모두가 임금의 지극한 인애(仁愛)에 의한 것이다. 때문에 이렇게 교시(敎示)하는 것이니 이런 내용을 알고 있으리라 생각된다."(『인조실록』 권18, 인조 6년 1월 12일)

1월 21일 인성군을 진도에 유배 보내었다.

【문화 유씨 유효립을 중심으로】

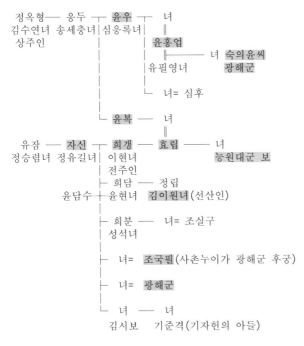

※ 본서 부록 402쪽 참조

유자신의 유희갱(柳希鏗, 1561~1583)은 기성군(箕城君) 이현(李俔)의 딸인 전주 이씨(全州李氏, 1562~1585)와 혼인하였다. 유희갱의 아들인 유효립(柳孝立, 1579~1628)은 정윤복(丁胤福)의 딸인 나주 정씨(羅州丁氏)와 혼인하였는데, 정윤복은 광해군의 후궁인 숙의 윤씨(淑儀尹氏)의 외조부인 정윤우(丁允祐, 1539~1605)의 동생이다. 유효립의 딸은 인조의 동생 능원대군(綾原大君, 1598~1656)에게 출가하였다.

【양천 허씨 허유를 중심으로】

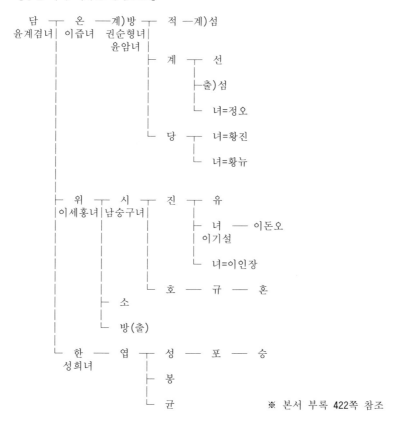

※ 본서 부록 422쪽 참조

유희분은 인조반정 후 처형되었는데 유효립은 능원대군의 장인이라서 그런지 제천으로 귀양가 있었다.

유효립과 모반을 주도한 허유(許逌)와 허규(許逵)는 동인의 영수 허엽(許曄, 1517~1580)의 사촌 허시(許時)의 손자이다. 허엽의 아들 허봉(許篈, 1551~1588)·허균(許筠, 1569~1618)과는 7촌간이 된다. 허봉은 동인의 선봉이 되어 율곡을 모함하다 유배간 계미삼찬의 한 사람이다. 허균은 이이첨과 폐모론을 주도하다가 도리어 역적으로 몰려 죽었다. 그리고 허유와 허규를 고변한 허적(許𥴬, 1563~1641)은 허유에게 오촌숙부이다.

1월 27일 허적(許𥴬)이 김류, 홍서봉 등 당대 명류들과 함께 녹훈되려고 하였다. 이에 김류 등이 녹훈을 사양하였다.

> 빈청의 대신이 아뢰기를, "홍서봉 등이 김류와 함께 녹훈을 결정하게 해줄 것을 청하였는데 김류가 이 말을 듣고는 나아갔습니다. 이 때문에 오늘은 녹훈을 결정할 수가 없습니다." 하니, 명초(命招)하라고 답하였다.
> 사신은 논한다. 이번의 역변에는 허적에게 이미 먼저 발고한 공로가 있는데 공을 같이한 사람들이 모두 무뢰한들이었다. 허적은 이들과 반열을 같이하는 것을 수치스럽게 여겨 명류(名類)들을 끌어들여 함께 훈적에 참여하게 되기를 바랐다. 김류와 홍서봉은 모두 당대의 명류들인데 장차 공이 없는 상을 받게 되자 김류는 간절히 사양하여 면하게 되었고 서봉은 극력 사양하지 못한 탓으로 끝내 녹훈되기에 이르렀으니, 애석하다. (『인조실록』 권18, 인조 6년 1월 27일)

인조 6년 1월 30일 정경세·김상헌·서성 등이 공신의 반열에서 자신들을 빼 줄 것을 청하였다.

대사헌 정경세(鄭經世), 대사간 김상헌(金尙憲), 판의금 서성(徐渻),
지의금 김자점(金自點), 동의금 한여직(韓汝溭)·이경직(李景稷) 등
이 소장을 올려 훈적에서 이름을 삭제시켜 줄 것을 간절히 청하였다.
판중추 윤방(尹昉)도 차자를 올려 녹훈되는 것을 사양하였고 완풍부원
군 이서(李曙), 공조판서 신경진(申景禛) 등도 연명으로 차자를 올려
또한 녹훈되는 것을 사양하였으나 상이 모두 따르지 않았다. 이 뒤로
누차 차자를 올려 굳게 사퇴하니, 상이 이에 모두 따랐다. (『인조실록』
권18, 인조 6년 1월 30일)

인조 6년 4월 12일 다시 대사간에 제수되었다. 4월에 차자(箚子)를
올려 마음을 비우고 이치를 살피며 예로써 신하들을 부리기를 청하였다.

당시에 판의금 서성(徐渻, 1558~1631)이 하찮은 일로 하옥되었고,
이를 부당하다고 하는 간관(諫官) 권도(權濤, 1557~1644) 역시 삭직
(削職)당하고 쫓겨났으며, 옥당의 여러 신하들이 차자를 올려 일에 대해
논하자 인조가 경망스럽게 군다는 내용의 전교를 내렸다. 그러므로 차자
를 올려 논한 것이다.

5월 2일 홍문관 부제학에 임명하였다가 춘추관 당상인 장유와 인척이
되어 상피가 되므로 정경세를 부제학으로 임명하고 5월 11일 승정원
도승지로 고쳤다. 도승지를 지낼 때, 여진에 잘 대처할 것을 건의하였다.
6월 12일 전에 국문에 참가한 공으로 정2품 자헌대부(資憲大夫)에 가자
되었다. 사양하였으나 허락받지 못하였다.

인조 6년 7월 26일 정2품 형조판서에 제수되었다가 11월 16일 사헌부
대사헌으로 옮겨졌으며, 다시 체차되고서 정2품 의정부 우참찬에 제수되
었다.

겨울에 특별히 도승지에 제수되었다.

선생은 여러 차례 이 직임에 제수되었다. 그런데도 임금이 직분을 잘 수행한 것을 가상히 여겨 자급(資級)에 구애되지 않고서 이 제수를 하였던 것이다. (「청음연보」)

60세인 인조 7년(1629) 2월 13일에 종2품 홍문관 제학(弘文館提學) 과 동지성균관사(同知成均館事)를 겸임하였다.

2월 24일 노적(虜賊: 청나라)에 항복한 노차(虜差) 중남을 접견할 때 다른 사신들과 함께 의자에 앉게 하는가 하는 문제에 대해 의논하는데 도승지로서 절대 불가하다고 아뢰었다.

노차(虜差) 중남(仲男)은 바로 우리나라 사람으로 노적(虜賊)에게 항복한 자이다. 그가 차관(差官)이라는 이름을 달고 와서 다른 노차들과 같은 대접을 받고자, 하마연(下馬宴) 때 다른 노차들과 함께 교의(交椅) 에 앉으려고 하였으나, 접대소에서 중남과 티격태격하면서 허락하지 않았는데, 상이 그 문제를 비국으로 하여금 의논하게 하였다. 영의정 오윤겸 등이 아뢰기를,

"사리를 들어 타일러서 듣도록 해야 할 것입니다. 그러나 끝까지 듣지 않는다면 그는 짐승같은 마음이라 변화시키기 어려울 것이니, 재신들이 잔치를 베풀었을 때는 할 수 없이 따라주더라도 상께서 인견하실 때만은 준엄하게 거절해야지 결코 허락할 수 없는 일입니다." 하니, 상이 이르기 를, "짐승에게 사람의 일을 하라고 할 수 없는 것이니, 재신들 잔치 때는 따라 주는 것이 좋겠다." 하니,

도승지 김상헌 등이 절대 불가하다며 아뢰기를, "금수에게 사람이 하는 일을 강요할 수 없는 것은 당연합니다. 그러나 중남이 고집하고 있는 그 한 가지 일은 바로 그의 나라에서 정한 예모(禮貌)를 가지고 우리와 맞서려고 하는 짓이고 보면 이는 짐승이 하는 짓 정도가 아닙니

다. 신들이 들은 바로는 조종조 때에도 우리나라 사람으로 중국에 들어 갔던 자가 사명을 받들고 왔어도 감히 맞서 예를 행하지 못하고 낮추어서 의식을 취한 경우가 많았다고 하는데, 더구나 중남은 인국(隣國)이 차견한 자인데 말할 것이 있겠습니까. 그를 되풀이해서 타일러 우리나라 가 결코 들어주지 않겠다는 뜻을 확고히 보인다면 제 비록 짐승이라 하더라도 따르지 않을 리가 없을 것입니다.

모든 일을 미연에 방지한다고 하여도 막기 어려운 뒤 폐단이 있을까 염려되는데, 이번 일은 만약 끝까지 저지하지 않는다면 앞으로 틀림없이 이보다 더한 사리에 어긋난 놀라운 일이 있을 것입니다. 바라건대 비국 의 논의에 따라 다시 재신들로 하여금 그가 들을 때까지 사리를 들어 끝까지 다투게 하소서." 하니, 상이 윤허하였다.

그리고 접대소로 하여금 다투게 하였다. 그러나 되지 않자 다시 박난영 (朴蘭英) 등을 시켜 수차 중남을 타이르게 하였던 바 그제서야 중남이 흐릿하게 대답하기를, "꼭 그렇다면 조정의 명령을 따라야 되겠지." 하였다. 난영 등이 다시 접견할 때 두 호차에 대하여 행할 예를 논의하였 는데, 이에 대하여 호차는 '중남은 당연히 서 있어야 하고 말을 전할 때는 승상(繩床)만 설치하면 된다.'고 하였으나, 난영이 특별히 방석(方 席)을 준비하여 땅에 내려앉게 해야 한다는 뜻으로 개유하면서 강권하 자, 허락하였다. (『인조실록』 권20, 인조 7년 2월 24일)

3월에 병으로 인해 도승지에서 체차되고 서반직(西班職)에 서용되었 다가 얼마 뒤에 동지중추부사에 제수되었다.

4월에 병이 심해지자 내의를 파견하여 병세를 살펴보게 하였고, 내국 (內局)에 명하여 약물을 보내 주게 하였으며, 정원에 하교하여 여러 차례 증세의 경중을 물었다. 이에 상소를 올려 사은(謝恩)하였다.

(「청음연보」)

윤4월 20일에 차자를 올려 시폐(時弊)를 진달하였는데 재정을 튼튼히 하기 위하여, 요무(要務)를 강구하고, 폐정(弊政)을 혁신하고, 민력을 늦추어 주고, 군병을 기르기를 청하였다.

부호군 김상헌(金尙憲)이 차자를 올렸는데, 그 대략에, "신은 듣건대 정사를 하는 방법으로 중요한 것은 우선 요점을 알아야 된다고 하였습니다. 정사를 하면서 가장 중요한 점이 무엇인가를 알지 못한다면 이는 마치 병을 고치면서 병의 증세에 대한 처방을 쓰지 않으면 1천 가지 처방과 1백 가지 약을 쓰더라도 도리어 진원(眞元)만 손상될 뿐 끝내 효험을 볼 수 없는 것과 같습니다.

반정 이후로 조정에서 언제나 모든 용도를 절감하려고 힘써 왔지만 지금까지도 실효를 거두지 못하고 있는 것은 다름 아닌 요점을 모르기 때문입니다. 신이 듣건대 탁지(度支)의 세입이 그 수치가 9만에 불과한데 경용(經用)에 있어서는 항상 11만 이상이 소요되고 있으므로 탁지에서 여러 가지 방법으로 재정을 늘려 모자란 2만의 수를 충족하여 경용비를 충당하려고 노력한다고 합니다. 그러나 그 역시 귀신이 가져다주는 것도 아니요 내내 색목을 바꾸거나 동에서 막고 서에서 보태고 하여 혹은 없는 속에서 있게 만들고 혹은 감했던 것을 다시 존속시켜 당연히 쌀을 내야 할 자에게 억지로 베를 내게 하고 당연히 베를 내야 할 자에게는 강압으로 쌀을 내도록 하는 것입니다. 그리하여 모든 것을 관에서 강제로 정하고는 값이 싸지면 그대로 받아들이고 값이 비싸지면 그것을 팔고 하므로 본색(本色)은 그대로 있는데 값은 이미 3곱으로 치솟아 한도 끝도 없이 불어만 가고 있으니, 백성들이 어떻게 궁핍하지 않을 수 있으며 어떻게 원망하지 않을 수 있겠습니까.

백성이 살고 못 살고는 탁지가 하기에 달려 있고, 탁지가 여유를 두느냐 조이느냐는 조정이 하기에 달린 것입니다. 참으로 그때그때

알맞은 제도를 써서 좋은 방법으로 바꾸어 나간다면 원망을 기쁨으로 바꾸어 놓을 수도 있을 것입니다. 지금 이 시기에 빨리 묘당과 탁지부 관원들로 하여금 중간에서 일을 주선하는 신료들과 함께 우선 세입과 경용의 수를 죽 뽑은 다음 그중에서 급하지 않은 경용 또는 남아도는 인력을 모두 기록하여 잘 요리를 해서 거기에서 제거하도록 하소서. 경용 수치가 7만을 넘지 않도록 조종하고 몇 만 정도의 잉여를 남겨 국가의 비상 수요에 대비하게 하며 구차하고 근거없는 일들은 영원히 근절시키도록 하소서. 그리고 각도의 관창(官倉)도 차근차근 저장한 현황을 조사하여 받아들일 수 있는 것은 권세 있는 사람이라도 가차없이 일체 받아들이고 견감해야 할 것은 모두 깨끗이 견감하여 백성에게 혜택이 돌아가도록 해야 합니다. 그리고 다소 풍년이 들기를 기다려 그때 가서 우선 전지 측량을 하고, 다음으로 공안(貢案)을 바로잡아 부역이 균등하도록 하고 그리고 또 곳곳에 비어있는 기름진 땅에다 둔전(屯田)을 많이 만들어 사람을 골라 나누어 맡긴 다음 거기에서 소출되는 곡식은 다과를 막론하고 모두 탁지에 귀속시켜 경비에 보태게 하여, 조세 이외에 더 받는 폭정을 없앤다면 공사를 막론하고 자연 저축이 여유가 있을 것입니다.

그리고 또 국사에 부지런하고 직에 오래 있는 자를 살펴 혹 관질(官秩)을 올려주기도 하고 혹 봉록(俸祿)을 배로 올리기도 하여 충성을 권면하고 노고에 대한 보상을 한다면, 관직에 있는 자도 자중의 마음을 가질 것이며 일을 맡은 자도 규피하려고 하지 않아 위아래가 서로 편안하고 백성들이 흔들리지 않을 것입니다. 그리고 나서야 비로소 군대 양성 문제를 논할 수가 있을 것입니다." 하니, 상이 기꺼이 받아들였다. (『인조실록』 권20, 인조 7년 윤4월 20일)

인조 7년 5월 29일 대사헌에 제수되었다. 7월에 우참찬에 제수되어 홍문관 제학을 겸임하였다. 사임하였으나 허락받지 못하였다.

8월 9일 추신사(秋信使) 박난영(朴蘭英)이 금나라 지역에서 돌아올 때 금나라 사신 아지호(阿之胡)와 중남(仲男) 등이 같이 왔는데, 8월 20일 인조가 숭정전(崇政殿)에서 금나라 사신을 접견할 때 중남(仲男)이 아지호와 함께 의자에 앉았다. 이에 8월 23일 우참찬 김상헌은 중남은 우리나라 사람으로 금나라에 투항한 사람이므로 의자에 앉게 하지 말 것을 상소하였으나 받아들여지지 않았다. 중남은 풍산 만호(豐山萬戶) 박인현(朴仁賢)의 동생으로 금나라에 투항한 사람이다.

우참찬 김상헌(金尚憲)이 차자를 올렸는데, 그 대략에, "신이 병든 몸으로 사실(私室)에 엎드려 있다가 삼가 들으니, 상께서 금(金)나라의 차인(差人)을 불러서 보실 때에 중남(仲男)에게 의자에 앉도록 허락하셨다 하기에, 경악을 금치 못하여 처음에 말이 잘못 전해진 것이려니 하고 생각하였습니다. 그러다가 비국의 계사(啓辭)를 보건대 '중남은 금수이니 그에게 사람의 도리를 요구할 수 없다. 더구나 한(汗)이 이 자로 말미암아 박난영(朴蘭英)에게 정중히 대해 주었다 하니, 그와 다투어 노여움을 촉발하는 것보다는 차라리 처음부터 허락해주는 것이 낫다.' 하였습니다. 신은 어리석어서 임기응변에 능통하지 못하나 묘당의 의도가 무엇인지 정말 이해하지 못하겠습니다.

상께서 이웃 나라의 사신을 불러보시는 그 예야말로 대단히 중한 것이니, 어설프게 절목을 강구해 정함으로써 상대편 사람들이 능멸하도록 꼬투리를 만들어주어 우리나라에 무궁한 수치를 끼치게 해서는 안 될 것입니다. 중남이 금수로 자처하면서 금수같은 짓을 자행한다면 우리가 그를 금수로 대하며 책망하지 않아도 좋습니다. 그러나 지금은 그렇지가 않습니다. 한(汗)이 말하는 것이나 그가 바라는 것이 모두 예모의 존비(尊卑)에 관계되는 것이고 보면, 이것이 과연 금수로 자처하는 것이겠습니까? 우리가 속으로는 두려워하여 감히 그의 지시를 거역하지 못하면서 겉으로만 큰소리를 치며 금수로 대우한다고 이야기한다면, 진실로 다른 사람의 귀에 들어가게 해서는 안될 일이라 하겠습니까? 아무리 오랑캐와 중남이라 하더라도 그들이 우리나라에 사람이 있다고 생각하겠습니까? 우리나라가 그들의 말에 순종하는 것을 오랑캐가 알아차리고 더욱 능멸하는 마음을 키워 매번 우리가 행할 수 없는 것을 가지고 와서 요구할 경우에도 그들을 금수로 대우해야 한다고 하면서 반드시 거역하지 않고 들어줄 것입니까?

적국을 대하는 도리에는 들어줄 수 있는 것이 있고 들어줄 수 없는 것이 있습니다. 세폐(歲幣)를 증감한다거나 관시(關市)를 허락하는 여부에 관한 일이라면 시대 상황에 따라서 억지로 들어줄 수도 있는 문제입니다. 그러나 제(齊)나라의 밭이랑을 모두 동쪽으로 내게 한 일이나 노(魯)나라에게 백뢰(百牢)로 대접하게 한 일이나 추(鄒)나라에게 배빈북향(倍殯北向)토록 한 일 등이라면 어떻게 들어줄 수 있겠습니까. 군대가 성 아래에까지 쳐들어와 그 일에 존망이 달리게 되었다 하더라도 차라리 자결할 각오로 결사적으로 싸울 뿐 허례로 가볍게 승낙해서는 안될 것입니다.

모든 일을 미연에 방지하는 목적은 마지막 결과를 염려해서이고, 일이 사소할 때 꺾어버리는 것은 그 요구가 커지는 것을 막기 위해서입니다. 옛날 남송(南宋) 때에 국세가 부진하여 오랑캐의 요구를 감히 거역하지 못했습니다. 그때 끝없이 땅을 떼어 주다가 필경에는 재배(再拜)하기에 이르렀고 끝없이 재배하다 보니 마침내 신하라는 말을 해야 될 지경에까지 이르렀으니, 천고에 한이 되는 일이라 할 것입니다. 송나라 신하들 중에 어찌 존주(尊主)하는 마음을 가진 자가 한 사람도 없었겠습니까. 다만 처음에 굳세게 맞서 싸우지 못하다 보니 점점 그들의 말대로 하지 않을 수가 없게 되었고, 또 이런 식으로 오래 행하다 보니 그때는 그저 그러려니 하며 수치심을 느끼지도 못하게 된 것이니, 거울로 삼아야 할 역사적 사실로서 후세 사람들이 경계해야 마땅할 것입니다.

우리나라의 병력이 대적하고 있는 이웃 나라들보다 크게 낫다고 할 수 없는데도 이렇게 유지하여 보존해 온 것은 예의와 명분을 가지고 있었기 때문입니다. 그런데 이제 구구하게나마 스스로 지켜 온 것마저 제대로 지키지 못한다면, 아무리 창름(倉廩)·부고(府庫)와 궁실·백관이 볼만하다 하더라도 나라가 없는 것과 다름이 없을 것입니다. 그렇게 되면 호전(胡銓)이 이야기한 바 '싸우지 않고도 기운이 저절로 소멸되었다.'고 한 경우와 불행하게도 비슷하게 될 것이니, 신은 통탄함을 금하지 못하겠습니다.

중남이 이미 전하의 앞자리에 앉아 손님의 예로 대접받은 이상 이제 동해 바다의 물을 다 퍼서도 그 부끄러움을 씻기에는 부족하게 되었습니다. 그러나 대체로 묘당에서 이렇게 의논하게 된 까닭은 우리에게 자강(自强)할 방법이 없는 터에 막강한 오랑캐의 노여움을 촉발시키는 것은 온당한 계책이 못 된다고 여겼기 때문으로서, 그저 할 말은 속에다 넣어둔 채 고분고분하게 따르는 것이 일시적으로나마 나라를 보존시키는 길이라고 여겨서였을 것입니다. 반정한 이후로 모든 일이 잘못되기만 하여 이제 어떻게 해볼 수 없게 된 것만도 한심스럽기 짝이 없는데, 전하께서 또 편당을 짓지나 않나 하는 악감정을 품으시고 온 조정의 신하를 의심하시므로 상하간에 정의(情義)가 막혀 통하지 못하고 시비가 분명히 가려지지 않은 채 점점 구할 수 없는 병처럼 고질이 되어가고 있습니다. 전하께서는 어찌하여 이 점을 심각하게 생각하고 스스로 돌아보시어 통렬하게 자신을 맹세하지 않으십니까. 만세토록 이어 갈 기업을 중흥하려면 반드시 오늘부터 시작해야 할 텐데 어찌하여 천리의 땅덩어리를 가지시고도 남을 두려워한단 말입니까. 만약 혹시라도 그런

의지는 없이 그저 할 말을 못한 채 고분고분 따르는 것으로 나라를 보전하는 훌륭한 계책을 삼으신다면 국세는 점점 오랑캐의 영역 안으로 빠져들고 말 것으로, 중남을 예우한 것 정도는 정말 아무 일도 아니게 될 것입니다." 하니, 답하기를, "차자를 살펴보고 마음속 깊이 가상하게 여긴다. 차자의 내용은 명심하겠다." 하였다. (『인조실록』 권21, 인조 7년 8월 23일)

인조 7년 10월 21일 대사헌에 제수되었다. 11월 2일 최명길 차자에 대해 아뢰었다.

> 대사헌 김상헌(金尙憲)이 아뢰기를, "들으니 최명길의 차자 가운데 여러 번 신의 이름을 거론하면서 떠들어댄다고 비방하였다 합니다. 원본을 내리시지 않아 상세한 내용은 알 수 없으나, 외간에 전파된 말이 너무도 떠들썩하여 신은 낯 뜨거워 더욱 직임에 나갈 수 없습니다." 하니, 사퇴하지 말라고 답하였다. 간원이 처치하기를, "스스로 반성하여 곧으면 그 책임은 돌아갈 곳이 있기 마련이니, 출사하도록 명하소서." 하니, 상이 따랐다.
> 최명길의 차자 가운데 김류·홍서봉·김상헌을 지목한 내용에 "김상헌 등은 전일 후배들을 오늘날엔 도리어 선배로 삼았고, 또 전날의 맑고 준엄한 의논을 일대의 연소한 자들에게 양보해 주고는 자신들은 남의 비난을 받는 처지에 있으면서 어찌 서로 떠들썩하게 지껄이는 짓을 하는가."라고 하였다. (『인조실록』 권21, 인조 7년 11월 2일)

11월 11일 형 김상용이 지경연이 되어, 동지경연의 겸직을 사임하였다. 11월 18일 다시 목성선(睦性善)에 대해 논핵하였다가 엄한 내용의 전교를 받고 11월 21일 인피(引避)하였다. 특명으로 체차되고서 지돈녕부사에 제수되었는데, 여러 차례 상소를 올리고 배수(拜受)하지 않았다.

61세인 인조 8년(1630) 1월에 겸대(兼帶)하고 있던 홍문관 제학과 동지성균관사의 직을 사임하였는데, 세 번 정고(呈告)하여 말미를 더 받았으며, 두 번 상소를 올리고서 윤허를 받았다.

【수원 김씨 김공량을 중심으로】

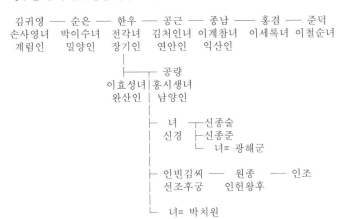

김귀영 ── 순은 ── 한우 ── 공근 ── 종남 ── 홍겸 ── 준덕
손사영녀　박이수녀　전각녀　김처인녀　이계참녀　이세록녀　이철순녀
계림인　　밀양인　　장기인　　연안인　　익산인
　　　　　　　　　　　　　│
　　　　　　　　├──┬ 공량
　　　　　　이효성녀│홍시생녀
　　　　　　완산인　│ 남양인
　　　　　　　　　　│
　　　　　　　　　　├ 녀 ──┬신종술
　　　　　　　　　　│ 신경 ├신종준
　　　　　　　　　　│　　　 └ 녀= 광해군
　　　　　　　　　　│
　　　　　　　　　　├ 인빈김씨 ── 원종 ── 인조
　　　　　　　　　　│ 선조후궁　　 인헌왕후
　　　　　　　　　　│
　　　　　　　　　　└ 녀= 박치원

※ 본서 부록 **397**쪽 참조

인조 8년 6월 21일 지중추부사 김상헌이 겸 홍문관 제학을 사직하니, 윤허하지 않았다.

지중추부사 김상헌(金尙憲)이 겸 홍문관 제학을 사직하니, 윤허하지 않았다. 상헌이 일찍이 해평부원군(海平府院君) 윤근수(尹根壽)의 행장을 썼는데, 김공량(金公諒)의 일에 언급하기를, "김공량은 곧 인빈(仁嬪)의 오빠로서 정원대군(定遠大君)의 외숙이다. 인빈이 선조의 후궁으로 총애를 받자, 당시 영상 이산해(李山海)가 세력에 빌붙고자 밤에 그의 집에 찾아 갔는데, 궁금(宮禁)과 내통하여 안팎으로 권력을 농락한 자이다" 하였다. 상이 그 글을 보고 노여워하며 이르기를, "김상헌은 인정도 모르는 사람이다. 어떻게 이렇게까지 할 수 있는가" 하고, 다시 고쳐 짓도록 하였다. 이때부터 김상헌이 불안하게 느껴 상소를 올려 면직을 청했으나, 상이 윤허하지 않았다. (『인조실록』 권22, 인조 8년 6월 21일)

인조 8년 7월 11일 명나라에서 황태자를 책봉한 조서를 받고 7월 12일 사면령을 반포하였다. 이 교서를 홍문관 제학으로 김상헌이 지었다.

9월 8일 선생이 유홍치에게 보낼 회게(回揭)로 인해 체직시켜 줄 것을 청하였다.

유홍치가 섬으로 돌아오고 난 뒤 조정에 보낸 계첩에 모욕적인 말이 많았다. 상이 김상헌(金尙憲)에게 명하여 회게(回揭)를 지어 올리게 했다. 김상헌이 이에 그의 무례함을 책하고 곧은 말로 꺾어 누르니, 상이 유홍치의 노여움을 격동시킬까 저어하여 너무 지나친 부분을 삭제하거나 고치라고 명하였다. 그래도 김상헌이 죄다 고치려 하지 않자 상이 기뻐하지 않으니, 드디어 홍문 제학(弘文提學)을 체직시켜 줄 것을 청하였다. 그러나 상이 윤허하지 않았다. (『인조실록』 권23, 인조 8년 9월 8일)

유홍치는 명나라 말의 장수로, 요동을 지키고 있었는데 원숭환이 가도에 있던 모문룡을 죽이자 그를 지지하였다. 1630년에 전계성 등을 죽이고 가도로 도주하였는데, 이후로도 청나라 숭정제와 내통하여 명의 골칫거리였다. 그래서 명은 황응을 보내어 그를 제거하고 심세괴를 가도에 주둔시켰다.

9월 24일 또 차자를 올려 홍문관 제학을 사퇴하니 임금이 허락하였다. 매복(枚卜)59)에 들어갔다.

선생께서 지은 백씨(伯氏) 선원(仙源) 김상용(金尙容, 1561~1637)
선생의 비명에 이르기를, "외삼촌 정창연(鄭昌衍, 1552~1636)과 사
위인 장유(張維, 1587~1638) 및 불초(不肖) 등 한집안에서 네 사람이
동시에 매복되었다." 하였다. (『청음연보』)

인조 8년(1630) 12월 4일 예조판서에 제수되어 또다시 홍문관 제학을
겸임하였다. 12월 25일 차자를 올려 성종 국기일(國忌日)에 중국 황제
생신이라 하여 망궐례(望闕禮)60)를 하는 것을 우선 정지하기를 청하였
는데, 윤허를 받아 시행되었다.

그 차자에 대략 이르기를, "성종대왕(成宗大王)의 기일(忌日)인데,
마침 중국 황제의 성절(聖節)과 겹쳤습니다. 성절을 축하하는 의례를
올리면서 경축하고 기뻐하는 예를 폐해서는 안 되지만, 선왕의 기일에
소복을 입고 슬픈 마음을 갖는 것 또한 잊어서는 안 됩니다. 신이 듣건대,
길흉은 그 도리가 다르기 때문에 그에 따른 애락(哀樂)이 서로 겹쳐질
수 없는 것은 예의 대경(大經)이라고 합니다. 기제(忌祭)는 상례(喪禮)
를 뒤이은 것이며, 경하하는 것은 즐거운 일입니다. 제사를 지내는
날에 몸소 춤추는 의식을 거행한다는 것은 아무래도 어버이가 돌아가신
슬픈 마음을 빼앗지 않는다는 가르침에 어긋나는 듯합니다.
예에 비록 '낮은 사람의 일 때문에 존귀한 사람의 일을 폐할 수 없다'는
조문이 있기는 합니다만, 이는 천지(天地)의 신에게 제사지낼 때 직접

---

59) 매복(枚卜): 고대에 관원을 임명할 적에 길한가 길하지 아니한가를 점을 쳐 뽑는
    것을 말한다. 여기서는 복상(卜相), 즉 재상을 뽑는 것을 뜻하는 말로 쓰였다.
60) 망궐례(望闕禮): 음력 초하루와 보름에 지방관이나 사신(使臣)이 객사(客舍)에 안치
    된 궐패(闕牌)에 절하던 예식을 말한다. 이는 외관이나 사신이 왕을 공경하고 충성을
    다한다는 뜻을 나타내기 위한 것으로, 왕과 궁궐을 상징한 나무에 '궐(闕)' 자를
    새겨 패를 만들어 각 고을 관아의 객사에 봉안해 놓고 예를 올렸다. 여기서는 우리나라
    임금이 중국 조정을 향하여 예를 올리는 것을 뜻한다.

주관하지 않고 다른 사람에게 대신 주관시키는 것을 가리켜 말한 것이지, 제사를 지내는 날에 몸소 춤추는 것과는 경우가 다른 것입니다. 그리고 전하께서 의식을 마치고 궁(宮)으로 돌아오실 때 전내(殿內)에서 지척도 떨어지지 않은 곳을 바로 지나오시게 되는데, 하례를 올린 기쁨이 채 가시기도 전에 급히 신판(宸版)을 거두고 가마를 타고 임하시는 것도 역시 온당치 못한 것 같습니다. 그러니 어찌 가셨던 길로 되돌아오시는 것이 마음에도 편하고 사세에도 합당한 것만 하겠습니까" 하였는데, 상께서 차자에서 말한 데 의거하여 시행하게 하였다. (『청음연보』)

62세인 인조 9년(1631) 2월 20일 우부빈객이 되었다. 3월 명을 받들고 영흥부(永興府) 준원전(濬源殿)에 가서 태조대왕(太祖大王)의 영정(影幀)을 봉심(奉審)하였다.

4월 8일 영정을 봉심한 것을 보고하였다.

주강에 『서전』을 강하였다. 강이 끝나자 특진관 김상헌(金尙憲)이 아뢰기를, "신이 준원전(濬源殿)의 영정을 봉심(奉審)한 결과 지금 2백 년이 지났는데도 어용(御容)이 방금 그린 것과 같으니 참으로 기이합니다." 하니, 상이 이르기를, "임진란 때에 수복(守僕) 등이 있는 힘을 다해 모시고 나와 보전할 수 있었으니, 옛 백성들의 마음이 참으로 가상하다." 하였다.

김상헌이 아뢰기를, "그 당시의 수복 다섯 사람 가운데 두 사람이 아직도 살아 있는데, 봉사관(奉使官)이 모두 식물(食物)을 주어 권장하는 뜻을 보였을 따름입니다." 하니, 상이 이르기를, "선비들이라 하더라도 이와 같은 일을 하기가 어려웠을 것인데, 더구나 하천배들이겠는가. 당초에는 어떤 상을 주었던가?" 하자, 김상헌이 아뢰기를, "본인을 면천(免賤)해주고 원종 공신(原從功臣)에 녹훈하였습니다." 하였다.

상이 이르기를, "이제 상전(賞典)을 더 베풀고 싶은데 어떻겠는가?" 하니, 김상헌이 아뢰기를, "이와 같이 해 주시면 그들의 사기가 반드시 진작될 것입니다." 하자, 상이 이르기를, "영직(影職)의 첩지를 주고 또 복호(復戶)하게 하는 것이 타당할 듯한데, 본조로 하여금 의논해 아뢰도록 하라." 하였다.

김상헌이 아뢰기를, "『여지승람(輿地勝覽)』을 상고해 보건대, 정통(正統) 연간에 태조의 영정을 모사(模寫)하였는데 영정 뒤에 56자가 있으며 그 끝에는 '삼척의 칼로 사직을 안정시키고, 한 가닥 채찍으로 건곤을 정하였네'라는 시구가 있다고 하였습니다. 그런데 지금은 이런 것이 없으니, 이 점이 의심스럽습니다." 하니, 상이 이르기를, "이 시구가 『여지승람』에 실려 있다면 모사한 뒤에 다시 봉심하도록 하라." 하였다. (『인조실록』 권24, 인조 9년 4월 8일)

인조 9년 4월 20일 인조의 제안으로 원종 추숭을 논의하기 시작하였다. 5월 1일 박정(朴炡)을 대신하여 대사헌이 되었다. 5월 3일 원종 추숭 전례 일로 사직을 청하였다. 5월 9일 원종 추숭을 반대하는 상소를 올렸다. 6월 3일 김상헌 대신 박동선(朴東善)을 대사헌으로 삼았다. 8월 1일 지돈령부사로 겸대한 홍문관 제학을 사직하였으나 허락되지 않았다. 10월 16일 동지성균관사로 공관한 유생들을 돈유하였다.

인조 9년 11월 17일 대사헌에 제수되어 경연(經筵)과 세자 빈객(世子賓客)을 겸임하였다. 11월 21일 형 김상용이 파직을 당하자 대사헌으로 김상용의 파직을 환수할 것을 청하게 되니, 대사헌을 체직시켜주기를 청하였다. 11월 30일 다시 도승지로 옮겨져 제수되었다. 모두 사임하였으나 허락받지 못하였다. 12월 6일 행(行) 도승지로 사형수의 삼복(三覆) 중 초복(初覆)의 규례를 거행하는데 참여하였다. 12월 11일 삼복(三

覆)의 규례를 거행하는데 참여하였다.

반정(反正)한 처음에 상께서 사친(私親)의 묘(廟)에 제사를 지낼 적에 예관(禮官)이 축사(祝辭)에 '고(考)'라고 칭하는 것으로 의정(議定)하자, 유신(儒臣)들이 쟁론하였으나, 관철시키지 못하였다. 얼마 뒤에 사친을 추숭하여 태묘(太廟)에 들이자는 의논이 일어남에 따라 드디어 온 조정 신하들이 들고 일어나 한 해가 넘도록 강력히 쟁론하였다. 이때 마침 태묘에 재변이 일어났다. 이에 선생께서는 차자를 올려 논하였는데, 그 차자는 대략 다음과 같다. (『청음연보』)

63세인 인조 10년(1632) 2월 18일 인조의 생부 정원군(定遠君, 1580~1619)을 추숭(追崇)하고 부묘(祔廟)하는 것이 올바른 예가 아님을 논하였다.

행 도승지 김상헌이 차자를 올리기를, "신이 삼가 예조의 계사를 보건대, 종묘(宗廟) 제1실(第一室) 계단이 까닭 없이 무너져 소리가 신어(神御)를 놀라게 하였는데 무너진 곳의 길이가 4칸 남짓이라고 하니 신은 그 말을 듣고 놀라워 몹시 걱정하였습니다. 태묘(太廟)는 조종(祖宗)의 신령이 모여 있는 곳으로 임금이 잘못한 바가 있으면 반드시 경계하여 알리어 수성(修省)하고 개과(改過)할 단서를 보이는 것입니다. 옛날 꿩이 날아와 솥 위에 오르니 은 고종(殷高宗)이 덕(德)을 쌓았고,[61] 침랑(寢郎)이 꿈을 아뢰자 한 무제(漢武帝)가 허물을 뉘우친 일이[62] 있습니다. 신(神)과 사람은 이치상 어느 때를 막론하고

---

61) 꿩이 … 쌓았고: 은(殷)나라 고종(高宗)이 성탕(成湯)을 제사 지내는데 꿩이 날아와서 솥 위에 앉아 울었다. 그러자 고종은 이를 재이의 조짐으로 여겨 마음속으로 두려워하면서 선정을 베푸니 요기(妖氣)가 없어지고 은나라가 부흥하였다. (『書經』高宗肜日序)

62) 침랑(寢郎)이 … 일: 한(漢)나라 때 차천추(車千秋)가 한마디 말로 무제(武帝)를 깨우쳐 준 고사를 말한다. 한나라 무제 때 여태자(戾太子)가 강충(江充)에게 무고(誣

통하게 되어 있으니 그 정령한 뜻은 순순(諄諄)하게 명할 뿐만이 아닙니다. 대체로 계단은 등급이며, 등급은 명분(名分)과 같습니다. 명분이 무너졌다고 한다면 아랫사람이 윗사람을 범하고 신하가 임금을 범하는 상(象)인 것입니다. 신도(神道)가 까마득하여 비록 무슨 일에 대한 응험인지는 모르겠으나 이번 일은 실로 명백합니다. 왜냐하면 태묘(太廟) 9실(室) 가운데 성종(成宗)이 제5실에 계시는데 제1실에서부터 숫자에 따라 4칸을 넘어 제5실에 이르고, 제9실에서는 역수(逆數)로 4칸을 넘어 제5실에 이르는데, 종묘의 계단이 무너진 숫자가 마침 실의 차례와 서로 부합되는 것이 매우 의심스럽고, 매우 두렵습니다.

전하께서 조정의 의논을 물리치고 추숭하는 일에 마음을 굳혀 기어이 전례를 거행하시고자 하시니, 만약 그렇게 하신다면 대원군의 신주를 올려 부묘(祔廟)하고 성종 대왕의 구묘(舊廟)를 체천해 철거해야 합니다. 대원군은 전하의 친(親)이며, 성종의 신하이며 자손입니다. 올려서는 부당한 신하와 자손을 올리는 일과 조천(祧遷)해서는 부당한 임금과 할아버지를 철훼하는 일이야말로 등급을 폐기하고 명분을 무너뜨린 것이니, 묘사(廟社)의 변고치고 어느 것이 이것보다 더 크겠습니까. 어리석은 신은 조종의 신령이 이에서 반드시 크게 변동하고 크게 경척(警惕)하여 우리 전하의 회오(悔悟)하는 마음을 경계한 것으로 생각합니다. 전하께서 만약 변이 없는 것처럼 보고 무상(無常)한 것으로 들으

告)를 당하자, 태자가 군사를 일으켜 강충을 죽였다가 패망(敗亡)한 일이 있었다. 그로부터 얼마가 지난 뒤에 고묘(高廟)의 침랑으로 있던 차천추가 태자의 원통함을 하소연하는 상소를 올려 말하기를, "아들이 아버지의 군사를 농단하면 그 죄가 태형(笞刑)에 해당됩니다. 천자의 아들이 실수로 사람을 죽였을 경우에는 무슨 죄를 받아야만 하겠습니까? 신이 일찍이 꿈을 꾸었는데, 어떤 머리카락이 하얀 노인이 신에게 이 말을 해 주었습니다." 하였다. 그 말을 들은 무제가 곧바로 태자에게 죄가 없다는 것을 깨달았다. 그리고는 차천추를 불러, "부자(父子) 사이는 남들이 말하기가 어려운 법이다. 그런데 그대만은 그렇지 않다는 것을 명백하게 밝혔다. 이는 고묘에 계시는 신령께서 그대를 시켜서 나에게 가르쳐 주신 것이다." 하였다. (『漢書』 卷66, 車千秋傳)

시어 은 고종이 덕 닦은 것과 한 무제가 허물 고친 것을 생각하지 않으시고 한갓 우연히 그렇게 된 것으로 미루시면 신은 조종의 오르내리시는 영혼이 크게 편치 못하실까 염려됩니다. 대저 귀신의 일을 만약 무지몽매하다고 하신다면 명위(名位)를 반드시 숭봉하기에 힘쓸 것이 없거니와 만약 신명스러워 어긋남이 없다고 하신다면 철거해 체천하는 것을 예(禮)를 넘어 경솔히 의논해서는 안 됩니다. 신의 생각으로는 만일 인정에 편함을 구하고자 한다면 반드시 먼저 신도(神道)에 편안하게 함을 구해야 한다고 여깁니다. 조손(祖孫)과 부자(父子)는 본디 한 기운이니 다만 마땅히 어버이를 친히 하는 마음으로써 나의 친(親)이 조(祖)를 높이는 뜻을 본받는다면 마음속에 자연히 깨닫게 되어 사람들이 번거롭게 말하기를 기다리지 않아도 될 것입니다. 삼가 원하건대 전하께서는 재변을 만나 두려운 마음으로 깊이 생각하시고 반성하소서. 그리고 빨리 회오(悔悟)하시는 뜻을 내려 지나친 예의 허물이 없도록 하소서."(『인조실록』 권26, 인조 10년 2월 18일)

이어 사임하여 체차되었다.

인조 10년 4월 25일 형조판서에 제수되었다.

인조 10년 5월 2일 인조의 아버지를 원종(元宗)으로 추숭(追崇)하였다.

정원군은 인조반정을 계기로 대원군(大院君)에 추존되고, 인조 4년 (1626) 4월 1일 묘호(墓號)를 흥경원(興慶園)이라 하였다. 이후 인조 8년(1630) 10월 28일 이귀(李貴, 1557~1633)가 정원군을 추숭하여 종묘에 모시자는 차자를 올렸고, 인조 9년 4월 20일 대신들이 모두 불가하다고 하였으나 정원군의 추숭을 명나라에 주청하기로 하였다. 결국 인조 10년 3월 11일 대원군(大院君)의 시호를 '경덕 인헌 정목

장효(敬德仁憲靖穆章孝)'라 하고, 5월 2일 대원군을 추존(追尊)하고 책보(冊寶)을 올리는 예를 행하였는데, '원종 경덕인헌 정목장효대왕(元宗敬德仁憲靖穆章孝大王)'이라 하였다.

인조 10년 5월 8일에 다시 대사헌에 제수되었다.

인조 10년 5월 20일 양사에서 종호를 서두르는 상의 태도를 비판하고 이귀를 탄핵하다

　양사(兩司)가 아뢰기를, "조정에서 예를 논한 지 10년 만에 별묘의 제도를 정하여 의식 절차도 이미 마쳤고 대사도 이미 치렀으니, 전하의 지극한 인정이 이미 펴졌습니다. 전하에게 이 일을 하도록 권한 자의 말이 이미 행해졌는데도 매양 새로운 의견을 내어, 처음에는 나라 안에서 부를 칭호를 가지고 말하더니 계속해서 속히 종호를 정하라고 청하였습니다. 예관이 불가하다는 계를 올렸고 대신도 곤란하다고 하는데, 전하께서는 어찌 모두 듣지 않으시고 한 사람의 아부하는 말을 따라 이런 대례를 행하려고 하십니까. 전하께서 전날 종묘에 들이지 않는다고 하교하시어 우러르지 않는 신하가 없었는데, 얼마 안 지나서 또 이런 하교를 내리시니 하나의 마음이 어찌 이다지도 자주 변하십니까? 자고로 종묘에 들이고도 종호를 부르지 않은 일은 있어도, 종묘에 들이지 아니하고 종호를 부른 예는 아직 없습니다. 저 이귀가 미치광이라는 것은 전하께서도 잘 아시는 바입니다. 미치광이가 어찌 예를 논할 수 있으며, 그의 말을 반드시 써야 하겠습니까. 종호를 추존하라는 명을 거두소서." 하니, 상이 따르지 않았다. (『인조실록』 권26, 인조 10년 5월 20일)

5월 21일 이조판서 이귀(李貴)에 대해 논핵하였다가 거듭해서 엄한 내용의 전지를 받고는 극력 사임하여 체차되었다.

인조 10년 6월 3일 오백령이 김상헌을 대신해 대사헌이 되었다. 얼마 뒤에 잇달아 견책을 받고는 석실(石室)로 나가 있으면서 명이 내리기를 기다렸다.

　이때 연평부원군(延平府院君) 이귀가 추숭의 의논을 극력 주도하면서 임금이 총애하는 것을 믿고는 대신들을 침해하며 욕보였다.
　이에 선생께서 논핵하였다. "이귀가 사리를 돌아보지 않고 매번 드센 기운을 드러내면서 예를 의논함을 인하여 대신들을 침해하며 욕보였습니다. 그러니 이를 듣고 본 사람치고 어느 누가 통분스럽게 여기며 놀라워하지 않겠습니까. 우리 동방이 비록 작기는 하지만, 본디 예양(禮讓)을 기본으로 하여 나라를 세웠습니다. 그런즉 예양이 망하면 나라도 그에 따라서 망하는 것인바, 어찌 한심하지 않겠습니까. 일이 나라의 체모에 관계되니, 훈귀(勳貴)라는 이유로 용서해 주어서는 안 됩니다. 바라건대, 파직을 명하소서." (「청음연보」)

비로소 석실에다 가묘(家廟)를 건립하였다.

인조 10년(1632) 6월 28일 선조 계비 인목대비(仁穆大妃, 1584~1632)가 48세로 승하하시자 이 소식을 듣고 서울로 들어가 임하였다가 석실로 돌아갔다.

인조 10년 9월 24일 부호군 김상헌의 겸직을 체차하였다.

　당초에 김상헌이 일을 논하면서 허다히 상의 뜻을 거스르니, 상이 좋아하지 않아 제배(除拜)할 경우와 말씀을 내릴 적에 번번이 불평스런 뜻을 보였다. 김상헌이 드디어 양주(楊州) 땅으로 물러가 벼슬에 뜻을 끊고 병으로 사양하면서 겸직한 세자 우빈객, 동지성균관사를 면직할 것을 청하자, 상이 모두 체차하니 진신(搢紳)들이 탄식하며 애석하게 여기었다. (『인조실록』 권27, 인조 10년 9월 24일)

64세인 인조 11년(1633) 5월 22일에 대신의 천거로 인해 함경도 관찰사에 제수되어 병마수군절도사(兵馬水軍節度使)와 함흥부윤(咸興府尹)을 겸임하게 되었다. 그러나 상소를 올려 사임하고서 배수하지 않았다.

11월 13일 대사헌에 제수되었다. 여러 차례 사임하였으나 허락받지 못하였다. 서울로 들어가서 사례한 다음, 12월 16일 차자를 올려 여섯 조목에 대해 논하였다.

첫 번째 조목은 사욕(私慾)을 조절하여 성상의 몸을 보양하라는 것이고, 두 번째 조목은 실덕(實德)에 힘써서 하늘의 경계를 삼가라는 것이고, 세 번째 조목은 언로를 넓혀서 보고 들음을 넓히라는 것이고, 네 번째 조목은 궁금(宮禁)을 엄하게 하여 사사로이 통하는 길을 막으라는 것이고, 다섯 번째 조목은 번용(煩冗)을 줄여서 백성들의 힘을 펴 주라는 것이고, 여섯 번째 조목은 장수를 잘 선발해서 변방의 방비를 단단히 하라는 것이었다. (「청음연보」)

대사헌 김상헌(金尙憲), 집의 최연(崔葕), 지평 심재(沈𪗅) 등이 차자를 올려 여섯 가지 조목을 들어 아뢰기를,
첫째는 사사로운 욕심을 끊어 성상의 옥체를 보양하시는 것입니다.
마음이란 한 몸의 주재(主宰)라서 마음에 사사로운 욕심이 없으면 지기(志氣)가 맑고 밝아 온갖 바르지 못한 것이 접근하지 않지만, 조금이라도 미진한 찌꺼기가 남아 있게 되면 부정한 기운이 침범하여 마음이 도리어 그것에 제어됩니다. 대개 부정한 기운이란 반드시 음과 양의 조화를 깨뜨리고 귀신의 빌미가 되는 것만이 아니요, 편사(偏邪)나 기욕(嗜慾)으로서 마음에 해를 끼칠 수 있는 것들이 바로 이것입니다. 전하께서 늘 학문에 종사하시는 뜻은 비록 근실하지만 사욕을 다스리는

공력이 아직 미진해서 사물을 응접하는 즈음에 사심의 동요를 면치 못하여 맑고 밝은 의기가 그로 말미암아 어지러워졌습니다. 그리하여 생각이 의심을 낳고 의심이 의혹을 낳고 의혹이 병을 낳아 점차로 고질이 되어 스스로 헤어나지 못하므로 몇 년 동안 꾸준히 조섭하셨으나 병의 근원이 아직도 남아 있으니, 이것을 어떻게 일반 의원의 얕은 의술로 치료할 수 있겠습니까. 삼가 바라건대, 전하께서는 마음을 깨끗이 하고 욕심을 적게 하며 뜻을 정성스럽게 하고 마음을 바루고 다스리어, 부정한 기운이 그 사이에 범하지 못하게 하여 옥체를 조섭하시는 근본으로 삼으소서.

둘째는 실지로 효과 있는 은덕을 실천하기에 힘써서 하늘의 경계에 조심하는 것입니다.

하늘과 사람은 한 이치이므로 이쪽과 저쪽이 서로 간격이 없습니다. 속마음이 움직이자마자 참과 거짓이 바로 나타나 어린 아이도 속일 수 없는데, 하물며 하늘이겠습니까. 삼가 살펴보건대, 몇 해 사이에 나타난 천지의 재변이 거의 낱낱이 세기 어려울 정도였는데 정전의 낙뢰는 그 변괴가 더욱 컸으니, 하늘이 우리 전하에게 어찌 이다지도 준엄하게 경고한단 말입니까? 그 당시 정전을 피하시고 악기를 거두자는 주청은 형식이나마 닦자는 것이었는데, 그 역시 너무나 간략히 하고 말았으니, 모르겠습니다만 전하께서 깊은 궁궐에 혼자 계시면서 두려워하고 조심하여 감히 과도하게 편히 지내지 않으셔서 하늘의 뜻을 감격시킬 수 있는 점이 있으셨습니까? 임금은 하늘과 땅으로 부모를 삼습니다. 부모가 노여워하는데도 정성스런 마음으로써 감동시키지 못한다면 그 자식의 직분이 어떻게 되겠습니까. 재변이 나타난 것은 우연한 일이니 깊이 두려워할 것이 없다고 한 자가 있었던 것은 아닙니까? 진실로 이런 말이 있었다면 이는 곧 간특한 사람들이 전하를 그르치려는 데서 나온 말입니다. 삼가 바라건대, 전하께서는 항상 공경하고 두려워하는 마음을 갖고 실덕(實德)을 힘써 실천하여 하늘을 감동시켜 재앙을 완화하는 근본을 삼으소서.

셋째는 언로(言路)를 넓혀 듣고 보는 바를 널리 구하는 것입니다.

나라에 대간(臺諫)이 있는 것은 마치 사람에게 귀와 눈이 있는 것과 같은데 임금이 대간을 가볍게 여겨 그 말을 받아들이지 않는다면, 이는 마치 귀와 눈을 가리고서 잘 들리고 잘 보이기를 바라는 것과 같습니다. 천하에 어찌 이 같은 이치가 있겠습니까. 아, 사람치고 누가 귀가 밝고 싶지 않으리오마는 그의 귀가 밝지 못한 까닭은 남의 귀밝음이 나만 못하다고 여기기 때문이요, 누가 눈이 밝고 싶지 않으리오마는 그의 눈이 밝지 못한 까닭은 남의 눈밝음이 나만 못하다고 여기기 때문입니다. 진실로 남의 귀밝음으로 자기의 밝음을 삼는다면 이는 천하가 다 나의 귀요, 남의 눈밝음으로 자기의 밝음을 삼는다면 이는 천하가 다 나의 눈입니다. 천하로써 귀와 눈을 삼고서 나라를 다스리지 못한 자는 있지 않았고, 스스로 자기의 귀밝음과 눈밝음만 쓰기를 좋아하고서 나라를 어지럽히지 않은 자는 없었습니다. 그런데 현재 언로가 막히어 사람마다 입을 다물고 다시금 귀에 거슬리는 바른 말을 주상에게 드리지 않고 있습니다. 외로이 계신 처지를 누구나 한심스럽게 여기고 있는데 전하께서는 홀로 이 사실을 깨닫지 못하고 계시니, 만일 하루아침에 무슨 변이라도 생기면 갑자기 와해되어 국가가 어떻게 될지 모르겠습니다. 바라건대, 전하께서는 잘못을 고치는 데 인색하지 마시고 언로를 활짝 열어서 눈을 밝게 하고 귀를 트이게 할 수 있는 방도를 다하소서.

넷째는 궁금(宮禁)을 엄히 단속하여 왕래하며 교제하는 것을 막는 것입니다.

임금이 구중궁궐에 계시면서 신하들이 하는 일이나 여론의 시비나 여염의 풍속 등등을 알고 싶을 때 환관들이나 친척붙이, 그리고 사적으로 친근한 사람에게 물으실 것인데, 간사하고 아첨하는 그들이 임금의 뜻을 살피며 엿보고 있다가 반드시 어떤 기회를 틈타서 그의 사삿일을 행사할 것입니다. 또한 왕비의 가까운 친척이 궁중에 드나들면서 대궐 밖의 일을 망령되이 아뢰고 대궐 안의 일을 경솔히 누설하면서 악을 선이라 하고 곧은 것을 굽은 것이라 하며 개인의 말을 공평한 의논이라 하고 바른 사람을 바르지 못한 사람이라 하여, 마침내 그들에게 가리어 지고 마는데 이는 말세 제왕들에게 늘 있는 걱정거리입니다. 신들은 이와 같은 성군(聖君)의 치세에 과연 이러한 일이 있는지 없는지 모르겠 습니다. 조정이 다스려지고 어지러워지는 단서와 음과 양이 성하고 쇠하는 기틀이 반드시 이것으로 말미암으니 경계하지 않을 수 있겠습니 까. 인군은 대신으로 배와 가슴을 삼고 대간으로 귀와 눈을 삼는 것인데, 어째서 곧지 않은 길을 때로 열어 바르지 못한 사람들을 드나들게 할 수 있겠습니까. 바라건대, 전하께서는 내전을 엄하게 단속하여 안팎 의 구분을 확실히 지어 왕래하며 교제하는 조짐을 길이 막으소서.

다섯째는 번잡한 일을 덜어 백성들의 수고를 늦추어 주는 일입니다.

국가의 훌륭한 정치는 백성들의 힘을 느슨하게 해 주는 일보다 앞에 할 일이 없는데, 번잡한 일을 덜어 주지 않으면 백성들의 힘이 늦추어질 수 없습니다. 오늘 한 가지 분부를 내리고 내일 또 하나의 명령을 내리고 는 내가 백성들의 폐단을 없앴다고 한다면, 이것은 이른바 말로만 베푸 는 은혜로서 실제로는 백성에게 혜택이 이르지 않으니 무슨 덕택을 입혔다고 하겠습니까. 민생(民生)이 무겁게 지우는 세금에 시달려 찌든 적이 지금과 같은 때가 없었습니다. 위로 중국 조정을 섬기면서 섬에 있는 우방 인민들을 겸하여 구제하며 북쪽으로는 노(虜)에게 재폐(財 幣)를 바치고 남쪽으로는 왜인(倭人)의 요구를 감당하고 있으니 사소한 백성의 힘으로는 이미 견디어 낼 수 없는데, 거기다 제사(諸司)가 물건 을 흥정 판매하여 하찮은 물건까지도 세금을 매겨 거두어들이면서 경비를 제대로 관리하지 못하여 모두 잡다하게 빠져나가 버리고 마니,

이 때문에 백성들이 거듭 곤궁해지고 나라도 따라서 피폐해지는 것입니다. 삼가 바라건대, 즉시 묘당으로 하여금 백성에게 너그럽게 해 줄 수 있는 대책을 강구하고 이익만을 추구하는 계책을 엄히 물리치게 하되, 수재나 화재를 구제하는 것처럼 급히 하여 혹 조금도 늦추지 말게 하소서.

그리고 전하께서도 의당 깊이 우려하시고 매우 가슴 아파하여 백성을 자식처럼 여겨, 왕자의 저택이 너르지 못한 것이 염려되면 생활고로 이리저리 떠돌며 비바람을 가리지 못하는 아래 백성을 생각하고, 왕자의 재산이 풍족하지 못한 것이 염려되면 세금이 무겁고 공역이 번거로워 파산한 아래 백성들을 생각하고, 왕자의 심부름하는 하인이 부족한 것이 염려되면 노비를 내사(內司)나 궁가(宮家)에게 빼앗겨 원통함을 품고도 씻을 길이 없는 아래 백성을 생각하여, 은택을 널리 베풀어 친해야 할 사람을 친하고 백성을 사랑하는 덕을 힘써 베푸소서.

여섯째는 훌륭한 장수를 가려 뽑아 변경 수비를 튼튼히 하는 것입니다.

예로부터 나라의 존망이 달려 있는 위급한 때에 자기 몸을 잊고 적진으로 돌진하여 공을 세우고 일을 이룬 자는 전날 이름을 들어보지 못했던 하찮은 사람 중에서 나오는 사례가 많았습니다. 대개 훈공을 세운 신하와 노련한 장수는 부귀를 이미 끝까지 누린 자들입니다. 대체로 부귀하면 교만한 마음이 생기고 교만심이 생기면 평소 거느린 사졸들을 따뜻이 어루만지지 않아 그들이 전쟁을 당해서 목숨 바쳐 싸우기를 즐겨 하지 않는 것이니, 이는 자연적인 형세입니다. 반드시 한 고을을 다스리는 사람이나 1백 명을 거느리는 우두머리나 부장(副長)들 가운데서나 군대의 항오 사이에서 인재를 구하여, 그의 계책이나 재주를 시험하여 그 천성이 후하고 침착하면서 굳센 사람을 택하소서. 조그마한 결점을 따지지 말고 그 재주와 지략을 살핀 연후에, 특별히 뽑아 쓰는 예로 대우하고 녹봉을 후하게 주어 그의 아내와 자식들의 생활이 부족함을 없게 해주는 한편 굳세고 날랜 병졸들로 하여금 그의 지휘를 받게 하소서. 또 그 가운데서 자부하거나 교만하지 않고 다른 마음이 없이 충직하고 성실한 자를 관찰하여 대장으로 뽑아, 그로 하여금 조정 밖의 병마(兵馬)을 통제하게 하소서. 이와 같이 한다면 그 적임자를 얻게 되어 국가를 적에게 넘겨주는 걱정이 없을 것이요, 국경의 방어도 따라서 길이 튼튼해질 것입니다" 하니, 답하기를, "차자를 살펴보고 잘 알았다. 차자의 사연을 의당 유념하겠다." 하였다. (『인조실록』 권28, 인조 11년 12월 16일)

사임하여 면직되고서 석실로 돌아갔다.

65세인 인조 12년(1634) 1월 21일 예문관 제학으로 삼았다. 2월 18일 대사헌에 임명되었지만 사임하였다. 2월 24일 강석기를 김상헌 대신 대사헌으로 삼았다. 7월 2일 다시 대사헌에 임명되어 예문관 제학을 겸임하였다. 여러 차례 사임하고서 취임하지 않았다.

인조 12년 12월 10일 전에 체직을 요청한 김상헌에게 체직을 명하였다.

전에 김상헌(金尙憲)이 자주 상의 뜻을 거슬렀는데 물러나 전리(田里)에 있으면서 소장을 올려 겸하고 있는 예문관 제학(藝文館提學)과 종부시 제조(宗簿寺提調)를 체직시켜 줄 것을 요청하였다. 그러자 상이 이조에 계하했는데 이때에 와서 이조의 회계로 인하여 체직을 명하였다. 〔사신은 논한다. 산에 맹수가 있으면 나물을 캐러 가지 못하고 국가에 바른 선비가 있으면 간사한 무리들이 사라지는 것이니, 상헌과 같은 자는 바른 선비라 이를 만하다. 그가 물러가려 한 것은 꼭 세상을 잊으려는 것이 아니고 자기 말이 시행되지 않기 때문이었다. 의당 예로 부르고 정성껏 대우해야 하는데 소장 한번 올리자 바로 면직을 허락했으니,

애석하다. 전(傳)에 이르기를, "약석(藥石)과 같은 자가 떠나갔으니 내 망할 날이 멀지 않았다." 하였으니, 바로 이것을 이른 것이다.〕(『인조실록』 권30, 인조 12년 12월 10일)

66세 인조 13년(1635) 3월 19일 다시 대사헌(大司憲)이 되었으나 세 번 상소를 올려 사임하고서 체차되었다.

그 상소는 대략 다음과 같다. "전하께서 이미 언책(言責)을 맡으라고 신에게 명하였으니, 신은 마땅히 온 정성과 온 지려를 다하여 그 직임에 걸맞게 하기를 생각하여야 합니다. 다만 오늘날에 말할 만한 일은 모두 여러 신하들이 이미 다 진달한 바이고, 전하께서 질리도록 들은 바입니다. 그런데 더구나 신의 어리석음과 망령됨은 여러 차례 시험해 보고서 쓸 수 없는 자라는 것이 결판난 데이겠습니까.

무릇 몸은 쓰면서 말은 들어주지 않는 것은 옛사람이 수치로 여긴 바입니다. 신이 비록 몹시 노둔하기는 하지만, 역시 어찌 여기에 대해서 마음이 편안하겠느니까. 신은 나아가서 할 말을 다하지 못하느니 차라리 물러나는 것으로써 간하여 성상의 마음이 만에 하나라도 깨우치기를 기대하는 것이 낫겠습니다.

공자(孔子)가 말하기를, '군자가 집 안에 거처하고 있더라도 말을 내는 것이 착하지 아니하면 천리의 밖에서도 어기는 법이다. 그런데 더구나 가까이 있는 자이겠는가' 하였습니다. 전하께서는 이 점에 있어서 재삼 생각해 보시고 번연히 고치기를 도모해, 성심을 가지고 아랫사람들을 대하고 강직한 말을 포용해 받아들이시어, 조정 안에 말 때문에 죄를 얻은 선비가 없게 하소서. 그럴 경우 비록 초야에 묻혀 있고 산골짜기에 사는 사람들조차도 반드시 풍문을 듣고서는 흥기하여 조정에 서고자 할 것인바, 신과 같이 쇠약하고 못난 자는 산골짜기에서 늙어 죽어도 역시 이미 영광스러울 것입니다." (「청음연보」)

체차되었을 때 청평산(淸平山)을 유람하였는데 이때의 시문을 모은 것이 『청평록(淸平錄)』이다.

인조 13년 3월 21일 영의정 윤방(尹昉)이 차자를 올려 김상헌을 천거하면서 자신의 직임을 대신하게 할 것을 청하였다.

　영의정 윤방(尹昉)이 차자를 올려 김상헌을 자신의 대임에 추천하고, 또 아뢰기를, "대례(大禮)가 이미 완결되어 만물이 모두 우러르고 있습니다. 그런데 연전에 예제(禮制)를 의논하다가 죄를 입은 여러 신하들은 아직도 돌아앉아서 눈물을 흘리고 있습니다. 삼가 바라건대 성명께서는 이번의 크디큰 은택을 계기로 특별히 광대무변한 은전을 베푸소서." 하니, 답하기를, "지금 막 죄인을 석방하려 하고 있으나 다만 찬출(竄黜)된 지가 아직 오래지 않기 때문에 경의 뜻을 따르지 못하겠다. 경은 이를 허물삼지 말라." 하였다. (『인조실록』 권31, 인조 13년 3월 21일)

　윤공의 아들인 해숭위(海嵩尉) 윤신지(尹新之)가 찬한 윤방의 행장에 다음과 같이 일렀다. "공께서는 병이 위독해지자 차자를 올려 '김상헌은 굳세고 정직하니 크게 쓸 만한 인재입니다'라고 하면서 천거하여 자신의 직임을 대신하게 해 주기를 청하였다. 대개 김상헌은 성상과 뜻이 맞지 않아 시골로 물러가 산 지 몇 년 되었다. 임금과 신하 사이에 계합하지 않는 자일지라도 참으로 그 사람의 어짊을 알면 추천하여 이끌어 줌이 이와 같았다. 상께서 너그러운 내용의 비답을 내렸으며, 얼마 지나지 않아 그 말을 썼다." (「청음연보」)

윤방(尹昉, 1563~1640)의 본관은 해평(海平), 자는 가회(可晦), 호는 치천(稚川)이다. 영의정 윤두수(尹斗壽)의 아들이며, 이이(李珥)의 문인이다. 광해군대 인목대비(仁穆大妃)를 폐출하려는 폐모론이 일어나자 병을 칭하고 정청(政廳)에 불참하여 탄핵을 받고 사직, 은퇴하였다. 인조반정 후 예조판서로 등용되고, 이어 우의정·좌의정·영의정에 올랐다.

【해평 윤씨 윤방을 중심으로】

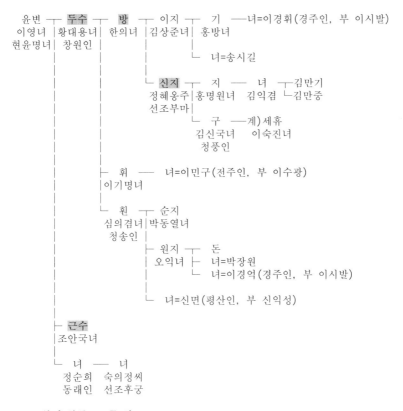

※ 본서 부록 405쪽 참조

윤방의 1남 윤이지(尹履之, 1579~1668)는 김상준(金尙寯, 1561~1635)의 딸 안동 김씨와 혼인하였다. 김상준은 김상헌의 종형(從兄)으로 김상헌을 가르쳤다.

윤방의 2남 윤신지(尹新之, 1582~1657)는 선조 후궁 인빈 김씨(仁嬪金氏, 1555~1613) 소생 정혜옹주(貞惠翁主, 1584~1638)와 혼인하여 해숭위(海崇尉)에 봉해졌다.

윤방의 작은아버지는 해평부원군 월정(月汀) 윤근수(尹根壽, 1537~1616)이다. 김상헌은 16세 때 윤근수에게 수학하였다.

인조 13년 3월 26일 대사헌 및 겸대하고 있는 직에서 물러날 것을 청하였다.

대사헌 김상헌이 상소하기를, "신이 풍헌(風憲)과 경연(經筵)의 관직을 이중으로 띠고 있는데도 또 역마를 타고 올라오라는 명을 받들었습니다. 신이 아무리 어리석고 미련하여도 목석(木石)이 아닌 이상 어떻게 은총도 생각지 않고 견책도 두려워하지 않은 채, 군신간의 대의를 저버리고 제 한 몸의 편의만 따라서 성명(聖明)의 세상에 스스로 소원하게 할 수 있겠습니까. 다만 신의 형 김상용(金尙容)이 현재 경연 영사로 있는데, 당송(唐宋)의 고사에 대신의 자제는 대각(臺閣)에 나란히 있을 수 없거니와, 간혹 있다 해도 스스로 소를 올려 체면(遞免)을 빌지 않은 자가 없었습니다. 또한 우리 중종 때만 해도 김정국(金正國)이 세자 좌부 빈객에 임명되었는데 그의 형 김안국(金安國)이 먼저 빈객이 되었다는 이유로 소를 올려 체면을 청하였습니다. 더구나 경연은 빈객보다 더 중요한 자리임이겠습니까. 엎드려 빌건대 성명께서는 신의 가냘픈 정성을 굽어살피시어 신의 본직 및 겸대하고 있는 동지경연을 체면하소서.

신이 삼가 생각건대 선왕께서는 위로 하늘의 도를 법받고 아래로 신하의 심정을 인식한 나머지 이것으로 예제(禮制)를 정하여, 나이가 되면 그만두게 하고 질병을 앓으면 물러나도록 허락하였습니다. 어떤 이는 지금 국사가 어렵고 불안하기 때문에 아무리 늙고 병들었다 해도 역시 물러나기는 어렵다고 하나, 이것은 그렇지 않습니다. 지난날 송나라가 남경(南京)으로 천도를 한 뒤 어렵고 불안한 상황이 오늘날에 비하여 어떠하였습니까. 그럼에도 벼슬을 그만둔 신하가 사서에 잇따라 보입니다. 지금 신은 일흔의 나이가 눈앞에 닥친 데다 질병의 상태가 또한 이와 같으니, 장안에 걸어 다니는 한 송장에 불과합니다. 오직 바라건대 자애로운 성명께서는 민망히 생각하고 불쌍히 보살피시어, 해골을 내어 주어서 고향에 돌아가 목숨을 마칠 수 있도록 한다면, 비록 저승에 가 있더라도 이 은혜에 보답할 길을 두고두고 도모하겠습니다." 하였는데, 답하기를, "경은 사피하지 말고 속히 나와서 나의 바람에 부응하라." 하였다. (『인조실록』권31, 인조 13년 3월 26일)

4월 2일 대사헌 김상헌(金尙憲)이 질병을 핑계로 나오지 않고 세 번 소를 올려 극력 사직하자, 상이 윤허하였다.

6월 7일 성균관 대사성에 제수되었으나 사임하고서 취임하지 않았다.

전조(銓曹)에서 사습(士習)이 아름답지 않다는 이유로 사표(師表)가 될만한 자를 자급을 따지지 말고 의망하기를 청하였으므로 이 제수가 있었던 것이다. (「청음연보」)

인조 13년 8월 1일에 대사헌에 제수되었다. 두 차례 상소를 올려 극력 사양하였으나 허락받지 못하였다. 부르는 전지가 세 번이나 내려졌으므로 드디어 서울로 들어가서 사은하였다.

인조 13년 8월 24일, 9월 4일, 9월 11일 과거 시험에 문제가 있자 파방하자는 의논이 있었는데 처벌할 사람만 처벌하고 파방은 안 된다고 주장하였다.

어비(御批)에 이르기를, "경의 강직하고 반듯함에 대해 내가 날마다 생각하고 있다. 그러니 모름지기 속히 조정으로 들어와서 무너진 기강을 바로잡으라." 하였으며, 또 이르기를, "내가 경을 생각하는 것이 이와 같으니, 경 역시 대궐을 그리워하는 마음이 어찌 없겠는가. 비록 질병이 있긴 하지만 억지로라도 올라와 내가 옛 신하를 찾는 뜻에 부응하기 바란다." 하였다. 이에 선생께서는 애써 올라가서 사은하였다.

이때 파방(罷榜)의 의논이 있어 양사(兩司)에서 쟁집하였는데, 선생께서 아뢰기를, "나라를 다스리는 도는 법령을 잘 지키는 데 달려 있습니다. 법령이 단단하지 않으면 백성들의 뜻이 서지 않아서 엉뚱한 논의가 마구 행해져 나라를 다스릴 수가 없게 됩니다. 파방이라는 것은 천하에 없는 것으로, 우리나라만의 폐습입니다. 지난날 선조(先朝) 때 과거를 시행한 뒤에 매번 파방의 의논이 있어, 선비들의 습속이 나날이 그릇돼졌으며, 폐단도 역시 적지 않았습니다. 이에 부득이 예신(禮臣)의 건의를 인하여 중국의 예에 의해 '과거 시험장에 비록 변고가 있더라도, 시관 가운데 파직해야 할 자가 있으면 파직하고, 거자(擧子) 가운데 삭제해야 할 자가 있으면 삭탈하되, 영구히 파방은 하지 않는다'는 것으로 소통시켜 법령으로 만들고 드러내어 정식으로 삼은 다음, 절대로 속속 고치지 못하도록 하였습니다.

이번 과거는 시험장에 변고가 비록 많았지만, 그 까닭을 찬찬히 따져 보면 모두가 시관과 거자들이 잘못한 것에 지나지 않습니다. 그러니 파직해야 할 자는 파직하고, 추고해야 할 자는 추고하고, 삭제해야 할 자는 응당 그에 따라 조처해야 할 따름입니다. 어찌 다시금 파방에 대한 논의를 하여 선왕께서 이미 정하신 명을 폐하고 훗날의 무궁한 폐단을 열어 놓아서야 되겠습니까. 비단 지금의 방(榜)을 파해서는 안 될 뿐만 아니라, 지금 이후로도 예전의 법령을 거듭 밝혀 파방하는 길을 열어 놓지 말아서 선비들의 마음에 일정함이 있게 하고, 폐단의 습속이 영원토록 끊어지게 해야만 됩니다" 하였다. 전후로 인피한 것이

네 차례나 되었는데, 옥당에서 체차하기를 청하였으나, 상께서 특별히
출사하라고 명하였다. (「청음연보」)

인조 13년 9월 12일 목릉을 참배하고, 병이 난 김상헌을 위문케 하였다.

　상이 목릉에 참배하였다. 세자(世子)가 아헌관(亞獻官)을 담당하고
김신국(金藎國)이 종헌관(終獻官)이 되어 격식대로 하였다. 능 밖에
있는 막차(幕次)에 나왔을 때, 대사헌 김상헌이 갑자기 병이 나니,
상이 어의(御醫) 최득룡(崔得龍)을 머물러 두어 구완하게 하였다. 중도
에 두 번이나 돌아보고 물었으며, 주정소(晝停所)에 이르러 또 묻기를,
"상헌의 겨레붙이가 행차 가운데 있는가?"하니, 도승지 김경징(金慶
徵)이 대답하기를, "사관(史官) 남노성(南老星)이 그의 외종손입니
다."하니, 상이 노성에게 명하여 역말을 타고 가서 살펴보도록 하였다.
(『인조실록』 권31, 인조 13년 9월 12일)

산릉(山陵)에 배제(陪祭)하였다가 병을 얻어 가마에 실려 돌아왔다.
사임하여 체직되었다.

　선생께서 돌아오는 길에 병이 나자, 상께서 어의로 하여금 진찰하게
하였고, 특별히 배종하던 사람들 가운데 친속 한 사람으로 하여금 머물
러 있으면서 간호하라고 명하였으며, 여러 차례 병세의 경중을 물었다.
(「청음연보」)

인조 13년 9월 24일 대사헌이 되었다. 이때 동생 김상복(金尙宓)의
사위로 삼학사의 한 사람인 윤집(尹集)은 이조좌랑, 외사촌인 정광성(鄭
廣成)은 도승지가 되었다. 10월 4일 홍문관 제학이 되었다.

인조 13년 11월 11일에 다시 대사헌에 제수되어 비변사 제조(備邊司提
調)를 겸임하였다. 차자를 올려 군병을 양성하고 장수를 선발할 것을

청하였다.

대강의 뜻은, 감군어사(監軍御史) 세 사람을 통영(統營) 및 경상 좌우병영(慶尙左右兵營)에 파견하여 곤신(閫臣)과 더불어 군무를 의논하면서 훈련에 전념하게 하되, 어사에게는 대간의 직함을 띠게 하여 병사(兵使) 이하의 관리들이 범법하는 것과 군민들의 폐막을 듣는 대로 치계하게 하라고 청한 것이었다. (「청음연보」)

대사헌 김상헌이 차자를 올리기를, "신이 삼가 들으니, 조정에서 특히 남쪽 변방의 근심에 진념하여 장차 구굉(具宏)을 보내 양남(兩南)의 방비를 신칙하도록 한다니, 미리 환란에 대비하는 계책이 참으로 깊다고 하겠습니다. 또 들으니, 구굉은 일찍이 통제사영(統制使營)을 맡았을 때 자못 청렴 근실하여 사졸들의 마음을 얻었다고 하니, 묘당(廟堂)에서 이 사람을 선발한 것도 사람을 잘못 고른 것은 아닙니다. 그러나 한번 순시하는 것으로는 끝내 실효가 없을 것이니, 반드시 장구한 계획을 강구해야만 길이 힘입을 바가 있게 될 것입니다. 국가가 서쪽 변경에 일이 있은 뒤로는 오로지 서쪽에만 뜻을 두느라 남쪽 변방의 방비는 전혀 수습을 하지 못하였습니다. 이른바 군병(軍兵)은 단지 속오군에 지나지 않고, 조련도 소홀한 데다 무기마저 엉성하며, 한 몸에 양역(兩役)을 지니고 있는 백성에게 주구와 독책을 하고 있기 때문에 굶주림과 추위가 몸에 절박하여 근심과 원망이 속에 가득 차 있습니다. 그런데도 상하 내외가 희희 낙락하며 돌아보지 않고 있으면서 난리를 당하면 그들을 전쟁터로 몰아 자신을 잊고 죽기를 각오하게 하고자 하니, 천하에 어찌 이런 일이 있겠습니까.

신에게 얕은 견해가 있어 시험삼아 진달해 보겠습니다. 이제 성실 근면 민첩하며 일을 알고 명망과 역량이 있는 문신(文臣) 세 사람을 감군 어사(監軍御史)라는 호칭을 붙여 통제사 영과 경상 좌병영과 우병영에 나누어 보내 곤수와 함께 군무를 의논하게 하되, 봄여름에는 모두 그들의 목적지에서 주둔하고 가을 겨울에는 각처에 나누어 주둔하여 오로지 훈련에 전념하게 하면서 수령이나 장수 등이 군졸들을 사역, 침탈만 하고 무휼(撫恤)하지 않는 자가 있으면 경중에 따라 처벌하며, 군병(軍兵) 가운데 노약자는 차례로 자세히 가려내며, 장수로서 부지런하거나 드러난 공로가 있는 자는 조정에 아뢰어 상을 주어 사기를 올리게 하는 것입니다.

수군 어사(水軍御史)는 통제사영이 그의 주둔지지만 사시(四時)로 호남과 영남 연해에 있는 진영(鎭營)을 순시하면서 수군 조련을 육군에 비해 두 배로 하여야 합니다. 이는 대개 속오군은 다 정규군이 아니라 반은 농촌에서 농사를 짓지만, 수군은 당번(當番)하는 자가 항상 진영에 있기 때문에, 농사를 폐하고 오가는 고통이 없기 때문입니다.

옛날 용병(用兵)할 때에 반드시 재물을 관장하는 관원을 두어 군량과 호궤의 비용을 대게 하였습니다. 그러나 본도는 힘이 부치는데, 또 관원 하나를 내보내면 더욱 번거롭게 소요를 일으킬까 염려됩니다. 그러니 감사로 하여금 군량의 임무를 겸하게 하여, 만약 잘 처리한다면 그 비용을 도울 수 있을 것입니다.

혹자는 감사는 한 도의 사무를 모두 관장하고 있으니 군병을 훈련하는 것도 그의 직책인데 하필이면 별도로 쓸데없는 관원을 내고 다시 감사로 하여금 비용을 조달하게 하느냐고 합니다. 그러나 신의 생각으로는, 중국의 법제가 세밀하여 좌·우 포정사(布政使)를 두고도 특별히 순안어사(巡按御史)와 순무어사(巡撫御史)를 두어 군무를 주관하게 하였으니, 이 어찌 국가의 중대한 일은 군사(軍事)에 있는데, 포정사가 통괄하는 민사(民事)가 번다한데다 만약 무사(武事)까지 책임지우면 아무리 능력 있는 자라도 미치지 못하는 데가 있다고 여겨서 그런 것이 아니겠습니까. 이게 바로 깊은 생각과 원대한 계책이 지난 시대보다 뛰어난 점입니다. 군량을 담당하는 관원을 두지 않는 것은 폐단을 줄이기 위해서 한 것이지만, 도내의 병사를 육성하는 책임이야 어느 것인들 감사가 해야 할 일이 아닌 것이 있겠습니까. 군병 등이 진관(鎭管)이나 영문(營門)에서 훈련을 받을 때 저마다 양식을 가지고 가야 하기 때문에 가난한 백성들이 고통을 견디지 못하고 있습니다. 그러니 첫해에는 마땅히 각 고을의 관청의 곡식으로 훈련의 날수를 계산하여 지급하고, 그 다음 해부터는 별도로 계획을 세워야 하겠습니다.

어사를 만약 1년 만에 교체한다면 반드시 성과를 이루기 어려울 것으로, 3년 뒤에 교체하여야 성공을 책임지울 수 있을 것입니다. 그러나 사람의 마음은 가족이 없으면 오래도록 견디지 못하는 법이니, 어사는 중국의 법에 따라 가족을 인솔하고 갈 수 있도록 허용하고, 거느리는 노비는 간편하게 일정한 수를 정해 주고, 그가 머무는 고을의 전세(田稅)로 품계에 따라 녹을 줍니다. 그리하여 공적이 있으면 한(漢)나라 때 천자가 조서로 포상하고 직급을 올려 주며 금을 주던 고사와 같이 하고 임기가 차지 않으면 옮기거나 바꿀 수 없게 합니다. 우리나라의 인심이 천박하고 오래 견디지를 못하며 또한 다른 사람을 용납하지도 못합니다. 그러나 이러한 습속의 폐단은 위에서 어떻게 바꾸느냐에 달려 있습니다.

또 어사가 도내에 머물고 있으면 영문이나 열읍(列邑)의 쓸데없는 비용도 반드시 줄 것이니, 한 명의 어사를 바라지한다 하더라도 그 이익은 열 배가 될 것입니다. 그리고 어사가 대관의 직함을 갖게 하여 병사 이하의 관리들이 죄를 범하거나 군졸과 백성들의 고통을 듣는 대로 치계하게 하는 것입니다. 중국은 순무를 모두 당상 이상의 관원을 써서 도어사(都御史)를 겸임시키고 있습니다. 이번에도 직질에 너무 구애하지 말고 오직 인재를 얻는 데에 치중하는 것으로 제도화하여 이를 시행해 보아 효과가 있으면 모든 도에 두루 시험해도 될 것입니다.

그러나 법은 저절로 시행되는 것이 아니고 반드시 인재를 얻어야 성공을 할 수가 있는 것이니, 어사나 여러 장수에 그 인재를 얻지 못하고 법이 좋지 않음만을 허물한다면, 비록 성현이라도 어찌할 수가 없습니다. 의논하는 사람들은 반드시 적이 오기도 전에 먼저 국가의 뿌리를 흔든다고 경계할 것입니다. 그러나 적이 이른 뒤에 도모하면 미칠 수 있겠습니까. 옛날에 조충국(趙充國)이 제안한 둔전(屯田)의 계책을 한(漢)나라 조정의 여러 신하들이 모두 불편하다고 하였고, 우리 세종(世宗)이 김종서(金宗瑞)를 보내 육진(六鎭)을 개설하신 것을 한때의 의논들 역시 대부분 부당하다고 하였으나, 후세에서 본다면 분분한 말들을 과연 믿을 수 있겠습니까. 오직 명주(明主)가 결단을 내려 힘써 실천하는 데 달려 있을 뿐입니다. 신의 어리석은 계책을 감히 스스로 옛사람에게 견주는 것이 아니라 단지 고금의 일을 처리한 득실의 결과를 진술하는 것입니다. 삼가 바라건대 성명께서는 가려 선택하소서.

또 오늘날 장수의 재목이 항상 부족하다고 걱정하여, 무릇 결원이 생기면 구차하게 충당함을 면하지 못하니, 마땅히 일상적으로 선발하는 것 이외에 여러 방면으로 인재를 찾아야 합니다. 먼저 문무관 가운데 일찍이 2품 이상의 실직(實職)을 지낸 사람들로 하여금 각각 무인 가운데서 장령(將領)의 직책을 감당할 수 있는 자 1, 2인을 천거하게 한 다음 그 이름 아래다 사실을 표기해 놓고 각기 그들의 재능에 따라 시험하여 탁용(擢用)에 대비하되, 만약 일을 망친 자는 그 천거한 사람까지 처벌합니다.

양계(兩界)는 무사가 가장 많으니, 그중에 쓸만한 자가 한량이 있겠습니까. 그러나 조정에서 변방 멀리까지 수용한 적이 드물었으니 그들이 실망하고 원망하는 것은 괴이하게 여길 것조차도 없습니다. 양계의 방백(方伯)으로 하여금 각기 10인씩을 고르게 하되, 계책이나 재력(材

力)이 동류에서 빼어난 자에겐 노자를 주어 서울로 보내게 하여 우선 숙위(宿衛)에다 예속시켜 놓고 수시로 장기를 시험해 보아 명실이 서로 일치한 자에게는 품계에 따라 직책을 주어 차례로 수용합니다. 삼남(三南)과 해서(海西)의 감사 역시 각각 5인씩 추천하고 강원도는 3인을 추천하여, 그들에게 노자를 주어 서울로 보내게 하여 재주를 시험하여 적절히 등용하는 것을 모두 양계의 예와 같이 하되, 1년 간격으로 하며, 또한 억지로 숫자를 갖추도록 할 것은 없습니다. 삼남과 해서는 전조에서 선발하면서 주의(注擬)할 때에 항상 여기에서 나오고 있으며 관동(關東)은 무사가 타도에 비해 자못 적으니, 차별을 두지 않을 수 없습니다.

지금 무사들을 취할 때는 먼저 풍체가 좋고 말 잘하는 자를 취하고 다음에는 문필에 능한 자를 취하기 때문에, 겉만 화려하고 실속없는 무리가 매번 추천의 명예를 얻고 질직(質直)하고 침착 의연한 자는 진취함에 불리하니, 이를 공론(公論)이 매우 애석하게 여기는 바입니다. 그러므로 인재를 등용하는 권한을 쥔 사람은 개인의 장점에 따라 취해야 할 것이며 여기에 더욱 뜻을 두어야 할 것입니다.

또 지금은 말이 귀하여 전사(戰士)들 가운데 말이 있는 자가 적습니다. 전쟁터에서는 말발굽 사이에서 승리를 획득하는 것이니, 우리나라는 산림(山林)이 험하고 막혀 보병에 맞는 땅이라 하지만, 그렇다고 마병(馬兵)을 중시하지 않을 수 있겠습니까. 국가에서 상을 줄 때에 말을 사용하는 숫자가 매우 많으니, 지금부터 문신에게 상을 줄 때는 말 아닌 다른 것으로 상을 주고, 일체 무사와 군사 가운데 기예를 시험한 자에게만 줍니다. 그리고 여염이나 외딴 마을에서 말을 잘 번식시키고 기르는 자에게는 별도로 권장하는 방법을 시행하여 목축을 성하게 하는 것 역시 병정(兵政)에 한 도움이 될 것입니다." 하였다.

상이 묘당으로 하여금 의논해서 처리하게 하니, 비국이 회계하기를,

"어사 3인에게 군무(軍務)를 나누어 관장하게 하는 것은, 바로 중국의 순무(巡撫)와 순안(巡按)의 제도입니다. 진실로 인재를 얻어 오래 맡기면, 군정이 제대로 거행될 뿐만 아니라 아울러 탐욕스러운 관리를 억제할 수 있을 것이니, 그 이익이 어찌 적겠습니까. 다만 우리나라의 관제는 중국과 다르며, 무릇 새로 일을 시작할 때에는 반드시 처음 시작할 때 뒤에 어떻게 될까를 잘 생각해야 합니다. 어사 3인이 일시에 가족을 거느리고 가서 함께 별도의 아문을 여는 일은 대단한 경장(更張)에 관계되므로 한 가지라도 잘못되면 도리어 폐단이 있을 것입니다. 이어 생각건대 경상도는 고을이 매우 많아 조종조에서 일찍이 좌우 감사(左右監司)를 보냈으며, 임진왜란 이후에도 일찍이 이런 예가 있었습니다. 그러니 이제 만약 옛 격식에 비추어 나누어 보내면, 평시에 무사할 때는 좌우(左右)로 나누어 다스리는 효과가 있을 것이고, 혹 위급한 일이 있으면 역시 서로 의지하는 형세를 이룰 수 있을 것이니, 별도로 어사를 보내지 않더라도 그 효과가 있을 듯합니다.

문무 2품 이상이 각각 장수에 합당한 자를 추천하는 것은 법전에 실려 있는 것으로 계유년과 정묘년에도 거행하였고 지난해 비국에서도 이미 선택할 것을 의논해 아뢰어 윤허를 받은 것입니다. 그러니 일체 차자의 내용에 따라 각도의 감사로 하여금 인재를 간택하여 서울로 보내 재주를 시험해 적절히 등용하도록 하고, 잘못 추천한 사람은 가벼운 경우는 추고하고 무거운 경우는 율에 따라 파직하소서.

국가에서 상을 줄 때 쓰는 말이 너무 많으니, 문관만이 아니라 무신이라도 보통 예에 따라 상을 주는 경우에는 모두 말을 쓰지 못하게 하고, 반드시 무신 가운데 무공(武功)이 있는 자나 군사 중에 기예를 시험보여 상을 주는 경우에 쓰면 좋을 것입니다. 또 여염이나 외딴 마을에서 번식을 잘 시키고 말을 잘 기르는 자의 경우는, 갑자기 권장하기는 어려울 듯하니, 병조로 하여금 적절히 헤아려 시행하게 하소서." 하니,

답하기를, "아뢴 대로 하라. 영남이 비록 넓으나 물력(物力)이 부족하니, 나누어 임명하는 일은 가볍게 의논하기 어려울 듯하다. 말을 무사에게만 주는 것은 진실로 소견이 있는 것이나, 다만 반드시 무공에 대한 상이나 재능 있는 군사에게만 준다면, 그 길이 매우 좁아서 값이 더욱 비싸질 것이다. 이 점은 논할 것이 없다만 다른 상으로 대용할 물건을 미리 강구하여 정하지 않을 수 없으니, 해조로 하여금 가부를 결정하여 시행하도록 하라." 하였다. (『인조실록』 권31, 인조 13년 11월 11일)

세 번 정고하여 말미를 더 받았으며, 인조 13년 11월 27일 또다시 차자를 올려 사직하고는 이어 권계(勸戒)하는 뜻을 부쳤다.

대사헌 김상헌이 병으로 차자를 올려 체직을 요청하고, 또 아뢰기를, "신이 병중에 있으면서 또 느낀 바가 있습니다. 중년에 온갖 병이 들어 일신이 어렵고 위태로워 널리 명의(名醫)를 맞아오고 날마다 약방문을 찾았으나, 말하는 바가 각기 달라 어느 것을 따라야 할지 몰랐습니다. 그동안 대략 여러 방법을 시험하였으나 의술로는 고질이 된 병을 고치지 못하였고, 효과를 너무 빨리 기대하다 보니 싫증이 뒤따르기도 하였습니다.

스스로 생각건대, 평소에 몸을 해치는 일을 적게 하여 동작을 좋아하지 않고 고요히 앉아서 편안히 정양하였더라면, 백 년의 수명을 누릴 수 있을 것이니, 이렇다면 의사가 내게 무슨 소용이 있겠습니까. 좋은 시절은 쉽게 가고 노년은 날듯이 지나가 천금과 같은 귀한 몸이 아침 이슬처럼 허망하다는 것을 모르고서 객기(客氣)와 사기(邪氣)가 번갈아 침입하여 귀신이 될 날이 점차 다가와서야 몸을 어루만지며 슬퍼하고 있으나 무슨 소용이 있겠습니까. 그때 신에게 신단 묘제(神丹妙劑)로 원기를 보존하고 오래 사는 방술을 권하던 자가 있었으나, 그 말을 듣지 않고 이 지경에 이르고 말았으니, 신은 매우 회한과 애처로운 마음을 견디지 못하겠습니다.

삼가 바라건대, 전하께서는 신의 말을 광망(狂妄)하다고 여기지 마시고 상의 몸을 보양(保養)하시는 방도에 극진히 힘쓰시고 하늘에 빌어 생명을 길게 하는 방법을 더욱 닦아서, 억만년토록 한없는 복의 터전을 마련하소서." 하니,

답하기를, "경은 고사하지 말고, 다시 조리를 더하여 직무를 보도록 하라. 또 차자 끝에 진술한 것은 마땅히 유념하겠다." 하였다.

이 차자는 대개 몸의 병을 빌어 시사(時事)를 비유한 것이다. (『인조실록』 권31, 인조 13년 11월 27일)

인조 13년(1635) 12월 5일 인열왕후가 아들을 낳았는데 그 날로 죽었다. 인열왕후(仁烈王后) 한씨(韓氏, 1594~1635)가 애끊는 슬픔 속에 열병이 발작하더니 병세가 급속도로 악화되어 마침내 12월 9일 창경궁(昌慶宮) 여휘당(麗暉堂) 산실청(産室廳)에서 42세로 승하하셨다.

동료들과 함께 차자를 올려 상례와 시호 등에 대해 논하였다.

척연히 경동하여 실덕(實德)을 닦기를 힘써서 하늘의 견책에 답하기를 청하였으며, 또 다음과 같이 아뢰었다.

"대상(大喪)에 쓰는 옷가지와 이불과 묶는 띠와 감싸는 천 등의 물건을 모두 시장(市場) 백성들에게서 거두어들였다고 합니다. 모르겠습니다만, 이런 예가 언제부터 생긴 것입니까? 국가에서 상방원(尙方院)을 두어 궁내(宮內)의 길흉사에 소용되는 비용을 대게 했으니, 마땅히 미리 대비해 둔 물품이 있을 것입니다. 그런데도 이런 지경에 이르렀으니, 어찌 시장 백성들이 실망하는 데에만 그치겠습니까. 왕제(王制)의 본의가 전혀 아닌 것입니다. 그리고 대행왕후(大行王后)의 시호를 처음

에 '명덕(明德)'으로 의논하여 주의(注擬)하였는데, 다시 하교를 인하여 '명헌(明憲)'으로 고쳐 주의하였습니다. 신들은 비록 성상의 뜻이어디에 있는 것인지를 모르겠으나, 시호라는 것은 유사(有司)가 맡아서하는 것입니다. 만약 한때 임금의 뜻에서 나오게 된다면, 비단 대공지정(大公至正)한 도에 있어서 부족함이 있을 뿐만 아니라, 아마도 후세의의논이 일어나게 하여 뒷날의 전례를 열어 놓게 될까 걱정됩니다."

(「청음연보」)

인조 13년 12월 17일 대행 왕비의 시호·능호·전호를 결정하였다.

대신 및 육조의 판서·참판, 관각 당상(館閣堂上)을 명초(命招)하여대행 왕비의 시호·능호(陵號)·전호(殿號)를 의논하도록 하였다. 시호를 인열(仁烈)이라 하였는데, 인을 베풀고 의를 따르는 것〔施仁服義〕을 인(仁)이라 하고, 공로가 있고 백성을 편안하게 하는 것〔有功安民〕을열(烈)이라 한다. 능호는 장릉(長陵), 전호는 숙령(肅寧)이라 하였다.애초에 상이 명헌(明憲)을 왕후의 시호로 하고자 하여 대신에게 물으니,대신들이 모두 상의 분부와 같이 하기를 청하였다.
뒤에 대사헌 김상헌이 차자를 올리기를, "시호를 짓는 것은 담당 관원의일이므로 군주의 의향대로 해서는 안 됩니다." 하니, 상이 따른 것이다.
(『인조실록』 권31, 인조 13년 12월 17일)

인조 13년 12월 25일 상소로 천변에 대한 염려와 상례의 간소화를 건의하였다.

대사헌 김상헌, 지평 박서 등이 차자를 올리기를, "하늘이 돌보지않아 백성들이 의지할 바를 잃고 대소 관원이 낙심을 하고 있는데,천변의 위세가 그치지 않고 갈수록 견고(譴告)가 더욱 심해져 우레가갑자기 일어나고 사특한 무지개가 해를 범하고 어두운 안개가 한낮에도 자욱하므로 유언비어가 자주 난무하고 있으니, 헤아릴 수 없는 재앙이 조석에 닥칠 것 같습니다. 신 등이 언론을 맡은 자리에 있으면서도 관직을 광폐(曠廢)하여 우리 전하로 하여금 아래 백성들의 실정을 통하지 못하게 하고 과실을 듣지 못하게 하여, 정령(政令)이 많이 어긋나고 백성들이 서로 원망하여 하늘의 노여움이 한결같이 이 지경에 이르게 하였습니다. 이는 모두가 신 등이 잘못한 것이니, 죽음인들 어찌 감히 사양하겠습니까. 삼가 바라건대 전하께서는 먼저 신들의 죄를 바로잡아 신하로서 말하지 않고 녹만 축내는 자의 경계로 삼으소서.

그리고 전하께서도 척연히 경계하시어 실덕을 힘써 닦아 하늘의 견책에 답하소서. 대저 하늘을 감동시키는 도리는 비록 경덕(敬德)으로 근본을 삼고 있으나, 한마디 말과 한가지 일이 천리(天理)에 합하고 민심에 순응하는 것 역시 다 그 방법입니다. 신 등이 삼가 들으니, 대상(大喪)에 쓰는 옷가지·이불·묶는 띠 등의 물건을 모두 시정 백성에게서 거두었다고 합니다. 이런 예가 언제부터 생겼는지 모르겠으나, 국가에서 상방원(尙方院)을 두어 궁내의 길흉사(吉凶事)에 비용을 대게 했으니 마땅히 대비해 둔 도구가 있을 터인데 이런 지경에 이르렀으니 시정 백성만 실망하는 데 그치겠습니까. 왕제(王制)의 본의와 크게 다른 것입니다. 하물며 평소에 올리는 의복은 모두 토산품인 주포(紬布)를 쓰고 있는데, 염습할 때 옷가지는 어째서 유독 구하기 어려운 중국 물건으로 모두 사용하는 것입니까?

현재 국사가 혼란하여 백성의 힘이 이미 고갈되었으니, 변통하는 조치가 있어야 마땅합니다. 그러므로 마땅히 유사로 하여금 간소함을 따르기에 힘쓰도록 하고, 또 상방원에 명하여 불시에 쓸 것을 미리 갖추게 하여 길이 훗날의 법도로 남겨 주면, 성덕(盛德)도 더욱 빛날 것이고 실로 소대(昭代)를 이을 만한 좋은 법이 될 것입니다.

국가가 불행하여 장릉(章陵)의 봉분을 다시 만들고 목릉(穆陵)을 옮기고 인목대비(仁穆大妃)의 신주를 겨우 종묘에다 모셨는데, 이번 상이 잇달아 생겨나 백성들의 역역(力役)과 세금을 내는 수가 한량이 없습니다. 비록 그 일을 그만둘 수 없음을 알지만, 불쌍하게도 스스로의 삶을 꾸려가지 못하는 백성들의 모습을 어찌 다 말할 수 있겠습니까. 아랫자리에 있는 사람으로서는 참으로 감히 우러러 청할 수 없는 점이 있지만, 상께서 특별히 측은한 분부를 내리셔서 국장(國葬)과 산릉(山陵)을 담당한 두 기구의 여러 일들을 힘써 적절히 하고 사치스럽고 거창하게 하는 것을 숭상하지 않게 하여 한 푼이라도 줄여서 절약하면 은혜를 입는 바가 반드시 많을 것입니다. 그리하여 내외의 곤궁한 백성들로 하여금 더욱 우리 전하께서 진휼(軫恤)하시는 성덕(盛德)에 감격하게 하시면, 이 어찌 천의(天意)에 합하고 민심에 따라서 재변을 그치게 하는데 일조가 되지 않겠습니까.

요즈음 말하는 사람마다 남쪽 왜국과 서쪽 오랑캐가 걱정된다고 하지만, 예로부터 변고는 뜻밖의 곳에서 많이 나오는 것입니다. 임금이 두려운 것은 백성의 소리보다 더한 것이 없는데, 국가에 어떤 일이 있을 때마다 받들어 시행하는 신하들이 잘 처리하지 못하여, 백성들이 속으로 원망과 노여움을 품고서도 감히 드러내지 못한 지 오래되었습니다. 난리가 나기를 바라는 마음이 가라앉지 않고 분분히 일어나 괴이한 일을 들으면 과장하여 서로 선동하고 있으니, 민심의 동요는 적국보다 더 무섭다는 것이 지나친 말이 아닙니다. 삼가 바라건대 전하께서는 경계하고 경계하소서." 하니, 답하기를, "차자에서 진술한 말들은 마땅히 두렵게 생각하고 의논하여 처리하겠다." 하였다. (『인조실록』 권31, 인조 13년 11월 25일)

67세인 인조 14년(1636) 1월 12일 공조판서에 제수되었다. 1월 28일 홍문관 대제학과 예문관 대제학과 지경연춘추관성균관사와 세자 우빈객을 겸임하였다. 재차 문형(文衡)의 직임을 사양하였으나 윤허받지 못하였다.

김상헌(金尙憲)을 대제학으로, 김수익(金壽翼)을 부교리로 삼았다. 상헌은 문장과 명망이 세상에 추중(推重)을 받는 터여서 제수의 명이 한번 내리자 사림이 흡족하게 여겼다. (『인조실록』 권32, 인조 14년 1월 12일)

2월 21일 예조판서로 고쳐 제수되었다.

인조 13년 12월 30일 금나라 차인 마부대(馬夫大)가 와서 국서를 올리고 답서를 받아갔다.

인조 14년 2월 16일 호차(胡差) 용골대(龍骨大)·마부대(馬夫大) 등이 서달(西㺚)의 대장 47인, 차장 30인과 종호(從胡) 98인을 거느리고 나왔다. 2월 21일 장령 홍익한이 호차(胡差)가 온 것은 금한(金汗)을 황제라 칭하는 일 때문에 온 것이니 국문에 들이지 말 것을 상소하였다. 2월 25일 태학생들이 오랑캐 사신을 참하고 그 글을 불사르라고 상소하였다. 2월 26일 금나라 사신이 성을 내고 성을 나갔다. 3월 1일 금나라가 쳐들어 올 것에 대비해 방비할 것을 팔도에 하유하였다.

이러한 상황에서 차자를 올려 오랑캐의 국서(國書)에 답하는 일에 대해 논하였다. 이때 후금 사신이 분노하고 답서도 안 받고 돌아간 것을 사적으로 본 것을 가지고 답서를 작성하여 보내는 것을 반대하였다.

당시에 오랑캐의 사신이 어떤 일로 인해 화를 내면서 국서를 전하지 않은 채 돌아가 버리고 말았다. 이에 묘당에서는 장차 몰래 베껴 쓴 것을 사사로이 본 데 의거하여 뒤늦게 회보하는 서찰을 써서 답하려고 하였다. 이에 선생께서는 차자를 올려 다음과 같이 아뢰었다.

"믿을 것도 없는 처지에서 스스로 대단한 척하면서 그가 바칠 때 받지 않아 그의 분노를 불러와 도리어 오만한 마음을 가지게 하였습니다. 그러고 나서 문득 다시 비굴한 말로 간청을 하면서 스스로 모욕을 취하였으니, 몹시 탄식스럽습니다. 더구나 그가 스스로 자신의 임금의 명을 폐하였는데, 우리가 몰래 베껴 쓴 것을 사사로이 보고 뒤늦게 회답하는 서찰을 보내, 그가 가지고 온 원래의 서신을 전해 주기를 기대하면서 요행으로 미봉할 계책을 한다면, 국가의 체모가 어디에 있겠습니까. 신은 단연코 그래서는 안 된다고 여깁니다."(「청음연보」)

3월 7일 차자를 올려 서로(西路)에 진(鎭)을 설치해서 군사를 나누어 두는 것의 편리 여부에 대해 논하였다. 이 차자(箚子)는 당시 군민정세(軍民政勢)를 간파한 청음의 혜안(慧眼)을 증명하는 글로써, 후일 청음이 단순히 명분만을 내세워, 고지식하게 척화(斥和)만 주장하는 시무(時務)를 무시한 정치인이 아님을 뒷받침하는 경세지문(經世之文)이다.

그 차자는 대략 다음과 같다. "무릇 오랑캐와의 화친을 믿을 수 없다는 것은 오늘날의 상황에 이르고 나서야 알 수 있는 것이 아닙니다. 병란이 일어나는 것이 비록 언제라고 분명하게 알 수는 없으나, 역시 위험하고 위태롭습니다. 그런데 국가가 종사의 안위를 안주(安州) 한 성(城)의 승부에다만 걸고 있으니, 어찌 한심하지 않겠습니까. 도적이 만약 해서(海西)로 넘어 들어오게 된다면 일은 어찌할 도리가 없게 될 것입니다. 신의 어리석은 계책으로는, 관서(關西) 지방에 세 개의 큰 진을 설치하고 도원수(都元帥)로 하여금 자모성(慈母城)을 지키게 하고, 부원수(副元帥)로 하여금 철옹성(鐵甕城)을 지키게 하고, 본도의 병사(兵使)로 하여금 안주성을 지키게 해야 한다고 여겨집니다. 그런 다음 관서를 셋으로 나누어 세 진에 소속시키고, 속읍(屬邑)의 정예로운 군민과 용감한 무사를 선발하여 어루만져주고 훈련시켜, 때에 맞추어 번갈아 교대하면서 스스로를 지키게 하면, 반드시 큰 도움이 있을 것입니다.

그러나 군사의 수가 적고 힘이 약하여 오랫동안 대적을 막기는 어려울 것입니다. 그러니 유사시에는 황해도의 군사로 자모성을 구제하고, 함경남도의 군사로 안주성을 구제하고, 함경북도의 군사로 철옹성을 구제하게 하되, 안주성이 공격을 받을 때는 자모성과 철옹성이 함께 구제하게 하고, 철옹성이 공격을 받을 때에는 안주성과 자모성이 또한 그렇게 하도록 해야 합니다. 그리고 대신과 중신 가운데 충성스럽고 위망(威望)이 있는 자를 가려 뽑아 평양(平壤)에 보내어 세 진을 통어(統御)하게 하되, 먼 곳에서 꼭 일마다 다 제어하게 하지는 말고, 전쟁에 임하여 우물쭈물 동요하여 군율을 잃는 자가 있으면 왕명을 청하여 군법을 시행하게 해야 합니다.

또 삼남(三南)과 관동(關東)과 기내(畿內)의 군사를 뽑아서 무기를 정비하게 하였다가 위급할 때 즉시 불러서 숙위에 채워 넣게 하여야 합니다. 그리고 도원수가 평안감사를 겸하여 거느릴 경우에는 세 진에 소속된 요해처의 수령을 간혹 주장이 천거하여 아뢰는 것을 허락하는 것도 아울러 의논해야 할 것입니다.

이상에서 말한 것이 그 대략으로, 손익을 따져보아 다시 가다듬는 것은 오직 묘당에서 깊이 생각하고 충분히 강구하며, 성상께서 잘 살펴보고 시원스럽게 결단하는 데에 달려 있습니다. 혹자는 '계획이 이미 늦어서 화급한 화를 구할 수 없을 것이다'라고도 합니다. 그러나 목마름에 임해서 우물을 찾고 급한 병에 삼 년 묵은 쑥을 찾는 것도 오히려 가만히 앉아서 죽기를 기다리는 것보다는 나을 것입니다. 만약 오늘날과 같은 형세를 만나서 오늘날의 규모를 변경하지 않는다면, 끝내는 역시 어찌할 수 없을 것입니다."(「청음연보」)

3월 20일 금나라를 황제로 받들라는 것에 대해 배척하고 방비해야 한다는 일로 인조는 애통의 교서 대신에 구언 교서를 내렸다.

명을 받들어 죄기교서(罪己敎書)를 찬하여 올렸다.

당시에 사간원이 애통하게 여기는 교서를 내리라는 청이 있어서 선생에게 명하여 교서를 지어 올리게 한 것이다. 그러나 곧바로 묘당에서 계사를 올리므로 인해 그 일이 중지되었다. (「청음연보」)

인조 14년 3월 25일에 원손(元孫)이 탄생하였다. 이때 선생은 대제학으로 원손 탄생 반교문을 지었다. 그리고 4월 2일에는 내의원 제조(內醫院提調)가 되어 산실(産室)에서 시약(侍藥)하였기 때문에 정헌대부(正憲大夫)에 가자되었다.

4월 21일 대사헌이 되었다. 5월 2일 대사헌이 되었다. 인조 14년 5월 25일 이조판서에 제수되고 6월 8일 청렴하고 근면하다고 청백리로 뽑아 특별히 종1품 숭정대부(崇政大夫)로 승진되었다. 이에 둘 다 굳게 사양하였으나, 허락받지 못하였다.

6월 17일 금나라를 황제로 받들라고 한 것에 대해 격문을 보내 반박하였다.

… 지난번에 귀국이 우리 서로(西路)를 침략해 왔으나 병세(兵勢)를 끝까지 부리지 않고 맹약을 맺고 물러갔으니, 그것은 천도에 순종한 것입니다. 그런데 지금은 우리를 곤욕스럽게 하고 우리에게 반드시 따르지 못할 일로써 억지를 부리면서 병력이 강하다는 이유만으로 형제지국을 협박하면서 우리나라가 먼저 전쟁의 꼬투리를 열었다고 말하기까지 하고 있습니다. 이것은 말로 다툴 수 없는 것이며, 역시 하늘이 우리를 내려다보고 있는 것을 믿을 따름입니다. 그리고 천심이

매인 바는 실로 백성에게 있는 것이니, 설사 우리나라가 의를 지키다가 병화를 입어 그 병화가 비록 참혹하더라도 원래 그 임금의 죄가 아니면, 민심은 반드시 떠나지 않고 국명도 혹 보전할 수 있는 것입니다. 지금 귀국이 공갈 협박을 하면서 요구와 책망을 해서 백성의 재산을 모두 긁어가 백성들로 하여금 살아갈 수 없게 만든다면, 민심이 반드시 떠나가고 나라가 따라서 무너질 것입니다. 이는 바로 눈으로 보고 귀로 접한 것으로 어둡지도 민멸하지도 않을 도리로서, 서생(書生) 소자(小子)가 간책 위에서 주워온 말에 있는 것이 아닙니다. 그러니 과인이 이것에 대하여 또 어찌 적실하게 알고 분명하게 처리하지 않을 수 있겠습니까. 귀국이 널리 생각하고 깊이 생각하면 매우 다행이겠습니다. (『인조실록』 권32, 인조 14년 6월 17일)

7월 9일에 과거 시험을 파장(罷場)한 일로 인하여 차자를 올려 편의 여부에 대해 논하였다.

8월 4일 유백증(俞伯曾)이 조경(趙絅)을 시세를 타고 옹호하는 일을 논하였다. 그러자 상께서 엄한 내용의 전지를 내려 특별히 체직시켰다. 이에 물러나서 석실(石室)로 돌아갔다.

당시에 사간 조경(趙絅)이 상소를 올려 당시에 정승으로 있던 사람에 대해 논하였는데, 말이 자못 심각하여 소란을 불러일으켰다. 그러자 유백증이 공론(公論)에 가탁하여 경연에서 면대할 적에 조경을 편들었다. 선생께서는 그가 시세에 편승하여 치는 것을 미워해 차자를 올려 논한 것이다. (「청음연보」)

제4편
병자호란과 척화

▦ 병자호란

인조 5년(1627) 후금(後金)의 조선에 대한 제1차 침입인 정묘호란 때, 조선과 후금은 형제지국의 맹약을 하고 양국관계는 일단락되었다. 그러나 인조 10년(1632) 후금은 만주 전역을 석권하고 명나라 수도 북경을 공격하면서, 양국관계를 형제지국에서 군신지의(君臣之義)로 고칠 것과 황금·백금 1만 냥, 전마(戰馬) 3,000필 등 세폐(歲幣)와 정병(精兵) 3만 명을 요구하였다.

인조 14년(1636) 2월 용골대(龍骨大)·마부태(馬夫太) 등을 보내 조선의 신사(臣事)를 강요하였고, 4월 국호를 청(淸)으로 고치고, 황제를 칭한 후금의 태종은 조선이 강경한 자세를 보이자 왕자·대신·척화론자(斥和論者)를 인질로 보내 사죄하지 않으면 공격하겠다고 위협하였으나, 인조는 후금사신의 접견마저 거절하고 5월 26일 팔도(八道)에 선전유문(宣戰諭文)을 내려, 후금과 결전(決戰)할 의사를 굳혔다.

12월 2일 청나라 태종은, 청·몽골·한인(漢人)으로 편성한 10만 대군을 스스로 거느리고 수도 심양(瀋陽)을 떠나, 12월 9일 압록강을 건너 쳐들어왔다. 의주부윤(義州府尹) 임경업(林慶業, 1594~1646)이 백마산성(白馬山城: 義州)을 굳게 지켜 청군의 침입에 대비하였으나, 선봉장 마부태는 이 길을 피해 서울로 진격하였다.

12월 13일 청나라 군의 침입사실이 조정에 알려졌고, 12월 14일 청군이 개성(開城)을 통과하자, 급히 판윤 김경징(金慶徵, 1589~1637)을 검찰사로, 강화유수 장신(張紳, ?~1628)을 주사대장(舟師大將)으로, 심기원(沈器遠)을 유도대장(留都大將)으로 삼아 강화·서울을 수비하게 하였다. 또 원임대신(原任大臣) 윤방(尹昉, 1563~1640)과 김상용(金尙容, 1561~1637)으로 하여금 종묘사직의 신주(神主)와 세자비·원손(元孫)·봉림대군(鳳林大君)·인평대군(麟坪大君)을 비롯한 종실(宗室) 등을 강화로 피란하게 했다. 14일 밤 인조도 강화로 피란하려 했으나 이미 청나라 군에 의해 길이 막혀, 소현세자(昭顯世子)와 백관을 거느리고 남한산성으로 피하였다.

인조는 훈련대장 신경진(申景禛, 1575~1643) 등에게 성을 굳게 지킬 것을 명하고, 8도에 근왕병(勤王兵)을 모집하도록 격문(檄文)을 발하였으며, 명나라에 급사(急使)를 보내 지원을 청하였다.

이때는 군국대사(軍國大事)가 모두 김류(金瑬, 1571~1648), 최명길(崔鳴吉, 1586~1647)에게서 결정되었는데, 이들은 전수(戰守)할 의사보다는 임금에게 청화(請和)할 것을 주장하였다.

12월 15일 최명길이 적진에서 돌아와 인질을 보낼 것을 의논하였다.

> 최명길이 적진에서 돌아와 강화에 대한 일을 계달하면서 적이 왕제(王弟) 및 대신을 인질로 삼기를 요구한다고 하였다. 이에 능봉수(綾峯守) 칭(偁)을 왕의 아우라 칭하고 판서 심집(沈諿)을 대신의 직함으로 가칭(假稱)하여 보낼 것을 의논하였다. (『인조실록』 권33, 인조 14년 12월 15일)

인조 14년(1636) 12월 16일 청나라 선봉군이 남한산성을 포위하였다. 이날 능봉군(綾峯君) 칭(偁)과 심집(沈諿)이 청나라 진영(陣營)으로 가서 강화를 의논하였는데 가짜 왕제와 대신을 보낸 것이 탄로 났다. 그리고는 "세자를 보내온 뒤에야 강화를 의논할 수 있을 것이다" 하였다. 이에 김상헌도 행재소로 뒤따라갔다. 곧 비변사 제조와 예조판서(禮曹

判書)에 임명되었다. 12월 17일 예조판서 김상헌(金尙憲)이 청대(請對)하여 화의(和議)의 부당함을 극언하였다.

선생께서는 행재소로 뒤따라 나갔다. 오랑캐들의 기세가 몹시 치성하여 국경을 범한 지 3일 만에 정탐하는 마병(馬兵)이 이미 서쪽 교외에 도달하였다. 상께서는 강도(江都)로 행행하려고 하다가 숭례문(崇禮門)에 이르러 나가지 못하고 경황이 없는 가운데 남한산성으로 들어갔다. 선생께서는 변란의 소식을 듣고 뒤늦게 나아갔는데, 병으로 인해 우사(寓舍)에 누워 있다가 17일에 행궁(行宮)에 가서 숙배하고는 면대를 요청하였다. 그러자 상께서 곧바로 인견(引見)하였다.

상께서 이르기를, "시무(時務)에 대해서 잘 아는 사람을 만나지 못하여 이 지경에 이르렀다." 하니, 선생께서 대답하여 아뢰기를, "여러 신하들의 죄를 어찌 다 말할 수 있겠습니까. 그러나 이미 지나간 일은 말해서는 안 되는 법입니다. 오늘날의 계책으로는 반드시 먼저 싸워 본 다음에 화친을 해야 합니다. 만약 한갓 비굴한 말로 강화해 주기만을 요청한다면, 강화 역시 이룰 가망이 없습니다. 송(宋)나라 사람이 한 말이 있으니, '화친으로 형식을 삼고 지키는 것으로 실제를 삼아야 하며, 싸우는 것으로 대응을 삼아야 한다.' 하였습니다. 이 말이 오늘날에 있어서 가장 절실한 말입니다. 모르겠습니다만, 성상의 뜻은 어떠하신지요?" 하였다. 그러자 상께서 이르기를, "경의 말이 옳다." 하였다.

(「청음연보」)

12월 18일 전 참봉 심광수(沈光洙)가 화의를 주장하는 최명길의 목을 베길 청하였다. 이에 인조는 하교하여 전승의 결의를 다졌다.

이 당시 왕세자를 청나라에 인질로 보내자는 의논이 있었는데 12월 19일에 조당(朝堂)에 나아가 왕세자를 인질로 보내자는 논의를 배척하여

꺾었나.

이때 대신 이하가 면대를 요청하여 세자를 오랑캐의 군영에 인질로 보내고자 하였는데, 선생께서는 곧바로 비국(備局)에 나아가 힐책하였다. 그러자 영상 김류(金瑬)가 답하기를, "종사를 위하여 부득이한 일입니다." 하니, 선생이 몹시 질책하면서 말하기를, "종사에 주인이 없으면 어떻게 종사가 될 수 있겠습니까. 어찌 신하가 앞장서서 저군(儲君)을 적도들에게 내주자는 의논을 한 경우가 있었습니까. 나는 이런 의논을 낸 사람들과는 함께 살아 있을 수가 없습니다. 상공께서는 곧바로 다시 들어가서 스스로 앞서 말한 계책이 잘못되었음을 진달하여야만 할 것입니다. 그렇지 않으면 충신과 의사들 가운데 반드시 팔뚝을 휘두르며 떨쳐 일어나는 자가 있을 것입니다." 하였는데, 사기(辭氣)가 엄하고 매서워서 좌우에 있던 사람들이 목을 움츠렸다. 김류는 두려운 마음에 진땀을 흘리면서 어찌할 줄을 몰랐으며, 이어 합문(閤門)에 나아가 대죄하였다. 세자가 볼모로 가는 것이 이로 말미암아 늦추어졌다. 이로부터 묘당의 의논이 조금 꺾였으나, 선생을 질시하기를 마치 또 다른 한 적국을 대하듯이 하였다. (「청음연보」)

비변사 제조에 차임되었고, 또 예조판서에 제수되었다.

입대하여 한결같은 뜻을 가지고 굳건하게 지킬 계책에 대해 극렬하게 진달하였다.

거기에 대략 이르기를, "성첩을 지키고 있는 군병이 1만 7천 수백 명이고, 성안의 백성 및 호종한 백관의 종들과 각사의 서도(胥徒)와 본주의 관노(官奴) 역시 7, 8백 명을 밑돌지 않으며, 본성의 형세 역시 험준한 곳이 많습니다. 그러니 방수(防守)가 조금 느슨한 곳을 지금 모름지기 미리 헤아려서 잘 분배하고서 각영(各營)의 정병(精兵)

을 추려 내면 4, 5천 명은 얻을 수 있을 것입니다. 그런 다음 무신 가운데 장령(將領)의 직임을 감당해 낼 수 있는 자를 택해 각각 천 명이나 혹 수백 명씩 배속시켜, 밤낮으로 함께 거처하면서 편의에 따라 기병(奇兵)을 내거나 한밤중에 오랑캐의 군영을 치게 하면, 만에 하나나마 헤쳐나갈 길이 있을 것입니다. 이제 마땅히 죽을 처지에서 살아날 계책을 도모해야 할 것입니다. 양식은 한정이 있고, 외부의 후원은 믿기가 어렵습니다. 그런데 어찌 가만히 앉은 채로 망하기만을 기다려서야 되겠습니까." 하였다. 그러나 김류(金瑬)가 성첩을 지키고 있는 군졸은 결단코 빼내어 쓸 수 없다고 하였으며, 상의 뜻 역시 그렇게 여겼으므로, 끝내 쓰이지 않았다. (「청음연보」)

어느 날 상께서 비국의 여러 재신(宰臣)들을 인견하였는데, 선생께서는 뒷줄에 있었다. 상께서 갑자기 하교를 내려 이르기를, "예조판서는 지금 이후로는 모름지기 방편의 계책을 깊이 생각하고 고집 부리지 말라." 하니, 선생께서 대답하여 아뢰기를, "신이 어찌 감히 잘못된 견해를 고집하여 국사를 망가뜨리겠습니까. 다만 충성을 바치고자 하나 계려가 얕고 짧아서 도움을 주는 바가 없습니다. 그러나 또한 어찌 감히 부화뇌동하면서 뭇사람들의 의견에 따라 처음에 먹었던 마음을 저버리겠습니까. 상께서도 모름지기 뜻을 굳게 정하고서 흔들리지 마소서." 하였다. 그러자 상께서 이르기를, "장차 무엇을 믿겠는가?" 하니, 선생께서 아뢰기를, "천도(天道)는 믿어도 됩니다." 하자, 상께서 아무 말도 하지 않았다.

당시에 척리(戚里) 가운데 홍진도(洪振道)라는 자가 있어 유언비어를 만들어 떠들어대기를, '화친의 의논이 귀일되었는데, 유독 한두 사람이 방해를 하고 있어 온 성안 사람들이 모두 원망하고 있다'고 하였다. 이는 대개 선생을 가리켜서 말한 것이었는데, 상께서 그 설에 혹하였으므로 이런 하교가 있었던 것이다. (「청음연보」)

명을 받들어 성황묘(城隍廟)와 백제시조묘(百濟始祖廟)에 기도하였다.

당시에 남한산성이 포위된 지 오래되어 시행해 볼만한 계책이 없었으므로, 성황묘 및 백제시조묘에 기도하여 묵묵한 가운데에서 도와주기를 빈 것이다. 선생께서는 명을 받들어 두 차례 제사를 지냈으며, 〔하루는 큰바람이 불면서 비가 오려고 하다가 선생께서 성황묘에 제사를 지냄에 미쳐서 바람이 곧바로 그치면서 비가 내리지 않았다.〕 이어 아뢰기를, "사람이 궁하게 되면 근본으로 돌아가는 법이라서 애통하거나 슬픈 일이 있을 경우에는 반드시 부모에게 하소연하는 법입니다. 지금 원종대왕(元宗大王)의 영정이 바야흐로 개원사(開元寺)에 모셔져 있으니, 청컨대 상께서 친히 제사 지내어 고하소서." 하니, 곧바로 윤허하였다.

(「청음연보」)

68세인 인조 15년(1637) 1월 1일 청나라 태종이 도착하여 남한산성 아래 탄천(炭川)에 20만 청나라 군을 집결시켜, 성은 완전히 고립되었다. 성안에는 군사 1만 3천명이 절약해야 겨우 50일 정도 지탱할 수 있는 식량이 있었고, 의병과 명나라 원병은 기대할 수 없는 상황이었다.

1월 2일 청나라 황제가 귀순하라는 내용의 글을 보내서 의논하는데 극력 반대하였다.

상이 즉시 대신 이하를 인견하고 이르기를, "앞으로의 계책을 어떻게 세워야 하겠는가?" 하니, 홍서봉이 대답하기를, "저들이 이미 조유(詔諭)란 글자를 사용한 이상 회답을 하지 말아야 하겠지만 한(漢)나라 때에도 묵특의 편지에 회답하였으니, 오늘날에도 회답하는 일을 그만둘 수 없을 듯합니다." 하고, 김류가 아뢰기를, "회답하지 않을 수 없으니 신하들에게 널리 물어 처리하소서." 하였다.

상이 각자 마음속의 생각을 진달하게 하였으나 모두 머뭇거리기만 하였다. 최명길이 아뢰기를, "신의 뜻은 영의정·좌의정과 다름이 없습니다." 하고, 김상헌이 아뢰기를, "지금 사죄한다 하더라도 어떻게 그 노여움을 풀겠습니까. 끝내는 반드시 따르기 어려운 요청을 해올 것입니다. 적서(賊書)를 삼군(三軍)에 반포해 보여주어 사기를 격려시키는 것이 마땅하겠습니다." 하고, 최명길이 아뢰기를, "한이 일단 나온 이상 대적하기가 더욱 어려운데, 대적할 경우 반드시 망하고 말 것입니다." 하니, 상이 이르기를, "성첩(城堞)을 굳게 지키면서 속히 회답해야 할 것이다." 하였다.

김상헌은 답서의 방식을 경솔하게 의논할 수 없다고 하면서 끝까지 극력 간하였는데, 최명길은 답서에 조선 국왕(朝鮮國王)이라고 칭하기를 청하고 홍서봉은 저쪽을 제형(帝兄)이라고 부르기를 청하였다. 상이 이르기를, "지금이야말로 존망(存亡)이 달려 있는 위급한 때이다. 위로 종묘사직이 있고 아래로 백성이 있으니 고담(高談)이나 하다가 기회를 잃지 않도록 하라. 예판은 여전히 고집만 부리지 말라." 하니, 김상헌이 아뢰기를, "이렇게 위급한 때를 당하여 신이 또한 무슨 마음으로 한갓 고담이나 하면서 존망을 돌아보지 않겠습니까. 신은 저 적의 뜻이 거짓으로 꾸미는 겉치레의 문자에 있지 않고 마침내는 반드시 따르기 어려운 말을 해올까 두렵습니다." 하였다.

이성구(李聖求)가 장유(張維)·최명길·이식(李植)으로 하여금 답서를 작성하게 할 것을 청하였다. 당시 비국 당상이 왕복하는 글을 소매에다 넣고 출납하였으므로 승지와 사관도 볼 수 없었다. (『인조실록』 권33, 인조 15년 1월 2일)

1월 16일에 묘당에 나아가 통곡하면서 최명길이 기초한 국서를 찢고는 상께 면대를 요청하여 죽음으로써 지켜야 한다는 뜻으로 극렬하게 진달하였다.63)

선생께서 병으로 인해 비국에 나아가지 못한 지가 며칠이나 되었는데, 여러 대신들이 재촉하였으므로 병을 무릅쓰고 나아갔다. 그때 최명길(崔鳴吉)이 바야흐로 국서를 기초하고 있었는데, 마치 뜻을 얻어 고무된 것 같은 표정이었다. 선생께서는 차마 똑바로 쳐다보지 못하고 곧바로 삼공(三公)이 있는 곳으로 나갔다. 그러자 영상이 최명길이 기초한 국서를 가져다 보였는데, 글 가운데 애처롭게 여겨 주고 항복하게 해주기를 청하는 말이 아주 비루하여 '신의 죄가 머리카락을 뽑아 헤아려도 다 헤아리기가 어렵다〔臣罪擢髮難數〕'는 등의 말이 있었다. 선생께서는 채 반도 읽기 전에 분격을 이기지 못하고 통곡을 하면서 국서를 찢고는 대신에게 말하기를, "제공(諸公)은 어찌 차마 이런 짓을 한단 말입니까." 하였다.

그러자 김류가 말하기를, "그렇다면 그 가운데 너무 심한 곳만 고치면 될 것입니다." 하였으며, 최명길은 국서를 다시 주워 들고서 히죽히죽 웃으면서 말하기를, "공은 비록 찢어 버렸지만, 나는 다시 이어 붙여서 올릴 것입니다." 하였다. 그리고는 곁에 있는 사람들에게 일러 말하기를, "국서를 찢어 버리고 통곡을 하다니, 어찌 이런 일이 있단 말입니까." 하니, 그 사람이 말하기를, "이 자를 어떻게 할까요?" 하자, 최명길이 말하기를, "부축하고 갈 뿐, 어쩌겠습니까." 하였다.

선생께서 다시 책하여 말하기를, "오늘날의 일은 국가에 있어서 차마 입에 올리지 못할 바입니다. 비록 공의 한 몸으로써 말을 하더라도 누대에 걸친 명문가의 자손으로서 이 일을 담당하면서 선조들에게

---

63) 『인조실록』에는 인조 15년(1637) 1월 18일로 나온다.

욕을 끼치는 것을 생각하지 않는단 말입니까. 더구나 공의 선인(先人)께서도 역시 일찍이 선생의 문하에 출입하여 사류들 사이에 이름이 알려져 자못 동료들이 허여하는 바가 되었습니다. 그런데 공이 지금 이와 같이 한다면, 뒷날에 지하에 가서 선인을 무슨 면목으로 볼 것입니까." 하자, 최명길이 말하기를, "어찌 유독 저만을 이처럼 허물하십니까?" 하니, 선생께서 말하기를, "오늘날의 이 일을 공이 책임지지 않는다면 누가 다시 책임지겠습니까?" 하니, 최명길이 얼굴빛이 변하여서 나갔다.

선생께서는 합문(閤門)으로 나아가 면대를 요청하였는데, 분기가 가슴에 가득 차 눈물이 줄줄 흘렀으며, 울음이 북받쳐서 말을 하지 못하였다. 한참 뒤에 비로소 아뢰기를, "신이 국서를 찢어 버렸으니, 그 죄는 마땅히 처형을 당해야만 합니다. 오늘날의 의논은 양립할 수 없으니, 청컨대 먼저 소신을 쳐 죽여서 사람들의 마음을 단결시키소서." 하니, 상이 갑자기 저지하면서 이르기를, "경은 어찌하여 이런 말을 하는가? 나는 내 한 몸을 위한 계책에서 이렇게 하는 것이 아니라, 위로 종묘사직을 위해서 하는 것이다. 그리고 또한 왕실의 존속(尊屬)들이 모두 성안에 있어서 참으로 차마 온 친족들을 주멸되도록 할 수가 없어서 이렇게 하는 것이다." 하자,

선생께서 아뢰기를, "신이 진달한 바도 바로 살아나기를 구하는 방도입니다. 옛날 송나라 정강(靖康)의 난(難)[64] 때 송나라의 신하들이 모두 흠종(欽宗)에게 권하여 친히 오랑캐의 군영으로 나가라고 하였습니다. 그들이 어찌 모두 불충한 자들이겠습니까. 단지 깊이 생각하지 못하고 오랑캐들이 강화하자는 설에 이끌려서 끝내 군부로 하여금 함몰되게 하고 만 것입니다. 저 휘종(徽宗)과 흠종이 오랑캐들에게 핍박받으면서

---

64) 정강(靖康)의 난(難): 북송(北宋) 정강 2년에 금(金)나라 군대가 남하하여 송나라의 수도인 변경(汴京)을 함락시키고 휘종(徽宗)과 흠종(欽宗) 두 황제와 황족들을 포로로 잡아간 사건을 말한다. 이로써 북송이 망하였다. (『宋史』卷22 徽宗本紀, 卷23 欽宗本紀)

사막의 사이에서 천신만고를 겪었습니다. 그 지경에 이르러서 비록 변경(汴京)에 있는 종묘사직의 아래에서 죽지 못한 것을 한스럽게 여겼으나, 무슨 소용이 있었겠습니까.

옛날부터 항복한 나라의 임금을 잘 대우하기로는 진(晉)나라 무제(武帝)와 수(隋)나라 문제(文帝)와 송나라 태조(太祖)만 한 임금이 없었으나 그 나라의 임금 노릇을 계속하도록 내버려 둔 사람은 없었습니다. 더구나 범이나 시랑의 마음은 반드시 헤아릴 수가 없습니다. 바라건대 전하께서는 화친의 의논에 오도되지 마소서.

지금 군사들의 마음은 변하지 않았으며, 양식은 한 달은 충분히 지탱할 수가 있으며, 산성의 형세는 아주 험고한바, 적병이 비록 많다고는 하지만 반드시 공격해 오지는 못할 것입니다. 그러니 군신 상하가 죽기로 다짐하고 사수한다면, 어찌 전하를 위하여 목숨을 바칠 자가 없겠습니까. 만약 천심(天心)이 끝내 뉘우치지 않아 지하에 가서 선왕(先王)을 뵙게 된다면, 부끄러운 마음은 없을 것입니다. 그런데 어찌 다시금 청성(靑城)의 전철[65]을 되밟아서야 되겠습니까.

우리 조선이 나라를 세운 것은 명분과 의리가 정대합니다. 지금 만약 머리를 수그리고 나아가 오랑캐들의 신하가 되어 그들이 명령하는 대로 따르기만 한다면, 그들이 장차 무슨 짓인들 하지 못하겠습니까. 초야에 있는 의사(義士)들은 반드시 분통해하면서 죽고자 하는 자가 있을 것인데, 그들이 난언(難言)을 하는 변고는 더욱더 염려하지 않아서는 안 됩니다." 하니, 상께서 아무런 대답도 하지 않았다.

얼마 뒤에 오랑캐의 사신이 와서 성 밖에 있으면서 재신들을 만나 보려고 한다는 보고가 올라왔다. 이에 선생께서는 또 아뢰기를, "국가의

---

65) 청성(靑城)의 전철: 청성은 중국 하남성(河南省) 개봉현(開封縣)에 있는 지명으로, 송나라 때에는 이곳에 하늘을 제사하는 재궁(齋宮)이 있었는데, 휘종과 흠종은 모두 이곳에서 금(金)의 점몰갈(黏沒喝)에게 포로가 되어 잡혀가 흑룡강 주위에 있는 오국성(五國城)에 갇혀 있다가 죽었다.

존망이 오늘날에 결판나게 생겼으니, 한두 신하와만 의논해서는 안 됩니다. 바라건대 2품 이상과 시종신 및 대간들을 불러 모두 함께 가부를 의논하게 하소서." 하였다. 선생께서 물러나 나왔으나, 끝내 회의하는 일은 없었다. 다음날 재신들이 항서(降書)를 받들고서 오랑캐의 군영으로 나갔는데, 바로 1월 17일의 일이었다. (「청음연보」)

엿새 동안 밥을 먹지 않았으며, 또 스스로 목을 매달아 거의 죽을 뻔하였다. 곁에 있던 사람이 풀어 주어서 소생하였다.

1월 23일 묘당에서 장차 척화(斥和)한 신하들을 잡아 오랑캐에게 보낼 것이라는 소식을 듣고는 부축을 받아 궁문(宮門)에 나아가 잡혀가게 해 주기를 청하였다.

당시에 오랑캐들이 당초에 척화한 사람들을 찾아내라고 요구하였는데, 체부(體府)에서 조사해 내는 것을 어렵게 여겨 스스로 자수하게 함으로 인해 일이 지체되었다. 그러자 사영(四營)66)의 장관(將官)과 군병들이 각자 병기를 들고 행궁 바깥에 와서 척화한 신하들을 찾아내 적에게 주라고 떠들어 댔는데, 말이 아주 패만스러웠으므로 보는 자들이 모두 두려워 떨었다. 이는 대개 홍진도(洪振道)와 신경인(申景禋) 등이 이영달(李英達)과 유호(柳瑚)를 시켜서 사영에 사주하여 이런 짓을 해서 군부를 위협하는 동시에 자신들과 뜻을 달리하는 자들로 하여금 감히 성을 나가자는 의논을 막지 못하게 한 것이었다. 그런데 실로 그 근원을 따져 보면, 화친을 주도한 자의 계책에서 나온 것이었다. 이에 선생께서 아뢰기를, "조정에서 장차 척화한 신하들을 오랑캐의 군영에 보내어 큰 화를 막을 것이라고 합니다. 당초에 맹약을 맺지

---

66) 사영(四營): 훈련원(訓鍊院)·금위영(禁衛營)·어영청(御營廳)·총융청(摠戎廳)을 이른다.

못하도록 가장 먼저 모의한 것은 신이 비록 스스로 감히 그렇게 하였다고 하지는 못하겠습니다. 그러나 오늘날에 이르러서는 신이 묘당에서 극력 간쟁하면서 항서를 보내지 말기를 청하였으며, 그 항서 가운데 신하로서 는 차마 볼 수 없는 곳이 있어서 신은 자신도 모르게 통곡하고는 손으로 그 초안을 찢어 버렸습니다. 그러니 척화한 죄는 신이 모면하기 어렵습 니다. 이에 자리를 깔고 엎드린 채 명이 내리기를 기다립니다." 하였는 데, 전교하기를, "경이 명을 청하는 것은 지나친 듯하다. 마음 편히 먹고서 물러가라." 하였다. (「청음연보」)

상께서 선생의 병이 위중하다는 소식을 듣고는 내의(內醫)를 파견하여 병세를 살펴보게 하였다.

1월 28일 대신이 "상께서 성 밖으로 나갈 적에 예조판서가 없어서는 안 된다."고 하여 드디어 예조판서에서 체차되었다.

그믐날에 상께서 성 밖으로 나갔다. 선생께서는 부축을 받아 나가서 길가에 서서 멀리 바라보면서 절한 다음 통곡하였으며, 그대로 성안에 머물러 있었다.

2월 1일에 백씨(伯氏)인 선원(仙源) 선생께서 강도에서 순절(殉節)하 였다는 소식을 들었다.

7일에 동문(東門)을 통해 나가 안동의 풍산(豊山)으로 갔다가 다시 학가산(鶴駕山) 서미동(西美洞)으로 들어갔다.

선생께서는 처음에 풍산에 머물렀는데, 얼마 뒤에는 시골 마을에 사는 것이 번잡하고 시끄러운 것이 싫었다. 이에 다시 학가산 아래의 서미동으로 옮겨 가서 몇 칸 짜리 초가집을 짓고는 목석헌(木石軒)이라 고 편액을 건 다음 거기서 살았다. 이때의 감회를 읊은 절구 네 수가 있는데, 자주(自註)에 이르기를, "평소의 친구들 가운데에는 뻔뻔스럽게도 원수를 위하여 일을 하고 있는 자들이 많이 있다. 그것이 비록 본심에서 그러는 것은 아니겠지만, 역시 애석한 일이다." 하였다.

(「청음연보」)

　선생께서는 처음에 청음(淸陰)이라고 호하였는데, 석실로 돌아온 뒤에는 또 석실산인(石室山人)이라고 하였으며, 이때에 이르러서는 오랑캐 나라의 국호를 싫어하여 호를 고쳐 서간노인(西磵老人)이라고 하였다. (「청음연보」)

5월 28일에 호종한 공로를 녹공하여 숭록대부에 가자하였는데, 상소를 올려 사양하였으나 회답하지 않았다.

　조정에서 남한산성에서 호종한 공을 녹공하여 갚았는데, 선생 역시 참여되었다. 이에 상소를 올려 사양하였다.

　그 상소는 다음과 같다. "삼가 신은 본래 병든 사람인 데다가 나이도 많고 도리에도 어두운데, 마음은 '머리카락을 뽑아 죄를 헤아린다〔擢髮數罪〕'는 글에 놀라고, 본성은 천지가 뒤바뀌어 번복되는 즈음에 잃었는 바, 형체는 비록 살아 있지만 마음은 이미 죽어 흙덩이나 나무토막과 같습니다. 이에 다시는 조정에 서서 벼슬에 종사할 가망이 없기에 갈수록 점점 더 전락하여 아침저녁으로 목숨이 다하기만을 기다리고 있었습니다. 그러던 차에 뜻밖에 들으니, 남한산성에서 호종했던 여러 신하들이 모두 상으로 자급을 올려 받았는데, 신의 이름 역시 그중에 들어 있다고 합니다. 신은 처음에는 놀라고 의심하다가 마침내는 부끄러움과 두려움에 휩싸였는데, 열흘이 가고 한 달이 간 뒤에도 날이 갈수록 더욱더 불안하기만 합니다.

　바야흐로 어가가 남한산성에 머물러 계셨을 때 대신과 집정(執政)이 앞다투어 산성 밖으로 나가기를 권하였는데, 신은 감히 목숨을 걸고 지켜야 한다는 의리로 망령되이 탑전에서 진달드렸으니, 그것이 신의 첫 번째 죄입니다. 항복하는 문서의 글을 차마 볼 수가 없어서 그 초본(草本)을 손으로 찢어버리고 묘당에서 통곡하였으니, 그것이 신의 두 번째 죄입니다. 양궁(兩宮)께서 친히 적의 진영에 나아가는데도 신은 이미 말 앞에서 머리를 부수어 죽지도 못했고, 질병으로 인해 또한 수행하지도 못했으니, 그것이 신의 세 번째 죄입니다.

신은 이 세 가지의 대죄를 지고도 아직 형장(刑章)을 받아 처형되지 않고 있습니다. 그런데 어찌 감히 끝까지 수행한 여러 신하들과 함께 똑같이 은전을 받을 수 있겠습니까. 삼가 바라건대, 전하께서는 속히 성명(成命)을 거두시어 권선징악하는 도리를 밝히소서. 신처럼 외람스럽게 끼어 있는 자에 대해서는 반드시 개정하라는 공론이 있을 것인데, 멀리 떨어진 시골에 있다 보니 보고 들을 수가 없습니다. 이에 이처럼 외람스럽게도 번거로이 아뢰는바, 어찌 잘못된 것이 아니겠습니까.

그리고 신이 삼가 생각건대, 추위와 더위가 끝나지 않으면 구의(裘衣)와 갈포(葛布)를 버릴 수 없는 것이며, 적국이 멸망하지 않으면 전쟁과 수비를 잊어서는 안 되는 것입니다. 삼가 전하께서는 와신상담하는 뜻을 더욱더 잘 가다듬고, 보장(保障)이 되는 지역을 더욱더 잘 수리하여, 국가로 하여금 또다시 치욕을 당하는 일이 없게 하소서. 아, 일시의 맹약(盟約)을 믿지 말아야 하고, 지난날의 대덕(大德)을 잊지 말아야 하고, 짐승 같은 자들의 인자함을 지나치게 믿지 말아야 하고, 부모의 나라를 가벼이 단절하지 말아야 하는데, 누가 능히 이것으로 전하를 위하여 간절하고 간절하게 진계(陳戒)하겠습니까.

대저 사방이 천리나 되는 나라를 가지고 원수에게 부림을 받는 것에 대해서는 옛사람이 수치스럽게 여겼습니다. 매번 선왕(先王)께서 주문(奏文)에 쓴 '만절필동(萬折必東)'이란 말을 생각할 적마다 저절로 눈물이 옷깃을 적십니다. 삼가 바라건대, 전하께서는 생각하고 또 생각하소서. 신은 광망하고 미욱스러워 또다시 망발을 하였으니, 만 번 죽어 마땅합니다." (「청음연보」)

가을에 우의정 최명길이 선생의 이름을 매복(枚卜)에서 삭제하였다. 69세인 인조 16년(1638) 김염조(金念祖, 1589~1652)의 편지에 회답하였다.

　과천현감(果川縣監) 김염조가 편지를 보내어 선생에게 억지로나마 일어나 조정에 나와서 비방을 늦추기를 권하였는데, 선생께서 다음과 같이 답하였다. "보내온 편지에서 자상하게 말하였는바, 두터운 정의가 참으로 지극하니, 어찌 감격스러움을 모르겠는가. 그러나 삼가 그대에게 대해 괴이하다는 생각이 드는바, 나를 사랑하는 것이 깊으면서도 나를 아는 것은 얕다고 여겨지네. 나는 지난해에 지레 물러났으니, 오늘날 나아가기 어려운 것은 모두가 마땅함이 있는 것이네. 다만 감히 따져서 말하여 비방하는 말을 불어나게 하지 못하는 것일세. 오직 후세에서 나 숙도(叔度)와 같은 사람이 나와서 나에 대해 알아주기만을 기대할 뿐이네. 혹 눈을 감기 전에 오랑캐에게 복수하여 치욕을 씻는다는 의논을 얻어들을 수 있게 된다면, 비록 구천에 있더라도 오히려 생기가 날 것이네." (「청음연보」)

이때 「풍악문답(豊岳問答)」을 지었다.

　그 내용은 다음과 같다. "어떤 사람이 묻기를, '대가(大駕)가 남한산성을 나갈 때 그대가 따라가지 않은 것은 어째서인가?' 하기에, 내가 응답하기를, "만약 성 밖으로 한 걸음이라도 내디딘다면, 이는 순리(順理)를 버리고 역리(逆理)를 따르는 날인 것이다. 대의가 있는 바에는 털끝만큼도 구차스럽게 해서는 안 된다. 임금이 사직에 죽으면 따라 죽는 것이 신하의 의리이다. 그러나 원수를 떠받들면서 상국(上國)을 범할 경우에는 극언을 하여 간쟁을 하고, 간쟁을 하였는데도 쓰이지 않으면 물러나서 자결하는 것도 역시 신하의 의리이다. 옛사람이 한 말에, '신하는 임금에 대해서 그 의리를 따르는 것이지, 그 명령을 따르는 것이 아니다'라고 하였다. 사군자(士君子)가 나아가고 들어앉음에 있어서 어찌 일찍이 오직 의리만을 따르지 않았겠는가. 예의를 돌보지 않고 오직 명령대로만 따르는 것은 바로 부녀자나 환관들이 하는 충성이지, 신하가 임금을 섬기는 의리가 아니다." 하였다.

또 묻기를, "오랑캐들이 물러간 뒤에도 끝내 문안하지 아니하였는데, 그 뜻은 무엇인가?" 하기에, 내가 응답하기를, "변란이 일어났을 때 초야에 유락되어 있어 호종하지 못했다면, 적이 물러간 뒤에는 의리로 보아 의당 달려가서 문안을 해야 한다. 그러나 나는 성안에 함께 들어갔다가 말이 행해지지 않아 떠난 것이니, 날이 저물 때까지 기다려서도 안 되는 법이다. 그런데 어찌 조그마한 예절에 굳이 구애될 필요가 있겠는가. 자가기(子家羈)가 말하기를, '그냥 따라 나온 자는 들어가는 것이 옳고, 계손씨(季孫氏)를 적으로 여겨 나온 자는 떠나는 것이 옳다'고 하였다.67) 옛사람들은 출입하는 즈음에 의(義)로써 결단함이 이와 같았다." 하였다.

또 묻기를, "자네가 말한, 대의는 구차스럽게 해서는 안 된다는 것은 옳다. 그러나 대대로 봉록을 받은 집안의 사람으로서 나라의 두터운 은혜를 입었는데, 유독 조종조(祖宗朝)의 남긴 은택은 생각지 않는단 말인가?" 하기에, 내가 응답하기를, "내가 의리를 따르고 명령을 따르지

---

67) 자가기(子家羈)가 … 하였다: 자가기는 노(魯)나라의 대부(大夫)로, 시호가 의백(懿伯)이다. 노나라 소공(昭公)이 계평자(季平子)를 토벌하다가 실패하여 제(齊)나라로 망명할 때 자가기가 따라갔다. 소공이 간후(乾侯)에서 죽은 뒤, 노나라 세도가인 계손씨가 자가기를 불러들여 함께 정치를 하려 하였는데, 자가기가 이런 말을 하였다. 이에 대한 것은 『춘추좌씨전』 정공(定公) 1년 조에 나온다.

않아 200년의 강상(綱常)을 부지하려 한 것은 바로 선왕께서 가르치고 길러 주신 은택을 저버리지 아니하기 위한 것이다. 우리나라는 본디 예의로써 천하에 소문이 났다. 그런데 하루아침에 난리를 만나 마음속으로 맹세하면서 스스로를 지키지 못하고, 앞다투어 임금에게 권하여 원수의 뜨락에 무릎을 꿇게 하였다. 그러니 무슨 면목으로 천하의 사대부를 볼 것이며, 또한 어떻게 지하에서 선왕을 뵙겠는가. 아, 오늘날 사람들은 또한 무슨 마음을 가지고 있는가." 했다. (「청음연보」)

또다시 어떤 사람에게 주는 편지 형식에 비겨서 지었다.

그 편지의 대략에, "금(金)나라의 오랑캐들이 스스로 흔단을 만들어 내고는 뱀이나 멧돼지와 같이 우리나라를 집어삼키면서 우리 사민(士民)들을 쳐 죽이고, 우리 부녀들을 포로로 잡아가고, 우리 사도(四都)를 무너뜨리고, 우리 국보를 빼앗아 가고, 우리 저군(儲君)을 핍박하고, 우리 종사를 더럽혔습니다. 그러니 이는 우리나라 신민들이 백대토록 잊지 못할 원수인 것입니다. 원수인 오랑캐의 조정에서 충성을 바치면서 순종을 하는 짓을 어찌 차마 할 수 있겠습니까. 조정에서 비록 용사(用事)하는 자의 계책을 잘못 따라서 우선은 그들에게 순종하였습니다. 그러나 일개 광망한 자가 자신의 뜻을 지키고자 하여 스스로 산야로 물러나 숨어 지내는 것도 역시 성현의 의에 따르라는 가르침에서 나온 것이니, 스스로 그것이 그른 줄을 모르겠습니다.

저는 본디 편벽된 성품을 가진데다가 늙어서 패만한 자입니다. 창황중에 달려가 문안하고서 오랫동안 포위된 속에 있으면서 말을 올렸으나 들어주지 않았고, 계책이 있었으나 시행되지 않았습니다. 그리하여 끝내는 간흉의 무리들이 안팎으로 선동하면서 오랑캐를 끼고 임금을 협박하고, 나라를 팔아서 스스로 공을 세우는 것을 보고는, 가슴이 무너지는 듯한 통분이 속에 맺혀서 큰 병으로 되었습니다.

이에 선조대왕의 만절필동(萬折必東)의 가르침68)을 가슴속에 새기고, 신종황제(神宗皇帝)의 재조소방(再造小邦)의 은혜69)에 감격해하면서 산골짜기 속에서 방황하며 피눈물을 흘리고 애를 태웠으며, 배고프고 목마른 것도 돌아볼 줄 모르고 서리나 이슬도 피할 줄 몰랐습니다. 그러면서 밤낮으로 스스로 마음속에 맹서한 것은, 날랜 한 칼로 오랑캐 두목의 목을 베고 간신의 가슴을 쪼개어, 위로는 하늘에 계신 조종(祖宗)들의 영혼을 위로하고, 아래로는 온 나라 사람들의 끝이 없는 울분을 씻고자 하는 것이었습니다. 그러나 힘이 그럴 수가 없었던바, 그 뜻은 참으로 애처롭게 여길 만하며, 그 마음은 참으로 슬퍼할 만합니다." 하였다. (「청음연보」)

「밤중에 일어나 홀로 걷다[夜起獨行]」라는 제목의 시를 지었다.

선생께서는 병자년(인조 14, 1636) 이래로 평상시에 늘 걱정과 울분에 잠겨 있으면서 밤에도 편안히 잠을 이루지 못하고 홀로 일어나 서성거렸는데, 추위와 더위도 피하지 않았다. 그때 지은 시가 있는데, 그 시는 다음과 같다.

---

68) 만절필동(萬折必東)의 가르침: 중국의 황하(黃河)가 여러 번 굽이쳐 흐르지만 마침내는 반드시 동쪽으로 흘러 황해로 들어간다는 뜻으로, 어떠한 일이 있어도 중국의 은혜를 배반하지 않는다는 뜻이다. 이는 선조(宣祖)가 중국에 보낸 「피무변명주(被誣辨明奏)」에 "일편단심 북신(北辰)을 향하는 정성은 만번 굽이쳐도 반드시 동으로 흐르는 물과 같습니다.[惟其一心拱北之誠 有似萬折必東之水]"라고 한 데서 온 말이다. 이 주문(奏文)은 이정귀가 지었다. (『月沙集』卷22 奏 被誣辨明奏, 韓國文集叢刊 69輯)

69) 재조소방(再造小邦)의 은혜: 임진왜란 때 명나라에서 우리나라를 구원해 준 은혜를 말한다. 선조 31년(1598) 겨울에 남쪽 변방에 남아 있던 적군이 다 달아난 뒤, 태평관(太平館) 서편에 명나라의 병부상서(兵部尙書) 형개(邢玠)를 제사 드리는 생사당(生祠堂)을 세웠는데, 선조가 크게 '재조번방(再造藩邦)'이라는 네 글자를 써서 금으로 칠하려 걸어 놓았으며, 어필로 사당 현판을 써서 걸었다. 1604년에 명나라 경리(經理) 양호(楊鎬)를 배향하였다.

南阡北陌夜三更　남쪽 밭길 북쪽 논길 밤은 깊어 삼경인데
望月追風獨自行　달을 보고 바람 쫓아 외로웁게 길을 가네
天地無情人盡睡　하늘과 땅 무정하고 사람들은 다 잠자니
百年懷抱向誰傾　백 년간의 이 회포를 누굴 향해 쏟아낼꼬

(「청음연보」)

4월에 호서(湖西)에 가서 선원(仙源) 선생의 궤연에 곡하였다.

가을에 장령(掌令) 유석(柳碩) 등이 선생에 대해 논계하면서 극변(極邊)에 안치(安置)시키기를 청하였다. 이에 드디어 풍산으로 돌아가 명이 내리기를 기다렸다.

당시에 남이공(南以恭)이 인사권을 쥐고 있으면서 마음씨가 깨끗하지 못한 자들을 끌어들여 임용해 대각(臺閣)에 포진시키고는 장차 사류들을 일망타진하려는 계책을 하면서 선생을 기화(奇貨)로 여기고 있었다. 그리고 또 유석 등이 겸하여 때를 틈타 지난날의 원한을 갚으려고 하였다.

이에 아뢰기를, "군신의 의리는 천지간에 도망할 곳이 없는 법으로, 사생과 영욕에 따라 그 이치가 유독 다를 수가 없는 것입니다. 그러니 어찌 운수의 성쇠와 자신의 이해로써 그 마음을 달리해서야 되겠습니까. 바야흐로 남한산성에서 성을 내려와 항복하던 날, 임금은 헤아리지 못할 위험에 빠졌고 신민은 망극한 심정이 모두 같았으니, 자신을 우선하고 임금을 뒤로하는 것은 의리상 감히 하지 못할 바입니다. 그런데도 김상헌은 몸을 빼어 멀리 달아나면서 일찍이 연연해하는 마음이 없었으며, 시사가 조금 안정된 뒤에도 끝내 성상을 찾아와 뵙지 않았습니다. 그리고는 편안한 곳에 누워 지내면서 왕실에 대해서는 나 몰라라 하였으며, 스스로는 몸을 깨끗이 하여 절의를 지키고 더러운 임금은 섬기지

않는다고 여기면서 이론(異論)을 고쳐시켜 국가의 잘못을 드러냈습니다. 신하로서의 의리가 이에 이르러 하나도 남은 것이 없습니다. 명예를 구하느라 임금을 팔아먹고 붕당을 세워 국가를 그르친 것은 김상헌에게 있어서는 단지 여사일 뿐입니다. 그의 임금을 업신여기고 부도한 짓을 저지른 죄를 징계하지 않을 수 없습니다. 그러니 극변에 위리안치(圍籬安置)하라고 명하소서." 하니, 상이 답하기를, "김상헌에 대해서는 논죄하는 것이 너무 늦었다. 그러니 그대로 두는 것이 무방하다." 하였다.

지평 이해창(李海昌)이 당시에 정고 중에 있다가 도로 나와서 홀로 아뢰면서 유석 등을 사판(仕版)에서 삭제시키라고 청하였으며, 부제학 이목(李楘) 등이 또 차자를 올려 유석 등을 죄주기를 청하였는데, 상께서 잇달아 엄한 내용의 전지를 내렸다.

그러자 대사헌 김반(金槃) 등이 정계(停啓)하고는 이어 유석 등의 관직을 파직시키기를 청하였는데, 그 대략에 이르기를, "국가가 망극한 변을 당했을 때에는 종사의 대계를 위하여 부득불 권도(權道)를 사용해 화를 덜어야 하겠지만, 참으로 한낱 실오라기만큼이라도 정도(正道)를 지키자는 의론이 없다면, 동방예의지국이란 호칭이 어디에 있겠습니까. 김상헌은 천지가 변역(變易)할 때를 당하여 임금이 치욕 당하는 것을 차마 보지 못하고 사수해야 한다는 의논을 하였습니다. 그리고 그 의논이 시행되지 않자 죽으려고 하다가 뜻을 이루지 못하고 이미 성상을 영영 이별하였습니다. 이것이 바로 성상께서 궁궐로 돌아오신 뒤에도 성상을 뵙지 않은 이유인 것입니다. 그러니 그의 정상은 애처롭게 여길 만합니다. 그런데 어떻게 탈을 잡아 죄를 줄 수 있겠습니까. 유석 등이 극심한 죄로 얽어 반드시 중벌에 처하려고 하니, 기회를 틈타 원한을 보복하려는 정상은 가리기 어려운 바가 있습니다. 더구나 더러운 임금을 섬기지 않는다는 말은 실로 김상헌의 입에서 나오지 않았으니, 신하 된 자로서는 감히 글에 쓰지 못할 바입니다. 그런데도 유석 등은 저를 얽어 내기에 급급하여 스스로 이런 말을 만들어 냈으니, 아, 이 무슨 마음이란 말입니까." 하였다.

당시에 박계영(朴啓榮), 이계(李烓), 정지호(鄭之虎), 최계훈(崔繼勳), 이여익(李汝翊), 이도장(李道長), 권도(權濤), 박수문(朴守文), 박돈복(朴敦復), 홍진(洪瑱), 이운재(李雲栽), 이경상(李慶相), 임효달(任孝達), 신유(申濡), 이주(李䄄), 김수현(金壽賢) 등이 유석의 의논에 아부하여 서로 잇달아 논계하면서 청하였다. (「청음연보」)

인조 16년 10월에 지평 이도장 등이 재차 전에 한 논의를 발론(發論)하면서 중도부처(中途付處)하기를 청하였다. 10월 21일에 파직하라고 명하였다.

11월에 이계 등이 멀리 유배 보내기를 청하였다. 11월 3일에 삭탈관작(削奪官爵)하라고 명하였다.

70세인 인조 17년(1639) 10월에 여러 족인(族人)들과 모여서 5대조 이상의 여러 묘에 전(奠)을 올렸다.

선생의 8대조인 전농시 정(典農寺正), 7대조인 합문 봉례공(閤門奉禮公)의 묘가 풍산에 있고, 6대조인 비안공(比安公)의 묘가 예천(醴泉)의 직곡(稷谷)에 있고, 5대조인 판관공(判官公)의 묘가 역동(驛洞)에 있는데, 대서(代序)가 멀어져서 절사(節祀)를 거행하지 못하였다. 이에 드디어 종족들과 더불어 상의하여 제전(祭田)을 두고 향의(享儀)를 세우고서 매년 10월에 족인들이 모여 묘소에 가 제사를 지낸 것이다. 「추원록서(追遠錄序)」 등의 글이 있다. (「청음연보」)

인조 17년 12월 4일 직첩(職牒)을 돌려주었으며, 행 부호군으로 삼았다.

인조 17년 12월 26일 상소를 올려 군사를 파견해 오랑캐들이 중국을 침입하는 것을 돕지 말기를 청하였다.

당시에 청나라 오랑캐들이 장차 천조(天朝)를 침략하고자 하면서 우리 군사를 보내 도우라고 협박하였다. 이에 조정에서는 장수를 명해 군사를 출동시켜 돕기로 하였다. 선생께서는 그 소식을 듣고 개탄하면서 상소를 지어 받들고 가 사당에 고한 다음 올렸다.

그 상소에 대략 이르기를, "삼가 생각건대, 신은 쌓인 비방이 뼛속까지 파고들어 거친 들판에 버려지는 것을 달갑게 여기고 있었는데, 삼가 천지 부모와 같으신 성상의 은혜를 받아 처벌을 받음을 면하고 직첩을 도로 돌려받았기에 초야에서 편안히 누운 채 일생을 마치기로 기약하고 있습니다. 저 스스로 생각건대, 늙고 병들어 겨우 살아 있는 이 목숨은 아침저녁으로 죽기만을 기다리고 있는 처지이니, 성덕(盛德)에 만분의 일이나마 보답할 길이 없습니다. 이에 오직 밤낮으로 감격에 겨운 눈물을 흘릴 뿐입니다.

지난번에 삼가 성상의 기후가 편치 않아 오래도록 회복하지 못하고 계시다는 말씀을 들었습니다. 신하 된 자의 마음에 비록 근심하는 마음이 간절하였으나, 본디 의술에는 어두워서 정성을 바칠 길이 없었습니다. 근래에 또 길거리에 떠도는 소문을 듣건대, 조정에서 북사(北使)의 말에 따라 장차 5,000명의 군병을 징발하여 심양(瀋陽)이 대명(大明)을 침범하는 것을 도울 것이라고 하였습니다. 신은 그 말을 듣고 놀랍고 의심스러워 마음의 안정을 찾지 못하면서 그렇지는 않을 것이라고 여겼습니다.

무릇 신하가 군주에 대해서도 따를 수 있는 일이 있고 따를 수 없는 일이 있는 법입니다. 자로(子路)와 염구(冉求)가 비록 계씨(季氏)에게서 신하 노릇을 하고 있었으나, 공자(孔子)는 오히려 '따르지 않는 바가 있다'고 칭찬하였습니다.70) 당초에 국가가 형세는 약하고 힘은 다하여 우선 눈앞의 보존만을 도모하는 계책을 하였습니다. 그러나 전하께서 어지러움을 평정하여 바르게 되돌리려는 큰 뜻을 가지고 와신상담해 오신 지 지금 이미 3년이나 되었습니다. 이에 치욕을 씻고 원수를 갚는 일이 머지않아 있게 될 것이라고 기대하고 있었습니다. 그러니 어찌 가면 갈수록 더 미약해져 일마다 순순히 따르기만 해서 저들이 끝내 하지 못하는 바가 없는 지경에까지 이를 줄이야 짐작이나 했겠습니까.

예로부터 죽지 않는 사람이 없고 또한 망하지 않는 나라가 없는데, 죽고 망하는 것은 참을 수가 있어도 반역을 따르는 것은 할 수가 없는 것입니다. 전하께 어떤 사람이 '누가 원수를 도와 제 부모를 쳤다'고 아뢴다면, 전하께서는 반드시 유사(有司)에게 명을 내려 죄를 다스리게 할 것이며, 그 사람이 아무리 교묘한 말로 자신에 대해 해명한다고 할지라도, 전하께서는 용서하지 않고 반드시 왕법을 시행하실 것입니다. 이것은 천하의 공통된 도리입니다.

오늘날 계책을 세우는 자들이 예의는 족히 지킬 것이 못 된다고 하니, 신은 예의에 의거하여 분변할 겨를이 없습니다. 그러나 아무리 이해만 가지고 논한다 하더라도, 강포한 이웃의 일시적인 사나움만 두려워하고 천자(天子)의 육사(六師)가 움직임을 두려워하지 않는다면, 원대한 계책이 못 됩니다.

정축년(인조 15, 1637) 이후로 중국 조정의 사람들이 하루도 우리나라를 잊지 않고 있는 것은, 단지 중국에서 우리를 구해 주지 못하여 패배하였고 우리가 오랑캐에게 항복한 것이 본심이 아니라는 것을 알고 있기 때문입니다. 관하(關下)의 여러 둔(屯)에 주둔해 있는 군병들

---

70) 자로(子路)와 … 칭찬하였습니다: 공자가 계씨(季氏)의 신하로 있는 자로와 염구(冉求)에 대해 숫자만 채우고 있는 구신(具臣)이라고 비난하면서도 또한 "아버지와 임금을 시해하는 일은 또한 따르지 않을 것이다.[弑父與君 亦不從也]"라고 하면서 칭찬하였다. (『論語』 先進)

과 해상에 떠 있는 누선(樓船)의 병졸들이 비록 오랑캐를 쓸어 내고 옛 강토를 회복하기에는 부족하다고 하더라도, 우리나라의 잘못된 행동을 금하기에는 충분합니다. 만약 우리나라 사람들이 호랑이의 앞에서 신을 이끌어주는 짐승이 되었다는 말을 듣는다면, 저를 문책하는 군대가 벼락같이 달려와 배를 띄운 지 하루 만에 곧바로 해서(海西)와 경기의 섬에 당도할 것입니다. 그럴 경우 우리나라가 두려워할 상대가 유독 심양뿐만은 아닐 것입니다.

사람들이 모두 말하기를, '저들의 세력이 한창 강하여 따르지 않으면 반드시 화가 있을 것이다'라고 합니다. 그러나 신은 명분과 의리야말로 지극히 중대한 것인 만큼, 이를 범하면 반드시 재앙이 이를 것이라고 여깁니다. 의리를 저버리고서도 끝내 망하는 것을 면치 못하는 것보다는 정도를 지키면서 하늘의 명을 기다리는 것이 어찌 더 낫지 않겠습니까. 그러나 명을 기다린다고 하는 것이 한갓 앉아서 망하기만을 기다린다는 말은 아닙니다. 일이 순조로우면 백성들의 마음이 기뻐하고, 백성들의 마음이 기뻐하면 근본이 공고해집니다. 이것으로써 나라를 지키고서도 하늘의 도움을 받지 못한 적은 아직 없었습니다.

우리 태조 강헌대왕(太祖康獻大王)께서는 의리를 들어 회군(回軍)하여 200년의 공고한 기업(基業)을 세우셨고, 선조 소경대왕(宣祖昭敬大王)께서는 지성으로 사대(事大)하여 임진왜란 때 구원해 주는 은혜를 받으셨습니다. 지금 만일 의리를 버리고 은혜를 잊고서 차마 이런 거조를 한다면, 비록 천하 후세의 의논은 돌아보지 않는다 하더라도 장차 어떻게 지하에 계신 선왕을 뵐 것이며, 또 어떻게 신하들로 하여금 국가에 충성을 다하라고 할 수 있겠습니까.

삼가 바라건대, 전하께서는 혁연하게 생각을 바꾸시고 서둘러 큰 계책을 정하소서. 그리하여 강포함에 뜻을 빼앗기지 말고 사특한 의논에 두려움을 갖지 마시어, 태조와 선조의 뜻을 잇고, 충신과 의사의 기대에

부응하소서. 신이 국가의 두터운 은혜를 받아 대부의 반열에 오른 지
오래되었습니다. 지금은 비록 폐해져 물러나 있는 중이나, 이와 같은
국가의 막대한 일을 당하여서는 의리상 잠자코 있을 수는 없습니다.
지난번에 유림(柳琳)이 갈 적에는 신이 먼 외방에 있었고 일도 급박하여
미처 말씀을 올리지 못하였으므로, 뼈에 사무쳐 잊히지 않는 원한이
지금까지 경경하기만 합니다. 이에 감히 기휘(忌諱)를 피하지 않은
채 어리석은 정성을 진달 드리고는 공손하게 형벌이 내리기만을 기다립
니다. 삼가 바라건대 전하께서는 굽어 살펴 주소서." 하였는데, 상께서
회답하지 않았다. (「청음연보」)

▓ 심양생활

71세인 인조 18년(1640) 11월에 조지(朝旨)를 *받*고서 장차 심양으로 가기 위해 가묘(家廟)에 하직 인사를 고하고 아무 날에 *행차*을 출발하였다.

노차(虜差) 용골대(龍骨大) 등이 만상(灣上)에 나와 있으면서 영상 홍서봉(洪瑞鳳)과 이조판서 이현영(李顯英) 등을 불러 묻기를, "그대 나라에 김상헌이란 자가 있어 관작(官爵)도 받지 않고, 우리나라의 연호도 쓰지 않는다고 하는데, 그런 사실이 있는가?" 하였으며, 또 묻기를, "그 사람은 같이 산성에 들어갔다가 어가를 따라 성 아래로 내려오지 않았으며, 멀리 다른 곳으로 가 있으면서 연소배를 시켜 척화하는 상소를 올렸다고 하는데, 과연 그런가?" 하였다.

그러자 영상 이하가 두려움에 떨면서 어찌할 줄을 모른 채 감히 선생을 위하여 변명해 주지 못하였다. 도승지 신득연(申得淵) 역시 불려가 심문을 당하면서 선생을 핑계로 대고 스스로 벗어나기를 구하였다. 이에 조정에서는 선생을 재촉하여 밤낮없이 길을 가게 하였다. 선생은 명을 듣는 즉시 떠나면서 사당에 고하였는데, 그 글에 이르기를, "조정에서 관직을 맡아 있으면서 망령되이 옛 의리를 바치다가 장차 불측한 지경에 빠지게 되어 멀리 신위(神位)를 하직하게 되었는바, 비통한 심정을 금치 못하겠습니다. 이에 경건하게 고합니다." 하였다. 또 김희진(金希振)에게 남겨 준 시가 있다. (「청음연보」)

12월 9일에 경성(京城)을 지나갔다. 상께서 중사(中使)를 파견하여 어찰(御札)과 초구(貂裘)를 하사하니, 상소를 올려 사례하였다.

선생께서 길을 가다가 도성 밖에 도착하자, 상께서 중사를 파견하여 초구를 하사하고 또 어찰을 내려 위로하기를, "경이 선조(先朝)의 구신으로서 나를 따라 함께한 지가 역시 여러 해가 되었다. 의리상으로는 비록 군신 사이이나 정으로 보면 부자와 같았다. 이 때문에 지난해에 물러나 떠나갈 적에도 오히려 몹시 서운하였다. 그런데 뜻밖에도 화가 생겨나 마침내 이 지경에 이르렀다. 이는 참으로 못난 내가 현명하지 못한 소치이다. 말과 생각이 이에 미치매 나도 모르는 사이에 눈물이 흐른다. 서로 만나보고 싶은 마음이 간절하였으나 껄끄러운 점이 있어서 그렇게 하지 못하였다. 경은 모름지기 잘 대답하여 저들의 노여움을 풀어 주기 바란다." 하였다.

이에 선생께서는 대답하여 아뢰기를, "소신이 형편없이 못난 탓에 종시토록 성상의 은혜에 우러러 보답하지 못하였으니, 신의 죄가 만 번 죽어도 모자랍니다." 하고, 또 상소를 올려 아뢰기를, "신은 말한 것이 조금도 도움이 되지 못하였는데, 몸은 먼 길을 떠나가게 되었습니다. 국문(國門) 앞을 지나가면서도 대궐 안에 들어가 하직 인사를 할 수가 없었기에, 마음속이 경경하여 흠모하는 마음만 한갓 불어났습니다. 그런데 뜻하지 않게도 성상께서 마음속으로 저의 하찮은 충성심을 살펴 주셨습니다. 내사(內使)가 임하여 오매 성상의 말씀이 측달하고, 진귀한 갖옷을 하사받으매 따사로운 기운은 봄이 돌아온 듯합니다. 이에 마치 섬돌 위에 올라가서 다시금 용안을 우러러 뵙는 것만 같은바, 비록 죽는 날이라고 하더라도 오히려 사는 해가 될 것입니다. 신은 하늘을 우러르고 대궐을 바라보면서 피눈물을 흘리며 정이 쏠려 감을 금치 못하겠습니다." 하였다. 이 상소를 보고 상께서 경연 석상에서 하교하기를, "김상헌의 상소를 보니 그가 직접 쓴 것인 듯한데, 이는 바로 영결하는 뜻이라서 차마 읽을 수가 없다." 하고는 이어 몇 줄기

눈물을 흘리니, 여러 신하들이 모두 비통해하였다.

상께서 대신에게 묻기를, "경들은 상헌을 만나 보았는가? 그의 뜻이 어떠하던가?" 하니, 심열(沈悅)이 아뢰기를, "그 사람은 조금도 꺾이는 뜻이 없었는바, 저들에게 가서 말하는 즈음에 노여움을 촉발시킬 염려가 없지 않았습니다. 이에 친구들이 모두 그 점을 가지고 경계시켰습니다." 하자, 상께서 이르기를, "그렇다면 조금도 마음이 흔들리지 않더란 말인가?" 하니, 심열이 아뢰기를, "행동거지가 한가로워서 평소와 다름이 없었습니다." 하였다. (「청음연보」)

인조 18년 12월 18일에 용만(龍灣)에 도착하였다.

당시에 용호(龍胡)가 재촉하기를 몹시 급하게 하면서 종호(從胡)를 중로(中路)로 파견해 빨리 오라고 독촉하였다. 이에 선생께서는 밤낮없이 길을 가 18일에 만상(灣上)에 도착하였다. 용호가 영상 등 여러 사람들을 모아 놓고 선생을 불러들였다. 선생께서는 포의를 입고 짚신을 신고 호연건(浩然巾)을 착용하고 지팡이를 집고서 앞으로 나가서 이현영(李顯英)의 오른쪽에 비스듬하게 기대어 누웠다.

용호 등이 묻기를, "정축년(인조 15, 1637)에 너의 국왕이 남한산성에서 내려올 때, 너 혼자만 청나라를 섬길 수가 없다고 하면서 국왕을 따라 성을 내려오지 않았는데, 그것은 무슨 뜻인가?" 하자, 답하기를, "나라고 해서 어찌 우리 임금을 따라 내려가고 싶지 않았겠는가. 나는 늙고 병이 들어서 따라가지 못한 것일 뿐이다." 하였다.

용호가 또 묻기를, "정축년 이후에 제수된 관직을 한 번도 받지 않았으며, 심지어는 교지(教旨)를 도로 돌려보내기까지 하였는데, 이 역시 무슨 뜻인가?" 하자, 답하기를, "나라에서는 내가 늙고 병들었다는 이유로 애당초 관직에 제수하지도 않았다. 그런데 어찌 교지를 도로 돌려보낸 일이 있었겠는가." 하였다.

용호가 또 묻기를, "군사들을 내어 도울 때 어찌하여 상소를 올려 서지시켰는가?" 하자, 답하기를, "나는 나의 뜻을 지킨 것이다. 그리고 나는 나의 임금에게 고한 것이다. 그런데 나라에서 나의 말을 쓰지 않은 것이다. 이와 같은 일을 다른 나라에서 반드시 알고자 한단 말인가?" 하였다. 그러자 용호가 갑자기 말하기를, "두 나라가 이미 한집안이 되었는데, 어찌하여 다른 나라라고 하는가?" 하니, 답하기를, "양국에는 각자 경계가 있다. 그러니 어찌 다른 나라라고 하지 않겠는가." 하였다.

그러자 용호가 곧바로 종을 시켜서 내보내게 하였으며, 별달리 진노하는 기색이 없었다. 이를 본 노차(虜差) 오목도(梧木道)가 말하기를, "조선의 사람들은 말을 하는 사이에 오로지 부드럽게 하기만을 일삼는데, 이 사람은 응답하는 것이 아주 시원시원한바, 대하기가 가장 어려운 노인이다." 하였으며, 종호들 역시 혀를 차면서 칭찬하고 탄복하였다.

다음날 드디어 선생을 끌고 강을 건너갔다. 가는 도중에 용호가 사냥을 하여 사슴을 잡았는데, 두 다리를 먼저 선생께 바쳤다.

(「청음연보」)

인조 18년 12월 26일에 심양에 도착하였다.

72세인 인조 19년(1641) 북관(北館)에 구류되었다.

1월 8일에 용호 및 여러 오랑캐들이 한곳에 모여 있으면서 사람을 질관(質館)[71]에 보내어 세자 및 사신들을 와서 모이게 하였다. 그리고는 먼저 선생을 대문 바깥에 있게 하고는 오랑캐 한(汗)의 명으로 힐문하기를 앞서 만상에 있을 때와 같이 하였는데, 선생께서 답하면서 앞서와 같이 하였다. 그러자 드디어 북관에 구류시킨 것이다.

(「청음연보」)

---

71) 질관(質館): 항복한 외국의 볼모가 거처하는 곳으로, 여기서는 심양의 세자 관소(館所)를 이른다.

당시 상황을 『설교집(雪窖集)』에 기록하였다.

11월에 부인 이씨(李氏)가 안동에 있다가 졸하였다.

12월에 선생께서 병세가 위독해지자, 청나라 사람들이 선생으로 하여금 의주(義州)로 나가 있게 하였다.

선생의 병세가 갑작스럽게 위독해지자 오랑캐의 한이 용호로 하여금 살펴보게 하고 그로 하여금 내보내어 의주에 구류시키게 하였다. 오는 도중에 호송하는 호차(胡差)가 험한 길을 만나면 문득 말에서 내려 앞에 서서 직접 선생이 타고 있는 수레를 부축하였는데, 존경하는 마음을 종시토록 해이하게 하지 않았다. (「청음연보」)

73세인 인조 20년(1642) 1월 2일에 의주에 도착하여 이 부인(李夫人)의 부음을 듣고는 신위(神位)를 만들어 놓고 곡한 다음 성복(成服)하기를 예와 같이 하였다.

상소를 올려 실정을 진달하였으며, 또 세자에게 편지를 보냈다. 만상에서 지은 여러 편의 시가 있는데, 『설교집』에 실려 있다.

선생께서는 항상 생일에는 비통한 심정이 배는 더 간절하였으므로 집안사람들이 술잔을 올리는 것을 허락하지 않았다. 그런데 마침 생일날 의주의 수령이 술과 안주를 보내 왔다. 이에 선생께서는 감회를 읊은 시를 지었는데, 그 시는 다음과 같다.

故山松栢鎖幽宮　고향 산의 송백 속에 무덤 잠겨 있거니와
疇昔歡娛入夢中　지난날에 즐겁던 일 꿈속으로 들어오네
今日一杯誰爲進　오늘에는 한잔 술을 어느 누가 올리려나
白頭千里泣無窮　흰머리로 천리 밖서 눈물 줄줄 흘리누나

(「청음연보」)

그런데 인조 19년(1641) 10월에 선천부사(宣川府使) 이계(李烓)가 명나라 상선과 밀무역하다가 청나라에게 들켜 감금되고, 용골대의 심문을 받게 되자 최명길·이경여·신익성·이명한 등이 명나라와 밀통한다는 것과 조선의 음사(陰事) 12조를 고하는 일이 발생하였다. 용골대는 이계를 나라와 왕을 배신한 자로 판단하여 조선에서 처단하도록 연락하였고, 1642년 이계는 참수되었다.

이계의 본관은 전주(全州)이며 효령대군의 8대손이다. 광해군 13년(1621)에 정시 문과에 급제하였고, 인조 2년(1624)에 출사하였으며 여러 관직을 지냈다. 청나라와의 관계에 있어서는 주화파로 척화파인 김상헌 등을 공격하는데 앞장섰다.

이계의 밀고로 인해 74세인 인조 21년(1643) 1월에 청에서 선생을 또다시 잡아서 심양으로 갔다.

적신(賊臣) 이계(李烓)가 잠상(潛商)[72] 한 일이 발각되어 오랑캐들이 체포해 봉황성(鳳凰城)에 가두었다. 그러자 이계가 조정의 기밀을 오랑캐들에게 고하면서 선생에게까지 파급되게 하고서 자신은 모면할 생각을 하였다. 이에 조정에서는 이계를 잡아다가 처형하였다. 호차가 서울에 도착해서는 이계가 말한 내용을 가지고 조정을 힐문하였으며, 청나라로 돌아가다가 의주에 이르러 다시 선생을 북쪽으로 끌고 간 것이다. (「청음연보」)

동관(東館)에 있다가 아무 날에 북관으로 옮겨졌다.

선생께서는 처음에 심양에 이르러서 동관에 있었다. 어느 날 용호

---

72) 잠상(潛商): 관청의 허가를 받지 않고 법령(法令)으로 금지하는 물품을 몰래 국외에 파는 것을 말한다.

등이 선생을 불렀는데, 사람을 시켜서 부축해 앉게 하였다. 이에 선생께서는 몸을 비스듬히 기대고 다리를 뻗고 앉았다. 용호가 "국사에 간여하고 문신들을 지휘하고 이계를 죽이도록 주장하였다."는 등의 말로 캐문자, 답하기를, "국가에서 이미 정한 일은 비록 조정에 있는 신하라도 오히려 다시 고칠 수가 없는 법이다. 그런데 더구나 죄를 입고서 외방에 나가 있는 사람이 어떻게 간여할 수 있겠는가. 다만 이계는 할아버지와 아들과 손자 삼대가 나라를 등진 큰 죄를 지었으므로 내가 대간이 되었을 때 논계하여 죄를 가하였다. 이계가 이 때문에 절치부심하며 독을 품고 있으면서 항상 보복하기를 도모하였다. 이것은 우리나라 사람들이 다 알고 있는 바이다." 하였다. 묻기를 마치고는 드디어 북관에 구류시켰다. (「청음연보」)

당시에 정승 최명길(崔鳴吉) 역시 잡혀가서 구류되어 있었다. 최명길이 시를 지어 경권(經權)[73]의 뜻에 대해 말하기를, "끓는 물과 언 얼음이 모두 물이고, 가죽 옷가 갈포 옷이 모두 옷일세.〔湯氷俱是水 裘葛莫非衣〕" 하였다. 그러자 선생께서 그 운에 차운하여 시를 짓기를,

成敗關天運　성패는 다 하늘 운에 달려 있거니
須看義與歸　의에 맞는 것인가만 보아야 하리
雖然反夙暮　제아무리 아침저녁 바뀐다 해도
詎可倒裳衣　어찌 옷을 뒤바꾸어 입어서 되랴
權或賢猶誤　권도 쓰면 현인도 혹 잘못될 거고
經應衆莫違　정도 쓰면 뭇사람들 못 어기리라
寄言明理士　이치 밝은 선비에게 말해 주나니

73) 경권(經權): 정도(正道)와 권도(權道)로, 청음이 심양의 옥에 갇혀 있을 때 지천(遲川) 최명길(崔鳴吉)과 더불어 이에 대해 시를 지어 강론하였다. (『燃藜室記述』 卷26, 仁祖朝故事本末)

造次恒衡機 급한 때도 저울질을 신중히 하소

아였다. 또 노중련(魯仲連)74)에 대해서 읊은 시가 있는데, 그 시는
다음과 같다.

月暈孤城晝暗塵 달무리 진 외로운 성 한낮에도 어둑한데
邯鄲朝暮且降秦 조의 한단 조만간에 진에 항복하게 됐네
當時不有先生議 그 당시에 선생 의논 있지 아니 하였다면
羞殺千秋萬古人 천추만고 사람들이 수치 크게 품었으리

4월에 질관에 나가 있었다.

용호 등이 세자관(世子館)의 앞에 와서 선생과 최명길을 불러 놓고
말을 전하기를, "이번에 바야흐로 크게 은전을 베풀어서 특별히 석방해
세자가 있는 관소(館所)에서 가까운 곳에 있게 하는 것이다." 하였으며,
이어 자물쇠를 풀었다. 용호가 선생 및 최명길로 하여금 서쪽을 향하여
황제의 명에 사은하게 하자, 최명길이 선생의 팔을 잡고 함께 하려고
하였다. 이에 선생께서는 허리에 병이 났다고 핑계를 대고는 끝내 예를
올리지 않았으며, 용호가 강요하였으나 역시 꿈쩍도 하지 않았다. 최명
길만 홀로 서쪽을 향하여 사배를 올리고 꿇어앉아서 용호에게 사례하니,
용호가 눈을 부릅뜨고 선생을 오랫동안 노려보았다. 선생께서는 드디어
세자에게 사례하고서 그대로 질관에 머물렀다. (「청음연보」)

상께서 아무 관직에 있는 박황(朴潢)을 인견하였다. 〔이보다 앞서

---

74) 노중련(魯仲連): 전국시대 제(齊)나라의 장수이다. 노중련이 일찍이 조(趙)나라에
　　머물러 있을 적에 위(衛)나라에서 진(秦)나라 왕을 황제로 추대하여 군대를 철수시키
　　게 하려고 하자, 노중련은 진나라가 무도한 나라임을 역설하면서, 진나라가 칭제(稱
　　帝)한다면 자신은 동해(東海)에 빠져 죽을 것이라고 하여 중지시켰다. (『史記』 卷83,
　　魯仲連列傳)

박황 역시 선생을 따라 잡혀가 심양에 구류되어 있다가 이때에 이르러 의주(義州)로부터 방면되어 돌아왔다.〕 상께서 선생에 대해 물음에 미쳐서는 이름을 부르지 않고 이르기를, '김판서(金判書)의 일은, 처음 에는 그가 반드시 죽음을 면치 못할까 우려하였다. 그런데 지금 다행히 도 이와 같이 석방되었다. 그렇다면 저들이 처음에 잡아간 것은 무슨 뜻인가?" 하니, 박황이 답하기를, "이계가 전적으로 거짓을 날조하여 고변하였으므로 이런 일이 있었던 것입니다." 하자, 상께서 이르기를, "전에 남한산성에 있었을 때 이 사람이 한 짓은 온당치 않았다. 이번에 심양에 들어가서는 다른 사람은 다 절개를 보전하지 못하였으나, 이 사람만은 끝까지 절개를 변하지 않았으며, 국가에서 내려 준 은자(銀子) 까지도 쓰지 않고 돌아와서는 도로 바쳤다. 〔당초에 선생께서 심양에 들어갈 적에 조정에서 백은(白銀)을 하사하여 심양에 있으면서 필요한 데 쓰게 하였다.〕 그러니 그 맑고 꿋꿋한 절조는 참으로 가상하다." 하니, 박황이 아뢰기를, "신은 김상헌과 더불어 연배가 크게 차이 나므로 일찍이 잘 알지 못하고 있었습니다. 그런데 이번에 심양에 들어가서 몇 해 동안 함께 있으면서 다른 사람들보다 훨씬 뛰어난 점이 있는 것을 보았습니다. 대개 생사가 눈앞에 있어도 개의치 않았으며 두 번째 들어갈 때에는 더욱더 마음이 흔들리지 않았습니다." 하자, 상께서 이르기를, "거센 바람 속에서 강한 풀을 안다고 했는데 이 사람이야말로 남자다운 기상이 있다. 다른 사람들은 비록 심상한 일로 심양에 들어가 더라도 대부분 제대로 대처하지 못하고 만다." 하였다. (「청음연보」)

당시 상황을 기록한 『설교후집(雪窖後集)』을 지었다.
75세인 인조 22년(1644) 『설교별집(雪窖別集)』을 지었다.
4월에 대명(大明)이 망하였다. 시를 지어 애통해하였다.

유적(流賊)이 북경(北京)을 함락하였는데, 수신(帥臣) 가운데 오삼
계(吳三桂)란 자가 오랑캐들을 맞이하여 산해관(山海關)으로 들어감
에 따라 대명이 드디어 망하였다. 이에 선생께서는 시를 짓기를

鐵馬胡笳山海月 철마에다 호가 속에 산해관에 달 오르고
紅眉戰血漢宮春 홍미적의 전혈 속에 한궁에는 봄이 오네75)
諸侯不赴驪山約 제후들이 여산 회합 약속 아니 지켰기에76)
空憶秦庭痛哭人 진정에서 통곡하던 사람77) 괜히 생각나네

하였으며, 또 이르기를,

奉節朝周昔作賓 사신 되어 조회 가서 지난날에78) 빈객 되매

---

75) 홍미적(紅眉賊)의 … 오네: 홍미적은 명나라 말기에 일어났던 난적(亂賊)으로, 명나라
   에서 오삼계(吳三桂)를 시켜 막게 하였으나, 막지 못해 북경에 난입하기도 하였다.
   한궁(漢宮)은 명나라 자금성(紫禁城)을 가리킨다. 한(漢)나라 때에는 서한(西漢)
   말기에 번숭(樊崇) 등이 주동하여 일어난 농민 반란군인 적미적(赤眉賊)이 있었다.
76) 제후들이 … 지켰기에: 전란이 일어났는데도 지방에 주둔해 있는 군사들이 도우러
   오지 않았다는 뜻이다. 여산(驪山)은 섬서성(陝西省)의 임동현(臨潼縣) 동남쪽에
   있는 산이다. 주(周)나라 유왕(幽王)이 포사(褒姒)란 미인에게 미혹하였는데, 포사는
   평생에 웃는 일이 없었다. 왕이 거짓으로 여산에 봉화(烽火)를 올리자, 사방의 제후들
   이 난리가 난 줄 알고 군사를 거느리고 구원하러 왔다가 헛걸음을 하니 그제야
   포사가 한 번 웃었다. 그 뒤에 정말 산융(山戎)이 침입해 왔을 적에 봉화를 올렸으나
   제후들이 믿지 않고 군사가 오지 않아 국도(國都)가 함락되고, 유왕은 여산 아래에서
   살해당하였다.
77) 진정(秦庭)에서 통곡하던 사람: 춘추 시대 초(楚)나라의 대부인 신포서(申包胥)를
   가리킨다. 신포서는 성이 공손(公孫)인데, 신(申) 땅에 봉작되었으므로 이렇게 칭하는
   것이다. 신포서가 오자서(伍子胥)와 더불어 친하게 지냈는데, 오자서가 오(吳)나라로
   도망치면서 신포서에게 "내가 초나라를 전복시킬 것이다." 하자, 신포서가 "그대가
   초나라를 전복시키면 내가 다시 일으켜 세울 것이다." 하였다. 그 뒤에 오자서가
   오나라의 군사를 이끌고 초나라의 수도인 영(郢)에 침입하자 진(秦)나라에 가서
   구원병을 청하였는데, 7일 동안 음식을 먹지 않으면서 조정의 담에 기대어서 통곡하였
   다. 그러자 진나라의 애공(哀公)이 감동하여 구원병을 내주므로, 그 군사를 거느리고
   돌아와서 국난을 평정하였다. (『淮南子』 修務訓)
78) 지난날: 원문은 '昔'인데, 한국문집총간 77집에 수록된 『청음집』 권13에는 '替'로
   되어 있다.

皇恩如海到陪臣 바다 같은 황제 은혜 배신에게 미치었네
天翻地覆逢今日 하늘과 땅 뒤엎어진 오늘날을 만나서는
未死羞爲負義人 죽지 않아 부끄럽게 의를 등진 사람 됐네

하였으며, 또 이르기를,

愁聽荒鷄半夜聲 수심 속에 한밤중에 닭이 우는 소리 듣네
遼河風浪恨難平 요하 강물 풍랑 일어 한이 아니 가라앉네
書生筆力慚無用 서생 필력 쓸모없어 부끄러운 맘 드나니
誰慰天都九廟驚 어느 누가 천도에서 놀란 구묘80) 위로하랴

하였다.
또 율곡(栗谷) 선생의 시에 차운하기를,

可恨又可恨 나의 마음 한스럽고 한스럽나니
恨今天下拙 천하 사람 졸렬함이 한스럽다네
訏謨久失宜 계책 오래 마땅함을 잃었던 탓에
大命忽中絶 하늘의 명 중간에서 홀연 끊겼네
豺狼處都邑 승냥이와 이리 따위 성안에 살고
冠冕倒靴韈 관면들은 거꾸로다 신발 신었네
偸生竄身徒 구차하게 살고자 해 도망쳐 숨고
錦繡易短褐 비단옷을 해진 옷과 바꿔 입었네
野老暗呑聲 들 노인네 어둠 속에 울음 삼키고

---

79) 부끄럽게: 원문은 '羞'인데, 한국문집총간 77집에 수록된 『청음집』 권13에는 '終'으로
되어 있다.
80) 구묘(九廟): 천자의 종묘(宗廟)를 말한다. 천자의 종묘는 본디 태조묘(太祖廟)와
세 소묘(昭廟), 세 목묘(穆廟)를 합쳐서 칠묘(七廟)인데, 왕망(王莽)이 이를 다섯
조묘(祖廟)와 네 친묘(親廟)로 늘려 구묘의 제도를 만들었으며, 후대에는 이를 그대로
답습하였다.

官兵多委骨 관병들은 대부분 다 죽고 말았네

萬姓寄鋒鏑 만백성들 칼날 아래 죽어 가는데

何忍獨苟活 어찌 차마 구차스레 홀로 살았나

皇天亦不仁 황천 역시 인자한 맘 아니 품어서

子亡父不恤 자식 죽었는데 아비 돌보지 않네

可恨又可恨 나의 마음 한스럽고 한스럽나니

滔天起秒忽 하늘 닿는 화 홀연히 일어났구나

民力最所惜 백성들 힘 허비함이 젤 아깝거니

費用宜撙節 비용 의당 잘 절약해 써야 하리라

罔念稼穡艱 농사짓는 힘듦 잊지 말아야 하니

山水代無逸 산수 그림 무일편과 바꿔야 하리[81]

閹尹作阿衡 환관들이 아형[82]인 양 행세를 하고

佞幸爲傅說 간사한 자 부열[83]인 양 행세를 했네

高皇萬世業 고황제의 만세 전할 대명의 왕업

一朝同棄物 하루아침 내버려진 물건 되었네

太子及諸王 황태자와 여러 명의 친왕들 모두

倉卒不得訣 창졸간에 영결조차 하지 못했네

中華臣子痛 중국 조정 신하들의 애통한 맘이

反爲敵雠悅 되레 원수 오랑캐들 기쁨 되었네

---

81) 산수(山水) … 하리: 임금 뒤에 쳐 놓은 산수도의 병풍을 「무일(無逸)」의 병풍으로
   바꿔야 한다는 뜻이다. 「무일」은 『서경』의 편명으로, 임금이 안일에 빠지는 것을
   경계하는 내용으로 되어 있다.
82) 아형(阿衡): 은(殷)나라 때의 벼슬 이름인데, 은나라의 현상(賢相)인 이윤(伊尹)이
   이 벼슬에 있었으므로, 이윤을 가리키는 말로 쓰인다. 이윤은 탕(湯) 임금을 도와
   왕도 정치(王道政治)를 실현하게 하고, 탕의 손자 태갑(太甲)이 무도하자 동(桐)
   땅으로 추방했다가 허물을 고친 후에 다시 복위시켰다.
83) 부열(傅說): 은나라의 대표적인 현상으로, 고종(高宗)이 꿈을 꾸고 부열을 얻었다고
   한다.

可恨又可恨 나의 마음 한스럽고 한스럽나니
夷言喜轉聒 되놈들 말 시끄럽게 귀에 들리네
趫騰誇馬足 날뛰면서 말발굽을 과시하면서
辛苦笑籧篨 온갖 고생 겪는 것을 보고 비웃네
深思飜覆理 뒤바뀌는 이치 깊이 생각해 보매
得在創前失 얻음 본디 잃는 데서 시작이 되네
海內多賢藩 천하에는 착한 번국 많이 있거니
周社應再栗 주사에는 밤나무가 다시 자라리[84]
大老載渭獵 대현인을 위렵에서 모시고 오고[85]
遺材收點瑟 남은 인재 점슬[86]하는 데서 거두면
中興侔宣王 중흥함이 주나라의 선왕과 같아
三捷見一月 세 번 승리 한 달 새에 보게 되리라[87]
江南消息斷 강남 땅서 오던 소식 끊어졌기에
寸心增鬱結 나의 촌심 답답함이 더 불어나네

---

84) 주사(周社)에는 … 자라리: 명나라의 종묘사직이 다시 이어질 것이란 뜻이다. 노나라 애공(哀公)이 재아(宰我)에게 사(社)에 대해서 묻자, 재아가 답하기를, "하후씨(夏后氏)는 소나무를 심어서 사주(社主)로 삼았고, 은나라 사람들은 잣나무를 심어 사주로 삼았고, 주나라 사람들은 밤나무를 심어 사주로 삼았으니, 밤나무를 심은 것은 백성들로 하여금 전율을 느끼도록 하기 위해서였습니다." 하였다. (『論語』 팔일)

85) 대현인을 … 오고: 대현인은 강태공(姜太公)을 가리키고, 위렵(渭獵)은 위수(渭水) 가에서 사냥한다는 뜻이다. 주(周)나라 문왕(文王)이 위수 가에서 사냥을 하다가 낚시질을 하고 있던 태공을 만나서 말을 나눠 보고는 크게 기뻐하여 수레에다 싣고서 함께 돌아와 스승으로 섬겼다. (『史記』 卷32, 齊太公世家)

86) 점슬(點瑟): 증점(曾點)의 비파란 뜻으로, 공자(孔子)가 제자들과 함께 있다가 각자의 뜻을 묻자, 증점이 타던 비파를 놓고 일어서 "늦은 봄에 봄옷이 다 지어지면 대여섯 명의 어른과 예닐곱 명의 아이들과 함께 기수(沂水)에서 목욕하고 무우(舞雩)에서 바람을 쐬고서 노래하며 돌아오겠습니다." 하니, 공자가 감탄하였다. (『論語』 先進)

87) 중흥함이 … 되리라: 주(周)나라 선왕(宣王)은 소공(召公)에게 명하여 사방의 오랑캐를 평정하였으며, 『시경』 「소아(小雅)」 채미(采薇)에 이르기를, "병거에다 멍에 이미 매었거니와, 네 필의 말이 모두 건장하도다. 어찌 감히 편안하게 거처하리오, 한 달 새에 세 번 승리할 것이로다.[戎車旣駕 四牡業業 豈敢定居 一月三捷]" 하였다.

所憂非我力 걱정거리 내 힘으론 어쩔 수 없어

憂端幾欲輟 걱정 생각 내버리고 싶은 맘이네

自然從中來 그렇지만 맘속에서 절로 나오니

眞性寧可沒 본성 어찌 매몰되게88) 할 수가 있나

首陽邈難登 수양산은 아득히 멀어 못 오르지만

隨處有薇蕨 곳곳마다 고사리는 자라 있다네89)

我屋石室下 나의 집은 석실산의 아래 있거니

歸騎何時發 돌아갈 말 어느 때나 출발시키나

虛奏鍾儀音 괜히 종의 연주하던 음 연주하고90)

飽餐蘇卿雪 배부르게 소경 먹던 눈을 먹었네91)

威弧久未弦 강한 활은 오래도록 안 당겨졌고

寶劍空在室 좋은 보검 부질없이 방 안에 있네

羈形外銷鑠 매인 형색 겉모습은 추레해졌고

---

88) 매몰되게: 원문은 '可沒'인데, 한국문집총간 77집에 수록된 『청음집』 권13에는 '假設'
로 되어 있다.

89) 수양산(首陽山)은 … 있다네: 은(殷)나라 말기에 백이(伯夷)와 숙제(叔齊)가 주(周)나
라 무왕(武王)이 주(紂)를 정벌하는 것을 반대해서 간하다가 듣지 않자 수양산으로
들어가 고사리를 캐 먹으면서 지내다가 마침내 굶어 죽었다. (『史記 卷61, 伯夷列傳)

90) 괜히 … 연주하고: 심양의 옥에 갇혀 있다는 뜻이다. 종의(鍾儀)는 춘추 시대 초(楚)나라
의 악관(樂官)인데, 일찍이 진(晉)나라에 포로로 잡혀가 갇혀 있었다. 진나라 임금이
군부(軍府)를 시찰하다가 포로가 되어 갇혀 있는 종의를 보고서 음악을 연주하게
하니, 종의가 고향을 그리면서 자기 나라 토속의 곡조를 연주하였다. 진나라 임금이
그 음악을 다 듣고는 슬퍼하면서 종의를 석방하게 하였다. (『春秋左氏傳』成公
9年)

91) 소경(蘇卿) … 먹었네: 소경은 한나라 두릉(杜陵) 사람 소무(蘇武)로, 그의 자는
자경(子卿)이다. 무제(武帝) 때 중랑장(中郞將)으로서 흉노(匈奴)에 사신으로 갔다가
잡혀서 19년 동안 돌아오지 못하게 되었다. 당시에 흉노가 소무를 큰 움집[大窖]에
유폐하고 음식을 주지 않았는데 눈이 내리자 소무가 누워서 눈을 씹고 전모(氈毛)와
함께 삼켜서 죽지 않고 지냈다. 그러다가 다시 북해(北海)로 옮겨져서 양을 치며
지냈는데, 그때에도 한나라의 절(節)을 그대로 잡고 있었다. 소제(昭帝) 때 화친이
되어 돌아왔는데, 선제(宣帝)가 즉위하여 기린각(麒麟閣)을 세우고 그 형상을 그리게
하였다. (『漢書』卷54, 李廣蘇建傳 蘇武)

憤懷中激切　분통한 맘 가슴속에 요동치누나
胡無百年運　되놈에겐 백년 운이 없는 법이니
理豈後世屈　이치 어찌 후세라고 잘못 되리오
時聞達權論　가끔 가다 달권론[92]을 들을 적마다
未終心已咈　끝나기도 전에 속은 이미 들끓네
瞻彼赴海波　저 바다에 이는 물결 바라다보니
日夜長汩汩　밤낮없이 영원토록 출렁이누나
可恨又可恨　나의 마음 한스럽고 한스럽나니
此恨終不滅　이런 한은 끝내 아니 없어지리라

하였다. (「청음연보」)

---

92) 달권론(達權論): 권도(權道)에 따라 임기응변을 써서 잘 대처해야 한다는 논으로,
여기서는 청나라와 화친을 맺어야 한다는 주화론(主和論)을 뜻하는 말로 쓰였다.

◈ 귀환과 낙향

이런 상황에서 소현세자(昭顯世子, 1612~1645)가 병자호란(1636) 후 볼모로 잡혀가 청나라가 명나라를 완전히 멸망시키는 인조 23년 (1645) 2월까지 9년간 온갖 고초를 겪다가 이계(李烓)의 밀고로 잡혀 갔던 김상헌 등과 함께 돌아오니, 주화파들의 처지는 풍전등화 격이었다. 그러나 형세는 오히려 거꾸로 뒤바뀌어, 김상헌이 돌아왔으나 서인(庶 人)이므로 대궐에 들어가 왕을 뵐 수 없어 성 밖에서 귀환 상소를 올리나 이에 대해 인조는 대답도 하지 않고 불러 보지도 않으며, 뒤에 등용도 하지 않았다. 이렇게 인조가 김상헌을 박대하는데도 영의정인 김류는 김상헌을 옹호하지 않다가 우승지 조석윤(趙錫胤, 1606~1655)의 비난 을 받을 정도였다.

76세인 인조 23년(1645) 2월에 심양(瀋陽)으로부터 돌아왔다. 서교 (西郊)에 도착하여 상소를 올렸으나 회보하지 않았다. 3월 어느 날에 석실로 나갔다.

당시에 청나라 사람들이 새로 북경(北京)을 차지하게 되어 세자 및 여러 인질들을 송환하였다. 이에 선생 역시 동쪽으로 돌아와 성 바깥에 이르러 상소를 올렸는데, 그 상소에 대략 이르기를, "신은 임금의 명을 무시한 죄가 쌓여 점점 더 구렁텅이로 빠져들게 되었기에, 가슴을 쓰다 듬으면서 두려움에 떨고만 있는 채 아직까지 저의 실정에 대해 명백하게 밝히지 못하였습니다. 이에 감히 외람됨을 무릅쓰고 대궐 뜰에 나아가 크나큰 은혜에 대해 공손하게 사례하지 못하겠습니다. 그런데다가 거듭 해서 질병이 들어 거동하는 것을 거의 폐하고 있기에, 머리를 들어 대궐이 있는 곳을 바라보기만 할 뿐 대궐로 나아갈 수가 없습니다.
견마(犬馬)와 같은 신의 나이가 이제 팔순이 다 되어 가는바, 기울어지
는 햇살을 바라보매 아침저녁으로 떨기만 할 뿐입니다. 이제 한번
시골로 돌아가면 영원히 성상을 뵈올 수 없을 것이기에, 짤막한 상소를
올리노라니 눈물만 흐를 뿐입니다." 하였다. 그런데 십여 일이 지나도록
회보가 없었다. 이에 드디어 석실로 나갔다. (「청음연보」)

상께서 정원에 엄한 비답을 내렸다. 이에 상소를 올려 진정하였다.

정원이 아뢰기를, "김상헌이 환난을 당하여 끝까지 마음을 변치 않았으
니, 천 길 절벽 같은 굳은 절조는 천고에 드문 바입니다. 만 번 죽을
뻔한 위험을 겪고 거듭 살아 돌아오게 된 것은 모두가 그의 의열(義烈)이
감동시킨 소치가 아닌 것이 없습니다. 그러니 어찌 천하 후세에 크게
할 말이 있지 않겠습니까. 그리고 또한 우리 성상께서 보호해 주신
사랑과 북돋아 길러 주신 공을 충분히 볼 수 있습니다. 그렇다면 진실로
특별히 위로하고 달래는 말씀을 내리시어 그를 가상하게 여겨 장려하는
뜻을 보여야 할 것입니다. 그런데 사정을 진술하고 물러가겠다고 고한
그의 상소에 대해서 비답조차 내리지 않으셨습니다. 이것이 어찌 뭇사람
이 바라는 바이겠습니까. 신들이 듣건대, 김상헌이 성문 밖에 머물러
있으면서 공손히 성상의 말씀이 내려지기를 여러 날 동안 기다리다가
이제서야 비로소 교외로 물러간다고 합니다. 백발의 외로운 신하가
고국에 살아 돌아와서 대궐을 지척에 두고 끝내 성상을 배알하지 못하였
습니다. 성상께서 절의를 숭상하고 장려하는 도리에 있어서 어찌 부족한
것이 아니겠습니까." 하니, 답하기를, "이 사람은 고국에 살아 돌아왔으
나 또다시 궁문에는 오지 않았으니, 이는 또한 벼슬하기를 탐탁지 않게
여기는 것이다. 내가 바야흐로 몹시 부끄러워 얼굴이 붉어질 뿐인데,
무슨 위로하고 달랠 말이 있겠는가. 또 그의 상소 가운데는 배알하고

싫어하는 뜻이 별로 없었는데 '끝내 배알할 길이 막혔다.'고 하는 것은
또한 이상하지 아니한가?" 하였다.

또 재신(宰臣)들을 인견할 때 잇달아 온당치 않게 여기는 전교를
내렸다. 이에 선생께서는 감히 스스로 편안히 있지 못하고 상소를 올려
아뢰기를, "신이 지난번에 도성에 이르러 서쪽 교외에 우거하고 있으면
서 목을 길게 빼고 대궐을 바라보노라니, 기쁘기도 하고 슬프기도 하였
습니다. 그러니 대궐 문 가까이에 나아가서 성상의 성대하신 위용을
우러러보고 싶은 마음이야 어찌 한량이 있었겠습니까. 다만 신이 수년
전 심양으로 가던 날에 애당초 영원히 성상을 하직하는 것이라고 여겼습
니다. 그러므로 오늘날 성상의 분명한 명령이 없기에 감히 무릅쓰고
나아가지 못하는 것입니다. 그 당시에 어찌 오늘과 같은 날이 다시
있을 줄을 알았겠습니까.

신은 삼가 중사(中使)가 전해 온 명령을 듣고서는 저도 모르게 눈물이
흘러 옷깃을 적셨습니다. 신의 이런 정상은 귀신이 살펴보고 아는 바입
니다. 신이 지금 고국에 돌아와 상소를 올리고 10일 동안 성 밖에서
기다렸던 것은, 또한 성상의 분명한 명령이 없어서 감히 무릅쓰고 나아
가지 못해서 그런 것입니다. 그렇지 않다면, 신이 늙고 병든 몸이라
비록 조정에 나아가 온 힘을 다해 직임을 수행하지는 못할지라도, 성상
의 맑은 풍채를 한번 바라보는 것이 진실로 신의 지극한 소원인데
어찌 차마 이렇게 태연하게 있을 수 있겠습니까. 그렇다고 해서 공공연
히 말하여 뵙기를 청하는 것도 신으로서는 감히 할 수 있는 바가 아닙니
다. 신의 마음은 분명하고 분명하여 털끝만큼도 꾸밈이 없습니다. 다만
신의 가묘(家廟)가 성중(城中)에 있으므로 신이 한번 배알하였는데,
이것은 진실로 군신 사이와 부자 사이에는 은혜와 의리가 분별이 있어,
때에 따라 예가 서로 같지 않기 때문입니다. 신은 조정에 있으면서
한 일이 보잘것없으며, 평소에 한 언행이 군부(君父)에게 믿음을 얻지

못하였습니다. 그런데 성상(聖上) 위엄이 진동하는 때를 만나서 이에 감히 머리를 쳐들고 원통함을 하소연하고 있으니, 이는 실로 신의 죄입니다." 하였는데, 상께서 답하기를, "경은 혐의(嫌疑)해하지 말라." 하였다.

(「청음연보」)

설상가상으로 뒤에 조귀인(趙貴人)의 소생으로 인조(仁祖)의 외딸인 효명옹주(孝明翁主)에게 손자 김세룡(金世龍)을 결혼시켜 외척(外戚)이 된 김자점(金自點, 1588~1651)의 음모로, 그의 일당인 의원(醫員) 이형익(李馨益)에 의해 소현세자는 돌아온 지 두 달 만인 인조 23년(1645) 4월 26일 34세로 창경궁 환경당(歡慶堂)에서 급서하였다. 병석에 누운지 4일 만의 일이었다. 선생은 4월 29일 양주로부터 와서 성복하고 빈궁(殯宮)에 임하였다가 곧바로 돌아갔다.

77세인 인조 24년 3월 27일에 대광보국숭록대부(大匡輔國崇祿大夫) 의정부 좌의정에 제수되었다.

이때에 이상(二相)에 아울러 매복(枚卜)되었으므로 선생을 곧바로 좌상에 제수한 것이다. (「청음연보」)

상이 좌의정 김자점을 명초하여 복상(卜相)하였다. 김자점이, 병조판서 구인후(具仁垕), 전 판서 김상헌(金尙憲), 이조판서 남이웅(南以雄)으로 의망(擬望)하여 올리니, 김상헌과 남이웅이 모두 재상이 되었다. 이때 김상헌은 양주(楊州) 선영의 아래에 물러나 있었는데, 봉교 홍명하(洪命夏)를 보내어 가서 하유(下諭)하게 하였다. 승지 정유성(鄭維城)이 아뢰기를, "대신에 대한 하유는 범연히 할 수 없으니 교서를 지어 하유하소서." 하니, 상이 역말을 타고 올라오라고만 명하였다. (『인조실록』 권47, 인조 24년 3월 27일)

영경연사(領經筵事)와 감춘추관사(監春秋館事)와 세자부(世子傅)를 겸임하였다. 세 번 상소를 올려 간절하게 사임하였으나, 허락받지 못하였다.

당시에 문인 송시열(宋時烈)이 호서(湖西)로부터 와서 배알하고 이어 십여 일을 머물러 있었다. 선생께서 그때 『근사록(近思錄)』에 나오는 중요한 말을 뽑아내어 송시열과 더불어 상의하여 확정하였는데, 부지런히 하면서 게을리 하지 않았다. 인하여 떠날 적에 시를 지어 주었는데, 그 시에 이르기를, "반갑게도 동양에서 와서 들르매[93], 태극편을 놓고 서로 논사하였네.[喜遇東陽過 思論太極篇]" 하였는데, 이는 대개 「근사록서제(近思錄書題)」에 나오는 말을 써서 지은 것이다. 송시열에게 「기문록(記聞錄)」이 있어 집에 보관하고 있다. (「청음연보」)

상께서 승지를 보내 부지런히 힘쓰라고 도타이 유시하였다. 이에 성안으로 들어가 사은하였다.

선생께서 일찍이 어떤 사람에게 답한 편지에서 이르기를, "새로 제수된 고신(告身)[94]에는 심양의 연호를 쓰지 않았다고 하니, 거의 저의 뜻을 안 것입니다. 과연 그렇다면 어찌 한 차례 오가는 것을 꺼리겠습니까." 하였다. (「청음연보」)

차자를 올려 물러나게 해 주기를 요청하고는 이어 곧바로 정고(呈告)하니, 상께서 따사로운 내용으로 비답을 내리고 허락하지 않았으며, 세

---

93) 반갑게도 … 들르매: 송시열이 청음 자신을 찾아왔다는 뜻이다. 동양(東陽)은 송나라의 학자인 여조겸(呂祖謙)이 있던 곳이다. 주자(朱子)의 「근사록서제(近思錄書題)」에 이르기를, "순희(淳熙) 을미년 여름에 동래(東萊) 여백공(呂伯恭)이 동양으로부터 와서 한천정사(寒泉精舍)로 나를 방문하여 열흘 동안 머물면서 주자(周子), 정자(程子), 장자(張子)의 책을 읽었다." 하였다.

94) 고신(告身): 관원에게 내려 주는 직첩(職帖), 즉 사령장(辭令狀)을 말한다.

차례나 승지를 보내어 도타이 유시하였다. 다시 차자를 올려서 녹봉을 사양하고, 이어 장령 이응시(李應蓍)를 사면시켜 주기를 요청하였다.

당시에 장령 이응시가 말로 인해 죄를 받아 멀리 유배되었다. 이에 선생께서 차자를 올렸는데, 그 차자는 다음과 같다.

"국가가 이미 그에게 말하는 책임을 주어 맡겼으니, 이는 그에게 말을 하라고 시킨 것입니다. 이미 말을 하도록 시켜 놓고서 말을 하였다고 죄를 준다면, 누가 감히 다시 말을 하려고 하겠습니까. 예로부터 어지러워지고 망하는 길이 하나가 아니나, 말한 자에게 죄를 주는 것이 특히 심한 것으로, 이에 대해서는 여러 서적에 즐비하게 기록되어 있어 낱낱이 지적할 수가 있습니다. 현재 변괴가 갖가지로 발생하여서 사람마다 모두 의구심을 품고 있어, 보이지 않는 재앙이 조만간에 닥칠 것만 같습니다. 그러니 조정의 거조를 더욱더 하나하나 신중하게 하여 인심을 진정시켜야 마땅합니다. 어찌 갑작스런 위엄과 노여움을 보여 여러 사람들이 듣고서 거듭 놀라게 해서야 되겠습니까." (「청음연보」)

또다시 차자를 올려 시무(時務)에 대해 진달하고, 이어 체면시켜 주기를 요청하였다.

그 차자에 대략 이르기를, "전하께서는 여러 해 동안 수고하신 나머지 한때에 재액(災厄)을 당하는 운세를 만나 궁궐에서 변고가 생겨나 성심(聖心)을 상한 결과, 처음에는 한 사람에 대해서 노여워하더니만 끝내는 온 조정 사람들을 의심하게끔 되셨습니다. 대신은 전하의 복심(腹心)인데 전하께서는 그들을 의심하고, 대간은 전하의 이목(耳目)인데 전하께서는 그들을 의심하고 계십니다. 원수(元首)가 존엄한 자세로 탄탄하게 있으면서 사체(四體)를 보존할 수 있는 것은, 이것 이외에 다시 무엇을 의지해 그러겠습니까.

강씨(姜氏)[95]는 공손치 못하고 효성스럽지 못해 군부에게 죄를 얻었습니다. 그러나 대신과 대간은 모두 전하께서 평소에 배양하고서 신임하는 자들로서, 의리로는 임금과 신하 사이이지만 정리로는 아버지와 아들 사이와 같습니다. 따라서 말을 주고받을 때에 비록 잘못을 저지른 실수가 많이 있다고 할지라도, 천천히 그 마음을 캐 본다면 어찌 털끝만큼이라도 전하를 등지고 다른 사람을 향할 리가 있겠습니까. 설령 강씨가 지금 살아 있다고 하더라도 궁중의 한 과부에 지나지 않을 것입니다. 그런데 더구나 지금은 이미 죽은 몸으로 싸늘하게 식어 재가 되어 있는 데야 말해 무엇 하겠습니까.

군자는 의(義)에 밝으니 처음부터 사사로이 비호할 이치가 없고, 소인은 이익 되는 것을 잘 아니 또한 뒷날을 바라는 싹을 끊었을 것입니다. 그런즉 그를 위해 보복한다는 것은 전혀 그럴 리가 없습니다. 전하께서는 결단코 지금부터 마음을 비우고 이치를 살펴 해와 달 같은 밝음을 회복하고, 하늘과 땅 같은 도량을 넓히고, 천둥과 번개 같은 위엄을 거두소서. 그리하여 친히 덕음(德音)을 발하여 원근에 밝게 포고하시고, 전후로 말을 하다가 죄를 얻은 자들을 모두 죄를 씻어 주시며, 이미 지나간 잘못들을 사면해 줌으로써, 앞으로 공을 세우도록 책임 지우소서. 그럴 경우 사람들이 서로 기뻐할 것이고 나라의 형세도 영원히 공고해질 것입니다.

신이 또 듣건대, 한나라의 신하 가의(賈誼)는 늘 시무를 안다고 자임하였는데, 그가 정성을 쏟아 논한 것은 바로 태자를 보익(輔翼)하는 데 있었으니, 참으로 근본을 알았다고 이를 만합니다. 지금 훌륭한 원량(元良)을 얻어 온 백성이 목을 빼고 기대하고 있습니다. 그러니 지금이야말

---

95) 강씨(姜氏): 소현세자(昭顯世子)의 빈(嬪)이다. 1645년(인조 23)에 소현세자와 세자빈이 청나라에서 귀국하였는데, 강빈이 조 소용(趙昭容)과 반목이 생겨 싸우던 중, 소현세자가 죽었다. 이에 조 소용이 강빈이 세자를 죽였다고 무고하자, 인조가 강빈을 후원(後苑)에 유폐(幽閉)하였다가 이듬해에 사사(賜死)하였다.

로 덕을 확충시키고 행실을 닦게 할 때입니다. 기회에 관계되는 것으로서 어찌 이보다 더 중한 것이 있겠습니까. 현재의 궁료(宮僚) 중에도 반드시 명류(名流)와 어진 선비들이 많아 각기 자신이 맡은 직책을 잘 수행할 것입니다. 그렇지만 다시 행실이 방정하고 학문에 독실하여 명성과 실상이 이미 드러난 사람을 널리 뽑되, 과목(科目)의 한정을 두지 말고 별도로 벼슬 이름을 붙여 그로 하여금 세자를 가르치는 자리에 출입하게 하소서. 그럴 경우 반드시 도움 되는 바가 클 것입니다." 하였는데,

상께서 답하기를, "차자에서 진달한 일은 임금을 사랑하는 정성이 아닌 것이 없다. 그러니 내가 마땅히 잘 유념하고서 채택하여 시행하겠다. 경은 고사(固辭)하지 말라." 하였다.

그리고는 곧바로 시강원(侍講院)에 찬선(贊善)과 진선(進善) 등의 직책을 설치하고 문경공(文敬公) 김집(金集) 등을 불러들였다.

(「청음연보」)

6월에 차자를 올려 녹봉을 사양하고, 또 사정을 진달하면서 물러나게 해 주기를 요청하였다.

그 차자에 대략 이르기를, "말은 채택될 만하지 못하고 행동은 신임을 받을 만하지 못해, 세상 물정을 모르고 드린 말씀이 전하의 귀에 받아들여지지 않는가 하면, 세속에 물든 견해가 걸핏하면 진퇴할 때마다 의심을 사고 있습니다. 그리고 관부(官府)의 문서마다 번번이 구애됨이 있습니다. 의리를 따르거나 형세를 따르거나 어느 쪽이나 다할 수가 없으니, 조정에 서서 벼슬길에 나아갈 수가 없습니다. 삼가 바라건대, 속히 되돌아갈 수 있도록 허락해 주어, 신으로 하여금 만년의 절개를 보전할 수 있게 해 주소서" 하였는데, 상께서 따스한 내용의 비답을 내리고 윤허하지 않았다. (「청음연보」)

상소를 32번이나 올리자 상께서 비로소 체차를 허락하였다. 이에 곧바로 석실로 돌아갔다.

영돈녕부사에 제수되었다가 78세인 인조 25년(1647) 6월에 상소를 올려 영돈녕부사를 사임하였다. 12월에 또 사임하였다.

79세인 인조 26년(1648) 10월에 병이 나자 내의(內醫)에게 명하여 병세를 살펴보게 하였다. 상소를 올려 사정을 진달하였다.

내의에게 명하여 오가면서 진찰하게 하였으며, 여러 차례 약물을 하사하였다. (「청음연보」)

12월에 사직서 도제조(社稷署都提調)를 겸임하였다. 사양하였으나 허락받지 못하였다.

80세인 인조 27년(1649) 3월에 다시 상소를 올려 사직서 제조를 사임하였으나, 허락받지 못하였다.

5월에 인조대왕(仁祖大王)께서 빈천(賓天)하고 효종대왕(孝宗大王)께서 왕위를 이었다. (「청음연보」)

제5편
효종대 정치활동과 추숭

- 효종대 정치활동
- 추숭과 현창

▒ 효종대 정치활동

80세인 인조 27년(1649) 5월 8일에 인조대왕(仁祖大王)께서 승하하시고 5월 13일 효종대왕(孝宗大王)께서 즉위하였다.

효종이 즉위하여 북벌을 추진할 때 그 이념적 상징으로 대로(大老)라고 존경을 받았다.

석실로부터 대궐로 들어와 빈궁에 임하였다가 곧바로 돌아갔다.

효종 즉위년(1649) 5월 14일 대신과 헌부가 상소를 올려 선생을 머물러 있게 하기를 청하였으며, 승지가 성문 밖에서 유시(諭示)를 전하였다.

> 헌부가 아뢰기를, "영돈녕 김상헌은 지금의 대로(大老)입니다. 왕위를 이어받은 초기에 의당 조정에 있어야 전례(典禮)나 정령(政令)의 의심스러운 것을 물을 곳이 있고 공경 대부들도 존경하여 본받을 곳이 있을 것입니다. 특별하신 분부로 간곡히 만류하여, 현자를 공경하고 덕 있는 이를 좋아하는 성의를 보이소서." 하니, 답하기를, "나의 생각도 진실로 이와 같다. 그러나 현자를 공경하는 성의가 남들을 미덥게 하지 못하였으니 그를 만류할 수 없을까 걱정이다. 특별히 승지를 보내어 나의 지극한 뜻을 전하도록 하겠다." 하였다. 승지 신익전(申翊全)이 명을 받들고 가서 상의 말을 전하였으나 김상헌은 병을 핑계로 마침내 떠났다. (『효종실록』 권1, 효종 즉위년 5월 14일)

효종 즉위년 6월 25일에 다시 승지를 보내어 도타이 유시하였다. 성안으로 들어가 사은숙배하니 인견(引見)을 명하였으며, 또 견여(肩輿: 가마)를 타고 대궐 안을 출입하라고 명하였다. 간절하게 사양하였으나 허락받지 못하였다.

선생께서 합문(閤門) 밖에 나아가자, 상께서 미리 중관(中官)을 시켜서 문에서 기다리고 있다가 부축하여 들어오게 하였다. 그리고는 조정에 머물러 있으라는 내용으로 위로하면서 유시하기를, "선조(先朝)에서 의지한 바는 오직 옛 신하에게 있었다. 내가 부족한 덕을 지닌 몸으로 이 대위(大位)에 올랐으므로 날이 갈수록 걱정과 두려움이 깊어진다. 모름지기 나의 지극한 뜻을 잘 인식하고 조정에 남아 있으면서 나라를 도우라." 하니, 선생께서 감히 감당할 수 없다는 내용으로 사양하였다.

장차 물러가려고 하자, 또다시 시환(侍宦)에게 명하여 부축하게 하였으며, 또 손을 들어서 전송하였다. 그리고는 정원에 전교하기를, "김영부사(金領府事)는 다리 힘이 달려 행보가 불편하다. 그러니 고사에 의거하여 견여(肩輿: 두 사람이 앞뒤에서 메는 가마)를 타고 대궐 안을 출입하게 하라." 하였다. 그러자 선생께서 상소를 올려 사양하였으나, 상께서 허락하지 않았다. (「청음연보」)

영돈녕부사 김상헌이 소명을 받고 조정으로 나아오니 상이 가마를 타고 출입하도록 명하였다. 과거에 상헌이 화의(和議)를 강력히 배척하여 항변해 굽히지 않았다. 정축년(인조 15, 1637)에 남한산성에 있을 적에 목숨을 걸고 정의를 지켜 대의(大義)를 밝혔는데, 많은 사람들의 마음이 날로 변하는 것을 보고는 의분에 북받쳐 눈물을 흘리며 간하였고 성하(城下)의 의논(성 밑에까지 쳐들어 온 적에게 항복하자는 의논)이 결정됨에 미쳐서는 손으로 항서(降書)를 찢고 조당(朝堂)에서 통곡하며 목을 매어 거의 죽게 되었으나 옆에 있던 사람이 구제하여 죽음을 면하였다. 남한산성의 포위가 풀린 뒤에는 병든 몸을 가마에 싣고 곧장 안동(安東) 전사(田舍)로 내려가서 세상 생각을 끊어버리고서 평생을 마칠 계획을 하였다.

그런데 신득연(申得淵), 이계(李烓) 등이 없는 사실을 꾸며 청나라에 참소하여 심양(瀋陽)으로 잡혀갔는데, 청나라의 책망이 매우 위급하여 일이 예측할 수 없는 지경이었으나 상헌은 누워서 일어나지도 않고 말이 조금도 비굴하지 않으니, 노상(虜相)이 칭찬하며 감히 모욕을 하지 않고서 관중(館中)에 머물게 하였다. 전후 두 차례에 걸쳐 거의 6년 동안 심양에 억류되었다가 을유년(인조 23, 1645)에 비로소 석방되어 돌아와서는 양주(楊州)에 있는 묘사(墓舍)에 살면서 서울에는 한 발도 들여놓지 않았다.

병술년(1646)에 대배(大拜: 의정(議政) 벼슬을 받음) 되자 누차 상소하여 사직을 청하였으나 윤허를 받지 못하여 억지로 명에 따랐다. 그러나 극력 사직하여 면직(免職)의 윤허를 받고는 그 날로 전에 살던 곳으로 돌아갔다. 그런데 이때에 이르러 국상(國喪)이 났음을 듣고 달려와 궐하(闕下)에서 곡(哭)을 하고는 병을 핑계로 돌아가자, 조정의 의논이 모두 선왕의 뒤를 이어 즉위하신 처음에 대로(大老)가 오래도록 전야(田野)에 있는 것은 마땅하지 않다고 하였고, 상도 주의(注意)하심이 더욱 독실하여 특별히 승지를 보내어 유지(諭旨)를 내려 부르심이 간절하니 얼마 되지 않아서 입조(入朝)하였다. 그러자 상은 즉시 여차(廬次)에서 인대(引對)할 것을 허락하고 내시 두 사람에게 명하여 부축해 들어오게 하여 특수한 예의로서 대우하였으며, 그가 나아갈 때에는 손을 들어 전송하고서 이어 가마를 타고 궁중을 출입할 것을 명하였다.

상헌이 상소하여 사직을 청하기를, "신은 신하의 몸으로 먼저 국사에 신명(身命)을 바치지 못했는데 도리어 감당할 수 없는 예우(禮遇)를 받으며 들어가서 천안(天顔)을 배알하니 애통하고 황공하여 눈물만 흐를 뿐이었는데, 가마를 타고 출입하라시는 명을 받았습니다. 이 명은 송(宋)나라 조정에서 문언박(文彦博)을 대우했던 고사(古事)인데, 노공(潞公: 문언박의 봉호(封號))은 사조(四朝)를 섬긴 원로(元老)로서 나이가 80에 가까워 행보(行步)가 불편하였기 때문에 이러한 특별 예우를 받았으나, 조야(朝野)가 두려운 눈으로 본 바이고 사적(史籍)에 드물게 전해지는 바였습니다. 그런데 신이 어떤 사람이기에 감히 이런 예를 감당하겠습니까. 신은 작은 계책이나마 내어 신화(新化: 새로이 교화를 폄)를 돕지 못했으므로 잔약한 몸과 작은 복마저도 과분하게 여기며 죽을 날만을 기다리고 있는데 세상에 드문 영총(榮寵)이 내리시니 어찌 아침 이슬보다 먼저 사그라지지 않겠습니까." 하니,

답하기를, "경은 높은 덕을 지닌 원로대신이니 내가 오늘 경을 대우하는 도리는 이렇게 하는 것이 마땅하다. 또 모든 일은 사리가 어떠하냐를 보아야 하는 것인데 무엇 때문에 고금의 이동(異同)을 따질 필요가 있는가. 경은 안심하고 사직하지 말라." 하였다. (『효종실록』 권1, 효종 즉위년 6월 25일)

효종 즉위년 7월 11일 선혜법(대동법)을 경상·전라·충청에 먼저 시험하는 것을 거상이 끝난 뒤로 미루기를 청했다.

영돈녕부사 김상헌(金尙憲)이 건의하기를, "위급한 처지에 있는 민생의 고통을 풀어주기를 마땅히 불을 끄고 물에 빠진 사람을 건지듯이 서둘러야 할 것입니다. 그러나 만약 일이 잘 통하지 않아 행하기 어려운 폐해가 있으면 반드시 좋아하지 않는 자의 비방이 있을 것이니, 몇 달을 기다렸다가 거상(居喪)이 끝난 뒤에 조용히 면품(面稟)하게 하여 결정하소서."

7월에 명을 받들어 인조대왕행장(仁祖大王行狀)을 윤색하여 올렸다.

당시에 좌상 이경석(李景奭)이 인조대왕의 행장을 찬하여 올리자, 상께서 전교하기를, "후세에 영원토록 전하는 글은 동리(東里)의 윤색96)이 없어서는 안된다. 영돈녕부사는 나라의 원로이니, 크고 작은 일을 막론하고 자문을 받는 것이 마땅하다. 경은 그와 더불어 토론하고 윤색하여 상세하고 정밀하게 하는 것이 참으로 합당할 듯하다." 하였다. 이에 선생께서 이경석과 더불어 의논하여 덧붙이고 고쳐서 올렸다.

(「청음연보」)

7월 19일 천재(天災)를 인하여 차자를 올려 공구수성(恐懼修省)하는 도리에 대해 진달하였다. 인조가 유배 보낸 이응시(李應蓍), 이경여(李敬輿), 홍무적(洪茂績), 심노(沈䜴)를 풀어줄 것을 청하였다.

그 상소에 대략 이르기를, "신이 듣건대, 하늘은 음(陰)과 양(陽) 두 덕(德)에 정사(政事)와 형정(刑政)을 붙이고서 사람들이 체득하여 행하는 것을 본다고 합니다. 그러므로 왕자(王者)는 일식(日食)이 있을 경우에는 덕을 닦고, 월식(月食)이 있을 경우에는 형정을 닦아, 각각 그 유(類)에 따라서 응한다고 합니다. 성신(星辰)에 변고가 있으면 그에 따라 닦는 도 역시 여기에서 벗어나지 않을 것입니다. 성변(星變)에 대해 응함은 참으로 여기에서 나오는 것이 마땅할 듯합니다.

무릇 벌이 죄에 합당하지 않으면 무슨 일인들 잘못되지 않겠습니까. 그런데 신하가 지극한 원통함을 품는 경우로는 바른말을 하였다가 죄를 받는 것보다 더 심한 것이 없으며, 상천(上天)께서 임금에 대해 노여워하는 것 역시 올바르게 간언을 올린 신하를 죄준 것보다 더 심한 것이 없습니다. 이런 예는 자고이래로 손가락으로 이루 다 꼽아

---

96) 동리(東里)의 윤색: 동리는 춘추전국 시대 정(鄭)나라 자산(子産)의 호이고, 윤색은 문장을 다듬는 것을 말한다. 공자가 말하기를, "동리 자산이 윤색하였다.[東里子産潤色之]" 하였다. (『論語』 憲問)

헤아릴 수 없이 많습니다.

생각건대 우리 대행대왕(大行大王)께서는 하늘을 공경하는 데 부지런 하였고 나라를 다스리는 데 잘 살폈습니다. 이에 구언(求言)을 하면서는 오히려 널리 하지 못할까 걱정하였고, 허물을 고치면서는 오히려 인색하게 보일까 걱정하였으며, 노여움을 보여야 마땅할 자에 대해서도 따스한 얼굴로 대하였고, 귀에 거슬리는 말을 한 자에 대해서도 자신의 뜻을 낮추어서 말을 들어주었습니다. 이에 20년 이래로 펼친 어질다는 소문과 은혜로운 정사가 서책에 기록되어 넘쳐흘렀습니다. 그러니 신하된 자들이 어느 누가 마음으로 흠앙하지 않았겠습니다.

마침 이응시(李應蓍)라는 자가 언로를 맡은 자리에 있다가 자신의 미천함도 헤아리지 않은 채 이 세상에 드문 은총을 받는 것에 감사하여 한번 봉장(封章)을 올렸다가 거듭해서 대행왕의 노여움을 촉발시켰습니다. 그리하여 2,000여 리나 떨어진 먼 외방으로 내쳐져 엄한 서리와 쌓인 눈 속에서 조석간에 죽을 지경이 되었습니다. 그러므로 원근 사람들이 듣고는 모두들 불쌍하게 여겼는바, 대행왕께서도 필시 후회스러운 마음이 싹텄을 텐데 단지 성명(成命)만 내리지 않으셨을 것입니다. 그리고 이경여(李敬興)가 온 정성을 다해 임금을 사랑한 것과 홍무적(洪茂績)과 심노(沈膚)가 일을 당하여 감언(敢言)을 올린 데에 이르러서는, 비단 그들의 말이 죄를 받을 말이 아니었을 뿐만 아니라, 그들의 마음은 나라를 위한 것이지 다른 속셈은 없었던 것입니다. 이에 대해서는 온 세상 사람들이 모두들 말하고 있으며, 애석하게 여기지 않는 사람이 없습니다.

무릇 왕자(王者)의 정사는 반드시 먼저 사람들의 마음에 순응하게 하는 것입니다. 사람들의 마음이 어떠하냐를 살펴보면 하늘의 뜻을 알 수가 있습니다. 삼가 듣건대 근일에 상서(上書)한 자들은 모두들 이 몇 사람을 지적하여서 말하였다고 하는바, 사람들의 마음이 모두 똑같다는 것을 여기에서도 역시 잘 알 수가 있습니다." 하였다. 그러자 상께서 너그러운 내용의 비답을 내리고 가납하고는 이경여 등 네 사람을 양이(量移)하라고 명하였다. (「청음연보」)

효종 즉위년 7월 19일 이경여를 아산(牙山)으로, 이응시를 직산(稷山)으로, 심노를 연안(延安)으로 양이하고, 홍무적을 고향으로 돌려보내라고 명하였다. 홍무적은 인조(仁祖) 때 이미 홍천(洪川)으로 양이했기 때문이다.

효종 즉위년(1649) 8월 4일에 좌의정에 제수되었다. 8월 5일 상소를 올려 극력 사임하였다.

좌의정 김상헌이 정고(呈告)한 것이 세 차례에 이르렀으나, 모두 불윤 비답(不允批答)을 명하였다.〔교리 심지한(沈之漢)이 지어 바쳤는데, 그 내용에 "순수한 충의는 신명(神明)도 알고 있으니 위무(威武)에도 굽히지 않았고, 큰 절개는 위태로운 때에도 변함이 없었으니 의로움이 더욱 드러났도다."라고 하였다.〕(『효종실록』 권1, 효종 즉위년 8월 4일)

8월 8일 상소를 올려 극력 사임하였다. 8월 12일에도 병을 이유로 사직을 청하였다.

좌의정 김상헌이 상차하기를, "신이 간곡한 심정을 아뢰면서 말을 절제하지 못하고 날마다 하소연하여 임금의 위엄을 많이 범하였으니, 스스로 신하의 의리를 돌아보건대 벌을 받아도 달게 여겨야 할 것입니다. 그런데도 전하께서는 늙은 신을 가엾게 여기시어 자애롭게 대해주시고 근신(近臣)을 보내서 개유(開諭)까지 하시니, 신이 비록 목석이라 하더라도 어찌 감격하지 않겠습니까. 삼가 말씀을 드려보겠습니다.

신의 병은 참으로 예사로운 병이 아닙니다. 지난날 남한산성에서 영남(嶺南)으로 내려갔는데, 시세(時勢)가 뜻밖에 변한 뒤에는 감히 스스로 다른 사람들과 어울리지 못했습니다. 황량한 골짜기에 숨어 지내며, 마음을 붙일 곳이 없어 산속 동굴에서 바람을 쐬기도 하고, 물가에 나가 더위를 식히기도 하였으며, 밤에 음침한 골짜기에서 쉬기도 하였습니다. 넋 나간 것처럼 귀신을 만나는 사람처럼 지내어 많은 사람들이 신은 다시 사람 노릇을 할 수 없다고 여겼습니다. 이때에 점차 남모르게 기력이 쇠해간 것은 다 말씀드릴 수가 없습니다. 얼마 안 되어 또 몇 년 동안 청나라에 붙잡혀가게 되었는데, 그들이 신을 대하는 것을 보나 신이 스스로 헤아려 보나 살 가망이 전혀 없었습니다. 그런데 다행스럽게도 하늘같고 부모같은 우리 대행대왕 덕분에 남은 목숨이나마 보존하여 고국으로 돌아올 수 있었습니다. 그러나 이것으로 인하여 신경통이 극심해졌고, 또한 정해년 이래로 여기에 중풍이 더하여 두 사람이 곁에서 부축해도 한 발자국도 옮길 수 없었습니다. 기력이 모두 고갈되고 그 고통이 심했던 정상은 여러 사람이 함께 본 바입니다. 이와 같고도 반열에 다시 나아가 힘껏 일할 수 있겠습니까.

또 들으니, 근일에 청나라 사신이 계속 온다고 합니다. 신은 의리상 그들과 함께 같은 당(堂)에서 읍양(揖讓)하고 좌우에서 주선할 수 없습니다. 삼가 성명께서 반드시 신이 더 이상 조정을 더럽힐 수 없다는 것을 굽어 살피셔야 하는 것이 이에 더욱 확실합니다. 속히 면직시켜 물러가 노년을 지키며 늘그막의 절개를 보전할 수 있게 해 주소서." 하니,

답하기를, "내가 왕위를 계승한 처음부터 어찌하여 국가에 많은 어려움이 닥치는가. 이제 경이 대업을 이루기를 한참 기대하고 있는데, 경이 사직하는 것이 이에 이르니, 유시할 바를 모르겠다. 설사 청나라 사신의 왕래가 있다고 한들 경에게 무슨 상관이 있겠는가. 모름지기 지극한

뜻을 깊이 헤아려서 안심하고 고사(固辭)하지 말라." 하였다. (『효종실록』 권1, 효종 즉위년 8월 12일)

또 11차례나 정고하니, 8월 17일 체차를 허락하고 영돈녕부사에 제수하였다.

8월 19일 차자를 올려 이조판서 심액(沈詻)이 사사로움을 따른 실상에 대해 논하였다.

그 차자에 대략 이르기를, "대체로 동전(東銓)은 정치의 근본입니다. 근본이 문란하고서 말단이 다스려지는 경우는 없었습니다. 듣건대 동전의 장으로 있는 심액은 여러 대에 걸친 구신으로서 국가의 중임을 받고도 공의(公議)를 두려워하지 않고 오로지 사정을 부려, 상피(相避)해야 할 입장에 있는 자신의 집안 자제들을 공공연히 벼슬자리에 제수한 것이 한두 번이 아니라고 합니다. 이에 곁에서 지켜보는 사람들은 그의 전횡을 미워하고 있으며, 엽관(獵官) 운동을 하는 자들은 이를 구실거리로 삼고 있습니다. 성명께서 위에 계시는데 어찌 방자하게 구는 자를 그대로 두어서 국법을 실추시킬 수 있단 말입니까." 하였다. 그러자 상께서 곧바로 추고하라고 명하였으며, 대간이 또 논하자 파직시켰다.

(「청음연보」)

8월 23일 응교 조빈이 청나라 연호를 쓰지 말자고 상소하자 비밀히 대신들의 의견을 물었다. 선생도 옥책과 지석에 연호를 새기지 말자고 하였다.

상이 정원에 밀교(密敎)를 내려 대신에게 명하여 논의하게 하였다. 정원이 아뢰기를, "비밀스러운 일이니 글로 써서 전례대로 수의해서는 안 됩니다. 승지를 보내 직접 여러 대신(大臣)의 집을 방문하여 만나서

의논을 정하게 하여 번거롭게 누설되는 우환이 없게 하소서." 하니,
따랐다. 이에 하교하기를, "원소(原疏)도 번거롭게 전파시키지 말라."
하였다.

영돈녕부사 김상헌이 헌의하기를, "조빈의 소장 가운데에 '옥책과
지석에 연호를 새기지 않는 것이 마땅하다.' 하였는데, 지금 그 말을
듣지 않으면 뒤에 비록 고치고자 하더라도 할 수가 없습니다." 하였는데,
영의정 이경석 등의 의논도 이와 같으니, 마침내 따랐다. (『효종실록』
권1, 효종 즉위년 8월 23일)

8월 25일 심액을 탄핵한 김상헌을 모욕하는 무리가 있음을 대사헌
김집이 고하였다.

대사헌 김집이 상소하기를, "국가를 다스리는 도는 반드시 시비를
먼저 밝혀야 합니다. 시비가 분명하지 못하면 국가의 정사가 전도되고
어긋나 결국에는 나라가 나라답지 못하게 되는 것입니다.

근래 보건대, 영부사 김상헌이 차자로 이조판서 심액이 사정(私情)을
부린 죄를 논핵한 것으로 인하여, 마침내 심액과 친한 두세 명의 대간들
에게 모욕을 당했으니, 신은 삼가 통탄스럽습니다. 상헌은 나라의 원로
로서 정충(精忠)과 절의(節義)로 이름이 천하에 퍼졌고, 그의 언행은
백료들이 법으로 삼고 있습니다. 그런데 저들 약간의 연소배들이 감히
사사로운 감정을 가지고 주장을 하여 중간에서 우물쭈물하면서 몰래
구해(救解)하려는 계획을 하거나, 혹은 이름을 지적하여 모욕을 하고
성내는 말을 함부로 하였으며, 혹은 많은 말로 현란시키면서 상피의
혐의가 없다고 하였습니다. 이는 바로 군부를 기망하는 것이니, 원로와
무슨 상관이 있겠습니까. 이는 바로 사슴을 쫓으면서도 태산을 보지
못한다는 것입니다.

그리고 옥당은 공론을 담당하는 곳입니다. 그런데 처치한 내용에

피차의 눈치를 보는 의도가 현저하여, 출사시켜서는 안 되는데 출사시키거나 체직시켜서는 안 되는데 체직시켰습니다. 대체로 상피에 관한 조항이 법전에 명백하게 실려 있는데도 대간은 구해하기에 급급하여 있는 것을 없다고 하였습니다. 그런데 옥당도 명백하게 통척하여 시비를 결정하지 못하고 단지 완곡한 말로 표현하였으니, 이는 모두 당이 있는 줄만 알았지 국법이 있는 줄은 모른 처사입니다. 아, 시비란 알기 어려운 것이나, 알고 난 뒤에도 분명히 분별하지 못한다면, 사정(邪正)이 무엇으로 말미암아 구분되며 기강이 무엇으로 말미암아 확립되겠습니까. 이것이 곽공(郭公)이 망한 까닭입니다. 새롭게 정사를 펴나가는 지금 만일 호오를 분명히 보여서 모든 관료를 면려하는 바탕으로 삼지 않는다면, 편당(偏黨)의 고질적 폐습을 끝내 제거할 수 있는 때가 없을 것입니다.

관리들의 잘못을 규찰하고 논핵하는 것이 모두 언관의 책무인데도 대신이 말할 때까지도 아무 말 않고 있다가 서로 이끌고 나서서 조금도 기탄없이 비방하였으니, 어찌 더욱 통탄스럽지 않겠습니까. 원로대신으로 하여금 편안히 조정에 있지 못하게 한다면 전하께서는 누구와 더불어 나라를 다스리겠습니까.

신은 비록 출사할 수는 없지만 언관의 지위에 있는데 어진 재상이 많은 사람들에게 곤란을 당하고 있는 것을 목격하고서도 끝내 묵묵히 말하지 않는다면, 이는 임금을 기만한 죄가 실로 저들과 다를 바가 없는 것입니다. 신은 일찍이 편당(偏黨)의 폐해에 대하여 통탄해 왔으므로 이 말을 일단 하고 나면 도리어 신을 편당하는 자라고 지적할 것임을 모르는 바는 아니나, 공의에 관계되므로 감히 진달하지 않을 수 없습니다. 삼가 성명께서 밝게 살피소서." 하니,

답하기를, "조정의 바르지 못한 단서가 갈수록 더욱 심해지니, 매우 통탄스럽다. 하찮은 관원이 원로대신을 모욕하면서 방자하여 기탄하는

바가 없었으니, 매우 놀랍다. 이미 죄를 주었으나, 대신(大臣)을 존경하는 나의 정성이 지극하지 못해서 그런 것은 아닌가. 경은 모름지기 국사를 염려하여 꺼림 없이 모두 말하라." 하였다. (『효종실록』권1, 효종 즉위년 8월 25일)

9월에 대행왕(大行王)의 발인(發引)에 병으로 인해 배종(陪從)하지 못하고 상소를 올려 직명(職名)을 삭제시켜 주기를 요청하였으나, 허락받지 못하였다.

10월에 졸곡(卒哭)하였다. 상소를 올려 물러나게 해 주기를 요청하였으나, 허락받지 못하였다. 동교(東郊)로 나아가 머물러 있었다.

그 상소에 대략 이르기를, "산릉(山陵)의 일이 겨우 끝나 대사가 조금은 마무리가 되었습니다. 그러니 신과 같이 쓸모가 없는 자는 분수에 있어서 산골짜기 속으로 들어가 있는 것이 마땅합니다. 삼가 바라건대, 물러가는 것을 예로써 하게 해, 신으로 하여금 유개(帷蓋)를 내려 주는 은혜97)를 입게 해 주소서." 하였는데, 상께서 재차 승지를 보내어 도타이 유시하기를, "내가 경에게 바라는 바가 주석(柱石)과 같을 뿐만이 아니다. 비록 내가 덕이 없어서 연연해하는 마음이 없다고 하더라도, 선조 여러 대에 내린 은혜는 생각하지 않는단 말인가. 근시(近侍)를 보내어 나의 지극한 뜻을 유시하니, 잠시라도 머물러 있기 바란다." 하였다. 이에 선생께서는 부득이하여 명을 받들었다. 그러나 마침 북인(北人)들이 성안으로 들어옴에 따라 선생께서는 우선 동교의 촌사(村舍)로 나가 있었다. (「청음연보」)

---

97) 유개(帷蓋)를 … 은혜: 임금이 신하에게 은혜를 베푸는 것을 비유하는 말이다. 유개는 수레의 휘장과 차일을 말한다. 공자(孔子)가 말하기를, "해진 휘장을 버리지 않는 것은 말을 파묻기 위해서이며, 해진 차일을 버리지 않는 것은 개를 묻기 위해서이다." 하였다. (『禮記』檀弓下)

상소를 올려 녹봉을 사양하였으나 허락받지 못하였다. 상께서 사관을 보내어 특별히 명소(命召)하는 전지를 내렸다. 이에 다음날인 10월 26일 성안으로 들어오니, 상께서 인견을 명하였다.

　당시에 청나라 사람들이 이미 돌아갔으므로 선생께서 드디어 성안으로 들어왔다. 며칠 뒤에 인견하자, 선생께서 나아가 아뢰기를, "신이 이미 입시하게 되었으니, 천안(天顔)을 우러러 뵙고 싶습니다." 하자, 상이 이르기를, "일어나 앉아서 보라." 하였다.

　선생께서 잠시 앉았다가 도로 엎드려서 아뢰기를, "옛날에 송나라 황제가 구양수(歐陽脩)를 만나 보고 말하기를, '나이가 몇 살인데 이렇게 쇠하였는가?' 하였습니다. 지금 신의 나이는 참으로 이미 쇠할 나이입니다. 그리고 천안을 우러러보건대 역시 옛날의 모습에 비할 바가 아닌 바, 걱정과 염려를 많이 겪어서 그러신 듯합니다. 그러나 상께서는 춘추가 한창이시니, 오직 밤낮없이 잘 다스려 안정시킬 계책을 깊이 생각하시기 바랍니다. 옛말에 이르기를, '모든 일은 때가 있으니 때를 놓치면 하기가 어렵다'고 하였습니다. 성상의 생각도 이에 미치셨습니까?" 하니, 상이 이르기를, "조종(祖宗)의 중한 부탁을 받았기에 잘 다스리고자 하는 마음이 없는 것은 아니다. 그러나 재주가 없고 덕이 박하기에 밤낮없이 걱정만 하고 있을 뿐이다." 하였다.

　그러자 선생께서 아뢰기를, "제갈량(諸葛亮)이 한 말이 있으니, '망령되이 자신을 비박하다 하여 비유함에 있어 마땅함을 잃어서는 안 된다'고 하였습니다. 삼가 성상께서도 더욱더 이런 마음에 힘쓰시기 바랍니다. 그리하여 날로 불어나 길게 뻗어 나간다면 종사의 복이 될 것입니다." 하였다.

　당시에 신면(申冕) 등을 멀리 유배 보내라는 명이 있었는데, 선생께서 아뢰기를, "근래에 조정의 인심과 풍속이 날로 걱정스러워지고 있으니,

신의 쇠퇴한 생각에 있어서는 참으로 진숙시키는 거조가 있었으면 합니다. 다만 이들 다섯 신하는 비록 그들 스스로가 취한 잘못이 있기는 하지만, 멀리 유배보내는 것은 나라의 중한 형벌입니다. 그러니 어찌 가벼이 쓸 수 있겠습니까. 감등(減等)해 주는 법을 쓸 경우에는 마땅함을 얻게 될 것입니다." 하였으며, 또 나아가 아뢰기를,

"신이 직접 성대한 즈음을 만났는데, 어찌 물러가 쉬고자 하는 마음이 있겠습니까마는 나이가 이미 여든 살이나 되어 총명과 근력이 어느 하나도 미칠 수가 없습니다. 이처럼 오래도록 머뭇거리고 있으면 염치를 손상시키게 됩니다. 만약 체차를 허락하여 돌아가게 해 주신다면 성상의 은혜가 한량없을 것입니다." 하니, 상께서 이르기를, "그대가 비록 서울 집에 있었지만, 경이 늙고 병들었으므로 자주 만나 볼 수 없는 것을 항상 한스럽게 여겨 왔다. 그런데 어찌하여 그런 말을 한단 말인가." 하자,

선생께서 아뢰기를, "신은 형식적으로 말하는 것이 아니라 실로 속마음에서 우러나와 하는 말입니다." 하였다.

그리고는 이어 아뢰기를, "요순 같은 성인도 역시 사람을 알고 백성을 편안케 하는 것을 어렵게 여겼습니다. 참으로 사람을 알아서 각기 합당한 일을 맡기면, 백성을 편안케 하는 것은 그 가운데 있는 것입니다. 요즈음 이미 경연을 열었으니, 여러 아랫사람들의 현부(賢否)를 대충은 구별하셨을 것입니다. 그러니 믿을만한 자를 가려 정성으로 맡기면 될 것입니다. 백성들이 극도로 곤궁한 지가 이미 오래되었고 변방의 방비가 이미 몹시 허술합니다. 그러나 참으로 인재를 잘 얻기만 하면 이런 걱정을 없게 할 수 있을 것입니다." 하니,

상이 이르기를, "그렇다. 사람을 아는 것은 요 임금도 어렵게 여겼는데, 어찌 가볍게 말할 수 있겠는가. 이미 알았다면 마땅히 믿고 내맡길 것인데, 알아보는 것이 과연 어렵다." 하였다.

그러자 선생께서 아뢰기를, "세상에 인재가 없다는 말은 거짓말입니다. 예로부터 흥하고 쇠한 때가 있었는데, 흥한 세상에서 쓰인 사람들은 바로 쇠한 세상에서 버려졌던 인재들이었습니다." 하고, 또 아뢰기를, "백성들의 곤궁함은 전적으로 탐욕스런 관리에게서 말미암습니다. 그러므로 옛날에 어진 임금을 기릴 때는 반드시 '탐욕스러운 관리를 용서하지 않았다'고 하였습니다. 대개 나라에 탐욕스러운 관리가 있으면 백성들이 살아갈 수가 없으니, 그 법을 엄하게 하시기 바랍니다." 하였는데, 상께서 모두 가상하게 여겨 받아들였다. (「청음연보」)

11월 4일 차자를 올려 전조(銓曹)에서 사람을 잘못 임용하는 데 대해 논하였다. 여기서 논란이 된 사람은 김여수(金汝水)와 안철(安澈)이다.

그 차자는 대략 다음과 같다. "삼가 듣건대, 근일에 사람들의 말이 자자하여 모두 전조에서 사람을 쓰는 것이 공의(公議)에 맞지 않는다고 하며, 심지어 백간(白簡)[98]에 드러내어 발하기까지 하였다 하니, 전조의 관원이 된 자 역시 어찌 스스로 편안히 있을 수만 있겠습니까. 저 전조의 장관으로 있는 자는 [당시에 이시백(李時白)이 판서로 있었다.] 평소에 충직하고 성실하며 청렴하고 소탈하다고 일컬어진 것은 온 조정 사람들이 다 알고 있습니다. 그러니 필시 뇌물이나 청탁을 받은 잘못은 없을 것입니다. 단지 인재를 알아보는 눈이 밝지 않아 지나치게 남의 말을 믿다가 이에 이른 것으로, 그 정상은 용서할 만합니다. 그러나 그 잘못은 덮어 두기가 어렵습니다. 일찌감치 조처하여 어진 사람들이 진출하는 길을 맑게 하는 것이 합당합니다.

그리고 신이 지난번에 탑전(榻前)에서 감히 탐욕스런 관리들을 용서하지 말아 양민들을 보호해야 한다는 설을 말씀드렸는데, 성상께서

---

98) 백간(白簡): 옛날에 관원을 탄핵하기 위하여 올리던 상소문을 말한다.

채용해 주고자 하는 뜻이 있는 듯하였습니다. 그런데 열흘도 채 못 되어 갑자기 김여수(金汝水)를 정배(定配)하라는 명을 내렸고, 정관 (政官)이 또 전 병사(兵使) 안철(安澈)을 총관(摠管)에 의망(擬望)하 여 성상의 은혜를 받기까지 해, 탐오하고 비위를 잘 맞추는 자를 권장하 는 꼴이 되었습니다. 이로써 보건대, 청렴한 관리는 귀한 대접을 받지 못하고 탐욕스런 관리만 숭상 받고 있는 것입니다."(「청음연보」)

김여수(金汝水, 1600~1670)의 본관은 김해이다. 아버지는 이괄의 난을 제압한 공이 있는 김완(金完)이다. 인조 2년(1624) 무과에 장원급 제하여 주부가 되고, 사헌부감찰을 지냈으며 병자호란 때 전라도관찰사 이시방(李時昉) 휘하에서 전투를 치렀다. 인조 25년(1647)에 제주목사 로 부임하여 효종 4년(1649)까지 제주 목사를 지냈다. 효종 5년에 탄핵을 받아 유배를 갔으나 곧 풀려났다. 현종 11년(1670)에 사망하였다. 호조 판서로 추증되었다.

안철(安澈)은 인조대에 곽산군수를 지냈지만 관의 일을 포기하고 수습 하려는 뜻이 없다고 탄핵받아 삭직되었다. 효종이 즉위하자 총관(摠管) 이 되었는데 뇌물을 주고 아첨한다는 비판을 받았다. 효종 2년(1651)에 김자점의 역모에 참여했다고 하여 정배되었다.

11월 5일에 차자를 올려 문무의 대신들로 하여금 각각 장수가 될만한 인재들을 천거하게 해 위급한 사태에 대비하기를 청하였다.

그 차자는 대략 다음과 같다. "천재(天災)가 거듭 발생하고 변방 방비가 허술한 데가 많으니, 오늘날의 일이 매우 염려됩니다. 신이 삼가 듣건대, 요사이 무신의 선발에 뽑힌 자들 가운데에는 활을 쏘아 명중시킬 줄 모르는 자가 아주 많고, 이름은 포적(砲籍)에 올라 있으나 화약(火藥)도 장전할 줄을 모르는 자가 대부분이라고 하는데, 평소에도 이와 같다면 급한 일에 임했을 때 무슨 소용이 있겠습니까. 침착하게 기미를 알아채고 뛰어난 지혜를 가진 군사는 항오(行伍) 사이에 매몰되어 있고, 말을 교묘히 하고 헐뜯기를 잘하는 무리만 매양 남보다 먼저 진출하게 되니, 재주 높은 자가 진출하지 못하고 강직한 자가 한을 품게 되는 것이 당연합니다.

신은 평소에 여러 무신들과는 서로 소원하였고 늙어서는 보고 듣는 것도 역시 끊어진 탓에 한 사람의 간성(干城)이 될 재목감을 천거하거나 한 사람의 웅호(熊虎)와 같은 장수도 뽑지 못하였습니다. 전하께서 시험 삼아 문무의 대신들로 하여금 각기 지용(智勇)을 겸비한 사람을 천거하게 하고, 겸해서 자신이 자신을 천거하는 것도 허락하여, 그들의 장기를 시험해 보소서. 그리하여 만약 모략이 뛰어나거나 여력(膂力)이 월등하거나 기예가 우수한 자가 있을 경우, 그를 발탁해서 현임(顯任)에 제수하여 격려하는 거조를 보이되, 문지(門地)의 고하와 용모의 장약(壯弱)을 따지지 말고, 오로지 적임자를 얻기에 힘쓰며 인원수에 한정을 두지 마소서. 만약 세력에 겁을 내거나 뇌물을 탐하거나 인정과 안면에 끌려 나랏일을 그르치는 자가 있을 경우, 엄명한 법 아래에서 끝내 잘못 천거한 죄를 면치 못하게 하소서.

다만 말세의 사람들은 헐뜯고 칭찬하는 것을 전도되게 하는바, 풍문으로 나도는 말은 허와 실이 절반씩 섞여 있습니다. 대저 일을 꾀하는 것은 사람에게 달려 있고 일을 성사시키는 것은 하늘에 달려 있습니다. 그러니 이를 또한 살피지 않아서는 안 됩니다.”(「청음연보」)

11월 10일 차자를 올려 전 도헌(都憲) 김집(金集)을 머물러 있게 하라고 청하였다.

당시에 신독재(愼獨齋) 김집이 말미를 받아 조정에서 물러나 돌아갔는데, 선생께서는 ‘나라를 다스리는 도가 전장(銓長)이 인재를 잘 뽑는

데 달려 있는데, 김집이 아니면 그 일을 맡아 해낼만한 사람이 없다.'고 여겼다. 이에 차자를 올려 아뢰기를, "삼가 보건대, 김집은 유문(儒門)의 숙덕(宿德)으로서 노성(老成)하고 단량(端亮)하여 사림(士林)이 모두 앙모하면서 성명께서 조정 안에 데려다 놓은 것을 너도나도 기뻐하였습니다. 그런데 질병이 들어 사정을 진달하고는 돌아가게 해 주기를 청하였습니다. 그가 떠나겠다는 뜻을 구차하게 따라 주어 새로이 교화를 펴는 것을 돕지 않게 해서는 안 됩니다." 하였다. 그러자 상께서 가납하고 마침내 김집을 이조판서로 삼았다. (「청음연보」)

12월에 말미를 받아 소분(掃墳)할 수 있게 해 주기를 요청하였으나, 허락 받지 못하였다. 얼마 뒤 12월 25일에 상께서 인견하고는 위로하며 유시하였다.

선생께서 아뢰기를, "성상께서는 마음을 해이하게 하지 말고 항상 상제(上帝)를 마주하고 있는 듯이 하소서. 그러면 하늘의 재앙과 백성들의 원망 역시 늦출 수가 있을 것입니다." 하니, 상이 이르기를, "우렛소리가 겨울철에 일어나고 짙은 안개가 종일 끼어 있으니, 이는 반드시 우연한 소치가 아니다. 이에 밤낮없이 걱정하고 두려워하고 있으나, 어찌하면 좋을지 모르겠다." 하자,
선생께서 대답하여 아뢰기를, "안개 기운이 어두컴컴한 것은 양(陽)의 기운이 부족한 소치입니다. 양의 기운을 북돋우면 음의 기운은 저절로 소멸될 것입니다. 한마디 말을 하자 형혹성(熒惑星)이 삼십 리를 옮겨 간 일99)이 예전에 있었습니다. 한마디 말을 하는 사이에 그와 같이

---

99) 한마디 … 일: 춘추 시대 송(宋)나라 경공(景公) 37년에 형혹성이 송나라의 분야(分野)에 나타나 사람들이 두려워하였다. 천문(天文)을 맡아보는 관원인 자위(子韋)가 경공에게 재상에게 허물을 돌릴 수 있다고 하자, 경공이 "재상은 나의 팔과 다리이다." 하였고, 백성에게로 허물을 돌릴 수 있다고 하자, "임금은 백성이 있어야 한다." 하였으며, 다시 농사에다가 허물을 돌릴 수 있다고 하자, "농사가 흉년이 들면 백성들

되기를 기필할 수는 없지만, 성심을 쌓기를 오랫동안 하면서 밤낮없이 풀어지지 않게 한다면, 하늘과 사람 사이에 어찌 감응하지 않을 리가 있겠습니까." 하였으며,

또 아뢰기를, "임금이 항상 양의 기운을 북돋고 음의 기운을 억누르려는 뜻을 가지고 있어야 하는데, 음과 양이 자라나고 소멸되는 것은 군자와 소인을 쓰느냐 버리느냐 하는 사이에 달려 있습니다. 그러니 쓰고 버리는 것이 사람들의 마음에 합치되게 하면, 국가의 운수가 형통하는 때를 볼 수가 있을 것입니다. 지금은 바로 양의 기운이 바야흐로 자라나 만물이 제때를 얻은 때입니다. 하늘의 뜻을 잘 체득하고 시기를 타서 호령을 발하여 시행하소서. 이것이 참으로 사람들이 바라고 있는 바입니다." 하니, 상께서 가납하였다. (「청음연보」)

81세인 효종 1년(1650) 1월 4일에 상소를 올려 권계(勸戒)하는 뜻을 진달하였다.

그 상소는 대략 다음과 같다. "지금 천지가 새로 열리고 땅은 쪼개졌으며, 시서(時序)가 크게 변했습니다. 그런데도 민심의 동향이 전과는 판이하게 달라졌다는 말을 들을 수가 없으며, 헛소문이 날로 일어나 어리석은 이나 유식한 이나 모두 휩쓸리고 있습니다. 이에 정사(政事)와 호령(號令)을 펴는 사이에 공의를 거듭 어김을 면치 못하고 있습니다. 안정시키기 어려운 실상과 우려할 만한 형세가 가시밭 가운데 맨발로 서 있고, 녹아 가는 얼음 위를 걸어가는 듯하니, 나랏일이 끝내 어떻게 될지 모르겠습니다. 삼가 바라건대, 전하께서는 큰 뜻을 분발하시어

이 곤궁해지는데 내가 누구와 더불어 임금 노릇을 하겠는가" 하였다. 그러자 자위가 말하기를, "하늘은 높이 있으나 낮은 데에서 듣습니다. 임금께서 임금다운 말 세 마디를 하셨으니 형혹성이 물러갈 것입니다." 하였다. 다시 관측해 보니 과연 30리를 옮겨 갔다. (『史記』卷38, 宋微子世家)

훌륭한 덕을 날로 새롭게 하소서. 그리하여 조종(祖宗)의 중대한 부탁과 신민(臣民)들의 간절한 바람을 저버리지 마소서."(「청음연보」)

효종 1년 1월 22일 또다시 상소를 올려 사정을 진달하면서 물러가게 해 주기를 요청하였다. 이때 김육은 대동법의 실시를 주장하고 있었다. 그러나 율곡 이이가 원래 추진했던 것처럼 공안 개정을 하여 공물 수를 줄여서 농민 부담을 줄이고 시행하지 않고, 공물 수는 그대로 하고 재정 확보책으로만 시행하려고 하여, 김상헌·김집 등 산당(山黨)은 이에 찬동하지 않았다.

당시에 우상으로 있던 김육(金堉)이 호서(湖西) 지방에 대동법(大同法)을 시행하기를 청하면서 신독재 김집과 의논이 합치되지 않았으며, 또 선생이 자신을 도와주지 않는 것을 한스러워하면서 물러나 교외로 나가 여러 차례 상소를 올려 사직하였으며, 이어서 지척(指斥)하는 바가 있었다. 그러자 신독재가 자리에 편안히 있지 못하고 서둘러서 성 밖으로 나갔으며, 선생은 상소를 올려 사정을 진달하고, 이어 물러나 향리로 돌아갈 수 있게 해 주기를 청하였다. 그 상소는 대략 다음과 같다.

"형편없는 자질을 지닌 노신이 염치를 상실하여 일흔 살이 되어서 이미 물러났다가 여든 살이 되어서 다시 나와, 쇠파리 모양으로 들락거리고 강아지 모양으로 구차스러운 짓을 하여 다른 사람들의 천시와 모욕을 받았습니다. 명분은 비록 크나큰 성상의 은혜에 감격해서 나온 것이라고는 하나, 실상은 저 자신을 이롭게 하기 위한 것이었습니다. 소인배의 마음 씀씀이를 식견이 있는 자들이 먼저 알아보는 법인바, 구구한 저의 속셈을 어찌 감히 스스로 거짓으로 꾸밀 수 있겠습니까. 그런 데다가 신은 감내할 수 없을 만큼의 큰 질병이 있으며 또 아주

어렵고 걱정스러운 형세를 만났습니다. 그러니 이는 역시 조금은 살펴 줄만한 점이 있는 것입니다.

신은 본디 다른 사람보다 조금도 뛰어난 점이 없어 성상의 덕에 만에 하나나마 도움이 될만한 것이 없으며, 또 실낱같은 재주도 없어 시무에 도움이 될만한 것이 없습니다. 그런데도 단지 여러 대에 걸친 옛 신하로서 이름이 유적(遺籍)에 들어 있다는 이유로 대신의 반열에 올려놓고서 가끔 고문(顧問)하셨습니다. 이 때문에 잔뜩 위축된 채 서성이면서 물러가려고 하다가도 물러가지 못하고 있었던 것입니다. 현재 나라의 형세는 날이 갈수록 위급해지고, 신의 병세는 날이 갈수록 위중해지는데, 우상은 자신의 의견이 시행되지 않는다는 이유로 물러갔고, 좌상은 개장(改葬)의 복(服)으로 인하여 오래도록 물러가 있습니다. 이에 영상 혼자 고생하면서 모든 국사를 담당하는데, 비록 나이가 젊고 힘이 강한 사람이라고는 하지만, 큰 집을 기둥 하나가 떠받치고 있는 격이니, 또한 어찌 홀로 버텨 낼 수 있겠습니까.

삼가 바라건대, 전하께서는 사리를 잘 아는 어진 보필을 불러 돌아오게 해서 강직한 현신과 아울러 국사를 맡게 하고, 속히 선비들의 여망을 짊어지고 있는 중신을 다시 불러와 그들로 하여금 모두 한마음으로 돕게 해 나랏일을 구제하도록 하소서. 그리고 쓸 곳이 없는 노물(老物)을 먼저 물리쳐서 조정을 맑게 하소서." (「청음연보」)

1월 28일 말미를 받아 소분(掃墳)하고 석실로 돌아가게 해 주기를 요청하니, 상께서 말을 지급해 주라고 특별히 명하였으며, 또 제수(祭需)로 쓸 미두(米豆)를 하사하고 내의(內醫)가 약을 싸 들고 수행하라고 명하였다.

옥당의 여러 신하들과 태학생(太學生)들이 상소를 올려 선생을 머물러 있게 하라고 청하였다. 2월 11일 조정을 하직하였다.

조정을 하직하였다. 상께서 인견을 명하였다. 선생께서 아뢰기를,
"지금 시사가 몹시 어려운바, 바로 깊은 근심이 성명을 계발하고 많은
어려움이 나라를 일으키는 때입니다. 그러니 상께서 공구수성하신다면
하늘의 견책에 답하고 사람들의 마음을 위로할 수 있을 것입니다. 옛사
람이 그 임금에게 고하기를, '군신과 백성들에게 죄를 얻지 마소서.'라고
하였습니다. 임금이 인심에 순응하기를 힘쓴다면, 요순(堯舜)의 다스
림 역시 여기에서 벗어나지 않습니다. 순 임금이 요 임금의 덕을 찬양하
면서 단지 '자신의 뜻을 버리고 다른 사람의 의견을 따랐다'고만 하였는
바, 어찌 여러 사람의 의견을 들으면 밝아져서가 아니겠습니까. 소위
거룩한 것을 더욱 거룩하게 한다는 것은 바로 이것을 두고 한 말입니다.
여러 신하들의 말이 비록 중도에 지나치거나 너무 곧기만 한 점은
있습니다. 그러나 상께서 모두 용납하여 받아들이신다면, 사람들이
모두 마음으로 복종할 것입니다." 하였다. 그리고는 이날 석실로 돌아갔
다. (「청음연보」)

2월 18일 청 사신이 갑자기 방문하였다. 이때 김상헌, 김집, 송준길,
송시열, 김경여 등은 조정에 없었다.

진선 송준길이 상소하여 면직을 원하니, 상이 우대하는 답을 내렸다.
이때 청사(淸使)가 갑자기 왔으므로 조야가 의심하고 두려워하였는데,
김상헌·김집·송준길·송시열·김경여 같은 이들은 한 사람도 조정
에 없었다. (『효종실록』 권3, 효종 1년 2월 18일)

3월 1일 사은사 인흥군 이영(仁興君李瑛)과 부사 이시방(李時昉)이
청 사신에게 구류 당한 연유를 보고하였다. 김자점이 물러나고 김상헌
김집 등 척화파가 진출한 것을 사실대로 이야기하지 않고 숨겼기 때문이라
고 보고했다.

3월 16일 선정전에서 청 사신을 접견하였다.

상이 선정전에서 청사를 접견하였는데 정명수가 청사의 말을 전하였다.

"우리들은 상에게 불충스런 조신(朝臣)이 많다는 말을 익히 들었기 때문에 조사하기 위하여 왔습니다. 그런데 이제 와서 보니, 모두 스스로 두려움을 알고서 전야(田野)로 물러갔으나 이경석과 조경만은 남아 있기 때문에 중한 법으로 다스리고자 했습니다. 그러나 국왕께서 차마 바로 사형을 시행하지 못하고 굳이 안치할 것을 청하기에 우리들이 허락하였으니, 이는 실로 우리의 본래 뜻이 아니었습니다.

김자점은 우리가 듣기로는 선왕 때부터 공이 많아 중임을 맡았다고 하였는데, 이제 내쫓겼다 하므로 그 이유를 묻고자 하였습니다. 그러나 이제 와서 보니 불의한 일을 많이 하여 죄를 얻었다고 하기 때문에 묻지 않았습니다. 김상헌은 상국에 죄를 지었고 김집은 죄는 짓지 않았지만, 이들이 그른 의논을 오로지 주장한다 하기에 조사하려 하였으나 지금은 물러가고 없으므로 역시 묻지 않았습니다. 양사의 장관들이 다른 의논을 내기 좋아하고, 다른 사람을 공격하여 자기의 능력을 과시하며, 또 상소하여 악언(惡言)을 하는 자가 있다고 하는데, 모두 우선 보류하였습니다. 이후로 다시 이런 사람이 등용되거나, 다시 이런 일이 있게 되면 그들은 반드시 죄를 받게 될 것입니다. 조신들이 모두 여기 있으니 모두 잘 알아두기 바랍니다."(『효종실록』권3, 효종 1년 3월 16일)

5월 6일에 도성 안으로 들어가 인조대왕의 연제(練祭)에 나아갔다가 5월 9일 상소를 올려 집으로 돌아가게 해 주기를 요청하였다.

그 상소에 대략 이르기를, "신은 근력이 다 떨어졌으니 분수에 있어서 의당 물러나 시골로 돌아가야 하는 데다가 근일에는 또 그대로 머물러 있어서는 안 되는 형세마저 있게 되었습니다. 음(陰)과 양(陽)을 멋대로 조종하면서 억누르고 치켜세움을 분명하게 드러내 보였으니, 혹시라도 머뭇거리고 있다가는 반드시 같은 조정에 있는 사람들에게까지 치욕이 미칠 것입니다. 그러니 어찌 이루 다 말할 수 있겠으며, 어찌 통분함을 금할 수 있겠습니까. 삼가 바라건대, 성상께서는 일찌감치 신을 물러가도록 허락해, 신으로 하여금 부모님이 잠들어 계시는 선산의 아래로 돌아가 죽을 수 있게 해 주소서." 하였다.

당시에 적신(賊臣) 김자점(金自點)의 무리가 사류들을 원수처럼 미워하면서 선생을 영수(領袖)로 여기고는 반드시 해치고야 말려고 하였다. 그리하여 안으로는 역란(逆亂)을 도모하고 밖으로는 북인(北人)들과 내통하면서 뇌물을 쓰고 참소를 행하기까지 하여, 북사(北使)가 계속하여 나와 화기(禍機)가 헤아릴 수 없었다. 그러나 조정에서 곡진하게 미봉시켰으므로 일이 모두 중지되었다. (「청음연보」)

이때 청의 사신이 찾아온 것은 효종의 북벌 계획이 이언표(李彦標) 등의 밀고로 인해 청에 알려진 이른바 '사문사건(査問事件)'이 일어났기 때문이다. 청에서는 군대와 사신을 보내 이를 조사하였다. 이때 조경(趙絅)과 이경석(李景奭) 등은 국왕을 비호하였으며, 특히 이경석은 모든 책임을 자신에게로 돌려 청 황제의 명령으로 백마산성에 구금되었다. 효종 1년 5월 9일 김상헌에게 대제학의 천거를 물어보게 하였다.

정원이 예문관으로 하여금 김상헌에게 가서 대제학의 천거를 물어오게 하도록 청하니, 따랐다. 상헌이 아뢰기를, "2품 이상에는 이 직책에 어울리는 자가 거의 없는데, 한두 명이 있다 하더라도 죄를 받고 있거나 늙고 병들었습니다. 이외에 품질(品秩)이 미달되고 현재 파산(罷散)

중에 있는 자가 있긴 합니다만, 감히 곧장 천거하지는 못하겠습니다."
하니, 답하기를, "품질이 미달된 것은 어떨지 몰라도 파산된 자라면
사체상 타당치 못하다." 하였다. 당시 조석윤(趙錫胤)이 부제학의 신분
으로 좌파(坐罷)된 상황에서 아직 2품에 오르지 못했었는데, 상헌이
석윤을 천거하고 싶었기 때문에 이렇게 청한 것이다. (『효종실록』
권4, 효종 1년 5월 9일)

효종 1년 6월 18일 『실록』 찬수를 위해 김상헌의 천거에 따라 조석윤을
대제학으로 삼았다.

이때 『실록』 찬수(纂修) 기일이 급박하고 대제학이 오랫동안 비어
있었으므로 대신(大臣)들이 대제학을 정할 것을 청하니, 상이 따랐다.
고사(故事)에 대제학을 지낸 자가 추천하게 되어 있는데, 전 대제학
정홍명(鄭弘溟)은 병으로 시골에 있고, 이경석(李景奭)과 조경(趙絅)
은 백마성(白馬城)에 구금되어 있었으며, 오직 영부사 김상헌(金尚憲)
만 있었다. 상이 사관을 보내어 물으니, 그는 조석윤(趙錫胤) 한 사람만
천거하였다. 그러자 상이 이르기를 "문형(文衡)을 차출할 때에는 정부
의 육경이 모여 의논해서 권점(圈點)의 많고 적음에 따라 의망(擬望)의
순서를 정하는 것인데, 한 사람만 천거했으니 권점을 찍을 곳이 없다.
김상헌에게 다시 물으라."하니, 상헌이 아뢰기를 "국가가 양관(兩館)
제학(提學)을 둔 것은 문형을 예비하기 위한 것입니다. 영의정 이경여와
우의정 조익은 다 제학을 지냈으니 마땅히 양관 제학과 함께 모여
의논해서 천거해야 합니다." 하였다. 경여와 조익이 아뢰기를 "현임
양관 제학인 김광욱(金光煜)과 오준(吳竣)은 지금 의천(擬薦) 대상
중에 속해 있으므로 모여 의논할 수 없습니다." 하고, 드디어 조석윤과
양관 제학을 추천하였다. 그러자 상이 대신(大臣), 정부의 동서벽,
육경, 판윤을 명초(命招)해서 권점(圈點)하도록 한 뒤, 드디어 조석윤

을 대제학으로 삼았다. (『효종실록』권4, 효종 1년 6월 18일)

조석윤(趙錫胤, 1606~1655)의 본관은 배천(白川)으로, 장유와 김상헌의 문인이다. 병자호란 직전에 척화파의 입장에 서 있었고, 전쟁이 일어나자 군사를 모아 싸우려고 했으나 실패하였다. 전쟁 후에 이조정랑을 거쳐 집의를 지낼 때, 척화인의 죄적에 들지 못함을 상소하여 스스로 파직을 자청하였다. 원손이 심양에 인질로 가는 것을 적극적으로 반대하였으며 강화도에서 순절한 자들의 부모처자에 대한 구제책을 강구할 것을 주장하였다. 또한 궁가나 아문이 차지하고 있는 염분(鹽分)·어전(漁箭) 등을 혁파할 것도 주장하였다. 이때 김상헌이 그를 적극적으로 추천하여 대제학이 되었던 것이다.

효종 1년 5월 28일 상께서 본주(本州)의 전세(田稅)를 면제해 주고, 다달이 녹봉(祿俸)을 지급하라고 명하였다. 이에 상소를 올려 사양하였으며, 7월 16일에 또 사양하였으나, 상께서 허락하지 않았다.

선생께서는 집안사람들이 농사짓는 것을 금하면서 이르기를, "녹봉을 받아먹고 사는 집에서 다시 농사를 짓는 것은 마땅치가 않다." 하였다. (「청음연보」)

사간 장응일(張應一)이 상소를 올려 시사에 대해 논하였는데, 그 가운데 "천하의 대로(大老)도 역시 붕당을 주도하고 있다."는 말이 있었다. 이는 대개 선생을 지적하여 한 말이었다.

그러자 7월 11일 옥당과 7월 12일 사헌부에서 잇달아 상소를 올려 장응일을 죄주기를 청하였는데, 상께서 단지 그 직임을 체직시키라고만 명하고서 잇달아 온당치 못하게 여기는 전교를 내렸다. 이에 선생께서는 감히 스스로 편안히 있을 수가 없어서 재차 상소를 올려 치사하게 해

주기를 요청하였으나, 상께서 허락하지 않았다. (「청음연보」)

효종 1년 7월 11일 옥당에서 장응일이 김상헌을 비방했다 하여 파직을 청하니 장응일을 체직만 시켰다.

옥당(玉堂)이 〔부응교 홍진윤(洪震尹), 교리 조한영(曺漢英), 부교리 홍처대(洪處大), 수찬 이천기(李天基)〕 상차하기를, "신들이 삼가 보건대 장응일(張應一)의 상소에 '천하의 대로(大老)도 붕비(朋比)의 논의를 주장한다.'고 하였는데, 그가 말한 대로란 영돈녕부사 김상헌(金尙憲)을 지적한 것이 아닌가 합니다. 그러나 상헌이야말로 정충대절(精忠大節)이 태산처럼 우뚝하니, 늙고 병들어 국사(國事)를 맡지는 못했어도 임금의 국정 자문에 도움을 주고 아름다운 풍속을 앉아서 진정하고 있으므로, 나라에서 길흉을 가려주는 시초〔蓍〕와 거북〔龜〕처럼 의지하고 있으며, 사람들은 태산(泰山)과 북두(北斗)처럼 우러러 보고 있습니다. 오래도록 백성들이 그가 조정에 나오기를 기다리는 덕망을 한 몸에 지니고 있으면서도 나랏일에서 물러날 뜻을 굳게 가지고 논의에 참여함이 없이 시끄러운 세상 밖에 우뚝 서 있으니, 그의 청천백일(靑天白日)과 같은 뜻을 그 누가 모르겠습니까.

그런데 장응일이 함부로 헐뜯고 선동하는 말을 떠벌리면서 마음속으로 '붕비(朋比)에 대한 한 조목은 누구나 듣기 싫어하는데, 찾아보아도 증거가 없는 일이다.'고 생각하고는 이렇게 배척하였으니, 그의 계책을 충분히 이루었다 하겠습니다. 아, 사람이 어쩌면 이렇게까지 말을 만들어 낼 수 있단 말입니까. 색목(色目)이라고 지칭한 것도 본래 근거없이 논의하면서 억지로 붙여 나온 것인데, 그 동안 산림(山林)의 선비 중에서 그 누가 이런 누명에서 벗어난 경우가 있겠습니까. 장응일이 지금 간쟁하는 자리에 있으면서 감히 모함하는 말을 앞장서서 하였으니, 참으로 탄핵하여 바로잡는 거조가 없다면 어떻게 한 세상에 시비를 밝히고 장래의 화를 미연에 방지할 수 있겠습니까. 그를 파직하소서."
하니,

답하기를, "나도 그 말이 망령된 것인 줄은 알고 있는데, 배척하지
않은 것은 언로(言路)를 위해서였다. 원로대신과 산림의 선비에게 무슨
손해될 것이 있겠는가. 그냥 놓아두는 것도 좋을 듯싶다만, 또한 잘못이
없지 않으니, 체직만 시키라." 하였다. (『효종실록』 권4, 효종 1년
7월 11일)

장응일(張應一, 1599~1676)의 본관은 인동(仁同)이다. 아버지는
장현도(張顯道)이며, 어머니는 정괄(鄭适)의 딸이다. 장현광(張顯光)
에게 입양되었다. 인조 7년(1629) 별시 문과에 급제한 뒤 여러 관직을
지냈다. 사사의 명이 내려진 민회빈 강씨를 구명하는 소를 9일 동안
올렸으며, 효종 즉위년(1649) 6월에는 김경록, 송준길 등과 함께 김자점
을 탄핵한 적이 있다. 대사간, 가선대부를 지냈다.

8월 10일 다시 상소를 올려 치사하게 해 주기를 요청하였으나, 허락받
지 못하였다.

영돈녕부사 김상헌(金尚憲)이 양주(楊州)에 물러가 살면서 상소하여
치사(致仕)를 청했는데, 그 상소에, "신이 늙어서 구책(驅策)을 견디지
못한다는 것을 성명께서 통촉하시고 이미 시골에 물러가 있도록 윤허하
셨습니다. 신은 성상의 은혜를 흠뻑 입고서도 보답할 길이 없이 그저
낮이나 밤이나 대궐을 향하여 거듭 송축할 따름입니다. 다만 누조(累朝)
의 두터운 은혜만을 탐한 채 차마 벼슬을 영원히 사직하지 못하고
더디게 떠남으로 인하여 사람들에게 기롱과 욕을 받고 있으니, 체면을
손상시키고 조정에 욕을 끼친 것 모두가 신이 스스로 취(取)한 것인데,
누구를 탓하겠습니까. 지금 이후로는 아무 미련없이 하루가 가기 전에

떠남으로써 성명께서 끝내 보전해 주신 성덕을 빛나게 할 것이니, 천지부모께서는 특별히 불쌍하게 여기시어 속히 치사를 허락해 주소서." 하니, 답하기를, "경의 상소가 어찌 이 지경까지 이르렀는가. 나는 매우 섭섭하다. 치사의 청은 결코 윤허하기 곤란하니, 나의 지극한 뜻을 본받아 다시 번거롭게 하지 말라." 하였다. (『효종실록』 권5, 효종 1년 8월 10일)

효종 1년 11월 19일 또 사직을 청하고 오지 않으니 답을 내려 속히 올라오라고 하였다.

영돈녕부사 김상헌(金尙憲)이 양주(楊州)에 있으면서 또 소장을 올리고 올라오지 않았는데, 답하기를, "경의 소장을 보니, 내가 무엇을 잃어버린 듯하지만 어떻게 비유를 하지 못하겠다. 경이 나아오지 않는 것은 진실로 나의 성의가 얇기 때문이니, 오히려 누구를 허물하겠는가. 또한 지금 절기가 엄동설한에 이르렀고 몸에 질병이 있으니 비록 억지로 나오게 할 수는 없으나, 날이 따뜻해지고 병에 차도가 있게 되면 마음을 바꾸지 않아서야 되겠는가. 글을 보니 감정이 복받친다. 오직 경이 헤아려 처신하라." 하였다. (『효종실록』 권5, 효종 1년 11월 19일)

82세인 효종 2년(1651) 1월에 사직하였으나, 허락받지 못하였다. 5월에 성안으로 들어가서 인조대왕의 대상(大祥)에 나아갔다. 5월 9일에 상소를 올려 사퇴하였으며, 이어 하늘의 경계를 삼가고 백성들의 고통을 돌보아 주는 방도에 대해 진달하였다.

영돈녕부사 감상헌이 상소하기를, "신은 국상의 날짜에 맞추어 죽을힘을 다해 서울에 들어와 가까스로 곡반(哭班)에 참여하였는데, 정신이 이미 떨어져서 하루라도 더 머물러 남은 소원을 풀 수가 없으니, 구구한

정성을 바칠 길이 없습니다. 이제 장차 다시 강가로 나가 배를 빌려
타고 동쪽으로 돌아갈 예정인데, 신은 금년에 82세로서 이제 가면
영원히 대궐을 보지 못할 것입니다. 삼가 원컨대 성상께서는 더욱 하늘
이 내린 경계를 삼가고 백성의 고통을 돌보시어 억만년토록 끝없는
우리 동방의 계책을 세우소서. 신은 눈물이 하염없이 흐릅니다." 하니,
답하기를, "경의 소장을 살펴볼 때 이미 돌아갈 계획을 세웠으니 내
마음이 매우 섭섭하여 무어라고 형용할 말이 없다. 헤어진 지가 오래되
어 한번 만나보고 싶은데 조금이라도 머물러 줄 수 없겠는가. 소장의
하단에 나를 경계하고 가르치는 말은 요긴하고 간략할 뿐만 아니라
나라를 잊지 못하는 정성이 언어의 밖에 넘쳐흐르니, 참으로 감탄스럽
다. 더구나 군주의 직책은 여기에서 벗어나지 않는 것이니, 감히 마음속
에 새기지 않겠는가." 하였다. (『효종실록』권6, 효종 2년 5월 9일)

5월 28일 또다시 상소를 올려 사직하고 석실로 돌아왔다.

영돈녕부사 김상헌이 양주(楊州)에서 상소하기를, "삼가 아룁니다.
신은 숨이 가물가물한 지가 이제 한 달 남짓하여 조석간에 곧 죽을
형편이니, 대궐을 향해 바라볼 때 슬픈 눈물이 하염없이 흐릅니다.
신은 조정에 들어선 이후 이제 56년이 되었는데 조그만 은혜도 보답하지
못하고 허물만 쌓였으니, 이는 온 조정 신하들이 다 아는 바입니다.
다만 음험한 생각을 가슴에 두고 사사로운 원한으로 남을 해치지는
않았으니, 이 점에 대해 신이 감히 추호라도 스스로 꾸며 임금을 속이겠
습니까. 신은 향리에 물러나 있으면서 헛되이 직함만 띠고 있으니,
바라건대 면직하시어 공사간에 다 편하게 하소서." 하니, 상이 너그럽게
비답하고 허락하지 않았다. (『효종실록』권6, 효종 2년 5월 28일)

효종 2년 11월 13일 선생이 병이 들자 의관과 약물을 보내어 진찰하게

하였다.

　정원이 아뢰기를, "영돈녕부사 김상헌(金尙憲)이 병이 갑자기 심해져 의관(醫官)에게 보이고 싶다고 합니다." 하니, 하교하기를, "급히 유후성(柳後聖)을 보내어 구호하게 하라." 하였다. 다음날 또 어의 조징규(趙徵奎)를 보내어 진찰하게 하고, 내국(內局)으로 하여금 약물(藥物)을 보내게 하였다. (『효종실록』 권7, 효종 2년 11월 13일)

83세인 효종 3년(1652) 4월 2일 사직 상소를 올리나, 허락하지 않았다.

　영돈녕부사 김상헌(金尙憲)이 양주(楊州)에서 상소를 올려 치사할 것을 청하고, 인하여 녹(祿)을 사양하니, 상이 위로하는 유시를 내리고 허락하지 않았다. (『효종실록』 권8, 효종 3년 4월 2일)

6월에 병세가 위독해졌다. 상께서 어의(御醫)를 보내어 진찰하게 하였다. 6월 25일 을축일 2경(更)에 정침(正寢)에서 졸하였다. 유서(遺書)가 있다.

　선생께서는 일찍이 임술년(광해군 14, 1622)에 유계(遺戒)를 손수 써 놓았는데, 이때에 이르러 그 글을 그대로 쓰게 하였다. 거기에 이르기를, "묘 앞에는 비석을 세우지 말고 단지 작은 묘표(墓標)만 세우고서 관향(貫鄕)과 성명만 기록하라. 상제(喪祭)와 길제(吉祭)는 풍성하고 사치스럽게 해 아름답게만 하느라 예제(禮制)를 무시하는 일이 없도록 하라. 사당을 옛 제도대로 회복하지 못하여 유감스럽기 그지없으니, 집안의 물력(物力)이 다시 지을 만하게 되기를 기다려서 먼저 사당을 세우되, 한결같이 옛 제도대로 하여 나의 뜻을 이루어 주기 바란다. 초상 때 관(棺)은 크고 높게 하지 말며, 옷가지와 이불은 몸이나 겨우

두를 정도로 하며, 매장하는 데 쓰는 여러 도구는 검소한 제도를 따라서
하기를 힘써서, 나의 평소의 뜻을 저버리지 말라. 영침(靈寢)에는 붓과
벼루 및 평상시에 읽던 책 몇 질을 놓아두라." 하였다.

이 이외에도 역시 훈계한 몇 조목이 더 있다. 선생께서는 또 심관(瀋館)
에 억류되어 있을 적에 일찍이 스스로 묘지(墓誌)를 짓고는 이어 묘지명
을 지어 놓았는데, 그 묘지명에 이르기를,

至誠矢諸金石	지성은 금석에다 맹세하였고
大義懸乎日月	대의는 일월에다 매달았다네
天地監臨	하늘과 땅이 굽어 살피시거니
鬼神可質	귀신에게 질정할 수가 있다네
蘄以合乎古	옛 도에 합하기를 바랐건마는
而反盭於今	오늘날에 도리어 어긋났구나
嗟百世之後	아아 백대 세월 흐른 뒤에는
人知我心	사람들이 나의 마음 알아주리라

하였다. 그런데 그 뒤에 그 묘지는 쓰지 말라고 명하였으므로, 단지
이 명(銘)만 묘석에 새겼다. (「청음연보」)

유소(遺疏)를 올렸다.

이보다 앞서 선생께서 병을 앓아누워 있으면서 유소를 짓고는 자제들
에게 명하여 쓰게 하였는데, 이때에 이르러서 올린 것이다.

그 상소에 대략 이르기를, "삼가 아룁니다. 신은 본래 용렬한 자질을
가진 몸으로 요행히 여러 대의 조정에서 은혜를 입어 지위가 숭반(崇班)
에 이르렀습니다. 그런데도 티끌만한 보답도 하지 못하고 한갓 죄만
쌓아 왔습니다. 병자년(인조 14, 1636)과 정축년(1637)의 난리 이후

로는 벼슬할 생각을 끊었으며, 중간에 다시 화를 당하여 온갖 어려움을 두루 겪었습니다. 그러다가 뜻하지 않게도 선왕께서 초야에 있던 신을 부르시어 삼공(三公)의 자리에 두셨습니다. 신은 은혜로운 명에 감격하여 마지못해 한번 나아갔으나, 허물만을 쌓은 여생이라 힘을 쏟아 진력할 가망이 없었습니다. 이에 조상의 묘소가 있는 고향 땅으로 물러나 지내면서 죽을 날만 기다리고 있었습니다.

성상을 만남에 이르러서는 남다른 은총을 과분하게 받았습니다. 이에 구구한 저의 마음속으로는 단지 사류(士類)를 현양하고 강유(綱維)를 진작시켜 새로운 교화를 펴는 데 만분의 일이나마 보답하고자 하였습니다. 그런데 불행히도 일과 마음이 서로 어긋나서 뜻을 조금도 펴보지 못하고 성상의 은덕을 저버린 채 낭패하여 돌아왔습니다. 질병과 근심 걱정으로 인해 점점 더 고질병이 되었으므로 오늘날에 이르러서는 목숨이 거의 다하게 되었는바, 다시금 천안(天顔)을 뵙는다는 것은 이생에서는 이제 끝나 버렸습니다. 이에 멀리 대궐을 우러러보면서 살아서는 목숨을 바치고 죽어서는 결초보은하겠다는 충심만 더할 뿐입니다.

삼가 바라건대, 전하께서는 처음 왕위를 물려받던 때에 품었던 뜻을 더욱더 가다듬으시고 어진 이를 좋아하는 정성을 버리지 마시어, 선한 사람을 등용하여 훌륭한 정치를 이루고 실제적인 덕을 잘 닦아 왕업을 넓히소서. 그리하여 우리 동방이 억만년토록 무궁할 아름다움의 기반을 크게 닦으신다면 신은 비록 죽어 구천에 가 있더라도 여한이 없을 것입니다. 죽음에 임해 기운이 없어서 무슨 말씀을 드려야 할지 모르겠습니다.” 하였다.

상께서 정원에 다음과 같이 전교하였다. “하늘이 사람을 남겨 두지 않고 내게서 원로를 앗아갔으니, 매우 슬프고 슬프다. 이 유소를 보니 말이 아주 간절하고 훈계가 매우 지극하다. 나라 위한 충성이 죽음에 이르러서 더욱 독실하니 몹시 탄복스럽다. 그러니 가슴 깊이 새기지 않을 수 있겠는가. 내가 슬픔을 이기지 못하고 근신에게 하유한다."

(「청음연보」)

6월 26일 상께서 승지 이척연(李惕然)을 보내어 조문하였다.
6월 26일 초상에 관재를 하사하라고 명하였다.

상이 정원에 하교하기를, "완평부원군(完平府院君) 이원익(李元翼)의 상례에 상수(喪需)를 별도로 하사한 거조가 있었는가?" 하니, 정원이 아뢰기를, "다만 승지를 보내어 조문하였고, 또 관재(棺材)를 하사하였습니다."하고, 또 아뢰기를, "삼가 듣건대, 국조의 고사에는, 대신의 상례에 전하께서 거림(擧臨)하는 한 조항이 있었는데, 중간에 폐해진 지 이미 오래라고 합니다. 지금은 또 마침 국기(國忌)의 재계(齋戒)하는 날을 만났으니, 예관으로 하여금 여쭈어 처리하게 하소서." 하니, 답하기를, "아뢴 대로 하라. 관재는 해조로 하여금 속히 실어 보내게 하라." 하였다. (『효종실록』 권8, 효종 3년 6월 26일)

상께서 소복(素服) 차림으로 거애(擧哀)하고자 하여 대신에게 의논하였는데, 대신이 상의 뜻을 제대로 따라 주지 못하여 일이 마침내 거행되지 못하였다. (「청음연보」)

6월 26일 김상헌 상례에 왕세자가 거애하는 일에 대해 논의하였다.

시강원이 아뢰기를, "영돈녕부사 김상헌은 일찍이 사부(師傅)를 지냈습니다. 고(故) 상신(相臣) 이원익, 이정귀의 상례에 왕세자가 거애한 예가 있었습니다. 거행하게 하소서." 하니, 답하기를, "예로 보아서는 마땅히 거행해야 하겠으나, 세자가 나이가 어려서 어떻게 해야할지 모르겠다. 대신에게 의논해서 처리하라." 하였다. 〔세자가 상례에 친림

하는 한 조항은 상헌의 초상이 밖에 있어서 행할 수가 없었기 때문에 시강원이 이렇게 아뢴 것이다.〕이경여·이경석·김육이 헌의하여 아뢰기를, "사부를 높여 존중하는 도리는 마땅히 어릴 때부터 익혀야 합니다. 거애하는 예를 행하게 하소서." 하고, 정태화·이시백(李時白)은 아뢰기를, "왕세자가 아직 어리니, 거애하는 한 조목은 꼭 예문대로 따르지 않아도 무방할 듯합니다." 하였다.

이는 대개 상이 거애하게 하려 하지 않았기 때문에 태화의 의논이 이와 같았는데, 그 의논을 따르라고 명하였다. (『효종실록』권8, 효종 3년 6월 26일)

6월 29일 고 정승 김상헌에게 3년간의 녹봉을 하사하게 하였다. 8월 10일 교리 심지한(沈之漢)을 특별히 보내어 고 영돈녕부사 김상헌 (金尙憲)에게 제사지냈다.

왕세자 역시 궁관(宮官)을 보내어 조제(弔祭)하고 부증(賻贈)하였다. 8월 18일 석실의 선영 안 계좌 정향(癸坐丁向)의 산등성이에 예장(禮葬)하였다.

태학(太學)의 제생(諸生)들이 경성(京城)에 있는 옛집에 모여서 망곡 (望哭)하고 또 물품을 부의하였다. 장사를 지냄에 미쳐서는 먼 곳에 사는 선비들로서 일찍이 문하에 나오지 못했던 자들도 많이 와서 곡을 하고 글을 지어 제사한 다음 돌아갔다. (「청음연보」)

▦ 추숭과 현창

효종 3년 10월 23일 참찬관 김홍욱(金弘郁)이 관작을 추증하고 시호를 내리기를 청하였다.

김홍욱이 아뢰기를, "절의(節義)를 숭장(崇獎)하는 것도 지금 급한 일입니다. 김상헌(金尙憲)의 일은 사람들의 이목에 환히 남아 있고 정온(鄭蘊)이 혼조(昏朝) 때에 올린 소장은 일월(日月)과 빛을 다툴 만하니, 관작을 추증하고 시호를 내리는 일을 늦추어서는 안 되겠습니다." 하니, 그대로 따랐다. (『효종실록』권9, 효종 3년 10월 23일)

효종 4년(1653) 연신(筵臣)이 증직(贈職)하고 사시(賜諡)하기를 청하니, 상께서 대광보국 숭록대부(大匡輔國崇祿大夫) 의정부 영의정 겸 영경연 홍문관 예문관 춘추관 관상감사 세자사(議政府領議政兼領經筵弘文館藝文館春秋館觀象監事世子師)를 추증하라고 명하였다. 태상(太常)에서 시호를 의논하여 문정(文正)이라고 하였다.

시법(諡法)에 학문을 부지런히 하면서 묻기를 좋아하는 것을 문(文)이라고 하고, 바른 것으로써 행한 것을 정(正)이라고 하였다.

（「청음연보」）

당시에 연신이 문순공(文純公) 이황(李滉)의 예에 의거하여 시장(諡狀)이 올라오기를 기다리지 말고 시호를 내려 주기를 요청하니, 상께서 특별히 허락하였다. (「청음연보」)

효종 7년(1656) 양주(楊州)의 석실서원(石室書院)이 완공되었다. 12월 14일에 위판(位版)을 봉안하여 선원(仙源) 선생과 나란히 향사(享

祀)하였다.

당시에 의논하는 자들이 '선생께서는 자신의 몸으로 대의(大義)를 떠맡아서 우리 동방으로 하여금 천하 후세에 할 말이 있게 하였다. 그 공이 참으로 성대하니 의당 도봉서원(道峯書院)에서 향사하여 문정공(文正公) 조광조(趙光祖) 선생과 함께 제사를 받게 해야 한다.' 하였다. 그러나 혹자가 '선원 선생을 이미 석실서원에서 향사하고 있으니, 별도로 다른 사우(祠宇)에서 향사하는 것은 마땅치 않다.' 하여, 의논이 끝내 시행되지 않았다. (「청음연보」)

우암(尤庵) 송시열(宋時烈)이 묘정비(廟庭碑)를 찬하였는데, 그 비문은 다음과 같다.

"성인(聖人)이 『춘추』를 지어 공문(空文)을 드리우자, 맹자(孟子)가 이를 일치(一治)의 수(數)에 해당시켰다.100) 대저 만물의 흩어지고 모임이 모두 『춘추』에 있으나, 만약 그 대경(大經)과 대법(大法)을 논해 본다면 주(周)나라를 높이고 이적(夷狄)을 물리치는 것보다 더한 것이 없다. 천하는 미상불 어지러워지지 않는 때가 없는 법인데, 어지러움이 극도에 이르면 하늘은 반드시 그 어지러움을 종식시킬 사람을 낸다. 그런데 그 사람이 토지의 기본과 인민의 세력을 소유한 것이 없으면, 역시 성인의 공문을 인하여 대경과 대법을 밝힌다. 여기에서 인류는 금수와 다르게 되고, 중국(中國)은 이적이 되는 것을 면하게 되는 것이다. 그러니 이 또한 일치(一治)인 것이다.

---

100) 성인(聖人)이 … 해당시켰다: 성인은 공자(孔子)를 가리키고, 공문(空文)은 당세(當世)에 실행되지 않은 글이나 법률을 말하는데, 여기서는 공자가 지은 『춘추(春秋)』의 글을 가리킨다. 맹자가 말하기를, "옛날에 우왕(禹王)이 홍수를 억제하자 천하가 다스려졌고, 주공(周公)이 이적을 겸병하고 맹수를 몰아내자 백성들이 편안해졌고, 공자가 『춘추』를 완성하자 난신적자들이 두려워하였다." 하였다. (『孟子』 滕文公下)

대개 숭정황제(崇禎皇帝) 병자년(인조 14, 1636)과 정축년(1637)
의 사이를 당해서는 천하의 어지러움이 극도에 달했다고 할 만하였다.
그때 우리 석실(石室) 선생께서는 몸소 예의(禮義)의 대종(大宗)을
책임으로 삼아 이미 무너진 강상(綱常)을 세웠고, 중인(衆人)들이 서슴
없이 창귀(倀鬼)가 되는 의논101)을 함에 이르러서는 또 그것이 그렇지
않다고 분명히 말씀하였다. 이에 그 말은 더욱 막히게 되었으나 그
기개(氣槪)는 더욱 펴졌고, 그 몸은 더욱 곤경에 빠지게 되었으나 그
도는 더욱 형통해졌다. 그러한 까닭에 그 어지러움은 더욱 심해졌으나,
그 다스림은 더욱더 안정되었다. 그러니 당나라 한퇴지(韓退之)가 '이
전에 맹자(孟子)가 없었더라면 천하는 다 오랑캐의 옷을 입고 오랑캐의
말을 하였을 것이다'라고 한 말이 참으로 믿을 만한 말이다.

　대개 선생께서 이미 세상을 떠나고 난 뒤에 중외(中外)의 장보(章甫)
들이 선생의 옛집 옆 대강(大江) 가에 사당을 세웠다. 그리고는 선생의
백씨(伯氏)인 선원(仙源) 선생 역시 난리에 임하여 충성을 바쳐 세교
(世敎)를 부호(扶護)했다고 하여, 아울러 신패(神牌)를 받들어 오른쪽
에 배향하였다. 대개 갑오년(효종 5, 1654) 5월에 사당을 짓기 시작하
여 병신년(1656) 12월 14일에 배향을 마쳤다.

　아, 석실 선생 같은 분은 이른바 천백 년 만에 한 사람이 나올까
말까 한 인물이다. 그런데 또 한집안의 형제 중에 선원 선생까지 있었으
니, 참으로 성대하기도 하다. 아, 치란(治亂)은 음양(陰陽)의 이치이
다. 이에 성인께서 이미 『대역(大易)』102)을 찬(贊)하여, 양은 끝내
없어서는 안 되며, 난은 다시 다스릴 수 있음을 보였다. 그리고서 또

---

101) 중인(衆人)들이 … 의논: 병자호란이 있은 뒤로, 청(淸)나라에서 명나라를 치는
　　데 지원병을 파견하라는 요구가 있자, 조정에서는 파병해야 한다는 측과 파병은
　　오랑캐의 앞잡이가 되는 격이므로 파병해서는 안 된다는 양론이 맞섰다. 창귀(倀鬼)
　　란 곧 오랑캐의 앞잡이가 됨을 말한다.
102) 대역(大易):『주역』을 말한다.

『춘추』를 지어서 치란의 도구로 전해 주었다. 이 도가 진실로 밝아지면 그것을 치(治)라고 할 수 있다. 그러니 어찌 적음(積陰)이 구야(九野)에 덮여 있다 하여 양덕(陽德)이 아래에서 밝다고 생각하지 않을 수 있겠는가. 그러므로 『춘추』가 비록 난을 인하여 지은 것이라고 하나, 천하의 치가 일찍이 그 속에 없었던 적이 없었다.

비록 그렇지만 『춘추』에 대해서 이미 '문구가 수만이요, 그 지적한 것이 수천이다.' 하였다. 그러니 성인의 은미한 말씀과 오묘한 뜻은 다 알 수가 없지만 오직 주나라를 높이 숭상한 의(義)는 일월과 같이 빛나서 비록 소경이라 하더라도 역시 볼 수가 있다.

지금 사람이나 후세 사람으로서 무릇 이 서원에 들어가 당에 올라서 배우는 자가 선생의 도를 알고자 한다면, 성인이 필삭(筆削)한 뜻만을 가지고 억지로 그 통하기 어려운 것을 통하려 하지 말고, 단지 천고에 바꿀 수 없는 천리(天理)와 왕법(王法) 및 민이(民彝)와 물칙(物則)에 대해서만 강론해 밝혀야 할 것이다. 그러면 성인의 가노(家奴)만 땅속에서 다시 살아나도 될 것이니, 그런 다음에야 선생의 공(功)이 큰 것과 하늘이 선생을 내신 것이 참으로 우연한 것이 아님을 알게 될 것이다. 아, 이 어찌 쉽사리 속인과 더불어 말할 수 있는 것이겠는가."

(「청음연보」)

효종 9년(1658) 관서(關西) 지방의 사인(士人)들이 정주(定州)에 봉명서원(鳳鳴書院)을 세우고서 선원 선생과 나란히 향사하였다.

선원 선생이 일찍이 본 고을의 수령으로 있었으며, 선생께서도 오랫동안 만상(灣上)에 머물러 있었다. 그러므로 관서의 선비들이 서원을 세우고서 나란히 향사한 것이다. (「청음연보」)

현종 2년 4월 24일 대신이 효종의 묘정에 배향할 신하로 고 좌의정

문정공 김상헌과 판부사 문경공 김집을 초계하였다.

대신이 재신(宰臣)들을 이끌고 빈청(賓廳)에서 모여 효종의 묘정(廟
庭)에 배향(配享)할 신하로 고(故) 좌의정 문정공(文正公) 김상헌(金
尙憲)과 판부사 문경공(文敬公) 김집(金集)을 권점(圈點)하여 초계
(抄啓)하였다. (『현종실록』 권4, 현종 2년 4월 24일)

상이 하문하기를, "오늘 배향(配享)하는 신하를 뽑는 데 몇 명이나
권점(圈點) 대상으로 써냈던가?" 하니, 태화가 아뢰기를, "권점 대상으
로 모두 7인을〔이시백(李時白)·구인후(具仁垕)·김육(金堉)·이
후원(李厚源)·김상헌(金尙憲)·이경여(李敬輿)·김집(金集).〕써
냈는데, 그중에 김집은 조정에 들어간 지가 일천(日淺)하지만 유자(儒
者)로서의 중한 명망이 있기 때문에 역시 권점 가운데 들어간 것입니다."
하였다. 상이 이르기를, "두 사람을 배향하는 것이 옳은가?" 하니, 태화
가 아뢰기를, "중흥하고 창업한 임금의 경우에는 배향하는 신하가 많습
니다만 기타 계승한 임금의 경우에는 배향하는 신하가 적습니다. 중종
(中宗)의 묘정(廟庭)에는 4인을 배향했고, 인종(仁宗)과 명종(明宗)
의 묘정에는 모두 2인을 배향했고, 예종(睿宗)의 묘정에는 한 사람만
배향했습니다. 본래 규정에 정수가 없는데, 이번에 2인을 선택한 것도
여론에 따른 것입니다." 하였다. (『현종실록』 권4, 현종 2년 4월 24일)

현종 2년(1661) 7월 7일에 효종대왕의 묘정(廟庭)에 배향하였다.
교서(敎書)는 다음과 같다.

"왕은 말한다. 인정(人情)과 예문(禮文)을 모두 갖추어서 부묘(祔廟)
하는 예를 이미 거행하였다. 이에 옛 전고(典故)를 상고하여 배향하는
의식을 치러, 외제(外除)[103]의 남은 슬픔을 품고 어진 이를 높였던

선대왕의 뜻을 본받는다.

김상헌은 삼조(三朝)를 섬긴 원로(元老)이며, 일덕(一德)을 지킨 종신(宗臣)이다. 정직하고 충성스러움은 모든 신료들의 모범이 되었고, 문장과 학업은 한 시대의 사람들이 우러르는 바이다. 그 기상(氣像)은 거센 물결 속에 버티고 선 지주(砥柱)104)였고, 그 심사(心事)는 푸른 하늘에 뜬 밝은 태양이었다. 윤기(倫紀)가 무너져 끊어지는 즈음을 당하여 만고 강상(綱常)을 부지시켰고, 풍상(風霜)이 위태롭고 급박한 날을 당하여 천길 절벽처럼 우뚝 섰었다. 충신(忠信)과 독경(篤敬)은 바야흐로 오랑캐의 나라에서도 행해질 것을 알았으며, 풍채(風采)를 격양함에 이르러서는 조야(朝野) 사람들이 서로 바라보았다. 지위가 삼공(三公)의 반열에 오르자 덕업(德業)은 더욱 드러났고, 몸이 시골로 물러나 있자 충성심은 더욱 도타웠다. 안위(安危)가 이미 그의 출처(出處)에 매여 있었으니, 은례(恩禮)를 어찌 사생(死生)에 따라서 달리하겠는가.

김집(金集)은 … 이제 뭇사람의 의논을 널리 채집해 보매, 더욱더위 두 사람의 곧음이 드러났다. 덕스러운 음성은 하자가 없음을 생각하니 편안하고 편안한 붉은 신발이었으며,105) 맑은 의표가 옥과 같음을 생각하니 깨끗하고 깨끗한 흰 망아지였다.106) 아아, 군자는 이미 죽었

---

103) 외제(外除): 부모를 위하여 상복을 입고 있는 사람이 비록 상기가 다 되어 상복을 벗었더라도 마음속으로는 그대로 슬픔을 간직하고 있는 것을 말한다.

104) 지주(砥柱): 삼문협(三門峽)을 통해 흐르는 황하의 한복판에 있는 산 이름으로, 황하의 거센 물결에도 굳건하게 서 있다고 한다. 일반적으로 난세에 절조를 지킨다는 뜻으로 쓴다.

105) 덕스러운 … 신발이었으며: 비방과 의심을 만났으나 그에 대처함이 떳떳함을 잃지 않아 스스로 마음이 편안하였으며, 처신을 함에 있어서 경외(敬畏)의 마음을 보존하여 성스러움을 잃지 않아 덕스러운 음성에 하자가 없었다는 뜻이다. '붉은 신발[赤舃]'은 옛날에 천자와 제후가 신던 신발이다. 『시경』「빈풍(豳風)」 낭발(狼跋)에 이르기를, "공이 큰 아름다움을 사양하시니, 붉은 신발이 편안하도다.[公孫碩膚 赤舃几几]" 하였으며, 또 이르기를, "공이 큰 아름다움을 사양하시니, 덕스러운 음성에 하자가 없도다.[公孫碩膚 德音不瑕]" 하였다.

으나 이름은 남아 있어 사람들이 함께 사모하는 바이다. 그런데 더구나 영고(寧考)께서 항상 곁에다 두고자 하였음을 네가 상세하게 알고 있는데 이겠는가.

빠르게 흘러가는 세월은 멈추기가 어려워서 이제 막 정려(停廬)의 제도를 마쳤거니, 옥 술잔을 처음으로 올리면서 배향하는 의식을 갖추어 시행하는 것이 합당하다. 그 계합(契合)한 것을 말하자면 저와 같이 융성하였고, 그 덕행(德行)을 상고해 보면 저와 같이 우뚝하였다. 이에 법전에 의거하여 성대한 예를 거행하여, 경들을 효종대왕의 묘정(廟庭)에 배향한다.

아아, 평소의 모습을 상상하니, 좌우에 있는 것만 같다. 그러니 백대토록 전해져서 영원토록 덕을 함께하는 아름다움을 보일 것이며, 천년토록 호위하여 은밀한 가운데 몰래 돕는 도움을 드리울 것이다."

(「청음연보」)

가묘(家廟)에 치제(致祭)하면서 내린 교서는 다음과 같다.

"왕은 말한다. 큰 슬픔 속에 삼년상을 마치고 부묘례(祔廟禮)를 성대하게 거행하였다. 선왕께서 큰 덕을 지닌 신하를 두셨으니, 배식(配食)하는 반열에 올리는 것이 마땅하다. 이에 여망에 따라 성대한 예를 치르게 되었다.

경은 바탕이 남달리 고결하고 맑았으며, 덕은 곧고 방정하면서도 컸다. 천지 사이의 지극히 강한 기운을 오로지 받아 철석같은 심장을 가졌고, 만세에 우뚝 설만한 금성 옥색(金聲玉色)의 의표를 지녔다. 강직한 성품은 혼조(昏朝) 이전에 이미 드러났고, 송백(松栢) 같은

---

106) 깨끗하고 … 망아지였다: 숨어 사는 어진 이였다는 뜻이다. 『시경』 「소아(小雅)」 백구(白駒)에 이르기를, "깨끗하고 깨끗한 흰 망아지, 저 빈 골짜기 안에 있도다.[皎皎 白駒 在彼空谷]" 하였다.

절조는 난세가 된 뒤에야 알 수 있었다. 성조(聖祖)께서 반정을 한 뒤에 미쳐서는 군자가 높은 자리에 올라감을 보게 되었다. 자주 좋은 말을 진달하니 모두들 쟁신(諍臣)의 장(長)으로 추대하였고, 홀로 강직함을 보존하여 성대하게 정론(正論)의 종통(宗統)이 되었다.

위태로운 성에서 피를 뿌리니 절개는 삼한(三韓) 땅에 해와 달처럼 밝았고,107) 거친 골짜기에 몸을 숨기니 지극한 정성은 만절(萬折)의 강하(江河)와 같았다.108) 노중련(魯仲連)의 차라리 동쪽 바다에 빠져 죽겠다는 각오로 계손(季孫)의 서하(西河) 관사(館舍)109)에 나아갔다. 하늘과 땅이 뒤흔들려도 그의 촌심(寸心)을 빼앗을 수 없었고, 끓는 솥이 쫙 벌여 있어도 그 털끝 하나 움직일 수 없었다.

신국공(信國公)처럼 다행스럽게도 죽지 않고 연옥(燕獄)에서 빠져나왔으니, 백이(伯夷)가 다시 살아왔다는 송(宋)나라 사람들의 말과 참으로 부합되었다.110) 우뚝하기는 강물에 지주석(砥柱石)111)이 솟은

---

107) 위태로운 … 밝았고: 병자호란 당시 인조를 비롯한 대신들이 남한산성에서 청군(淸軍)에 의해 장기간 포위되자 성안에서 화전(和戰) 양론이 팽팽하게 대립되었는데, 청음이 척화론(斥和論)을 극력 주장하여 기초 중인 국서를 찢기까지 하며 통곡한 것을 말한다.

108) 거친 … 같았다: 만절(萬折)의 강하(江河)는 만절필동(萬折必東)과 같은 말로, 중국의 황하(黃河)가 여러 번 굽이쳐 흐르지만 마침내는 반드시 동쪽으로 흘러 황해로 들어간다는 뜻이다. 여기서는 청음이 풍산으로 내려가 있으면서 절개를 굽히지 않고 청나라에 대항한 것을 말한다.

109) 계손(季孫)의 서하(西河) 관사(館舍): 계손은 춘추 시대 노(魯)나라의 대부(大夫)인 계손의여(季孫意如)를 가리킨다. 계손의여가 소공(昭公) 13년에 진(晉)나라에 잡혀서 서하관(西河館)에 억류되어 있었다. 여기서는 청음이 심양(瀋陽)에 억류되어 있으면서 묵던 관소를 뜻하는 말로 쓰였다. (『春秋左氏傳』昭公 13년)

110) 신국공(信國公)처럼 … 부합되었다: 신국공은 송나라의 충신인 문천상(文天祥)의 봉호(封號)이다. 문천상은 송나라 덕우(德祐) 초년에 원나라 군사가 침범해 오자, 군내(郡內)의 호걸 및 산만(山蠻)을 발동하여 근왕(勤王)하였다. 그 뒤 좌승상(左丞相)에 승진되어 강서(江西)를 도독(都督)하다가 원군(元軍)에게 패하여 순주(循州)로 달아났다. 나중에 원나라의 장수 장홍범(張弘範)에게 패하여 잡혀서 연옥(燕獄)에 3년 동안 구금되어 있었으나 끝내 절개를 굽히지 않고 시시(柴市)에서 피살되었는데, 형(刑)에 임하자 "아득히 밀려오는 나의 이 슬픔, 하늘에 표준이 어디 있는가.[悠悠我心悲 蒼天曷有極]"라는 내용의 「정기가(正氣歌)」를 지어 뜻을 보였다. 그러자

것과 같았고, 높다랗기는 홀로 남은 영광전(靈光殿)112)과 같았다. 큰 의리와 순수한 충정은 천고에 높이 솟았고 열사(烈士)와 명상(名相)을 한 몸에 갖추었다.

국가에 남긴 사업은 사관(史官)의 기록에 적혀 있고, 성정(性情)에서 나온 문장은 청묘(淸廟) 주현(朱絃)의 음악에 담겨 있다. 삼달존(三達尊)113)을 겸하여 천하의 대로(大老)가 되었고, 조정에서 최고의 예우를 받아 모두들 종신(宗臣)으로 의지하였다. 어수(魚水)의 즐거움114)이 한창 깊어져 갔는데, 기미(箕尾)를 타는 것115)은 어찌하여 그리 빨랐던가. 선왕께서는 한 대로(大老)를 남겨 주지 않은 것에 대해 탄식해하며 곡(哭)하지 않아야 할 진일(辰日)에도 매우 애통해하셨고, 소자는 감내할 수 없는 많은 어려움 때문에 깊은 밤에 생각함이 매우 간절하였다.

선왕께서 돌아가신 뒤 세월은 꽤 흘렀지만, 부모에 대한 슬픈 생각이야 어찌 다함이 있겠는가. 무덤가의 백양나무는 황량한데 이제는 다시

원나라 세조(世祖)는 참으로 남자라고 칭찬했다. (『宋史』 권418, 文天祥列傳)

111) 지주석(砥柱石): 삼문협(三門峽)을 통해 흐르는 황하의 한복판에 우뚝 선 바위산으로, 황하의 거센 물결에도 굳건하게 서 있다고 한다. 일반적으로 난세에 절조를 지킨다는 뜻으로 쓴다.

112) 영광전(靈光殿): 한(漢)나라 경제(景帝)의 아들인 공왕(恭王)이 산동성(山東省) 곡부(曲阜)에 건립한 전각으로, 한나라가 중엽에 미약해지자 도적이 일어나 궁궐을 불태운 탓에 미앙궁(未央宮) 등 여러 궁전이 대부분 무너졌지만 오직 영광전만은 우뚝 남아 있었다고 한다.

113) 삼달존(三達尊): 천하에서 공통적으로 존중하는 세 가지로, 관작(官爵), 고령(高齡), 덕행(德行)을 가리킨다. 『맹자』 공손추 하(公孫丑下)에 이르기를, "천하에는 세 가지의 달존이 있으니, 작(爵)이 그 하나요, 치(齒)가 그 하나며, 덕(德)이 그 하나이다. 조정에서는 작만 한 것이 없고, 마을에서는 치만 한 것이 없고, 세상을 돕고 백성을 기르는 데는 덕만 한 것이 없다." 하였다.

114) 어수(魚水)의 즐거움: 임금과 신하가 뜻이 맞아 서로 즐거워하는 것을 말한다.

115) 기미(箕尾)를 타는 것: 사람이 죽는 것을 말한다. 『장자(莊子)』 대종사(大宗師)에 이르기를, "부열(傅說)이 도를 얻으면 무정(武丁)의 재상이 되어서 문득 천하를 소유할 것이며, 동유성(東維星)과 기미성(箕尾星)을 타고 올라가서 열성(列星)들 사이에 끼일 것이다." 하였다.

잘 보필할 분을 찾을 수 없게 되었다. 이에 부묘(祔廟)의 예를 행할 때를 당하여 종묘에 아울러 배향하게 되었다. 사훈(司勳)116)이 제사에 대한 예문을 상고해 보건대 크게 보답하는 것이 이에 있으매, 소공(召公)을 무왕(武王)의 실(室)에 배향한 전례를 따를 수 있게 되었다. 함께 제사를 모시니 참으로 군신(君臣)이 일체가 되었고, 유명(幽明)의 사이가 없으니 마치 풍운이 다시 만난 듯하다.117) 배향할 어질고 공이 많은 신하를 찾아보았지만, 경과 같이 큰 공렬과 사업이 있는 분을 찾기 어려웠다. 이에 경을 효종대왕의 묘정에 배향하게 되었다.

아아, 봄가을로 제사를 지내는 일에 있어서는 참으로 묘정에 배향하는 것보다 중한 것이 없는데, 더구나 광악(光岳)의 빼어난 신령이 엄숙하게 곁에서 모시고 있는 듯한 데이겠는가. 옛날과 이제를 생각함에 감회가 깊어지고, 제사 지내는 것을 바라다보매 아무 잘못된 것이 없다. 이에 전고에 없던 아름다운 풍절(風節)을 기쁘게 여기며 길이 종묘에서 배향하게 하니, 하늘에 계시는 우리 선왕께서 오르내리시는 것을 잘 인도하여 자손과 백성들을 잘 보호하도록 하라."(「청음연보」)

현종 4년 7월 6일 양주(楊州)의 유학(幼學) 이추(李樞) 등이 상소하여 문충공(文忠公) 김상용(金尚容)과 문정공(文正公) 김상헌(金尙憲)의 서원에 사액(賜額)해 주기를 청하였다.

양주(楊州)의 유학(幼學) 이추(李樞) 등이 상소하여 문충공(文忠公) 김상용(金尚容)과 문정공(文正公) 김상헌(金尙憲)의 서원에 사액(賜額)해 주기를 청하니, 상이 그 소를 예조에 내렸다. 예조가 '사액을

---

116) 사훈(司勳): 공을 따져 상을 내리는 일을 담당하는 관원이다.
117) 풍운이 … 듯하다:『주역(周易)』건괘(乾卦) 문언(文言)에 "구름은 용을 따르고 바람은 범을 따른다. 성인이 나옴에 만물이 바라본다." 한 데서 온 말로, 성주(聖主)와 현신(賢臣)이 서로 의기투합하는 것을 말한다. 여기서는 청음을 효종의 묘정에 배향함으로 인해 생전의 관계가 사후에도 재연될 듯하다는 뜻이다.

허락해 주어 포상(褒尙)하는 뜻을 보이는 것이 온당하다.'고 복계(覆
啓)하였으나, 상이 허락하지 않았다. (『현종실록』 권7, 현종 4년 7월
6일)

현종 4년 8월 6일 김상용 김상헌을 모신 서원에 사액을 내리는 것을
허락하였다.

　홍명하가 아뢰기를, "고 상신(相臣) 김상용(金尙容)·김상헌(金尙
憲)의 서원에 아직도 사액(賜額)하지 않으셨는데, 전일 서원의 유생들
이 사액을 청하여 왔을 때 본 아문에서는 근래의 전교에 관하여는
자세히 아는 바 없었으므로 회계를 분명하게 못하여 성상의 하교가
있게 만들었고 따라서 윤허도 받지 못했던 것입니다. 서원이 비록 폐단
이 있을지라도 그 두 신하의 절의(節義)만은 누구에게 비하여도 현저할
뿐만 아니라 중첩하여 설립된 것도 아니니 사액을 허락하시는 것이
옳겠습니다." 하니, 상이 이르기를, "만약 중첩하여 설립된 것이 아니라
면 사액을 하는 것이 좋겠다." 하였다. (『현종개수실록』 권9, 현종
4년 8월 6일)

현종 9년 12월 5일 정주(定州)의 김상용(金尙容)·김상헌(金尙憲)
서원에 편액을 하사하였다.

　담양(潭陽)의 유희춘(柳希春), 정주(定州)의 김상용(金尙容)·김상
헌(金尙憲), 안성(安城)의 김장생(金長生), 광주(廣州)의 조익(趙翼)
등의 서원에 편액을 하사하였는데, 좌참찬 송준길의 청에 의한 것이었
다. (『현종실록』 권15, 현종 9년 12월 5일)

현종 9년(1668) 제주(濟州) 사람들이 선생을 귤림서원(橘林書院)에
아울러 향사하였다.

현종 11년(1670) 정평(定平) 사람들이 선생을 망덕서원(望德書院)에 추가로 향사하였다.

숙종 11년(1685) 종성(鍾城) 사람들이 선생을 종산서원(鍾山書院)에 추가로 향사하였다.

숙종 24년(1698) 의주(義州) 사람들이 선생을 고구려(高句麗)의 국상(國相)인 을파소(乙巴素)의 사우(祠宇)에 추가로 향사하였다.

숙종 26년(1700) 상께서 선생을 남한산성의 현절사(顯節祠)에 추가로 향사하라고 명하였다.

이보다 앞서 계유년(숙종 19, 1693)에 사당을 세우고 홍익한(洪翼漢)·윤집(尹集)·오달제(吳達濟) 삼학사(三學士)를 향사하였는데, 이 해에 뒤늦게 선생과 동계(桐溪) 문간공(文簡公) 정온(鄭蘊)을 배향하면서 위판(位版)을 삼학사의 위에 있게 하였다. (「청음연보」)

현절사

숙종 34년(1708) 영남 사람들이 상주(尙州)에 서산서원(西山書院)을 세웠다.

선원 선생이 일찍이 본 고을의 수령으로 있었으므로 본 고을의 선비들이 사당을 세우고 선생을 아울러 향사한 것이다. (「청음연보」)

숙종 35년(1709) 안동부사(安東府使) 이정신(李正臣)이 안동 학가산(鶴駕山)에 있는 선생이 살던 목석(木石)의 유허(遺墟)에 비석을 세웠다. 지촌(芝村) 이희조(李喜朝)가 비명(碑銘)을 찬하였다.

숙종 39년(1713) 의주부윤(義州府尹) 이유민(李裕民)이 의주 수성촌(壽星村)에 있는 유허에 비석을 세웠다.

임오년(인조 20, 1642)에 선생께서 용만(龍灣)으로 나와 머물러 있을 때 우상 서경우(徐景雨), 판서 이현영(李顯英)이 한마을에 같이 머물러 있었는데, 선생께서 그들과 더불어 수창(酬唱)하면서 그 마을의 이름을 수성촌이라고 하였다. 소두산(蘇斗山)이 의주부윤으로 있을 때 일찍이 비석을 세웠는데, 해가 오래되어 마멸되었으므로 이공이 부윤이 되어서 다른 돌로 고쳐 세운 것이다. 관찰사로 있는 민진원(閔鎭遠)이 음기(陰記)를 찬하여 세웠다. (「청음연보」)

영조 25년(1749) 4월에 예관(禮官)을 보내어 현절사(顯節祠)에 치제하였다.

숙묘(肅廟) 갑신년(숙종 30, 1704)에 대보단(大報壇)을 후원(後苑)에 쌓고는 신종황제(神宗皇帝)를 제사하였는데, 이때에 이르러 두 단을 더 증축하고서 태조 고황제(太祖高皇帝) 및 의종황제(毅宗皇帝)를 아울러 향사하고, 이어 현절사에 치제하라고 명한 것이다.

(「청음연보」)

영조 32년(1756) 1월에 예관(禮官)을 파견하여 현절사에 치제하였다. 남한산성이 병란을 당한 해이기 때문에 특별히 치제하라고 명한 것이다.

영조 40년(1764) 1월에 승지를 보내어 현절사에 치제하였다.

이 해는 바로 황명(皇明)이 망한 해이기 때문에 특별히 과거 시험을 베풀면서 충렬사(忠烈祠)와 현절사에 배향된 사람의 자손들과 황조(皇朝) 사람들의 자손들로 하여금 모두 과거 시험에 응시하게 하고는 이름을 충량과(忠良科)라고 하였다. 이어 하교하기를, "이미 과거 시험을 베풀라고 명하였으니, 그 근본을 생각해 보는 것이 마땅하다. 충렬사와 현절사의 제문(祭文)을 지어서 내리고, 근시(近侍)를 보내어 치제하라. 그리고 사우도(祠宇圖)를 그려서 올리라." 하였다.

어제 제문(御製祭文)은 다음과 같다.

睠彼南漢 저기 있는 남한산의 산성을 보니
有廟斯屹 사당 있어 우뚝하게 치솟아 있네
百歲瞻仰 백대토록 우러르며 바라보나니
巍巍卓卓 우뚝하고 우뚝하며 또 우뚝하네
忍言曩時 어찌 차마 지난 일을 말하겠는가
皇運如髮 명나라의 운세 아주 위태로웠네
忠憤所激 충성스런 울분 이에 북받쳤거니
猗歟特立 아름답게 우뚝하니 홀로 섰도다
前後抗章 앞뒤 걸쳐 항거하는 상소 올리매
森嚴義烈 그 의열은 삼엄하고 삼엄했다네
昔宋文山 그 옛날에 송나라의 충신 문산[118]을

---

118) 문산(文山): 송나라 충신인 문천상(文天祥)의 호이다.

復見東國 다시금 또 동국에서 보게 되었네

萬古綱常 만고토록 강상 윤리 빛내었거니

忠魂毅魄 충성심에 꿋꿋했던 혼백이었네

襃節建祠 그 절개를 표창하여 사당 세우매

一宇腏食 한집에서 제사 흠향하게 되었네

再逢涒灘 다시금 또 군탄의 해[119) 만났거니와

吁嗟望八 아아 나의 나이 팔순 가까웠구나

何以瀉懷 어찌해야 이내 마음 쏟아내려나

忠良科設 충량과의 과거 이에 베풀었도다

先命近侍 먼저 시종 신하에게 명을 내려서

慰靈斟酌 혼령들을 위로하는 술잔 올리네

靈豈其昧 혼령 어찌 아무것도 모르오리오

感予歆格 느꺼워서 나의 정성 흠향하리라

(「청음연보」)

---

119) 군탄(涒灘)의 해: 군탄은 옛 간지로 신(申)에 해당되는 바, 명나라가 망한 갑신년(인조
22, 1644)을 말한다.

제6편
청음의 춘추대의론

• 청음 김상헌의 생애와 사상

청음 김상헌의 생애와 사상

- 춘추대의론을 중심으로 - 120)

一. 서론

　조선 후기 사상사연구는 그동안 실학사상을 주로 다루다 보니 인물연구
도 실학자에 치우쳐졌다. 그러나 80년대 말 실학사상연구에 대한 문제점

---

120) 지두환, 2001, 「淸陰 金尙憲의 生涯와 思想 - 春秋大義論을 중심으로」『韓國學論叢』
　　24(국민대학교)에 게재했던 논문을 약간 수정해서 실었다.

이 강하게 제기되면서, 90년대 이후 조선성리학에 대한 관심이 높아지면서 조선성리학을 대표할만한 정치가 사상가에 대한 연구가 절실히 필요해졌다.

이미 조선 후기는 조선중화사상에 입각하여 조선제일주의를 천명하는[121] 문화선진국으로 자주적이고 부국강병한 국가라는 것이 하나하나 밝혀지고 있다. 그리고 그동안 당쟁의 핵심이었다고 평가되던 예송이 붕당정치의 수준 높은 이념논쟁이었다는[122] 사실도 밝혀지면서 식민지 사관의 당쟁론을 완전히 극복하게 되었다.

이렇게 조선 후기가 망해가는 사대주의에 물든 나라가 아니라 자주적인 부강한 나라라는 것이 밝혀지면서, 자연히 이를 주도해나간 우암 송시열은 개혁적인 인물로 재조명되었고 이는 우암의 사회경제사상을 검토하면서 사실이 밝혀졌다.[123]

이에 우암에 앞서서 척화와 북벌을 주도했던 청음 김상헌도 재조명할 필요가 있게 된 것이다. 그동안 조선성리학 이념에 입각하여 춘추대의론을 내세우며 척화를 하고 북벌을 주도했던 청음 김상헌에 대한 평가는 자주적이고 개혁적이라기보다는, 사대주의에 물들어 국제정세에 어두운 고지식하고 보수적인 인물로 평가되었던 것 같다.

본고에서는 청음 김상헌이 당시 국제정세에 굉장히 밝은 훌륭한 외교관으로 명·청이 교체되는 시기에 조선을 자주적인 국가로 지키려던 개혁적인 사상가였다는 것을 밝혀보려 하였다. 그래서 이를 이어받아 추진해간 사상가가 바로 우암 송시열이었다는 사실을 밝혀보려 하였다.

---

121) 鄭玉子, 1998, 『조선후기 조선중화사상연구』, 일지사.
122) 池斗煥, 1987, 「朝鮮後期 禮訟研究」 『釜大史學』 11.
123) 池斗煥, 1999, 「尤庵 宋時烈의 社會經濟思想」 『韓國學論叢』 21.

二. 시대적 배경

청음 김상헌은 선조대에 태어나 임진왜란을 겪고, 광해군대 인조대 거치며 명나라 청나라가 교체되는 와중에서 정묘 병자호란을 겪으면서 선비의 절개를 꿋꿋이 지키며 살아간 인물이다. 당시는 선조대 사림정치 가 붕당정치로 발전하면서, 인조반정으로 폐모론을 주도하던 광해군이 폐위되고 인조가 즉위하여 성리학 이념에 입각하여 사림과 산림들이 주도하는 왕도정치를 시행하여 가는 시기였다.

임진왜란 당시 주전파였던 북인이 선조의 뒤를 이어 광해군이 왕위에 오르자 정권을 장악하였다. 광해군은 후궁인 공빈 김씨(恭嬪 金氏)의 둘째 아들로서 왜란 중에 왕세자에 책봉되었으나 그 뒤 정비인 인목대비에 게서 왕자(영창대군)가 태어나 신하들이 두 파로 나뉜 가운데 등극하였던 것이다. 광해군을 추종하는 세력을 대북파라 하겠고, 영창대군을 옹립하 려는 일파를 소북파라 불렀다.

광해군이 즉위하자 대북파가 정권을 차지하고 우선 영창대군을 옹립하 려던 영의정 유영경(柳永慶)을 임해군 옥사에 연루하여 죽이고 좌의정 허욱(許頊)을 해임하고 이원익(李元翼)을 영의정으로 기자헌(奇自獻) 을 좌의정으로 삼는다. 임해군은 교동도로 귀양 보내고 연루자를 죽이거 나 귀양 보낸다. 그리고 허성 등 48명을 익사공신으로 녹훈한다. 이런 과정에서 5월에 중국 사신이 장자를 놔두고 차자가 왕위를 계승한 연유를 심문하러 오니 뇌물로 무마하고, 중국 사신에 앞서서 중국 조정에 가서 왕·왕비 책봉을 주청하여 얻어낸다.

그리고 정인홍·이경전·이이첨 등을 석방하고 정인홍을 대사헌으로 삼았다. 정인홍·이이첨 등은 임해군을 죽일 것을 주장하고 이항복 이원익 등은 죽이면 안 된다고 하며 논란하는 가운데 임해군은 교동도에서 죽는다. 이이첨이 현감 이직을 사주하여 죽였다고 한다. 이후 정인홍의 주장을 따라 이언적·이황의 문묘종사를 중지하고 이를 반대하는 유생들을 성균관에서 축출하였다. 그리고 영창대군 모자 등 정적들을 대거 숙청하였다.

대외정책에 있어서는 쇠망해가는 명나라에 일방적으로 사대하는 정책을 버리고 신흥하는 후금과도 친선을 도모하는 등 실리 외교를 추구하였다. 명의 요구에 따라 강홍립을 후금토벌에 나서게 하였다가 후금에 투항하게 한 것이 그 좋은 예이다.

이와 같은 광해군의 정치는 명분을 존중하는 사림들로부터는 큰 반발을 샀으니 이를테면 후금에 대한 우호정책은 명에 대한 배신으로 인식되었고, 성리학자에 대한 비판과 탄압은 선현을 모독하는 행위로 간주되었다. 더욱이 광해군이 적자가 아니었을 뿐만 아니라 인목대비를 폐위시키고 영창대군을 살해한 것은 강상의 윤리에 크게 저촉되었다.

이에 광해군은 사림의 지지를 받는 서인에 의하여 쫓겨나고 선조의 손자인 인조가 즉위하였다. 인조의 즉위는 율곡학파(서인)가 중심이 되고 퇴계학파(남인)가 동조함으로써 이루어지는데 이를 인조반정(1623)이라 한다. 인조반정 이후 서인이 정권을 장악하여 성리학적인 이상사회를 추구하여갔다. 그러나 미처 성리학적인 이상사회를 건설하기 위하여 예치(禮治)를 실현해 보기도 전에, 임진왜란으로 명나라와 조선이 피폐한 틈을 타고 흥기한 여진족인 청에게 양차에 걸쳐 유린당하고, 병자호란에 가서는 인조가 무릎을 꿇는 치욕을 당하게 되었다.

이런 와중에서 친청파인 김자점의 주동하에, 심기원 역모사건이 일어나 심기원 등이 죽고, 척화파의 지지를 받는 소현세자가 인질로 잡혀갔다가 8년 만에 돌아와 독살된다. 잇따라 소현세자 부인 강빈(姜嬪)이 인조독살의 누명을 쓰고 죽는 강빈옥사와 소현세자의 세 아들이 제주도에 유배당하고 두 아들이 죽기까지 하는 신생지옥 등의 사건이 연이어 일어나고, 주화파의 지지를 받는 장유의 사위 봉림대군이 형망제급의 변칙으로 세자에 책봉되어 효종으로 즉위한다.

그러나 효종대에는 오히려 북벌대의가 천명되고 북벌론이 구체적으로 실행에 옮겨지면서 주화파인 김자점 일당이 제거되고 척화파인 김상헌·이경여·송시열 등이 등용되어 정계를 주도하여 나가니 여태껏 미진했던 호포법·노비양처종모법·서얼허통·대동법·동성불혼 등의 성리학 이념에 따른 개혁이 진행된다.

三. 청음의 가계와 생애

1. 청음의 가계와 학맥

1) 가계

할아버지는 증 이조판서(贈吏曹判書) 김생해(金生海)이며, 할머니는 성종대왕(成宗大王) 서9남으로 숙의 홍씨 소생인 경명군(景明君) 이침(李忱, 1489~1526)의 딸인 정부인(貞夫人: 2품) 전주 이씨(1510~1591)이다.

아버지는 증 영의정(贈領議政) 김대효(金大孝, 1531~1572)이며, 어머니는 예조참판(禮曹參判) 이영현(李英賢, 1507~1572)의 맏딸인 증 정경부인(贈貞敬夫人: 1품) 광주 이씨(廣州李氏, 1531~1560)와 성균 생원(成均生員) 정태형(鄭泰亨)의 둘째 딸인 증 정경부인 영일 정씨(迎日鄭氏, 1542~1566)와 보천부정(甫川副正) 이억정(李億正)의 둘째 딸인 정경부인 전주 이씨(全州李氏, 1552~1622)이다.

광주 이씨는 고려조의 명사(名士) 둔촌(遁村) 이집(李集, 1314~1387)의 후손이다.

출전: 『韓國系行譜』天 346쪽.

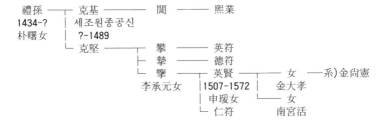

영일 정씨는 정암(靜庵) 조광조(趙光祖, 1482~1519)의 동생인 원주
목사(原州牧使) 조숭조(趙崇祖)의 외손녀이다.

출전: 『韓國系行譜』 地 1070쪽.
　　　숙인정씨 묘지(金安老, 『希樂堂稿』 문집총간 21책 416쪽).
　　　『迎日鄭氏世譜所』(회상사, 1981).

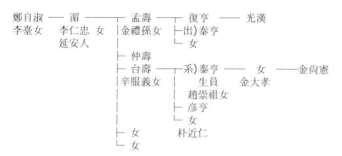

전주 이씨의 아버지는 태종 서8남으로 숙선옹주 안씨(淑善翁主安氏)
소생인 익녕군(益寧君)의 증손인 보천부정 이억정이며, 어머니는 증
참판(贈參判) 윤항(尹沆)의 딸인 파평 윤씨(坡平尹氏)이다. 이원익과는
사촌간이다.

출전: 『韓國系行譜』 天 111쪽.
　　　『梧里集』 「梧里先生世系」(문집총간 56책 252쪽).
　　　「秀泉君 墓碑」 『一松集』(문집총간 57책).

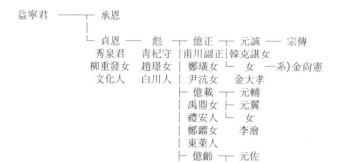

생부는 돈녕부 도정(敦寧府都正) 김극효(金克孝, 1542~1618)이며, 생모는 정유길(鄭惟吉)의 셋째 딸인 동래 정씨(東萊鄭氏, 1542~1621)이다. 청음의 이모부가 유자신(柳自新, 1533~1612)이고 이종사촌 누이는 문성군 부인으로 광해군 부인이다. 김상헌과 광해군은 4촌 처남매부 간이 된다.

정광성과는 고종사촌간이 되고 정광성의 아들로 현종대 영의정인 정태화와는 5촌간이 된다.

출전: 『韓國系行譜』 地 1038쪽.
「鄭惟吉 神道碑銘」(金尙憲撰, 韓國文集叢刊 77권 362쪽).

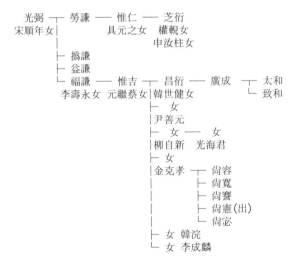

　부인은 선전관(宣傳官) 증 참의(贈參議) 이의노(李義老)의 딸인 성주
이씨(星州李氏)이다.

　선조의 형님인 하원군 정이 이의노의 사위이므로 김상헌과 하원군은
동서간이 된다. 이의노는 이직(李稷)의 현손이다. 이경여의 처증조부
임계노(任繼老)도 이의노의 사위이다.

【星州 李氏 李義老를 중심으로】

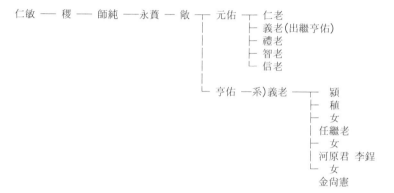

　슬하에 자녀가 없어 동생 김상관(金尙寬)의 아들 김광찬(金光燦,
1597~1668)을 후사로 삼았다.

　청음은 우의정 김상용(金尙容, 1561~1637)의 동생이다.

　효종비 인선왕후(仁宣王后)는 종손녀(從孫女: 4촌간)이며, 삼학사인
윤집(尹集, 1606~1637)은 질서(姪壻)가 된다.

```
├ 尙騫
├ 尙憲(出繼大孝)
└ 尙宓 ── 2女 乙順
         尹集
```

2) 학맥

청음은 윤근수(尹根壽, 1537~1616)의 문하에서 경사(經史)를 수업하고, 성혼(成渾, 1535~1598)의 도학에 연원을 두었으며, 이정귀(李廷龜)·김류(金瑬)·신익성(申翊聖)·이경여(李敬輿)·이경석(李景奭)·김집 등과 교유하였다.

청음은 그의 문집에서 자신의 학문연원에 대하여 아주 간략하게 기술하였다.124)

> 나는 9살에 처음으로 가정에서 배우고 외조부(外祖父)이신 임당(林塘) 정유길(鄭惟吉)을 섬기어서 가르침을 받았고, 백씨(伯氏) 선원선생(仙源先生: 김상용)과 당형(堂兄) 휴암선생(休庵先生: 김상준)에게서 가르침을 더하여 점점 학문의 방향을 알게 되었다. 16살에 문경공(文敬公) 윤근수(尹根壽)를 뵙고 가르침을 청하였다. 또 현헌(玄軒) 신흠(申欽), 월사(月沙) 이정귀(李廷龜), 서경(西坰) 유근(柳根)의 문하에서 유학(遊學)하여 경문을 넓혔다. 학곡(鶴谷) 홍서봉(洪瑞鳳)과 동악(東岳) 이안눌(李安訥)과 죽음 조희일(趙希逸), 계곡(谿谷), 장유(張維)와는 서로 절차탁마(切磋琢磨)하여, 이름을 난대석거(蘭臺石渠)에 올려서 금궤(金匱)의 감추어진 것과 보급(宝笈)의 숨겨진 것을 찾았다.

윗글에서 청음은 16세에 월정(月汀) 윤근수(尹根壽)에게 수학하기

---

124) 河陳奎, 1982, 「淸陰 金尙憲의 生涯와 文學」.

전까지는, 가정에서 초학을 하였다는 것을 알 수 있다. 가정에서 청음의
스승은 외조부(外祖父)이신 임당(林塘) 정유길(鄭惟吉, 1515~1588),
백씨(伯氏)인 선원(仙源) 김상용(金尙容, 1561~1637), 당형(堂兄)인
휴암(休庵) 김상준(金尙寯, 1561~1635)이 그의 학문을 도왔다.

청음은 본격적인 수학은 문경공 윤근수를 사사(師事)함으로부터 일
것이다. 참고로 청음의 학문 연원을 도시하면 다음과 같다.[125]

동천(東泉) 김식(金湜) - 이진자(頤眞子) 김덕수(金德秀) - 월정(月
汀) 윤근수(尹根壽) - 청음(淸陰) - 우암(尤庵) 송시열(宋時烈)

청음이 가장 빈번히 접하면서 학문적으로 영향을 많이 받은 문사(文士)
들은 세칭(世稱) 사대가(四大家)이다. 이들은 연령으로도 서로 근사(近
似)하였으니 월사(月沙) 이정귀(李廷龜, 1564~1635)는 6세, 상촌(象
村) 신흠(申欽, 1566~1628)은 4세가 청음(淸陰, 1570~1652)보다
많고 택당(澤堂) 이식(李植, 1584~1647)은 14세, 계곡(谿谷) 장유(張
維, 1587~1638)는 17세가 적다. 그러나 이들의 졸년은 모두 청음보다
앞이었으므로 후일 청음이 그들의 문집의 서(序)를 쓰거나 혹은 신도비
(神道碑)·제문(祭文) 등을 통하여 그들과의 관계를 상술(詳述)하였는
데, 이러한 글속에서 그들과의 관계를 확실하게 알 수 있다.

2. 청음의 생애

선조 20년(1587) 가을에 진사(進士) 초시(初試)에, 선조 22년

---

125) 河陳奎, 1982,「淸陰 金尙憲의 生涯와 文學」.

(1589)에 다시 진사 초시에 합격하였으며, 이어 이듬해 가을 증광시(增廣試)에서 진사 2등으로 윤훤(尹暄) 등과 함께 합격하였다.126) 선조 29년(1596) 겨울 전쟁 중에 보인 정시(庭試) 문과에 병과(丙科) 8등으로 안종록 등과 함께 합격하였다.

선조 35년(1602) 정인홍(鄭仁弘, 1535~1623) 등이 성혼(成渾, 1535~1598)을 모함할 때 같이 연루되어 윤2월 13일 고산찰방(高山察訪)이 되었고, 선조 38년(1605) 8월 7일 경성도호부판관(鏡城都護府判官)이 되는 등 외직으로 전보되었다.127)

선조가 승하하고 광해군이 즉위하였다. 그해 겨울에 문과중시(文科重試)에 3등으로 합격하니 사도시정(司䆃寺正)으로 초배(超拜)되었다.

광해군 3년(1611) 4월 8일 동부승지(同副承旨)로 이언적(李彦迪, 1491~1553)과 이황(李滉, 1501~1570) 배척에 앞장선 정인홍을 탄핵한 계사를 기초하였고128) 이 일로 6월 23일 광주부사(廣州府使)로 좌천되었다.

광해군 5년(1613) 칠서지옥(七庶之獄)이 발생, 인목대비의 아버지인 김제남(金悌男, 1562~1613)이 죽음을 당할 때 김상헌의 양자 김광찬(金光燦, 1597~1668)이 김제남의 아들 김래(金琜)의 사위인 것으로 인해 파직되고, 46세인 광해군 7년(1615) 8월 13일 공성왕후의 책봉 고명에 대한 사은 전문을 김상헌이 짓게 되었는데 전문 내용에 문제가 있다 하여 삭탈관작(削奪官爵) 되었다.

이후 집권세력인 북인의 박해를 피하여 안동부 풍산으로 이사하였다.

인조 1년(1623) 3월 12일 인조반정이 일어나자, 인조 3년(1625)

---

126)『司馬榜目』宣祖 23년 增廣 進士.
127)『선조수정실록』권39, 선조 38년 8월 1일.
128)『광해군일기』권40, 광해군 3년 4월 8일.

10월 16일 부제학에 임명되었다가, 10월 24일 부제학으로 목성선이 인성군을 옹호한 것을 논박하고 나서, 사직하고 양주(楊州) 석실(石室)로 돌아갔다.

인조 4년(1626) 5월 28일 성절겸사은진주사(聖節兼謝恩陳奏使)로 뽑혀 동일에 동지중추부사(同知中樞府事)에 임명되었다는 명을 듣고 입성하였다. 이때 육로는 후금인(後金人)에 의하여 두절되고 해로(海路) 또한 위험하니 전후 사신으로 뽑힌 이가 모두 사피(辭避)하므로 삼역망(三易望) 끝에 청음이 사신이 된 것이다. 6월에 사조(辭朝)하고 8월에 바다를 건너 10월에 북경에 도착하였다.

인조 5년(1627) 1월 13일 아민(阿敏)이 이끄는 3만의 후금군은 앞서 항복한 강홍립(姜弘立, 1560~1627) 등을 길잡이로 삼아 침략하였다. 화전(和戰)의 양론이 분분하던 중 후금이 강화를 제의해 오자 인조는 최명길(崔鳴吉, 1586~1647) 등의 주화론(主和論)을 채택, 후금과 교섭하여 정묘조약을 체결하였다.

이에 따라 조선에서는 왕자 대신 종실인 원창군(原昌君: 성종 서13남 운천군의 증손자)을 인질로 보내고 후금군도 철수하였다.

인조 5년(1627) 5월 6일 동지 성절사로 갔다가 돌아오면서 그간의 사정을 치계하였다. 이때 가의대부(嘉義大夫)로 승진하고 대사간이 되었다. 7월 5일 도승지가 되었다. 여진에 투항했다 죽은 강홍립(姜弘立)에게 관작을 회복해주지말고 상(喪)에도 부조하지 말 것을 상소하였다. 12월 4일 동지춘추관사에 임명되었다. 명나라에서 사온 물건을 여진에게 주는 것을 반대하였다.

인조 7년(1629) 윤4월에 요무(要務)를 강하고 폐정을 개혁하고 민력을 펴고 군병을 기를 것을 상소하였다. 추신사(秋信使) 박난영(朴蘭英)

이 금나라 사신 아지호(阿之胡)와 중남(仲男) 등이 같이 왔는데, 중남은
우리나라 사람으로 금나라에 투항한 사람이므로 의자에 앉게 하지 말
것을 상소하였으나 받아들여지지 않았다. 중남은 풍산만호 박인현의
동생으로 금나라에 투항한 사람이다. 10월에 대사헌이 되어 인성군 일로
다시 목성선을 논핵하였다가 엄한 질책을 받고 물러나 지돈령부사에
임명되었으나 사직하였다.

인조 10년(1632) 2월 18일 왕의 생부를 원종(元宗)으로 추증하는데
반대하는 상소를 올렸는데 추증을 주도하는 이조판서 이귀를 탄핵하다가
견책을 받고 석실로 돌아갔다. 인조 11년(1633) 12월 16일 대사헌으로
언로를 넓히고 변경의 수비를 튼튼히 하는 등의 여섯 조목을 들어 차자를
올렸다.129) 인조 13년(1635) 11월 11일에 다시 대사헌이 되고 비변사
제조(備邊司提調)를 겸했으며, 양병선장(養兵選將)할 것을 상차(上箚)
하였다. 이 시기에 청음은 기회 있을 때마다「혁폐정(革弊政)」,「서민력
(紓民力)」,「양군병(養軍兵)」할 것을 상소하여 정묘호란 이후 병자호란
에 대비할 것을 역설하였다. 따라서 청음 김상헌이 척화를 한 것은 공허한
큰 소리가 아니라 실질적인 정책이었다고 보인다.

인조 14년(1636) 병자년 예조판서가 되었다. 이때 후금 사신이 분노하
고 답서도 안 받고 돌아간 것을 사적으로 본 것을 가지고 답서를 작성하여
보내는 것을 반대하였다. 3월 7일 예조판서로 서로설진분병편부(西路設
鎭分兵便否)를 논차(論箚)하였으니, 이 차자(箚子)는 당시 군민정세(軍
民政勢)를 간파한 청음의 혜안(慧眼)을 증명하는 글로써, 후일 청음이
단순히 명분만을 내세워, 고지식하게 척화(斥和)만 주장하는 시무(時務)
를 무시한 정치인이 아님을 뒷받침하는 경세지문(經世之文)이다.130)

---

129)『인조실록』권28, 인조 11년 12월 16일.

인조 14년(1636) 2월 용골대(龍骨大)·마부태(馬夫太) 등을 보내 조선의 신사(臣事)를 강요하였고, 4월 국호를 청(淸)으로 고치고, 황제를 칭한 후금의 태종은 그해 12월에 청병(淸兵)이 내침(來侵)하여, 청이 쳐들어온 지 14일 만에 임금은 남한산성으로 피난하였고, 청음도 변을 듣고 행재소에 쫓아 들어가니, 곧 비변사 제조와 예조판서에 임명되었다.

이때는 군국대사(軍國大事)가 모두 김류(金瑬, 1571~1648), 최명길(崔鳴吉, 1586~1647)에게서 결정되었는데, 이들은 전수(戰守)할 의사보다는 임금에게 청화(請和)할 것을 주장하였다. 임금께서 이것을 한탄하자, 청음은 임금께 아뢰기를 " … 금일지계(今日之計)는 모름지기 선전후화(先戰後和)니 만약 단지 비루하게 화친하는 것만으로 능사(能事)를 삼는다면, 화친도 바랄 수가 없습니다. … "하니 임금께서도 "경의 말이 옳다"고 하였다.

인조 15년(1637) 1월 18일 대세가 항복하는 쪽으로 굳어지자 최명길(崔鳴吉)이 작성한 항복문서를 찢고 주벌을 청하였다. 1월 22일 강화도가 함락되고, 1월 28일 인조가 항복하자 식음을 전폐하고 자결을 기도하다가 실패하였다. 1월 30일 삼전도(三田渡)에서 청나라 태종에게 항복하였고, 2월 1일에 백씨 김상용이 강화에서 순절하였다는 소식을 들었으며, 2월 5일 소현세자 일행이 볼모가 되어 심양(瀋陽)으로 출발하였다.

인조 15년(1637) 5월 28일 호종한 일로 표창 받자 자신의 죄를 논한 상소문을 올렸다.[131] 7월에 남한산성을 떠나 안동의 학가산(鶴賀山)으로 들어가, 그 후로 청음은 호를 서간노인(西磵老人)으로 바꾸었다. 와신상담해서 치욕을 씻고 명나라와의 의리를 유지해야 한다는 내용의

---

130) 『인조실록』 권32, 인조 14년 3월 7일.
131) 『인조실록』 권34, 인조 15년 5월 28일.

상소를 올린 뒤 두문불출하였다.

인조 16년(1638) 7월 29일 유석(柳碩) 등이 불사오군(不事汚君) 죄로 김상헌을 극변(極邊)에 안치(安置) 할 것을 계청(啓請)하였고, 10월 9일 지평(持平) 이도장(李道長) 등이 오군죄를 다시 재론하여 김상헌이 파직되었다가, 11월에 이계(李烓) 등이 오군죄를 또다시 재론 하여 척화파의 수장인 김상헌이 11월 3일 삭탈관작(削奪官爵) 되고 있었다. 이때 「풍악문답(豊岳問答)」, 「의여인서(擬與人書)」를 지어 자 신의 대의명분(大義名分)을 밝혔다.

인조 17년(1639) 12월 26일 청(淸)나라가 명나라를 공격하기 위해 요구한 출병에 반대하는 상소를 올렸다.132) 인조 18년(1640) 경진년 청은 용골대(龍骨大) 등을 보내어 척화신(斥和臣)들을 압송(押送)하였 는데, 이들은 청음이 인조 임금의 하성시(下城時)에 군가(軍駕)를 따르 지 않은 것과 관작(官爵)을 받지 않으며, 청의 연호를 쓰지 않고 상소 척화하며 조병(助兵)하지 않았다는 죄목으로 포금(抱禁)하여, 심양(瀋 陽)으로 압송했다. 인조 23년(1645) 2월 23일 최명길 등과 함께 북관(北 館)에 억류 6년 만에 풀려왔다.

인조 24년(1646) 4월 2일 우의정에 제수되고 이어 좌의정에 임명되었 으나 체직을 청하였다. 인조 24년 6월 14일 좌의정 김상헌이 34회째 사직서를 올려 체직되자 바로 양주(楊州)로 돌아갔다. 상헌이 조정에 머문 것은 7일 동안이었고, 정고(呈告)한 것은 모두 50여 일이었다.

인조 27년(1649) 5월 8일 인조가 승하하고 5월 13일 효종이 즉위하여 북벌을 추진할 때 그 이념적 상징으로 대로(大老)라고 존경을 받았다.133)

---

132) 『인조실록』 권39, 인조 17년 12월 26일.
133) 『효종실록』 권1, 효종 즉위년 5월 14일.

효종 즉위년(1649) 11월 5일 우의정 김육(金堉, 1580~1658)이 호서·호남 지방의 대동법 시행을 건의하자 11월 13일 대동법을 반대하고, 김집(金集, 1574~1656) 등 서인계 산림(山林)의 등용을 권고하였다. 83세인 효종 3년(1652) 6월 25일 이경(二更)에 대광 보국 숭록대부 의정부 좌의정 겸 영경연사 감춘추관사 세자부 김상헌(金尙憲)이 양주(楊州)의 석실(石室) 별장에서 졸하였다. 효종 4년(1653) 영의정에 추증되었으며, 현종 2년(1661) 7월 8일 김집과 함께 효종 묘정에 배향되었다.

四. 정묘·병자호란과 춘추대의론

청음 김상헌의 춘추대의론은 크게 두 시기로 나누어 볼 수 있다. 첫 번째 시기는 광해군대 강홍립이 명나라 원병으로 갔다가 후금에 투항하여 명나라와 조선을 이간질 시켜 드디어 정묘호란이 일어나고 병자호란이 일어나기까지의 시기이다. 다음은 병자호란이 일어나고 효종이 친청파를 제거하고 김상헌 이경여 등의 척화파를 등용하여 북벌론을 주도하던 시기까지이다. 그래서 본장에서는 이를 정묘호란과 춘추대의론 병자호란 과 춘추대의론으로 나누어 청음 김상헌의 춘추대의론의 발달과정을 살펴 보려 한다.

1. 정묘호란과 춘추대의론

후금과의 관계는 강홍립(姜弘立, 1560~1627)이 도원수가 되어 부원 수 김경서(金景瑞, 1564~1624)와 함께 광해군 10년(1618) 명나라가 후금군을 치는데 원병으로 가서, 광해군 11년(1619) 명나라 제독 유정 (劉綎)의 휘하에 들어가 심하(深河)에서 후금군을 치다가 3월 12일 부거(富車)에서 패전하여 후금에 투항하는데서 시작되었다.134) 그러나 이는 이미 파병할 때부터 후금에 투항하는 일은 예정되어 있던 일이었다.

호차(胡差)가 국경에 와서 노추(奴酋)의 서신을 바쳤는데, 포로로 잡혔던 종사관 정응정(鄭應井: 무관) 등이 함께 왔다. 강홍립(姜弘立)

---

134)『광해군일기』권138, 광해군 11년 3월 12일.

등이 직명을 써서 장계를 올렸는데, 그 대략에 "신이 배동관령(背東關嶺)에 도착하여 먼저 호역(胡譯) 하서국(河瑞國)을 보내어 노(虜)에게 밀통하기를 '비록 명나라에게 재촉을 당하여 여기까지 오기는 하였으나 항상 진지의 후면에 있어서 접전(接戰)하지 않을 계획이다.'고 하였기 때문에 전투에 패한 후에도 서로 잘 지내고 있습니다. 만일 화친이 속히 이루어진다면 신들은 돌아갈 수 있을 것입니다." 하였다. 〔이에 앞서 왕이 비밀리에 회령부(會寧府)의 시장 장사꾼 호족(胡族)에게 이 일을 통보하게 하였는데, 그 장사꾼 호족이 미처 돌아가기도 전에 하서국(河瑞國)이 먼저 오랑캐의 소굴로 들어갔으므로 노추가 의심하여 감금하였다. 얼마 후 회령의 통보가 이르자 마침내 하서국을 석방하고 강홍립을 불러들이게 하였다. 강홍립의 투항은 대체로 미리 예정된 계획이었다.〕 호추(胡酋)의 서신에 〔명나라에 보고한 것은 잘못이라고 하고 우리와 좋게 지내기를 바란다고 심하게 썼는데,〕 언사가 매우 오만하고 패역스러웠다. 왕이 2품 이상에게 그것에 대한 답서의 편의를 논의하게 하였다.135)

따라서 춘추대의를 어기고 후금군에 투항한 것은 당시 사람들의 비판을 받고 있었다. 광해군 11년 7월 14일 강홍립이 자신이 후금에 투항한 것이 아니라 화친을 하려고 와있다고 올린 장계에 대한 사신의 평에서 이는 잘 나타나고 있다.

강홍립 등이 장수의 막중한 임명을 받고 국가에 순절하는 대의는 생각지 않은 채 더러운 노적에게 무릎을 꿇고 나서 스스로 죄를 진 신하라고 칭하며 태연히 장계를 올려 화친의 일을 힘써 진술함으로써 우리 동방 예의의 나라로 하여금 금수의 구역으로 만들었으니, 이른바

---

135) 『광해군일기』 권139, 광해군 11년 4월 2일.

이릉(李陵)과 위율(衛律)의 죄가 하늘에 닿았다는 말이 진실로 이를
두고 한 말이다.136)

이렇게 광해군대에 명과 후금 사이에 눈치 외교를 벌인 결과는 인조반정
이 일어나고 명나라와 관계가 다시 개선되고 후금과의 관계가 악화되자
문제가 되기 시작하였다. 명나라 모문룡 장군이 후금과 싸우다 광해군
11년(1619) 요동이 함락되자 평안도 철산(鐵山)의 가도(椵島)에 주둔
하게 되자, 강홍립이 후금에 투항하고 있으면서 후금을 도와주고 있어,
명에서 조선에 문책을 하기 시작한 것이다.

이에 이를 변명할 사신으로 파견하려고 해도 갈 사람이 없었다. 이에
인조 4년 5월 28일 김상헌을 특별히 사은사로 임명하여 8월에 바다를
건너 10월에 북경에 도착하게 된다.137) 이에 김상헌은 우선 우리나라가
후금의 첩자노릇을 하였다는 모문룡의 모함을 명쾌한 논리로 풀어버리는
상소를 올리고 있다.138)

병부에 정문(呈文)하기를 "삼가 모진(毛鎭)의 당보(塘報)를 듣건대
'고려 사람이 요동 백성들의 폐해를 한스럽게 여겨 몰래 오랑캐의 첩자노
릇을 하여 모진을 해치려 한다.' 하였는데, 아, 이것이 무슨 말인가?
우리나라가 모진의 환심을 잃게 된 것은 삼·칼·종이 등의 미세한
것에 불과한데도 항시 날조하여 무함하는 것이 너무도 심하더니, 오늘날
에 와서 함께 병화(兵禍)를 입어 군민(軍民)의 시체가 썩어 문드러지고
국토가 무너져 찢김을 당하였는데도 남의 화를 도리어 다행으로 여겨
거짓말을 늘어놓아 불측한 이름을 덮어 씌었다. 아, 천하에 어찌 동포(同

136)『광해군일기』권142, 광해군 11년 7월 14일.
137)『仙源遺稿 淸陰全集』淸陰先生年譜 권1 (1977년 曺龍承 影印本 862쪽)
138)『仙源遺稿 淸陰全集』淸陰先生年譜 권1 (1977년 曺龍承 影印本 862쪽)

제6편 청음의 춘추대의론 371

胞)를 원수로 보아 한 집안을 해치려 하고 원수의 오랑캐와 상의하여 집안으로 끌어들여 군부(君父)를 배반하고 스스로 화를 당하여 패망하는 것을 좋아할 리가 있겠는가."[139]

다음으로는 후금 임금의 장례를 도와주는 등 후금과 밀접하게 협조하고 있다는 모함에 대해 이는 강홍립이 투항하여 벌인 행동이지 인조가 주도한 것이 아니라고 명쾌하게 답변하여 명나라의 오해를 풀고 있다.

"그런데 근자에 또 듣건대 관상(關上)의 당보(塘報)에 '노추(奴酋)가 살았을 적에는 고려 사람이 쌀 12포(包)를 보내주었고, 그가 죽자 모두가 상구(喪柩)를 전송하였다.' 하고, 심지어 우리나라가 후일 오랑캐를 두려워하여 관망(觀望)할 염려가 있을까 의심된다고까지 하였으니, 아, 이것이 무슨 말인가. 지난 만력(萬曆) 임진년에 왜추(倭酋) 수길(秀吉)이 우리나라에 화를 입혀 종사(宗社)가 폐허가 되고 생민(生民)이 빠짐없이 화를 당하였는데, 선군(先君) 소경왕(昭敬王)께서 서쪽으로 의주(義州)에 피란하시어 명조(明朝)에 군사를 청하였으니 당시의 사세가 매우 위급했다. 그런데도 일찍이 오랑캐의 조정에 통호(通好)하는 말을 한 마디도 한 적이 없었다. 오랑캐가 우리나라를 침범한 지는 이미 10년이 되었다. 그들이 요양(遼陽)을 함락하고 광녕(廣寧)으로 들어왔을 때 또 압록강(鴨綠江)에서 말에 물을 먹이고 삼한(三韓)을 유린할 계획을 하였으니 그 기세가 대단하였다. 모장(毛將)이 저들을 공격하고 나서 우리나라에 의지하고 있으니 오랑캐가 우리나라에 대해 이를 갈고 있는 것이 이 때문에 더욱 심하였다. 그런데도 한 사람의 사신을 오랑캐에게 보낸 적이 없었고, 우리나라는 온 나라의 재물을 다 기울여 모진(毛鎭)을 받들면서 오히려 충분하지 못할까

---

139) 『인조실록』 권19, 인조 5년 5월 6일.
　　　『仙源遺稿 淸陰全集』 淸陰先生年譜 권1 (1977년 曹龍承 影印本 863쪽)

걱정하였는데, 어느 겨를에 군량을 운반하여 멀리 원수에게 가져다주었 겠는가. 상구를 전송했다는 설에 이르러서는 혹 의심을 할 수도 있을 것이다. 사실은 지난해 심하(深河)의 전쟁 때 우리나라의 원수(元帥) 강홍립(姜弘立) 등 전군(全軍)이 오랑캐에게 함몰되어 지금까지 돌아 오지 못했으니, 이들이 적중(賊中)에 오래 있었으므로 오랑캐 임금이 죽었을 때 송장(送葬)한 일이 없지 않을 듯하다. 그런데 더욱 부끄러운 것은 2백 년 동안 충순(忠順)했던 우리나라가 오랑캐를 두려워하여 관망할 것이라는 의심을 받게 된 것이다. 시장에 범이 나타났다고 하자 듣는 자들이 의혹하였고 증삼(曾參)이 사람을 죽였다고 하자 증삼의 어머니도 북을 버리고 도망하였으니, 예로부터 충신 효자로서 불행하게 도 이런 경우를 당해 원한을 품지 않은 이가 없었다. 바라건대 대부(大 部)에서는 밝게 분변하여 황제께 아뢰고 이어 널리 선포하여 다시 천하로 하여금 우리나라가 애당초 그런 일이 없었다는 것을 알게 한 뒤에야 삼한(三韓)의 백성들이 금수나 이적(夷狄)이 되는 것을 면할 수 있다. 만약 그렇게 해주지 않는다면 차라리 북궐(北闕) 밑에서 죽을 지언정 어찌 악명을 덮어쓰고 천지 사이에 살 수 있겠는가." 하였습니 다.140)

이처럼 모문룡의 모함으로 인한 오해 때문에 이를 밝히기 위한 상소문에 서, 청음 김상헌은 강한 나라 사이에서 눈치를 보며 이리 붙었다 저리 붙었다 하는 눈치 외교를 하지 않고 대의명분을 지켜 자주적인 외교를 한다고 하는 춘추대의론을 잘 나타내고 있다.

이렇게 김상헌이 명나라에 사신으로 가서 오해를 풀고 있는 동안에, 인조 5년(1627) 1월 13일 아민이 이끄는 3만의 후금군이 강홍립 등을

---

140) 『인조실록』 권19, 인조 5년 5월 6일.
　　『仙源遺稿 淸陰全集』 淸陰先生年譜 권1 (1977년 曺龍承 影印本 863쪽)

길잡이로 하여 조선을 침략하는 정묘호란이 일어났다. 이에 청음 김상헌은 3월 9일에 북경에 있으면서 명나라가 경병(輕兵)으로 후금의 배후를 칠 것을 상소하였다. 여기에서 청음 김상헌은 오랑캐가 중화인 명나라를 점령하려고 우선 소중화인 조선을 침략한 것이니 후금의 배후를 공략하여 후금이 조선에서 빨리 철병하게 하여 조선을 안정시켜야만 명나라도 후금의 침략을 막아내기에 쉽다고 하는 국제정세에 입각한 자주적인 춘추대의론을 전개하고 있다.141)

　"3월 9일 신들이 연경에서 본국이 적의 침입을 받았다는 것을 처음 듣고서 병부(兵部)에 정문(呈文)하기를 '우리나라가 명조(明朝)를 위해 직분을 다하여 지난해 심하(深河)의 전쟁 때에는 오랑캐와 흔단을 맺었고 또 모진(毛鎭)이 우리나라에 의지해 있으니, 오랑캐가 우리나라를 씹어 삼키고 싶은 생각이야 어찌 잠시인들 잊을 수 있었겠는가. 그러나 안으로 관문(關門)과 영원(寧遠)의 형세를 꺼려 저희 소굴을 염려한 나머지 감히 분풀이할 생각을 갖지 못했던 것이다. 그런데 신추(新酋)가 즉위(卽位)하고 나서 저희 전 임금의 상(喪)으로 인해 약함을 보이며 까닭 없이 우호를 요청하였었는데, 기회를 틈타 갑자기 군사를 일으켜 정예병을 모두 거느리고 동쪽으로 우리나라를 침범하였으니, 이는 그 형세가 어찌 우리나라만을 삼키고 말려는 것이겠는가. 우리나라가 지탱하지 못하게 되는 날이면 모진도 의지할 데가 없게 되고 모진이 의지할 데가 없게 되면 저들은 전력을 기울여 서쪽으로 명조를 침범하려 들 것이니 강역(疆域)의 근심이 오늘에 그치지 않을 것이다. 그러니 실로 이때에 속히 한 부대의 군사를 보내어 빈틈을 타서 그들의 소굴을 공격하여 적의 수미(首尾)를 견제(牽制)하게 하면 일거에 온 요동(遼

---

141)『인조실록』권19, 인조 5년 5월 6일.
　　『仙源遺稿 淸陰全集』淸陰先生年譜 권1 (1977년 曺龍承 影印本 863쪽)

東)을 수복할 수 있고 속국(屬國)도 보전할 수 있으니 이것이야말로 병가(兵家)의 놓칠 수 없는 기회이다.' 하였습니다.[142]

이에 명나라 황제는 정예병을 선발하여 후금의 배후를 치도록 명령하고 있다.

본부(本部)가 제본(題本)하여 성지(聖旨)를 받들었는데 '오랑캐가 동쪽으로 조선을 침범하였으니 조선이 필시 지탱하지 못할 것이다. 조선이 꺾이게 된다면 오랑캐의 기세가 더욱 드세어질 것이니, 즉시 차관을 보내어 영원(寧遠)의 무신(撫臣)을 설득하되 오랑캐가 멀리 노략을 떠나 소굴이 빈틈을 타서 관문·영원의 정예병을 선발하고 지략과 용맹이 있는 장수를 골라 적의 소굴을 공격하게 하고, 대병(大兵)이 기회를 보아 하수(河水)를 건너 잇따라 후원하여 오랑캐의 뒤를 견제해서 속국의 위급한 사태를 풀어주도록 하라. 그리고 군량과 호상품(犒賞品) 및 행군의 필수품에 대해서는 호부(戶部)와 병부(兵部)에서 지체하지 말고 급히 처리하여 앉아서 기회를 잃는 일이 없도록 하라.' 하였습니다.[143]

이렇게 청음은 정묘호란에 대처하여 자주적인 춘추대의론으로 당시 급박한 상황을 외교적으로 해결하고 와서는 자주 국방에 힘을 기울일 것을 주장하였다.

이는 인조 7년(1629) 윤4월 폐정을 개혁하고 민력을 펴게 하면서 군병을 기를 것을 상소하였고,[144] 인조 11년(1633) 11월 13일에는 대사헌으로 언로를 넓히고 궁금을 엄히 단속해야 한다는 등 여섯 조목의

---

142) 『인조실록』 권19, 인조 5년 5월 6일.
143) 『인조실록』 권19, 인조 5년 5월 6일.
144) 『인조실록』 권20, 인조 7년 윤4월 20일.

주장을 하면서 훌륭한 장수를 뽑아 변경 수비를 튼튼히 할 것을 주장하였다.145) 그리고 인조 13년(1635) 11월 11일 변방의 방비책을 상소하였다.146)

병자호란이 일어나는 인조 14년(1636) 3월 7일에는 예조판서로 화친은 믿을 수 없는 것이라고 말하면서 구체적으로 평안도 지역의 군진을 설치하고 군병을 배치하는 문제를 건의하였다.147)

"화친을 믿을 수 없다는 것은 오늘날의 상황에 이르고 나서야 알 수 있는 것이 아닙니다. 병란이 일어나는 것은 비록 분명히 언제라고 알 수는 없으나 또한 위험하고 위태롭습니다. 그런데 국가가 종사의 안위를 안주(安州) 한 성의 승부에다만 걸고 있으니, 어찌 한심하지 않습니까. 도적이 해서(海西)로 넘어 들어온다면 일은 어찌할 수 없게 됩니다. 신의 생각으로는, 도원수는 자모성(慈母城)을, 부원수는 철옹성(鐵甕城)을, 본도 병사는 안주성(安州城)을 진압하게 하고, 관서(關西)를 셋으로 나누어 세 진(鎭)에 소속시킨 다음, 정예한 속읍의 군민과 용감한 무사를 선출하여 무양(撫養)하고 훈련시켜 때로 번갈아 교대해서 스스로 지키게 하면, 반드시 큰 이익이 있을 것으로 여겨집니다. 그러나 군사의 수가 적고 힘이 약하여 오랫동안 대적(大敵)을 막기는 어려울 것입니다. 그러니 유사시에는 황해도의 군사로 자모성을 구제하고 함경남도의 군사로 안주성을 구제하고 함경북도의 군사로 철옹성을 구제하게 하되, 안주성이 공격을 받을 때는 자모성과 철옹성이 함께 구제하게 하고 철옹성이 공격을 받을 때에는 안주성과 자모성이 또한 그렇게 하도록 하소서. 또 대신과 중신(重臣) 중에 충성스럽고 위망이 있는

---

145) 『인조실록』 권28, 인조 11년 12월 16일.
146) 『인조실록』 권31, 인조 11년 11월 11일.
147) 『인조실록』 권32, 인조 14년 3월 7일.

자를 가려 평양에 보내어 3진을 통어하게 하되, 먼 곳에서 꼭 일마다 제어하지 말고 전쟁에 나아가 우물쭈물 동요하여 군율을 잃는 자가 있으면 왕명을 청하여 군법을 시행하게 하소서. 또 삼남(三南)·관동(關東)·기내(畿內)의 군사를 뽑아서 무기를 정비하게 하고 급할 때 즉시 불러서 숙위(宿衛)에 보충하게 하소서. 그리고 3진에 소속된 요해처 수령을 간혹 왕장(王將)에 천거하여 보고하는 것을 허락하는 것도 좋을 것입니다." 하니, 답하기를, "차자를 살펴보고 깊이 가상하게 여겼다. 차자에 진달한 일은 마땅히 의논하여 처리하겠다." 하였다.

이처럼 청음 김상헌의 자주적인 춘추대의론은 인조반정, 정묘호란을 거치면서 청나라의 흥기로 말미암은 국제정세의 변화에 따라 이에 대한 대비책으로 정책의 중심으로 자리 잡아갔다.

2. 병자호란과 춘추대의론

인조 14년 12월 2일 청나라 태종은, 청·몽골·한인(漢人)으로 편성한 10만 대군을 스스로 거느리고 수도 심양(瀋陽)을 떠나, 12월 9일 압록강을 건너 쳐들어왔다. 의주부윤(義州府尹) 임경업(林慶業, 1594~1646)이 백마산성(白馬山城: 義州)을 굳게 지켜 청군의 침입에 대비하였으나, 선봉장 마부태는 이 길을 피해 서울로 진격하였다.

인조 14년(1636) 12월 13일 청나라 군의 침입사실이 조정에 알려졌고, 12월 14일 청군이 개성(開城)을 통과하자, 급히 판윤 김경징(金慶徵, 1589~1637)을 검찰사로, 강화유수 장신(張紳, ?~1628)을 주사대장(舟師大將)으로, 심기원(沈器遠)을 유도대장(留都大將)으로 삼

아 강화·서울을 수비하게 하였다. 또 원임대신(原任大臣) 윤방(尹昉,
1563~1640)과 김상용(金尙容, 1561~1637)으로 하여금 종묘사직
의 신주(神主)와 세자비·원손(元孫)·봉림대군(鳳林大君)·인평대
군(麟坪大君)을 비롯한 종실(宗室) 등을 강화로 피란하게 했다. 14일
밤 인조도 강화로 피란하려 했으나 이미 청나라 군에 의해 길이 막혀,
소현세자(昭顯世子)와 백관을 거느리고 남한산성으로 피하였다.

이렇게 청음 김상헌이 미리 예견했던 상황에 대하여 미리 대처하지
못하다가 남한산성으로 피난하자 주화론이 득세하였다. 이에 청음 김상
헌은 주화를 먼저 내세워서는 안된다는 현실적인 주장을 전개하며 주화론
을 반대하였다.[148]

　예조판서 김상헌이 청대하여 아뢰기를, "어제 대신이 사신을 보내자고
청했을 때는 상께서 무익하다고 하였는데, 오늘 또 청대하여 윤허를
받았다고 합니다. 성상의 뜻은 파견하고 싶지 않은데 대신이 이해관계를
진달하였기 때문에 따르신 것은 아닙니까? 저들이 이미 상의하여 회보
(回報)하겠다고 한 이상, 우리가 아무리 자주 사신을 파견한다 하더라도
그들의 마음을 움직이기는 어려우니, 한갓 보탬이 없을 뿐만이 아니고
해로울 것입니다." 하니, 상이 이르기를, "무엇 때문에 해로움이 있는
가?" 하였다. 대답하기를, "무도(無道)한 말이 갈수록 더욱 심해지는데
사람들이 모두 화친을 믿고 있으니 사기가 필시 저하될 것입니다. 그리
고 혹시라도 사신을 구류한다면 난처한 일이 없지 않을 것입니다."
하니, 상이 이르기를, "나도 무익하리라는 것을 알고 있다만, 구류할
근심은 필시 없을 것이다. 이것은 참으로 계책이 궁해서 나온 것이니,
어찌 기모(奇謀)와 선책(善策)이라고 하겠는가." 하였다.

---

148) 『인조실록』 권34, 인조 15년 1월 9일.

이러한 반대에도 불구하고 항복을 하기로 하고 최명길이 항복문서를
만들어 주화를 주도하니, 항복문서를 찢고 목을 매고, 인조가 나가서
무릎을 꿇고 삼전도의 굴욕을 당하니 죽음을 무릅쓰고 왕을 호종하지
않고 낙향하여, 춘추대의론에 입각한 행동을 그대로 실천해 보인다.149)

대신이 문서(文書)를 품정(稟定)하였다. 상이 대신을 인견하고 하교
하기를, "문서를 제술(製述)한 사람도 들어오게 하라." 하였다. 상이
문서 열람을 마치고 최명길을 불러 앞으로 나오게 한 뒤 온당하지
않은 곳을 감정(勘定)하게 하였다. 이경증(李景曾)이 아뢰기를, "군부
(君父)를 모시고 외로운 성에 들어와 이토록 위급하게 되었으니, 오늘날
의 일에 누가 다른 의논을 내겠습니까. 다만 이 일은 바로 국가의 막중한
조치인데 어떻게 비밀스럽게 할 수 있겠습니까. 대간 및 2품 이상을
불러 분명하게 유시하는 것이 어떻겠습니까?" 하니, 상이 이르기를,
"사람들의 마음은 성실성이 부족하여 속마음과 말이 다르다. 나랏일을
이 지경으로 만든 것도 이 때문이니, 이 점이 염려스럽다." 하였다.
김류가 아뢰기를, "설령 다른 의논이 있더라도 상관할 것이 없습니다."
하니, 상이 이르기를, "그렇다." 하였다.

최명길이 마침내 국서(國書)를 가지고 비국에 물러가 앉아 다시 수정
을 가하였는데, 예조판서 김상헌이 밖에서 들어와 그 글을 보고는 통곡
하면서 찢어 버리고, 인하여 입대(入對)하기를 청해 아뢰기를, "명분이
일단 정해진 뒤에는 적이 반드시 우리에게 군신(君臣)의 의리를 요구할
것이니, 성을 나가는 일을 면하지 못할 것입니다. 그리고 한번 성문을
나서게 되면 또한 북쪽으로 행차하게 되는 치욕을 면하기 어려울 것이
니, 군신(群臣)이 전하를 위하는 계책이 잘못되었습니다. 진실로 의논
하는 자의 말과 같이 이성(二聖: 인조와 소현세자)이 마침내 겹겹이

───────────────
149)『인조실록』권34, 인조 15년 1월 18일.

포위된 곳에서 빠져나오게만 된다면, 신 또한 어찌 감히 망령되게 소견을 진달하겠습니까. 국서를 찢어 이미 사죄(死罪)를 범하였으니, 먼저 신을 주벌하고 다시 더 깊이 생각하소서." 하였다.

상이 한참 동안이나 탄식하다가 이르기를, "위로는 종사를 위하고 아래로는 부형과 백관을 위하여 어쩔 수 없이 이 일을 하는 것이다. 경의 말이 정대하다는 것을 모르지 않으나 실로 어떻게 할 수 없기 때문에 나온 것이다. 한스러운 것은 일찍 죽지 못하고 오늘날의 일을 보게 된 것뿐이다." 하니, 대답하기를, "신이 어리석기 짝이 없지만 성상의 의도가 어디에 있는지는 압니다. 그러나 한번 허락한 뒤에는 모두 저들이 조종하게 될 테니, 아무리 성에서 나가려 하지 않더라도 되지 않을 것입니다. 예로부터 군사가 성 밑에까지 이르고서 그 나라와 임금이 보존된 경우는 없었습니다. 진무제(晋武帝)나 송태조(宋太祖)도 제국(諸國)을 후하게 대우하였으나 마침내는 사로잡거나 멸망시켰는데, 정강(靖康)의 일에 이르러서는 차마 말하지 못하겠습니다. 당시의 제신(諸臣)들도 나가서 금(金) 나라의 왕을 보면 생령을 보전하고 종사를 편안하게 한다는 것으로 말을 하였지만, 급기야 사막(沙漠)에 잡혀가게 되자 변경(汴京)에서 죽지 못한 것을 후회하였습니다. 이러한 지경에 이르게 되면 전하께서 아무리 후회한들 무슨 소용이 있겠습니까." 하였다.

이때 김상헌의 말뜻이 간절하고 측은하였으며 말하면서 눈물이 줄을 이었으므로 입시한 제신들로서 울며 눈물을 흘리지 않는 이가 없었다. 세자가 상의 곁에 있으면서 목놓아 우는 소리가 문 밖에까지 들렸다.

인조 16년 7월 29일 장령 유석(柳碩) 등으로부터 '김상헌이 혼자만 깨끗한 척하면서 임금을 팔아 명예를 구한다'라는 내용의 탄핵을 받기 시작하였다.150)

급기야는 인조 17년 청나라가 명나라를 치기 위해 출병을 요구하자 이를 반대하는 상소를 12월 26일에 올리면서 대의명분에 입각한 자주적인 춘추대의론을 전개하고 있다.[151]

　전 판서 김상헌(金尙憲)이 상소하기를, " … 근래 또 떠도는 소문을 듣건대 조정에서 북사(北使)의 말에 따라 장차 5천 명의 군병을 징발하여 심양을 도와 대명(大明)을 침범한다고 합니다. 신은 그 말을 듣고 놀랍고 의심하는 마음이 정해지지 못한 채 그렇지는 않으리라고 생각하고 있습니다. 무릇 신하로서 군주에 대하여 따를 수 있는 일이 있고 따를 수 없는 일이 있습니다. 자로(子路)와 염구(冉求)가 계씨(季氏)에게서 신하 노릇을 하였으나 공자(孔子)는 오히려 '따르지 않을 바가 있다.'고 칭찬하였습니다. 당초 국가의 형세가 약하고 힘이 다하여 우선 눈앞의 보존만을 도모하는 계획을 하였던 것이나, 지금은 전하께서 난을 평정하고 바르게 되돌리려는 큰 뜻을 가지고 와신상담해 오신 지 3년이 되었습니다. 그리하여 머지않아 치욕을 씻고 원수를 갚을 수 있게 되었다고 기대하고 있었는데, 어찌 가면 갈수록 미약해져서 일마다 순순히 따라 끝내 하지 못하는 바가 없는 지경에 이르게 될 줄이야 짐작이나 했겠습니까. … 정축년 이후로 중조(中朝)의 사람들이 하루도 우리나라를 잊지 않고 있는데, 특별히 용서해 주고 있는 까닭은 우리를 구해 주지 못하여 패배하였고 우리가 오랑캐에게 항복한 것이 본심이 아니었기 때문입니다. 관하(關下) 열둔(列屯)의 군병들과 해상 누선(樓船)의 병졸들이 오랑캐를 쓸어내고 옛 강토를 회복하기에는 부족하다 하더라도, 우리나라의 잘못을 금하기에는 충분합니다. 만약 우리나라 사람들이 호랑이 앞에서 창귀(倀鬼)가 되었다는 말을 듣는다

150) 『인조실록』 권37, 인조 16년 7월 29일.
151) 『인조실록』 권39, 인조 17년 12월 26일.

면, 그 죄를 문책하는 군대가 벽력같이 달려와 배를 띄운 지 하루면 곧바로 해서(海西)와 기도(畿島) 사이에 당도할 것인데, 그렇게 되면 우리의 두려움이 심양에만 있다고 할 수 없을 것입니다.

사람들이 모두 말하기를 '저들의 세력이 한창 강하여 따르지 않으면 반드시 화가 있을 것이다.'고 하는데, 신은 명분과 의리야말로 지극히 중대한 것인 만큼 이를 범하면 반드시 재앙이 이를 것이라고 생각합니다. 의리를 저버리고 끝내 망하는 것보다는 정도(正道)를 지키면서 하늘의 명을 기다리는 것이 차라리 나을 것입니다. 그러나 명을 기다린다고 하는 것이 앉아서 망하기를 기다린다는 말은 아닙니다. 일이 순조로우면 백성들의 마음이 기쁘고 백성들의 마음이 기쁘면 근본이 공고해집니다. 이렇게 나라를 지키고서 하늘의 도움을 받지 못한 적은 아직 없습니다." …

이렇게 파병을 반대하며 춘추대의론을 주장하다가 인조 18년 12월 9일 선천부사 이계의 밀고로 이경여 등과 함께 심양에 잡혀가게 된다.[152] 이때에 청음이 취한 행동에서 잘 나타나고 있다.

비국(備局)의 관자(關子)가 안동에 도착하였는데도 김상헌은 하는 언어 동작이 예전과 같았다. 경성(京城)에 이르자 임금이 초구와 노자를 내리면서 말하기를 "잘 개진(開陳)하여 그들의 노함을 풀도록 하라."고 하였다. 행렬이 용만(龍灣)에 도착하니 포의(布衣)와 조관(皁冠)을 하고 사람에게 업혀서 들어갔다. 들어가면 비스듬히 누우니 오랑캐들도 또한 화를 내지 못하였다. 용호(龍胡)가 묻기를 "국왕이 성을 나서는 날 홀로 청을 섬길 수 없다고 하여 호종하지 않았는데 이 무슨 의도인가?" 하였다. 답하기를 "노병으로 따라가지 못했다."고 하였다. 또 묻기를

---

152) 『인조실록』 권43, 인조 20년 12월 20일.

"관작을 받지 않음은 무엇 때문인가?" 하니, 답하기를 "국가에서 노병으로 인해 관직을 제수하지 않았다."고 하였다. 또 묻기를 "수군을 청할 때 왜 막았는가?" 하니 답하기를 "나는 내 뜻을 지켜 임금에게 고했으나 국가가 내 말을 쓰지 않았다. 미세한 말이 어찌 타국에 까지 전해졌는가." 하였다. 또 말하기를 "어찌 타국이라 하는가." 하니 답하기를 "각각 경계가 있는데 어찌 타국이라 하지 않겠는가." 하였다. 오랑캐들이 별로 노한 기색이 없이 "이 사람의 응답은 정말 명쾌하구나. 최고로 어려운 노인이다." 하였다.

별도로 차사(差使)를 정해서 보호하게 하고 가마를 타고 심양(瀋陽)에 들어오게 했다. 만일 만상(灣上)과 문답이 있으면 행차할 때 반드시 사람에게 업혔으며 들어오면 반드시 비스듬히 누웠다. 오랑캐들이 꾸짖어 그만두게 하지 못했다. 나갈 때 만약 험한 길을 만나면 오랑캐 장수가 말에서 내려 타고 있는 가마를 부축하여 끌어주니 추악한 오랑캐도 존경함이 이와 같았다.[153)

이처럼 청나라에 잡혀가서도 드러누워 절 한번 하지 않고 절개를 지키며 춘추대의론에 입각하여 응대하고 있었다.

명나라가 망하고 청나라가 중국을 완전히 점령하자 풀려나와 돌아오는데 국내에서는 친청파 김자점이 심기원 옥사, 소현세자 독살, 강빈옥사, 임경업 장군을 죽이는 등 척화파를 모두 제거해가고 있었다. 이에 청음은 돌아오자마자 안동으로 낙향해 버린다.

다음에는 효종이 즉위하여 북벌을 주도할 때, 청음 김상헌은 대로(大老)로서 추앙받으며 춘추대의론에 입각한 북벌론을 주도하고 있었다.[154)

---

153) 『我我錄』丙子史略.
154) 『효종실록』 권1, 효종 즉위년 5월 14일.

헌부가 아뢰기를, "영돈녕 김상헌은 지금의 대로(大老)입니다. 사복 (嗣服)한 초기에 의당 조정에 있어야 전례(典禮)나 정령(政令)의 의심 스러운 것을 물을 곳이 있고 공경 대부들도 존경하여 본받을 곳이 있을 것입니다. 특별하신 분부로 간곡히 만류하여, 현자를 공경하고 덕 있는 이를 좋아하는 성의를 보이소서."

五. 결론

위에서 살펴보았을 때, 지금까지 연구들이 광해군이 자주적으로 실리 외교를 하였다고 미화하면서 청음이 사대주의에 물들어 무모하게 척화를 주장하다가 정묘 병자호란을 당한다고 주장하여 왔다.

그러나 청음의 사상을 통해볼 때 당시 청나라에 너무 굴욕적으로 외교를 해나가는 것을 비판하며 자주성을 지키려는 노력이었다는 것을 알 수 있었다.

척화를 하자는 것은 무모한 정책이 아니고 국제정세를 잘 파악하고 여기에서 우리의 자주성을 지키려는 정책에서 나온 것이었다. 이는 광해 군대 강홍립 투항에 대하여 대처하는 것에서도 나타났고, 정묘호란 전후 로 명나라에서 대처하는 데서도 그의 외교술을 비롯하여 탁월한 식견을 엿볼 수 있다.

그리고 병자호란에 당해서는 주화를 반대하고 항복을 반대하는 실천적 인 모습에서 명확한 정세파악과 의기 있는 대처로 삼학사, 정온 등과 함께 자주성을 급박한 상황에서도 지켜나가고 있었다.

그러다가 청나라에 끌려가서하는 청음의 태도는 조선 선비의 의연함으 로 청을 굴복시켜 자주성을 침범하지 못하게 하는 모습이었다.

그리고 효종이 즉위하여 북벌을 주도해 나갈 때는 원숙한 경륜으로 이를 뒷받침하고 있었던 것이다.

그래서 국제정세가 바뀌는 과정에서 자주성을 지키기 위해서는 틈이 날 때마다 군대 양성을 주장해야 한다고 주장하고 있었던 것이다.

이렇게 청음의 춘추대의론을 살펴보면서 강한 나라가 힘으로 누르고

자주성을 상실하게 하려 할 때, 과연 당시를 주도하는 지식인 정치가로서
어떻게 해야 하는가를 잘 살필 수 있게 해준다.

부록

▦ 가계 족보

【김상헌 상계도】

【안동 김씨 김극효를 중심으로】

【안동 김씨 김광찬을 중심으로】

【안동 김씨 김광찬 후손을 중심으로】

【김수항과 이건명을 중심으로】

【능성 구씨 구사근을 중심으로】

【수원 김씨 김공량을 중심으로】

【연안 김씨 김제남을 중심으로】

【평산 신씨 신흠을 중심으로】

【청송 심씨 심의겸을 중심으로】

【해주 오씨 오태주를 중심으로】

【진주 유씨 유근을 중심으로】

【문화 유씨 유효립을 중심으로】

【해평 윤씨 윤근수를 중심으로】

【해평 윤씨 윤방을 중심으로】

【해평 윤씨 윤두수를 중심으로】

【경주 이씨 이항복을 중심으로】

【광주 이씨 이영현을 중심으로】

【덕수 이씨 이식, 이안눌을 중심으로】

【성주 이씨 이의노를 중심으로】

【연안 이씨 이정귀를 중심으로】

【전주 이씨 익녕군 후손 가계도】

【덕수 장씨 장유를 중심으로】

【동래 정씨 정유길을 중심으로】

【동래 정씨 정광성을 중심으로】

【연일 정씨 정태형을 중심으로】

【풍양 조씨 조문명을 중심으로】

【양천 허씨 허유를 중심으로】

【남양 홍씨 홍서봉을 중심으로】

【청주 한씨 한준겸, 죽산 안씨 안홍량을 중심으로】

【남양 홍씨와 파평 윤씨의 왕실 연혼을 중심으로】

【김상헌 상계도】

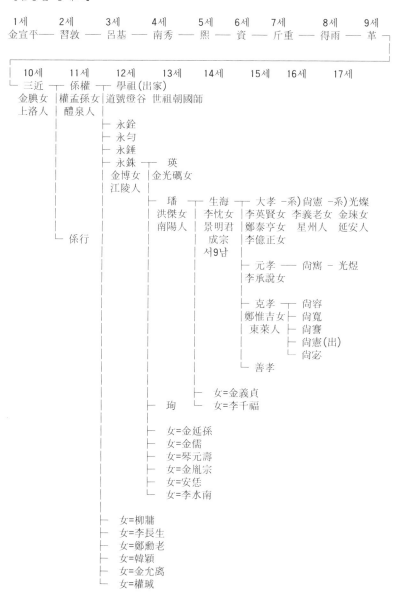

1세	2세	3세	4세	5세	6세	7세	8세	9세
金宣平 —	習敦 —	呂基 —	南秀 —	熙 —	資 —	斤重 —	得雨 —	革 —

10세	11세	12세	13세	14세	15세	16세	17세
三近	係權	學祖(出家)					
金腆女	權孟孫女	道號燈谷 世祖朝國師					
上洛人	醴泉人						

永銓

永勻

永錘

永銖 ── 瑛
金博女 │ 金光礪女
江陵人 │

係行

璠 ── 生海 ── 大孝 -系)尙憲 -系)光燦
洪傑女 │ 李忱女 │ 李英賢女 李義老女 金琛女
南陽人 │ 景明君 │ 鄭泰亨女 星州人 延安人
　　　 │ 成宗 │ 李億正女
　　　 │ 서9남 │
　　　 │ 　　 ├ 元孝 ── 尙寓 - 光煜
　　　 │ 　　 │ 李承說女
　　　 │ 　　 │
　　　 │ 　　 ├ 克孝 ── 尙容
　　　 │ 　　 │ 鄭惟吉女 ├ 尙寬
　　　 │ 　　 │ 東萊人 ├ 尙騫
　　　 │ 　　 │ 　　 ├ 尙憲(出)
　　　 │ 　　 │ 　　 └ 尙宓
　　　 │ 　　 └ 善孝

女=金義貞

珦 ── 女=李千福

女=金延孫
女=金儒
女=琴元壽
女=金胤宗
女=安恁
女=李水南

女=柳牆
女=李長生
女=鄭勳老
女=韓穎
女=金允离
女=權珹

【안동 김씨 김극효를 중심으로】

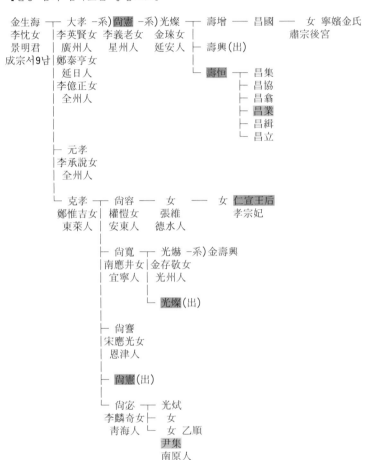

```
金生海 ─┬─ 大孝 -系)尙憲 -系)光燦 ─┬─ 壽增 ── 昌國 ──   女 寧嬪金氏
李忱女   │李英賢女 李義老女  金琜女  │                    肅宗後宮
景明君   │廣州人    星州人    延安人  ├─ 壽興(出)
成宗서9남│鄭泰亨女                    │
         │延日人                      └─ 壽恒 ─┬─ 昌集
         │李億正女                             ├─ 昌協
         │全州人                               ├─ 昌翕
         │                                     ├─ 昌業
         │                                     ├─ 昌緝
         │                                     └─ 昌立
         ├─ 元孝
         │李承說女
         │全州人
         │
         └─ 克孝 ─┬─ 尙容 ── 女 ── 女 仁宣王后
         鄭惟吉女  │權愷女    張維      孝宗妃
         東萊人    │安東人    德水人
                   │
                   ├─ 尙寬 ── 光爀 -系)金壽興
                   │南應井女  金存敬女
                   │宜寧人    光州人
                   │             │
                   │             └─ 光燦(出)
                   │
                   ├─ 尙蹇
                   │宋應光女
                   │恩津人
                   │
                   ├─ 尙憲(出)
                   │
                   └─ 尙宓 ─┬─ 光炘
                   李麟奇女  │   女
                   靑海人    └─ 女 乙順
                                 尹集
                                 南原人
```

【안동 김씨 김광찬을 중심으로】

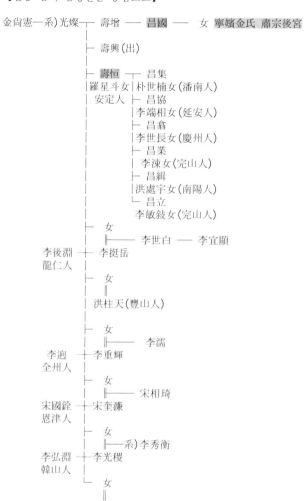

【안동 김씨 김광찬 후손을 중심으로】

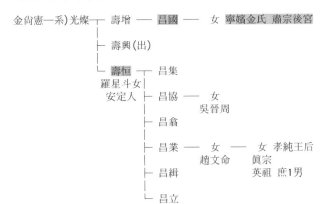

金尙憲—系)光燦┬ 壽增 ── 昌國 ── 女 寧嬪金氏 肅宗後宮
│
├ 壽興(出)
│
└ 壽恒 ┬ 昌集
　　羅星斗女│
　　安定人 ├ 昌協 ── 女
│　　　　　吳晉周
├ 昌翕
│
├ 昌業 ── 女 ── 女 孝純王后
│　　　　　趙文命　　眞宗
├ 昌緝　　　　　　英祖 庶1男
│
└ 昌立

【김수항과 이건명을 중심으로】

출전 : 『安東金氏世譜』, 『密城君派世譜』.

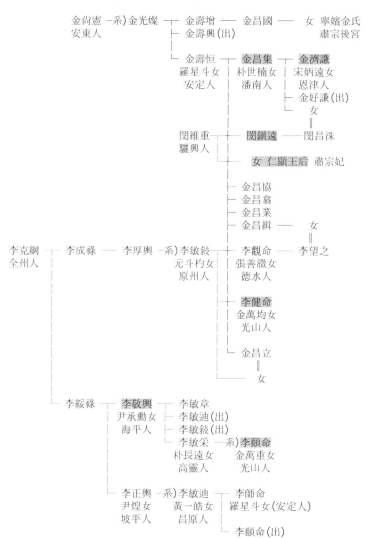

【능성 구씨 구사근을 중심으로】

```
具揚 ── 致洪 ┬ 壽宗 ── 八元 ── 演
尹思永女 宋啓後女│
海平人    鎭川人  └ 壽永 ┬ 崇璟
              李琰女 │ 尹甫女
              永膺大君│
              世宗8男 ├ 希璟 ── 淳 ┬ 思顔 ─系)宖
                     │愼守謙女 李澄源女│孝順公主
                     │居昌人    義新君 │中宗3女
                     │          全州人 │
                     │                 └ 思孟 ── 女 仁獻王后 元宗妃
                     │                   韓克恭女
                     │                   申華國女
                     │
                     ├ 文璟
                     │燕山君女
                     │
                     ├ 信璟 ┬ 潤 ── 女
                     │李鈞女 │尹元凱女 南琛
                     │       尹之任孫女
                     │          │
                     │          └ 灝 ┬ 思謹
                     │            中宗駙馬│李英賢女
                     │            淑靜翁主│
                     │                   └ 思誠 ── 女=柳希亮
                     │                     李楣女
                     │
                     ├ 女=任熙載(豊川人，父 任士洪)
                     │
                     └ 女=安陽君 李㤠(成宗 서2남)
```

【수원 김씨 김공량을 중심으로】

金貴榮 ── 順銀 ── 漢佑 ── 公謹 ── 宗男 ── 弘謙 ── 峻德
孫士寧女　朴以壽女　田珏女　金處仁女　李繼參女　李世祿女　李喆淳女
鷄林人　　密陽人　　長鬐人　延安人　　益山人

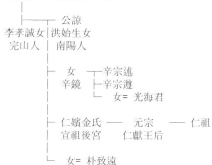

```
              ┌──── 公諒
         李孝誠女│洪始生女
         完山人 │南陽人
                │
                ├── 女 ──┬─ 辛宗述
                │ 辛鏡    ├─ 辛宗遵
                │         └── 女＝ 光海君
                │
                ├── 仁嬪金氏 ── 元宗 ── 仁祖
                │ 宣祖後宮　   仁獻王后
                │
                └── 女＝ 朴致遠
```

【연안 김씨 김제남을 중심으로】

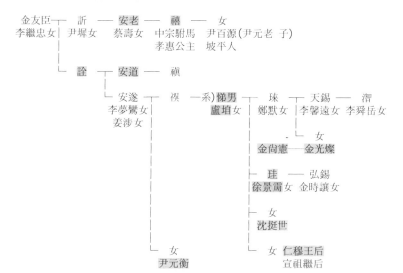

```
金友臣┬─ 訢 ── 安老 ── 禧 ── 女
李繼忠女│尹堨女　蔡壽女　中宗駙馬　尹百源(尹元老 子)
        │           孝惠公主　坡平人
        │
        └── 詮 ── 安道 ── 禛
                    │
                    └── 安遂 ─┬─ 禔 ─系)悌男 ─┬─ 珹 ─┬─ 天錫 ── 溍
                      李夢鷲女│    盧埥女 │ 鄭默女│ 李馨遠女　李舜岳女
                      姜涉女  │           │      └── 女
                              │           │ 金尙憲 ── 金光燦
                              │           │
                              │           ├─ 珪 ── 弘錫
                              │           │ 徐景霌女　金時讓女
                              │           │
                              │           ├─ 女
                              │           │ 沈挺世
                              │           │
                              └── 女       └── 女 仁穆王后
                                  尹元衡              宣祖繼后
```

【평산 신씨 신흠을 중심으로】

출전: 『평산신씨대동보(平山申氏大同譜)』.

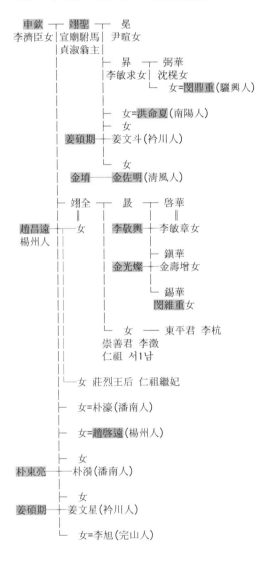

【청송 심씨 심의겸을 중심으로】

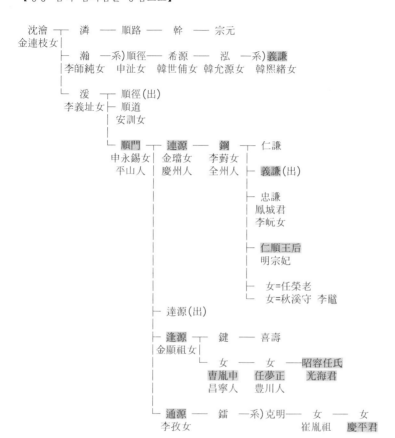

沈澮 ┬ 潾 ── 順路 ── 幹 ── 宗元
金連枝女│
        ├ 瀚 ─系)順徑── 希源 ── 泓 ─系)義謙
        │李師純女 申沚女 韓世傋女 韓允源女 韓熙緒女
        │
        └ 湲 ┬ 順徑(出)
        李義址女├ 順道
              │ 安訓女
              │
              └ 順門 ┬ 連源 ── 鋼 ┬ 仁謙
              申永錫女│ 金瑠女 李蒴女│
              平山人 │ 慶州人 全州人├ 義謙(出)
                    │   │
                    │   ├ 忠謙
                    │   │ 鳳城君
                    │   │ 李岏女
                    │   │
                    │   ├ 仁順王后
                    │   │ 明宗妃
                    │   │
                    │   ├ 女=任榮老
                    │   └ 女=秋溪守 李髓
                    │
                    ├ 達源(出)
                    │
                    ├ 逢源 ┬ 鍵 ── 喜壽
                    │金顯祖女│
                    │   └ 女 ── 女 ── 昭容任氏
                    │   曹胤申 任夢正 光海君
                    │   昌寧人 豊川人
                    │
                    └ 通源 ── 鑷 ─系)克明 ── 女 ── 女
                    李孜女   崔胤祖 慶平君

【해주 오씨 오태주를 중심으로】

```
吳士謙 ── 翻 ─系)斗寅┬ 觀周
   李成吉女 閔聖徽女│
         金崇文女├ 鼎周
         黃埏女 │
               ├ 泰周 ─系)瑗
               │顯宗駙馬
               │明安公主
               │
               ├ 晉周 ── 瑗(出)
               │金昌協女
               │鄭希先女
               │徐命德女
               │
               ├ 履周
               │
               ├ 女=金昌誼(安東人)
               ├ 女=崔昌大(全州人)
               └ 女=李緯(牛峰人)
```

【진주 유씨 유근을 중심으로】

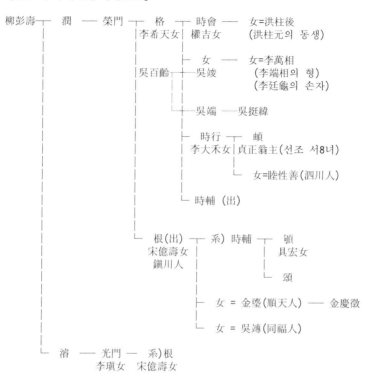

柳彭壽 ┬ 潤 ── 榮門 ┬ 格 ┬ 時會 ── 女=洪柱後
　　　　│　　　　　　李希天女│權吉女　　　（洪柱元의 동생）
　　　　│　　　　　　　　　　│
　　　　│　　　　　　　　　　├ 女 ── 女=李萬相
　　　　│　　　　　　吳百齡 ┬ 吳竣　　　（李端相의 형）
　　　　│　　　　　　　　　　│　　　　　（李廷龜의 손자）
　　　　│　　　　　　　　　　│
　　　　│　　　　　　　　　　└ 吳端 ── 吳挺緯
　　　　│　　　　　　　　　　│
　　　　│　　　　　　　　　　├ 時行 ┬ 頔
　　　　│　　　　　　　　　　│李大禾女│貞正翁主(선조 서8녀)
　　　　│　　　　　　　　　　│　　　　│
　　　　│　　　　　　　　　　│　　　　└ 女=睦性善(泗川人)
　　　　│　　　　　　　　　　│
　　　　│　　　　　　　　　　└ 時輔 （出）
　　　　│
　　　　│　　　　　　└ 根(出) ┬ 系) 時輔 ┬ 頔
　　　　│　　　　　　宋億壽女 │　　　　　│ 具宏女
　　　　│　　　　　　鎭川人　 │　　　　　│
　　　　│　　　　　　　　　　│　　　　　└ 頌
　　　　│　　　　　　　　　　│
　　　　│　　　　　　　　　　├ 女 = 金堥(順天人) ── 金慶徵
　　　　│　　　　　　　　　　│
　　　　│　　　　　　　　　　└ 女 = 吳䎘(同福人)
　　　　│
　　　　└ 澝 ── 光門 ── 系)根
　　　　　　　　李璜女　宋億壽女

【문화 유씨 유효립을 중심으로】

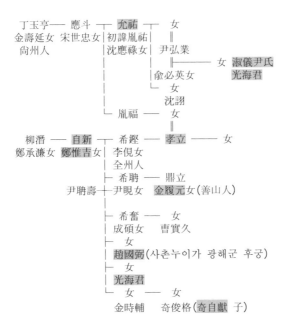

丁玉亨 ── 應斗 ┬ 允祐 ┬ 女
金壽延女　宋世忠女│初諱胤祐│　　‖
尙州人　　　　　│沈應祿女│　尹弘業
　　　　　　　　│　　　│　‖ ─────── 女　淑儀尹氏
　　　　　　　　│　　　俞必英女　　　　光海君
　　　　　　　　│　　　└　女
　　　　　　　　│　　　　　沈詗
　　　　　　　　└ 胤福 ── 女
　　　　　　　　　　　　　　‖
柳潛 ── 自新 ┬ 希鏗 ── 孝立 ── 女
鄭承濂女　鄭惟吉女│李偘女
　　　　　　　　│全州人
　　　　　　　　├ 希聃 ── 鼎立
尹聘壽 ┬ 尹晛女　金履元女(善山人)
　　　　│
　　　　├ 希奮 ── 女
　　　　│成碩女　曹實久
　　　　├ 女
　　　　│趙國弼(사촌누이가 광해군 후궁)
　　　　├ 女
　　　　│光海君
　　　　└ 女 ── 女
　　　　　金時輔　奇俊格(奇自獻 子)

【해평 윤씨 윤근수를 중심으로】

출전:『해평윤씨대동보』(1983).

```
繼丁 ── 希琳 ┬ 忭 ┬ 聘壽
尹重富女 朴峻山女│ 李嶸女│ 柳沆女
          │ 完山人│ 晉州人
          │玄允明女│
          │ 八莒人 ├ 春壽 ── 女 ── 趙翼
          │      │金彦浩女 趙瑩中
          │      │ 安東人  豐壤人
          │      │ 李藝女
          │      │ 公州人
          │      ├ 斗壽 ┬ 昉 ┬ 履之
          │      │黃大用女│韓澈女│ 金尙寯女
          │      │ 昌原人│ 淸州人│ 安東人
          │      │      │      └ 新之
          │      │      │        貞惠翁主(宣祖駙馬)
          │      │      ├ 昕
          │      │      │ 李譓女
          │      │      │ 完山人
          │      │      │ 辛應時女
          │      │      │ 寧越人
          │      │      ├ 暉 ── 女
          │      │      │李耆命女 李敏求
          │      │      │ 全州人
          │      │      └ 晅 ┬ 順之
          │      │        沈義謙女 朴東說女(潘南人)
          │      │              ├ 元之
          │      │              │ 吳䎘女(同福人)
          │      │              ├ 澄之(出 喚)
          │      │              └ 誼之
          │      │                李璞女(固城人)
          │      └ 根壽 ── 晥 ── 應之 ─系)埛
          │        趙安國女 李磬女  洪淊女  徐亨履女(大邱人)
          │        豐壤人 │ 固城人  南陽人  尹橄女(南原人)
          │              ├ 晊   擇之   埣
          │              南應瑞女 閔伏龍女 崔邵女(水原人)
          │              │ 宜寧人 │ 驪興人 ├ 堞
          │              │      │      李大楨女(全州人)
          │              │      │      ├ 女
          │              │      │      黃緗(長水人)
          │              │      │      ├ 女
          │              │      │      崔渲(海州人)
          │              │      │      ├ 女
          │              │      │      李克儥(全州人)
          │              │      │      └ 女
          │              │      │      李晩泰(牛峰人)
```

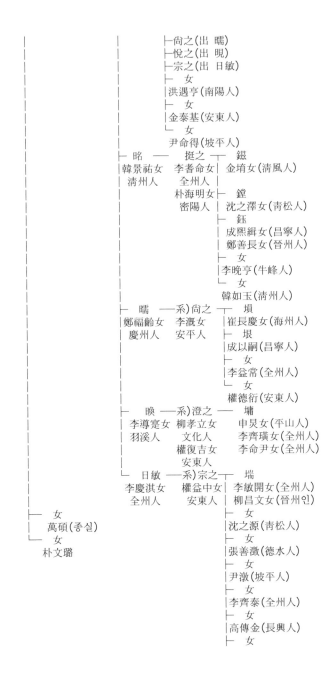

┌尙之(出 曘)
├悅之(出 晛)
├宗之(出 日敏)
├ 女
│洪遇亨(南陽人)
├ 女
│金泰基(安東人)
└ 女
尹命得(坡平人)

├ 晗 ── 挺之┬ 鎡
│韓景祐女 李耆命女│金埼女(淸風人)
│淸州人　 全州人　│
│　　　　 朴海明女├ 鐣
│　　　　 密陽人　│沈之澤女(靑松人)
│　　　　　　　　├ 鈺
│　　　　　　　　│成熙緝女(昌寧人)
│　　　　　　　　│鄭善長女(晉州人)
│　　　　　　　　├ 女
│　　　　　　　　│李晩亨(牛峰人)
│　　　　　　　　└ 女
│　　　　　　　　韓如玉(淸州人)

├ 曘 ──系)尙之┬ 塤
│鄭福齡女 李漑女│崔長慶女(海州人)
│慶州人　 安平人├ 垠
│　　　　　　　│成以嗣(昌寧人)
│　　　　　　　├ 女
│　　　　　　　│李益常(全州人)
│　　　　　　　└ 女
│　　　　　　　權德衍(安東人)

├ 晼 ──系)澄之 ── 墉
│李導寔女 柳孝立女　申昋女(平山人)
│羽溪人　 文化人　　李齊璜女(全州人)
│　　　　 權復吉女　李命尹女(全州人)
│　　　　 安東人

└ 日敏 ──系)宗之┬ 端
　李慶淇女 權益中女│李敏開女(全州人)
　全州人　 安東人　│柳昌文女(晉州인)
　　　　　　　　　├ 女
　　　　　　　　　│沈之源(靑松人)
　　　　　　　　　├ 女
　　　　　　　　　│張善澂(德水人)
　　　　　　　　　├ 女
　　　　　　　　　│尹潒(坡平人)
　　　　　　　　　├ 女
　　　　　　　　　│李齊泰(全州人)
　　　　　　　　　├ 女
　　　　　　　　　│高傳金(長興人)
　　　　　　　　　└ 女

├ 女
│萬碩(종실)
└ 女
朴文璐

```
|羅斗升(羅州人)
├─ 女
|權纘(安東人)
└─ 女
    李之承
```

【해평 윤씨 윤방을 중심으로】

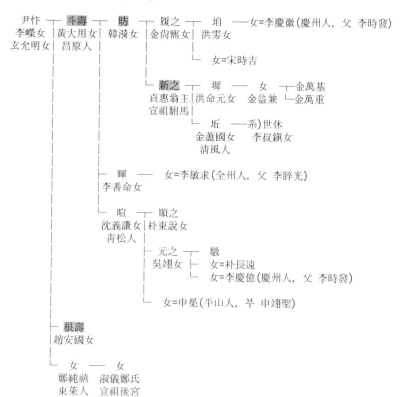

```
尹忭 ─┬─ 斗壽 ─── 昉 ──┬─ 履之 ──┬─ 玽 ──── 女=李慶徽(慶州人，父 李時發)
李嶸女 │黃大用女 │韓漵女 |金尙寯女 |洪雰女
玄允明女 │      昌原人 │       │      └─ 女=宋時吉
       │           │       │
       │           │       └─ 新之 ─┬─ 埄 ──── 女 ────┬─金萬基
       │           │           貞惠翁主 洪命元女  金益兼  └─金萬重
       │           │           宣祖駙馬 |
       │           │                └─ 垕 ──── 系)世休
       │           │                  金藎國女  李叔鎭女
       │           │                  淸風人
       │           │
       │           ├─ 暉 ──── 女=李敏求(全州人，父 李睟光)
       │           |李耆命女
       │           │
       │           └─ 暄 ──┬─ 順之
       │             沈義謙女|朴東說女
       │             靑松人 |
       │                  ├─ 元之 ─┬─ 墩
       │                  |吳翊女 ├─ 女=朴長遠
       │                  │     └─ 女=李慶億(慶州人，父 李時發)
       │                  │
       │                  └─ 女=申晃(平山人，부 申翊聖)
       │
       ├─ 根壽
       |趙安國女
       │
       └─ 女 ──── 女
         鄭純禧  淑儀鄭氏
         東萊人  宣祖後宮
```

【해평 윤씨 윤두수를 중심으로】

```
尹希琳── 忭 ──┬─ 聃壽
朴峻山女  李嶸女 │
竹山人   完山人 ├─ 春壽 ── 女 ── 趙翼(호 浦渚)
        玄允明女│金彦浩女
        八莒人  李藝女
               │
               ├─ 斗壽 ──┬─ 昉 ──┬─ 履之
               │黃大用女 │韓漑女 │金尙寯女
               │昌原人   │淸州人 │
               │         │       └─ 新之 ──┬─ 墀
               │         │         貞惠翁主 │洪命元女
               │         │         宣祖駙馬 ├─ 坵
               │         │                  │金藎國女
               │         │                  └─ 女
               │         ├─ 昕
               │         │李譿女
               │         │辛應時女
               │         │
               │         ├─ 暉 ──┬─ 敬之 ── 女
               │         │李耆命女│鄭뽱女  柳湸(全州人)
               │         │       │宋吉龍女 柳廷亮 子
               │         │       └─ 女
               │         │李睟光──李敏求
               │         │
               │         └─ 暄 ──┬─ 順之
               │         沈義謙女 │朴東亮女
               │                 ├─ 元之 ── 女=李慶億(慶州人, 父 李時發)
               │                 │吳翊女
               │                 ├─ 澄之(出)
               │                 └─ 女=申晜(父 申翊聖)
               │
               ├─ 根壽 ──┬─ 昭(청주한씨족보에는 昭로 나옴)
               │趙安國女 │韓景祐女
               │豊壤人   ├─ 暎 ─系)澄之── 埔
               │         │李遵憲女 柳孝立女 申晜女(申翊聖손녀)
               │         │        權復吉女
               │         │
               │         └─ 曘 ─系)宗之──┬─ 瑞
               │         李慶祺女 權益中女│李敏開女
               │                         │柳昌文女
               │                         ├─ 女=沈之源(靑松人)
               │                         └─ 女
               │                 張維 ── 張善澂
               │                         德水人
               └─ 女 ── 女  淑儀鄭氏
                 鄭純禧      宣祖後宮
                 東萊人
```

【경주 이씨 이항복을 중심으로】

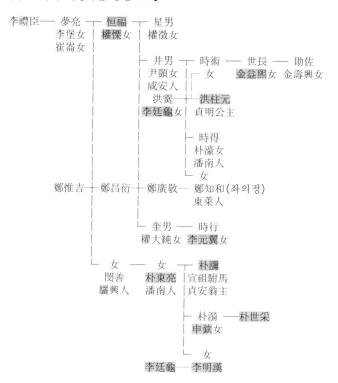

【광주 이씨 이영현을 중심으로】

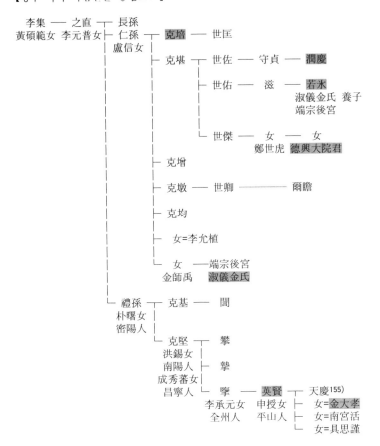

---

155) 이영현의 부인으로 『광주이씨대동보』(1988, 회상사)는 申授女로 나오나 이영현
묘표에는 申援女로 나온다.

【덕수 이씨 이식, 이안눌을 중심으로】

李明晨 ── 抽 →
沈淙女 　 尹淮女

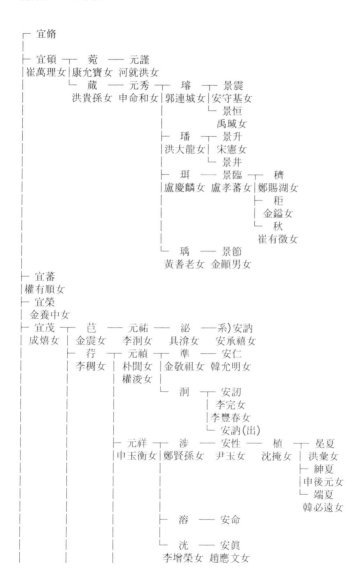

```
┌ 宜脩
│
├ 宜碩 ┬ 菀 ── 元謹
│ 崔萬理女 │ 康允寶女 河就洪女
│         └ 葴 ── 元秀 ┬ 璿 ── 景震
│           洪貴孫女 申命和女 │ 郭連城女 │ 安守基女
│                           │         ├ 景恒
│                           │         │ 禹城女
│                           ├ 璠 ── 景升
│                           │ 洪大龍女 │ 宋憲女
│                           │         └ 景井
│                           ├ 珥 ── 景臨 ┬ 穧
│                           │ 盧慶麟女 盧孝蕃女 │ 鄭賜湖女
│                           │                 ├ 秬
│                           │                 │ 金鎰女
│                           │                 └ 秋
│                           │                   崔有徵女
│                           └ 瑀 ── 景節
│                             黃耆老女 金顥男女
│
├ 宜蕃
│ 權有順女
├ 宜榮
│ 金養中女
├ 宜茂 ┬ 苞 ── 元祐 ── 泌 ── 系)安訥
  成熺女 │ 金震女 李洞女 具濟女 安承禧女
        ├ 荇 ┬ 元禎 ┬ 準 ── 安仁
        │ 李穪女 │ 朴闇女 │ 金敬祖女 韓允明女
        │       │ 權浚女 │
        │       │       洞 ┬ 安訒
        │       │         │ 李完女
        │       │         │ 李豐春女
        │       │         └ 安訥(出)
        │       ├ 元祥 ┬ 涉 ── 安性 ── 植 ┬ 昆夏
        │       │ 申玉衡女 │ 鄭賢孫女 尹玉女 沈掩女 │ 洪彙女
        │       │         │                       ├ 紳夏
        │       │         │                       │ 申後元女
        │       │         │                       └ 端夏
        │       │         │                         韓必遠女
        │       │         ├ 溶 ── 安命
        │       │         └ 洸 ── 安眞
        │       │           李增榮女 趙應文女
```

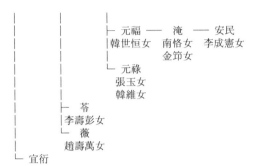

【성주 이씨 이의노를 중심으로】

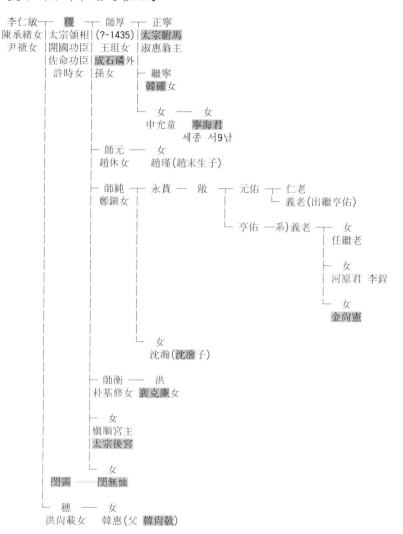

【연안 이씨 이정귀를 중심으로 】

출전:『延安李氏族譜』, 한국학중앙연구원.

始
李茂 ─ 賢呂─ 暎君─ 寅富─ 原珪─ 孝臣─ 匡─ 宗茂─ 懷林─ 石亨 ─┐

└ 渾 ┬ 壽長 ── 夔 ┬ 廷壽
     │   ├ 廷顯(出)
     │   └ 廷華 ┬ 寶
     ├ 命長   ├ 虞
     │   ├ 資
     ├ 福長   ├ 貴 ┬ 時白
     │   張旻女 ├ 時聃(出)
     ├ 孝長   └ 女
     │   金慶餘
     │   慶州人
     │
     └ 順長 ── 啓 ── 廷龜 ┬ 女 ── 洪柱元(부마-정명공주)
                          │ 洪霙
                          │
                          ├ 明漢 ┬ 一相
                   朴東亮─ ┬ 女 │ ‖ ── 女
                          │   │ 李聖求女 金萬均
                          ├ 朴瀰 柳仁聖女
                          │
                          ├ 嘉相
                          │ 羅萬甲女
                          │
                          ├ 萬相
                          │ 吳竣女
                          │
                          ├ 端相 ┬ 女 = 金昌協
                          │ 李行遠女└ 女 = 閔鎭厚
                          │
                          └ 女
                          │ 徐文尙
                          │
                          └ 昭漢
                          李尙毅女

【전주 이씨 익녕군 후손 가계도】

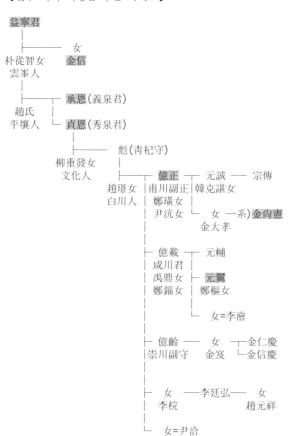

【덕수 장씨 장유를 중심으로】

출전: 송시열 찬,「장유 신도비명」『왕비세보』권5.
　　　김상헌 찬,「장운익 신도비명」『왕비세보』권5.
　　　德水張氏宗親會編,『德水張氏族譜』(回想社, 1974).
　　　『계행보』지 1503쪽.

```
逸 ── 雲翼 ┬ 綸 ┬ 善淵 ┬ 採
成子沉女 朴崇元女│黃廷喆女│李挺漢女├ 彬
昌寧人 　密陽人 │長溪人 │全州人 ├ 根
　　　　　3男2女 │高尙志女│ 　　　│李宜昌女
　　　　　庶1男1女│濟州人 │ 　　　├ 全州人
　　　　　　　　　│ 　　　│ 　　　├ 哲
　　　　　　　　　│ 　　　│ 　　　│ 無后
　　　　　　　　　│ 　　　│ 　　　├ 女
　　　　　　　　　│ 　　　│ 　　　│ 梁處濟
　　　　　　　　　│ 　　　│ 　　　├ 女
　　　　　　　　　│ 　　　│ 　　　│ 兪道一
　　　　　　　　　│ 　　　│ 　　　│ 杞溪人
　　　　　　　　　│ 　　　│ 　　　├ 女
　　　　　　　　　│ 　　　│ 　　　│ 朴希奭
　　　　　　　　　│ 　　　│ 　　　│ 忠州人
　　　　　　　　　│ 　　　│ 　　　└ 女
　　　　　　　　　│ 　　　│ 　　　　鄭東望
　　　　　　　　　│ 　　　├ 善涵 ┬ 楔
　　　　　　　　　│ 　　　│ 姜說女│ 閔氏
　　　　　　　　　│ 　　　│ 晉州人│ 驪興人
　　　　　　　　　│ 　　　│ 　　　├ 尹徵殷
　　　　　　　　　│ 　　　│ 　　　│ 坡平人
　　　　　　　　　│ 　　　│ 　　　├ 橄
　　　　　　　　　│ 　　　│ 　　　│ 洪正模女
　　　　　　　　　│ 　　　│ 　　　│ 豊山人
　　　　　　　　　│ 　　　│ 　　　├ 楫
　　　　　　　　　│ 　　　│ 　　　│ 鄭展昌女
　　　　　　　　　│ 　　　│ 　　　│ 光州人
　　　　　　　　　│ 　　　│ 　　　│ 安糾女
　　　　　　　　　│ 　　　│ 　　　│ 竹山人
　　　　　　　　　│ 　　　│ 　　　├ 植
　　　　　　　　　│ 　　　│ 　　　│ 崔世柱女
　　　　　　　　　│ 　　　│ 　　　│ 全州人
　　　　　　　　　│ 　　　│ 　　　└ 女
　　　　　　　　　│ 　　　│ 　　　　李汝柱
　　　　　　　　　│ 　　　├ 女
　　　　　　　　　│ 　　庶├ 善潤 ── 梓
　　　　　　　　　│ 　　　│ 鄭鐵女 金義善女
　　　　　　　　　│ 　　　│ 延日人 慶州人
　　　　　　　　　│ 　　庶├ 善浩
　　　　　　　　　│ 　　庶└ 女
```

```
├─ 維      ┬─ 善澂     ┬─ 楦
金尙容女   李承敎女    鄭玄源女
安東人   │  慶州人   │  光州人
       │         │  陳仁吉女
       │         │  梁山人
       │         ├─ 女
       │         │  李觀命
       │         ├─ 女
       │         │  金鎭瑞
       │         ├─ 樗
       │         ├─ 樸
       │         ├─ 樱
       │         ├─ 櫟
       │         ├─ 女
       │         │  李鶴老
       │         └─ 女
       │            尹選
       └─ 女
          孝宗后
          仁宣王后
├─ 紳      ┬─ 善冲     ┬─ 櫨
李興立女   李重國女    黃道平女
全州人   │  鐵城人   │  昌原人
       │  高自久女  ├─ 梡(出)
       │  濟州人   ├─ 楹
       │  崔時達女  崔星瑞女
       │  慶州人    海州人
       │         ├─ 女
       │         │  韓瑞甲
       │         ├─ 女
       │         │  李鼎蕃
       │         ├─ 女
       │         │  沈世經
       │         ├─ 女
       │         │  徐文佐
       │         ├─ 女
       │         │  申潛
       │         └─ 女
       │            李眞儒
       ├─ 善淹     ┬─ 桓
       │  禹永承女  趙東輔女
       │  丹陽人   │  豊壤人
       │  南達源女  ├─ 女
       │  宜寧人   │  韓永輝
       │  安樞女   └─ 女
       │  順興人    林世良
       ├─ 善泳     ─ 梡
       │  兪策女    李奎齡女
```

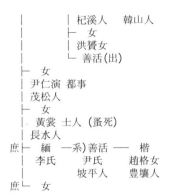

```
        |          | 杞溪人    韓山人
        |          ├─  女
        |          | 洪讚女
        |          └─ 善活(出)
        ├─  女
        | 尹仁演 都事
        | 茂松人
        ├─  女
        |· 黃裳  士人 (蚤死)
        | 長水人
   庶├─  緗   ─系)善活 ──  楷
        |  李氏    尹氏     趙格女
        |           坡平人     豊壤人
   庶└─  女
```

【동래인 정유길을 중심으로】

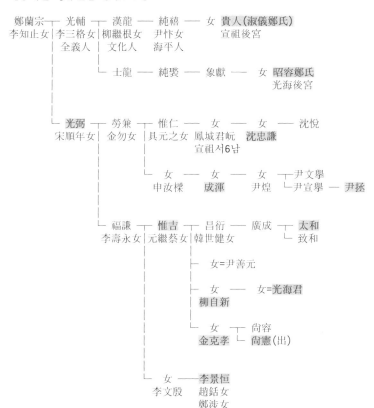

【동래 정씨 정광성을 중심으로】

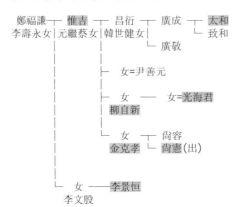

【연일 정씨 정태형을 중심으로】

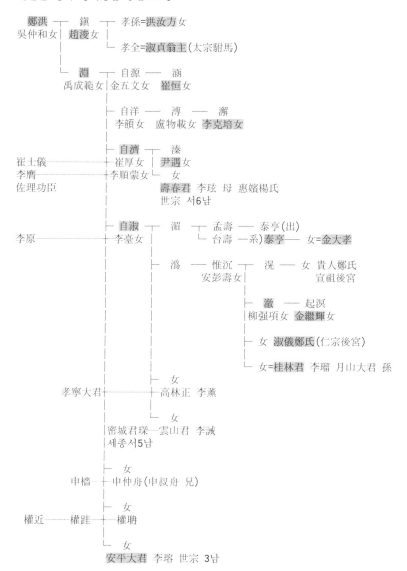

【풍양 조씨 조문명을 중심으로】

출전:『풍양조씨세보(豊壤趙氏世譜)』.

女 孝純王后 眞宗妃

└ 顯命 ┬ 載得
尹志源女 ├ 載翰
漆原人 ├ 載履(出)
金聖游女 ├ 載田
安東人 ├ 載天
└ 載陽

├ 大壽 ┬ 錫命 ┬ 載運
徐文重女 尹天駿女 ├ 載儉
大邱人 │ 南原人 └ 載任
宋奎明女 朴世煥女
恩津人 │ 忠州人

├ 哲命 ┬ 載遇
李彦著女 ├出) 載選
延安人 ├ 時述
└ 載道

├ 達命
閔周昌女
驪興人

├ 宅命 -系) 載選
李翊漢女
全州人

├ 集命

└ 女
林世誧
羅州人

├ 女
李成朝 父 李一相
延安人

└ 女
沈廷恊 父 沈益顯 靑平尉
靑松人

【양천 허씨 허유를 중심으로】

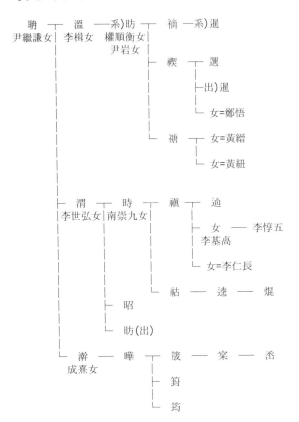

【남양 홍씨 홍서봉을 중심으로】

始祖: 洪殷悅

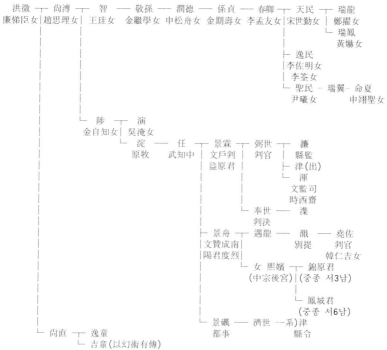

```
洪徵 ─┬─ 尙溥 ─┬─ 智 ── 敬孫 ── 潤德 ── 係貞 ── 春卿 ─┬─ 天民 ─┬─ 瑞龍
廉悌臣女│ 趙思理女│ 王珪女   金繼學女  申松舟女  金期壽女  李孟友女│ 宋世勤女│ 鄭擢女
        │         │                                                │        └─ 瑞鳳
        │         │                                                │           黃爀女
        │         │                                                │
        │         │                                                ├─ 逸民
        │         │                                                │  李佐明女
        │         │                                                │  李荃女
        │         │                                                └─ 聖民 ─ 瑞翼 ─ 命夏
        │         │                                                   尹曦女       申翊聖女
        │         └─ 陟 ─┬─ 演
        │            金自知女│ 吳淹女
        │                    └─ 淀 ── 任 ─┬─ 景霖 ─┬─ 弼世 ─┬─ 濂
        │                        原牧  武知中│ 文戶判│ 判官    │  縣監
        │                                    │ 益原君│         ├─ 津(出)
        │                                    │       │         │  渾
        │                                    │       │         │  文監司
        │                                    │       │         │  時西齋
        │                                    │       └─ 奉世 ── 溑
        │                                    │          判決
        │                                    ├─ 景舟 ─┬─ 遇龍 ── 瀻 ── 堯佐
        │                                    │ 文贊成南│ 別提      判官
        │                                    │ 陽君度烈│         韓仁吉女
        │                                    │       └─ 女 黑嬪 ─┬─ 錦原君
        │                                    │          (中宗後宮)│ (중종 서3남)
        │                                    │                     │
        │                                    │                     └─ 鳳城君
        │                                    │                        (중종 서6남)
        │                                    └─ 景礪 ── 濟世 ─ 一系)津
        │                                       都事              縣令
        └─ 尙直 ─┬─ 逸童
                  └─ 吉童 (以幻術有傳)
```

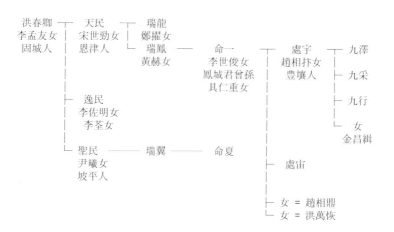

```
洪春卿 ─┬─ 天民 ─┬─ 瑞龍
李孟友女│ 宋世勁女│ 鄭擢女
固城人  │ 恩津人  └─ 瑞鳳 ── 命一 ─┬─ 處宇 ─┬─ 九澤
        │           黃赫女    李世俊女│ 趙相抃女│
        │                    鳳城君曾孫│ 豊壤人  ├─ 九采
        │                    其仁重女  │        │
        │                              │        ├─ 九行
        ├─ 逸民                        │        │
        │  李佐明女                    │        └─ 女
        │  李荃女                      │           金昌緝
        │                              │
        └─ 聖民 ──── 瑞翼 ──── 命夏    ├─ 處宙
           尹曦女                      │
           坡平人                      ├─ 女 = 趙相鼎
                                        └─ 女 = 洪萬恢
```

【죽산 안씨 안홍량, 청주 한씨 한준겸을 중심으로】

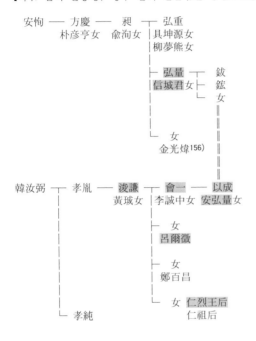

安� 信 — 方慶 — 昶 ┬ 弘重
　　　　朴彦亨女　兪洵女 │具坤源女
　　　　　　　　　　　　│柳夢熊女
　　　　　　　　　　　　│
　　　　　　　　　　　　├ 弘量 ┬ �
　　　　　　　　　　　　│信城君女├ 鈜
　　　　　　　　　　　　│　　　　└ 女
　　　　　　　　　　　　│
　　　　　　　　　　　　└ 女
　　　　　　　　　　　　　金光煒156)

韓汝弼 ┬ 孝胤 ── 浚謙 ┬ 會一 ── 以成
　　　　│　　　　黃珹女 │李誠中女 安弘量女
　　　　│　　　　　　　 │
　　　　│　　　　　　　 ├ 女
　　　　│　　　　　　　 │呂爾徵
　　　　│　　　　　　　 │
　　　　│　　　　　　　 ├ 女
　　　　│　　　　　　　 │鄭百昌
　　　　│　　　　　　　 │
　　　　│　　　　　　　 └ 女 仁烈王后
　　　　└ 孝純　　　　　　 仁祖后

---

156) 김광위의 할아버지는 김상헌의 작은아버지인 金元孝, 아버지는 어려서 김상헌을
　　　가르친 尙寓인 듯하다.

【남양 홍씨와 파평 윤씨의 왕실 연혼을 중심으로】

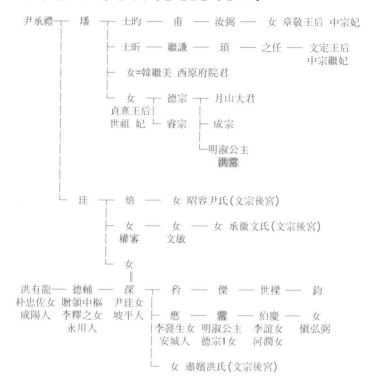

尹承禮┬　璠　┬─ 土昀 ── 甫 ── 汝弼 ── 女 章敬王后 中宗妃
　　　│　　　│
　　　│　　　├─ 土昕 ── 繼謙 ── 頊 ── 之任 ── 文定王后
　　　│　　　│　　　　　　　　　　　　　　　　　中宗繼妃
　　　│　　　│
　　　│　　　├─ 女=韓繼美 西原府院君
　　　│　　　│
　　　│　　　└─ 女　┬─ 德宗 ── 月山大君
　　　│　　貞熹王后│　　│
　　　│　　世祖 妃└─ 睿宗 ├─ 成宗
　　　│　　　　　　　　　　│
　　　│　　　　　　　　　　└明淑公主
　　　│　　　　　　　　　　　洪常
　　　│
　　　└　珪　┬─ 熺　── 女 昭容尹氏(文宗後宮)
　　　　　　　│
　　　　　　　├─ 女　── 女　── 女 承徽文氏(文宗後宮)
　　　　　　　│　權審　　文敏
　　　　　　　│
　　　　　　　└─ 女
　　　　　　　　　‖
洪有龍── 德輔 ── 深　┬─ 矜 ── 傑 ── 世樑 ── 鈞
朴忠佐女 贈領中樞 尹珪女│
咸陽人　 李釋之女 坡平人├─ 應 ── 當 ── 伯慶 ── 女
　　　　　永川人　　　　│李發生女 明淑公主 李誼女　愼弘弼
　　　　　　　　　　　　│安城人　 德宗1女　河潤女
　　　　　　　　　　　　│
　　　　　　　　　　　　└─ 女 肅嬪洪氏(文宗後宮)

▦ 찾아보기